HZBOOKS | Economics Finance Business & Management 华章经管

个人所得税
纳税申报实战

计敏 肖亮华 ◎ 著

机械工业出版社
China Machine Press

图书在版编目（CIP）数据

个人所得税纳税申报实战 / 计敏，肖亮华著. —北京：机械工业出版社，2020.4
ISBN 978-7-111-65232-8

I. 个⋯ II. ① 计⋯ ② 肖⋯ III. 个人所得税 – 纳税 – 税收管理 – 中国 IV. F812.424

中国版本图书馆 CIP 数据核字（2020）第 052109 号

本书作者是长期工作在税务局基层一线的税务干部，并参与了个税申报系统的开发，具有极高的专业水平。

全书以一表一例的方式，全链条展示所有个人所得税征税项目的纳税申报实务，既有综合所得的预扣预缴申报与年度汇算申报，又有经营所得的预缴申报与汇算清缴；既有其他分类所得的扣缴申报与自行申报，又有专项附加扣除与各项税收优惠的填报。本书既具备广度又具备深度，对公益慈善捐赠、境外所得税收抵免、外籍个人税收计缴、个人投资、股权转让等特殊业务的纳税申报也进行了全方位的展示。本书极具时代感，不仅有线下申报表的填报方法，还有线上申报的办理技巧，对自然人电子税务局的自行申报手机 App 端、自行申报 Web 网页端、扣缴客户端、年度汇算单位代办申报端、年度汇算委托代理申报端等网络申报方式的操作方法进行了全流程介绍，精准地呈现了扣缴申报与自行申报并重的个人所得税的征管新模式。

这本书集实用性、指导性和操作性于一体，适用人群广泛，不仅适用于一般自然人（包括中国公民和外籍个人），还适用于个体工商户业主、个人独资企业的投资人、合伙企业的个人合伙人。读者可以在本书中找到自己想要了解的个人所得税纳税申报业务知识。

个人所得税纳税申报实战

出版发行：	机械工业出版社（北京市西城区百万庄大街 22 号　邮政编码：100037）		
责任编辑：	孟宪勐	责任校对：	殷　虹
印　　刷：	三河市宏图印务有限公司	版　　次：	2020 年 4 月第 1 版第 1 次印刷
开　　本：	170mm×230mm　1/16	印　　张：	26.75
书　　号：	ISBN 978-7-111-65232-8	定　　价：	79.00 元

客服热线：（010）88361066　88379833　68326294　　投稿热线：（010）88379007
华章网站：www.hzbook.com　　　　　　　　　　　　　读者信箱：hzjg@hzbook.com

版权所有・侵权必究
封底无防伪标均为盗版
本书法律顾问：北京大成律师事务所　韩光 / 邹晓东

Foreword 推荐序一

最美人间四月天,正是读书好时节。我们就从这本《个人所得税纳税申报实战》开始吧!

这本书的作者计敏和肖亮华都是在基层一线有多年所得税管理经验的税务干部,对个人所得税相关法律法规理解深邃、把握到位,对纳税人关心的个人所得税问题了如指掌。2019年春季,我有幸拜读了他们编著的《一本书看透个人所得税》⊖,这本书让读者透过案例了解个税新法规,读起来轻松、有趣,至今我记忆犹新、意犹未尽。所以,我期待着他们更具操作性指导意义的新作品面世。两位老师对职业的热爱表现在他们始终心系广大纳税人,一年来在处理大量的个人所得税法实施管理工作的同时,积极地总结、提炼个人申报的具体流程与环节的特点和纳税申报技术操作规律,稳扎稳打,写就本书,并准备奉献给广大个税纳税申报者和纳税人,我对他们的敬业和服务精神很是敬仰。

一本好书的价值,在于能答疑解惑。2019年1月1日起实施的新个人所得税法,结束了已实行38年的分类税制,开启了综合与分类相结合的新税制。在原来的分类税制下,税制要素简单,不能很好地发挥调节收入分配的作用,而且纳税人每取得一笔收入,都由收入的支付单位作为扣缴义务人向税务机关纳税申报,纳税人基本上不跟税务机关打交道。而在综合与分类相结合的税制下,纳税人需要将全年纳入综合所得的各项收入汇总向税务机关纳税申报,这有利于增强纳税人的意识,提高纳税人的参与度,体现税收公平原则,充分发挥税收在国家治理现代化进程中的重要作用。可以说,这次个税改革关

⊖ 此书已由机械工业出版社出版。

系到每一个人的切身利益，引发了社会的空前关注。如何填报专项附加扣除？收入数据如何获取？预缴税款如何查询？哪些情形要办理年度汇算？如何申请退税或办理补税？可以通过哪些渠道办理？对这些当前最热门的话题，《个人所得税纳税申报实战》给出了最专业的解释。

一本好书的价值，在于能学以致用。读者阅读《个人所得税纳税申报实战》后，能准确地理解税收政策，学会税款计算方法，掌握申报表填报技巧，选择最合适的办理渠道，有效防范税务风险。

这本书具有以下特点：

1. 实践性强。很多财税图书最大的问题就是政策罗列太多，理论性太强，很多人读到最后可能对内容有了一些了解，却不知道从何下手。这本书的每一个税收业务，都结合实际例子，一步步讲解如何计算应纳税额，如何填写纳税申报表。而且每一个申报案例都在目录中建立了索引，方便读者查找。因此，它就是一本个人所得税纳税申报操作指引，对刚学习个人所得税业务的"新手"或者想快速了解其中某个话题的"老手"，都会有很大的帮助。

2. 时代感强。2020年3月1日至6月30日，很多纳税人将会首次办理综合所得年度汇算。虽然新的税制更复杂，但新的办税流程像淘宝购物一样便捷，因为国家税务总局依托现代互联网云计算技术，构建了能支持亿级自然人涉税申报的ITS系统，纳税人除了传统的上门申报和邮寄申报外，还可以通过自然人电子税务局的手机App端、Web端等多种远程办税方式进行年度汇算。这本书对每一种申报方式各环节的操作步骤进行了详细介绍。

3. 深度和广度适当。这本书涵盖了个人所得税所有征税项目的纳税申报业务，既有居民个人综合所得的预扣预缴和年度汇算申报，又有非居民个人四项所得的代扣代缴申报；既有经营所得的预缴申报和汇缴申报，又有财产转让所得、财产租赁所得等其他分类所得的代扣缴申报和自行纳税申报。这本书还对一些非常复杂的纳税申报业务，例如上市公司股权激励收入、个人以非货币性资产投资入股、创投企业年度所得整体核算和单一基金核算、天使投资人转让初创科技型企业股权、境外所得税收抵免、非居民个人转为居民个人等，有深入的介绍和细致的案例分析。

　　著名思想家、史学家顾炎武曾说,"君子之为学,以明道也"。这本书正是一部个人所得税的"明道"之作,我郑重地把它推荐给读者。

岳彦芳

中央财经大学会计学院

推荐序二　Foreword

我读过计敏编写的多本大作,每一本都是精品,欣闻她牵头编写的《个人所得税纳税申报实战》行将付梓,非常高兴!

我和计敏多年前因税结缘,兴趣相投,引为知己。我们都是"70后",在个人所得税法历次修订中一起长大、一起变老。我最初在高校任专业课教师,后来辞职从事财税代理工作,而计敏一直在税务系统的业务岗位上工作。我是个税改革的观察者,她则是个税改革的实践者。1980年9月我国个人所得税法诞生,那时我们都是懵懂小儿,从未关注过个税。但个人所得税法从1993年10月第一次修订到2018年8月第七次修订,我们都从未缺席。我开设专题讲座、成立学习小组、撰写博客文章,她负责个税管理、抓政策落实、编著实务图书。我们都在各自的领域里宣传着新税法,践行着新税法。纵使仅仅是一介草根,我们也可以为个税改革做一点自己的努力,无愧于这个美好的伟大时代!

年齿渐长,阅事渐多,每与人言,多询实务,每读税法,多求理道,始知"文章合为时而著,歌诗合为事而作"。此次个人所得税法的修订,是一场里程碑式的改革,实施了综合与分类相结合的新税制,增加了专项附加扣除,完善了征管机制,对健全现代税制体系、推动经济社会充分发展具有重要的现实意义。但是,新税制下的税收政策更难,申报环节更多,时间跨度更长,大家无论在学习上还是在实践中,都有许许多多的困惑。2019年5月,计敏带领团队编写了《一本书看透个人所得税》,该书紧扣新税制,以361个问题、115个案例、51张表格,对涉及个人所得税全部九项所得的400多个税收政策进行了立体式的梳理和解读，非常实用，也很管用，深受读者青睐，销售火爆。那时，她就和我说，个税改革还在进行时，综合所得年度汇算的实施办法及其他重要的政策尚未出台，她的创作团队才"踢完了上半场"。2020年3月1日至6月30日是首个综合所得年度汇算期，届时，新税制才能算是全部落地，她还要带领团队从申报表填报和系统操作的角度，再编写一本关于个人所得税的书，"踢完下半场"。

这本书逻辑清晰、体系完整、内容翔实，充分彰显了计敏团队严谨、务实的写作风格。本书以一表一例的方式，对综合所得的预扣预缴申报与年度汇算申报、经营所得预缴申报与汇算清缴、专项附加扣除填报与其他分类所得申报业务进行了全链条展示，此外还对公益慈善捐赠、境外所得抵免、无住所个人纳税等特殊申报业务进行了全方位解读。这本书既有线下申报表填报方法，又有线上申报办理技巧，重点对自然人电子税务局的扣缴客户端、自行申报手机App端、自行申报Web网页端等五个申报端口的操作方法进行了全流程介绍，精准地呈现了扣缴申报与自行申报并重的个人所得税的征管新模式。

这本书集实用性、指导性和操作性于一体，适用人群广泛，不仅适用于一般自然人（包括中国公民和外籍个人），还适用于个体工商户业主、个人独资企业的投资人、合伙企业的个人合伙人，相信每个人都能在这本书中找到想要了解的个人所得税纳税申报业务知识。总而言之，这是一本不容错过、值得拥有的个人所得税工具书！

王骏

中国比较浪子

前言 Preface

自2019年1月1日起,我国个人所得税开始实施综合与分类相结合的新税制,并提高减除费用标准,扩大中低档税率级距,新设六项专项附加扣除,推进部门共治共管,建立了代扣代缴与自行申报并重的征管模式,一方面让广大纳税人实实在在地享受到改革的红利,另一方面构建了以高收入人群为重点的税收管理体系,充分体现了个人所得税法的立法精神。

2020年3月1日至6月30日,是新个人所得税法实施以后第一个居民个人综合所得年度汇算期和第一个居民个人境外所得自行申报期。在此之前,财政部、国家税务总局发布了一系列落实新个人所得税法的具体政策和操作办法。如何理解新政策,用好新政策,依法缴纳个人所得税?我和肖亮华在2019年编写《一本书看透个人所得税》的时候,就商量好在该书政策解读、案例分析的基础上,再从申报表填报的角度,编写一本个人所得税纳税申报配套用书。编写这样一本书,一方面,可以让读者在个人所得税知识的学习上更加全面化和系统化;另一方面,可以使长期在个人所得税一线工作的我们,在分享知识经验和实现个人价值上,更加圆满一些。

六个多月来,我们常常在缜密的思考和热烈的讨论后,满腔热情、通宵达旦地完成各自的编写任务,还不厌其烦地将案例数据在申报系统中测试了一遍又一遍,终于将本书编写完成,使之与广大读者见面。本书具备以下三大鲜明特色。

一是注重内容翔实。个人所得税税收政策涉及面广,如何使复杂交织的纳税实务得以清晰全面的呈现?本书采用分类编写方法,详细地介绍各项所得的纳税申报知识。从纳税人群来看,本书不仅涉及中国个人,还涉及外籍个人;

从纳税人身份来看，本书不仅涉及居民个人，还涉及非居民个人；从所得来源来看，本书不仅涉及境内所得，还涉及境外所得；从申报环节来看，本书不仅涉及纳税人的自行申报，还涉及扣缴义务人的扣缴申报……这样一来，本书可以多角度、多渠道地引导读者准确适用税收政策，依法进行纳税申报。

二是注重实务操作。个人所得税税收政策理论性强，如何使晦涩难懂的高深理论得到通俗易懂的表述？本书采用实战思维方式，紧扣纳税申报主线，对税收政策基本规定只做了简明扼要的介绍，对纳税申报表填报用例的编写，则用了大量笔墨。我们通过对具体案例的分步解析，引导读者领悟税收政策，学会税款计算，掌握申报表填报方法。另外，本书还特别用逾4.6万字的篇幅来详细介绍自然人电子税务局扣缴客户端、手机App端、网页Web端、年度汇算单位代办申报端、年度汇算委托代理申报端的操作流程，引导读者充分适应新个人所得税申报渠道的多元化、信息化、便捷化的特点。

三是注重难点突破。个人所得税税收政策难点业务多，如何使困扰实践的纳税难题得以简洁有效的解决？本书将复杂、特殊的纳税申报业务，层层分解成多个业务较为简单的模块，将大填报案例分割成相互独立但又密切联系的小填报案例，从而使九项特殊工资薪金所得、保险营销员佣金所得、居民个人境外所得、个人合伙人经营所得公益捐赠扣除、个人创投投资额抵免、无住所个人工资薪金所得、非居民个人转换为居民个人综合所得等纳税申报难点业务变得简单易行。

将枯燥的政策理论转化为鲜活的税收实务，更好地指导税收实践，是本书编写的宗旨和我们创作的初心，真心期待本书能为你带来有益的阅读体验，成为你学习个人所得税业务的必备工具书！

本书的相关政策更新至2020年4月18日，此后肯定还会有不少配套税制改革的政策出台，届时欢迎广大读者与我们进行交流和讨论。本书在定稿之前进行了多次审校和修改，但由于水平有限，书中难免会有错漏之处，真诚希望读者给予批评和指正，我的联系邮箱是392784985@qq.com，微信号为ytxiaoe6669。

计 敏

目录 Contents

推荐序一（岳彦芳）
推荐序二（王骏　网名：中国财税浪子）
前言

第一章　个人所得税基本税制概述　/1

一、征税项目　/1

　　（一）征税项目具体范围的界定　/1
　　（二）境内所得与境外所得的界定　/2
　　　　1. 来源于中国境内所得的界定　/2
　　　　2. 来源于中国境内所得的判断要点及案例分析　/4
　　　　【案例1-1】来源于中国境内或境外所得的判断　/4

二、纳税人和扣缴义务人　/5

　　（一）纳税人的基本规定　/5
　　　　1. 什么是居民个人　/5
　　　　2. 什么是非居民个人　/5
　　　　【案例1-2】居民个人和非居民个人的判断　/6
　　（二）扣缴义务人的基本规定　/7
　　　　1. 扣缴义务人的一般情形　/7
　　　　2. 扣缴义务人的特殊情形　/7
　　　　3. 代扣代缴手续费的规定　/9

三、各项所得的计税方法 / 9

　　(一) 居民个人综合所得的计税方法 / 9

　　　　1. 适用税率 / 9

　　　　2. 应纳税额的计算 / 9

　　　　【案例1-3】居民个人综合所得的应纳税额计算 / 10

　　(二) 非居民个人四项所得的计税方法 / 12

　　　　1. 适用税率 / 12

　　　　2. 应纳税额的计算 / 12

　　　　【案例1-4】非居民个人四项所得应纳税额的计算 / 13

　　(三) 经营所得的计税方法 / 14

　　　　1. 适用税率 / 14

　　　　2. 应纳税额的计算 / 14

　　　　【案例1-5】经营所得应纳税额的计算 / 15

　　(四) 其他分类所得的计税方法 / 16

　　　　1. 财产租赁所得的计税方法 / 16

　　　　【案例1-6】财产租赁所得个人所得税的计算 / 17

　　　　2. 财产转让所得的计税方法 / 17

　　　　3. 利息、股息、红利所得的计税方法 / 18

　　　　4. 偶然所得的计税方法 / 18

　　　　【案例1-7】其他分类所得应纳税额的计算 / 19

四、纳税申报 / 19

　　(一) 扣缴义务人全员全额扣缴申报 / 19

　　　　1. 基本规定 / 19

　　　　2. 具体操作办法 / 20

　　(二) 个人自行申报 / 21

　　　　1. 个人自行申报的范围及申报期限 / 21

　　　　2. 个人自行申报的操作要点 / 22

五、纳税地点 / 24

　　(一) 扣缴义务人的申报地点 / 24

　　　　1. 一般规定 / 24

2. 特殊规定 /24

(二)个人自行申报的纳税地点 /25

1. 居民个人取得综合所得需要办理汇算清缴的申报地点 /25
2. 居民个人取得境外所得的申报地点 /25
3. 非居民个人从两处以上取得工资、薪金所得的申报地点 /25
4. 非居民个人取得四项所得,扣缴义务人未扣缴税款的申报地点 /25
5. 纳税人取得经营所得的申报地点 /26
6. 纳税人取得其他分类所得,扣缴义务人未扣缴税款的申报地点 /26
7. 因移居境外注销中国户籍的申报地点 /26

六、减免税 /26

(一)法定免税所得 /26

(二)法定减征所得 /27

(三)文件减免 /28

第二章 个人所得税专项附加扣除申报 /30

一、专项附加扣除基本规定 /30

(一)专项附加扣除对象和扣除规则 /30

1. 专项附加扣除的对象 /30
2. 专项附加扣除的规则 /31
3. 专项附加扣除信息的基本规定 /31

(二)专项附加扣除具体范围和标准 /31

1. 子女教育专项附加扣除 /31
2. 继续教育专项附加扣除 /32
3. 住房贷款利息专项附加扣除 /33
4. 住房租金专项附加扣除 /34
5. 赡养老人专项附加扣除 /35
6. 大病医疗专项附加扣除 /36

二、个人所得税专项附加扣除的操作流程 /37

(一)享受专项附加扣除的办理环节 /37

1. 工资、薪金所得办理预扣预缴时扣除 /37

2. 综合所得、经营所得办理汇算清缴时扣除 / 37

(二) 享受专项附加扣除的操作步骤 / 38

1. 纳税人获取《扣除信息表》 / 38
2. 纳税人填写《扣除信息表》 / 38
3. 纳税人报送《扣除信息表》 / 39
4. 扣缴义务人或税务机关办理 / 39

(三) 专项附加扣除的信息报送要求 / 40

1. 首次享受专项附加扣除的信息填报要求 / 40
2. 专项附加扣除信息的后续填报要求 / 40

(四) 专项附加扣除信息的填报案例分析 / 41

1. 基础信息的填报 / 41

【案例 2-1】基础信息的填写 / 41

2. 子女教育专项附加扣除的填报 / 42

【案例 2-2】子女教育专项附加扣除 / 42

3. 继续教育专项附加扣除的填报 / 44

【案例 2-3】继续教育专项附加扣除 / 44

4. 住房贷款利息专项附加扣除的填报 / 46

【案例 2-4】婚前一方发生住房贷款利息的扣除 / 46

5. 住房租金专项附加扣除的填报 / 48

【案例 2-5】住房租金专项附加扣除 / 48

6. 赡养老人专项附加扣除的填报 / 50

【案例 2-6】赡养老人专项附加扣除 / 50

7. 大病医疗专项附加扣除的填报 / 52

【案例 2-7】大病医疗专项附加扣除 / 52

第三章 居民个人综合所得纳税申报 / 60

一、基本规定 / 60

(一) 年度内，扣缴义务人预扣预缴申报 / 61

(二) 年度终了后，居民个人汇算清缴申报 / 61

二、综合所得预扣预缴申报操作方法 / 61

(一) 预扣预缴申报基本规定 / 61

1. 预扣预缴申报方式 / 61

2. 预扣预缴申报流程　/62

　　3. 预扣预缴注意事项　/63

（二）正常工资、薪金所得预扣预缴申报　/63

　　1. 累计预扣法的基本步骤　/63

　　2. 工资、薪金所得全员全额申报的方法　/65

　　【案例3-1】工资、薪金所得预扣预缴申报　/65

（三）其他三项综合所得的预扣预缴申报　/68

　　1. 预扣预缴应纳税额的计算　/68

　　2. 其他三项综合所得预扣预缴的填报案例分析　/70

　　【案例3-2】其他三项综合所得预扣预缴申报　/70

（四）保险营销员、证券经纪人佣金的预扣预缴申报　/72

　　1. 保险营销员、证券经纪人佣金收入预扣预缴税额的计算　/72

　　2. 保险营销员、证券经纪人佣金收入预扣预缴填报案例分析　/73

　　【案例3-3】保险营销员预扣预缴申报　/73

三、居民个人综合所得年度汇算申报　/75

（一）年度汇算的内容　/75

　　1. 综合所得年度汇算的概念　/75

　　2. 综合所得年度汇算应补（退）税额的计算方法　/76

　　【案例3-4】居民个人综合所得年度汇算的税款计算　/76

　　3. 年度汇算的时限　/77

　　4. 年度汇算，可继续享受的税前扣除　/77

　　5. 综合所得年度汇算的注意事项　/77

（二）需要或无须办理汇算清缴情形　/78

　　1. 无须办理年度汇算的纳税人　/78

　　2. 需要办理年度汇算的纳税人　/79

　　3. 查询全年综合所得收入的渠道　/80

　　4. 非居民个人"变"居民个人需要年度汇算的情形　/81

（三）年度汇算的办理方式和办理渠道　/81

　　1. 年度汇算的办理方式　/81

　　2. 年度汇算办理的三种渠道　/82

（四）接受年度汇算申报的税务机关如何确定 / 82

　　1. 负责接受纳税人年度汇算申报的税务机关 / 82

　　2. 纳税人未办理年度汇算，主管税务机关如何确定 / 83

（五）年度汇算如何进行退税、补税 / 83

　　1. 年度汇算如何退税 / 83

　　2. 年度汇算如何补税 / 84

　　3. 年度汇算申报表的填报案例分析 / 84

　　【案例 3-5】居民个人综合所得汇算清缴申报 / 84

（六）申报信息及资料留存 / 89

　　1. 申报信息 / 89

　　2. 资料留存 / 90

四、特殊一次性工薪收入的纳税申报操作方法 / 90

（一）全年一次性奖金的纳税申报 / 90

　　1. 政策规定 / 90

　　2. 扣缴申报表的填报方法 / 91

　　【案例 3-6】全年一次性奖金收入选择单独计算的申报 / 91

（二）央企负责人年度绩效薪金延期兑现收入和任期奖励的纳税申报 / 92

　　1. 政策规定 / 92

　　2. 扣缴申报表的填报方法 / 92

　　【案例 3-7】央企负责人年度绩效薪金延期兑现收入的单独计算申报 / 92

（三）单位向个人低价售房的扣缴申报 / 93

　　1. 政策规定 / 93

　　2. 扣缴申报表的填报方法 / 94

　　【案例 3-8】单位向个人低价售房的扣缴申报 / 94

（四）解除劳动关系一次性补偿收入的扣缴申报 / 95

　　1. 政策规定 / 95

　　2. 扣缴申报表的填报方法 / 95

　　【案例 3-9】解除劳动关系一次性补偿收入的扣缴申报 / 95

　　3. 申报注意事项 / 96

（五）提前退休一次性收入的扣缴申报 / 96

　　1. 政策规定 / 96

2. 扣缴申报表的填报方法 / 97

【案例 3-10】提前退休一次性收入的扣缴申报 / 97

3. 申报注意事项 / 97

(六) 内部退养一次性收入的扣缴申报 / 97

1. 政策规定 / 97

2. 扣缴申报表的填报方法 / 98

【案例 3-11】内部退养一次性收入的扣缴申报 / 98

3. 申报注意事项 / 99

(七) 上市公司股权激励收入的扣缴申报 / 99

1. 政策规定 / 99

2. 扣缴申报表填报案例 / 100

【案例 3-12】上市公司股权激励收入的扣缴申报 / 100

(八) 个人领取企业年金、职业年金的扣缴申报 / 101

1. 政策规定 / 101

2. 扣缴申报表的填报方法 / 102

【案例 3-13】个人领取企业年金、职业年金的扣缴申报 / 102

(九) 个人领取税收递延型商业养老险的扣缴申报 / 102

1. 政策规定 / 102

2. 保险机构扣缴申报表的填报方法 / 103

【案例 3-14】个人领取税收递延型商业养老险的扣缴申报 / 103

第四章 经营所得纳税申报 / 104

一、经营所得征税的基本规定 / 104

(一) 经营所得的征税范围和纳税人 / 104

1. 征税范围 / 104

2. 纳税主体 / 104

(二) 经营所得的计税方法 / 105

1. 适用税率 / 105

2. 应纳税额的计算 / 105

3. 经营所得的征收方式 / 106

二、经营所得的纳税申报 / 107

 （一）申报基本规定 / 107

  1. 正常申报 / 107

  2. 离境申报 / 107

  3. 申报办理途径 / 108

  4. 网上申报渠道 / 108

 （二）经营所得的月（季度）预缴纳税申报 / 108

  1. 查账征收经营所得预缴申报及填报案例分析 / 108

  【案例 4-1】个人独资企业的预缴申报 / 108

  2. 核定征收经营所得的预缴申报及填报案例分析 / 112

  【案例 4-2】个人独资企业核定征收经营所得的预缴 / 112

 （三）经营所得汇算清缴的纳税申报 / 114

  1. 从合伙企业取得经营所得的汇缴申报 / 114

  【案例 4-3】自然人合伙人经营所得的汇算清缴 / 114

  2. 从两处以上取得经营所得的年度汇总申报 / 118

  【案例 4-4】从两处以上取得经营所得的年度汇总申报 / 118

 （四）合伙创投企业个人所得税的纳税申报 / 121

  1. 个人合伙人对初创科技型企业投资额抵扣经营所得的纳税申报 / 121

  【案例 4-5】个人合伙人投资额抵扣经营所得的纳税申报 / 121

  2. 个人合伙人投资创投企业选择单一投资基金核算的纳税申报 / 125

  【案例 4-6】单一投资基金核算的税款计算 / 126

  3. 创投企业选择按年度所得整体核算的纳税申报 / 131

  【案例 4-7】年度所得整体核算的税务处理 / 131

第五章　其他分类所得纳税申报 / 134

一、基本规定 / 134

 （一）征税范围的界定及应纳税额的计算 / 134

  1. 财产租赁所得界定范围和应纳税额 / 134

  2. 利息、股息、红利所得界定范围和应纳税额 / 135

3. 财产转让所得界定范围和应纳税额 /135

4. 偶然所得界定范围和应纳税额 /135

(二)纳税申报办理时间 /135

1. 扣缴义务人代扣代缴 /135

2. 纳税人自行申报 /136

(三)纳税申报办理渠道 /136

1. 自然人电子税务局申报 /136

2. 办税服务厅申报 /136

二、财产租赁所得的纳税申报 /136

(一)纳税申报具体规定 /136

1. 申报规定 /136

2. 注意事项 /136

(二)个人出租住房的纳税申报表填报示例 /137

1. 减免税规定 /137

2. 扣缴申报和自行申报填报示例 /137

【案例 5-1】个人出租住房的纳税申报 /137

三、利息、股息、红利所得的纳税申报 /138

(一)纳税申报具体规定 /138

1. 申报规定 /138

2. 注意事项 /138

(二)股息红利差别化个人所得税的扣缴申报 /139

1. 减免税规定 /139

2. 税款计算和纳税申报表填报示例 /139

【案例 5-2】上市公司发放股息的纳税申报 /139

四、财产转让所得的纳税申报操作实务 /140

(一)纳税申报具体规定 /140

1. 申报规定 /140

2. 注意事项 /141

（二）个人转让房屋的纳税申报填报示例 / 141

    1. 减免税规定 / 141

    2. 税款计算和纳税申报表填报示例 / 142

    【案例 5-3】个人转让房屋的纳税申报 / 142

（三）个人以非货币性资产投资入股纳税申报 / 143

    1. 政策规定 / 143

    2. 纳税人分期缴纳备案和自行申报表填报示例 / 143

    【案例 5-4】个人以非货币性资产投资入股的纳税申报 / 143

（四）平价低价股权转让的纳税申报 / 146

    1. 政策规定 / 146

    2. 税款计算和扣缴申报表填报示例 / 147

    【案例 5-5】平价低价股权转让的纳税申报 / 147

    3. 注意事项 / 149

（五）个人转让限售股的纳税申报 / 149

    1. 政策规定 / 149

    2. 税款计算和纳税申报表填报示例 / 150

    【案例 5-6】个人转让限售股的纳税申报 / 150

    3. 纳税注意事项 / 152

（六）天使投资人转让初创科技型企业股权的纳税申报 / 152

    1. 政策规定 / 152

    2. 投资人转让初创科技型企业股权的纳税申报填报示例 / 154

    【案例 5-7】天使投资人转让初创科技型企业股权的纳税申报 / 154

    3. 办理注销清算初创科技型企业尚未抵扣投资额的填报示例 / 156

    【案例 5-8】注销清算初创科技型企业尚未抵扣投资额的纳税申报 / 156

五、偶然所得纳税申报操作实务 / 158

（一）纳税申报具体规定 / 158

    1. 政策规定 / 158

    2. 注意事项 / 158

（二）偶然所得的扣缴申报 / 159

    【案例 5-9】偶然所得的税款计算 / 159

第六章　公益慈善事业捐赠扣除申报　/160

一、公益捐赠扣除的基本规定　/160

（一）可扣除公益捐赠的范围　/160

1. 公益捐赠的条件　/160

【案例 6-1】直接捐赠　/160

2. 限额扣除　/161

【案例 6-2】限额扣除　/161

3. 全额扣除　/162

（二）公益捐赠支出金额的确定　/163

1. 货币性资产捐赠金额的确定　/163

2. 非货币性资产捐赠金额的确定　/163

【案例 6-3】非货币性资产捐赠金额的计算　/164

（三）公益捐赠支出扣除的规则　/164

1. 公益捐赠是否能跨项目扣除　/164

2. 公益捐赠是否有扣除顺序　/164

【案例 6-4】公益捐赠跨项目扣除　/164

（四）公益捐赠票据　/165

1. 公益捐赠票据的开具要求　/165

2. 未及时取得捐赠票据的处理　/165

3. 集体捐赠的扣除凭证　/165

4. 公益捐赠票据的提供与备查　/166

二、各项所得公益捐赠扣除纳税申报　/166

（一）居民个人综合所得公益捐赠扣除　/166

1. 综合所得公益捐赠扣除的规则　/166

2. 年度中间预扣预缴时办理扣除填报案例分析　/166

【案例 6-5】年度中间预扣预缴时办理扣除　/166

3. 年度汇算自行申报办理扣除填报案例分析　/169

【案例 6-6】年度汇算自行申报办理扣除填报案例分析　/169

（二）经营所得公益捐赠扣除操作实务　/173

1. 公益捐赠扣除的规则　/173

2. 经营所得预缴申报时扣除的填报案例 / 173

【案例6-7】个人独资企业经营所得预缴时办理公益捐赠扣除 / 173

3. 经营所得汇算清缴申报时扣除的填报案例 / 176

【案例6-8】合伙企业经营所得汇算清缴申报时办理公益捐赠扣除 / 176

(三) 其他分类所得公益捐赠扣除 / 178

1. 公益捐赠扣除的规则 / 178

2. 扣缴义务人未扣除公益捐赠的处理 / 178

3. 其他分类所得公益捐赠扣除填报案例分析 / 179

【案例6-9】其他分类所得公益捐赠扣除 / 179

(四) 非居民个人公益捐赠扣除 / 180

1. 公益捐赠扣除的规则 / 180

2. 非居民个人公益捐赠的追补扣除 / 180

3. 非居民个人从两处以上取得工资、薪金所得自行申报捐赠扣除 / 181

【案例6-10】非居民个人从两处以上取得工资、薪金所得的捐赠扣除 / 181

第七章 居民个人境外所得纳税申报 / 183

一、居民个人境外所得个人所得税政策规定 / 183

(一) 税收抵免的一般规定 / 183

1. 抵免方法 / 183

2. 抵免凭证 / 184

3. 纳税年度确定 / 184

4. 如何确定所得是否来源于境外 / 184

(二) 税收抵免的特殊规定 / 185

1. 可抵免与不予抵免的情形 / 185

2. 饶让处理 / 185

3. 抵免凭证和延迟抵免处理 / 186

4. "走出去"个人的规定 / 186

5. 法律责任和信用管理 / 186

二、居民个人取得境外所得的纳税申报 / 187

(一) 纳税申报时间与纳税地点 / 187

1. 纳税申报时间 / 187

        2. 纳税申报地点和主管税务机关 / 187
    (二)境外所得税收抵免的计缴方法 / 187
        1. 如何计算境外所得已纳税额实际可抵免额 / 187
        2. 境外取得外国货币收入如何折合计算 / 189
    (三)仅取得综合所得的纳税申报 / 189
        【案例 7-1】综合所得的境外税收抵免税款计算 / 189
        1. 境外所得个人所得税抵免明细表的填报示例 / 190
        2. 个人所得税年度自行纳税申报表(B表)的填报示例 / 192
    (四)取得除综合所得外其他境外所得的纳税申报 / 194
        【案例 7-2】其他境外所得税收抵免的计算 / 194
        1. 个人所得税年度自行纳税申报表(B表)填报示例 / 195
        2. 境外所得个人所得税抵免明细表填报 / 196
    (五)全年一次性奖金境外抵免的纳税申报 / 198
        【案例 7-3】全年一次性奖金境外抵免税款的计算 / 198
        1. 个人所得税年度自行纳税申报表(B表)填报示例 / 199
        2. 注意事项 / 199
    (六)股权激励收入境外税收抵免的纳税申报 / 200
        【案例 7-4】股权激励收入境外税收抵免税款的计算 / 200
        1. 个人所得税年度自行纳税申报表(B表)填报示例 / 201
        2. 境外所得个人所得税抵免明细表填报示例 / 201

第八章 无住所个人的纳税申报 / 204

一、基本规定 / 204

    (一)无住所个人的征税规定 / 204
        1. 税收管辖权标准 / 204
        2. 住所标准 / 205
        3. 居住天数标准 / 205
        【案例 8-1】居住天数的计算 / 206
        4. 境内所得与境外所得的判定标准 / 206
        【案例 8-2】如何判断境外支付的所得是否来源于境内 / 207

（二）无住所个人的免税规定 /207

　　1. 免税范围 /207

　　【案例 8-3】来华外籍人员是否享受优惠的判定 /208

　　2. 连续不满六年的判定标准 /209

　　【案例 8-4】在境内居住累计满 183 天的年度连续"满六年"的计算 /209

（三）无住所个人四项所得的计税方法 /210

　　1. 适用税率 /210

　　2. 收入额计算 /211

　　3. 应纳税额的计算 /212

　　【案例 8-5】非居民个人四项所得税款的计算 /213

　　【案例 8-6】非居民个人从两处以上取得工资的纳税申报 /213

（四）无住所个人的征管规定 /215

　　1. 年度首次申报时的征管规定 /215

　　2. 取得境外关联方支付工资的征管规定 /216

二、无住所个人工资、薪金所得的纳税申报 /216

（一）无住所个人工资、薪金所得的划分 /217

　　1. 境内工作天数的计算 /217

　　【案例 8-7】境内工作天数的计算 /217

　　2. 一般雇员境内工资、薪金所得的划分 /217

　　【案例 8-8】无住所非高管人员境内工资、薪金所得的划分 /218

　　3. 高管人员境内工资、薪金所得的划分 /218

　　【案例 8-9】高管人员境内工资、薪金所得的划分 /218

（二）无住所个人工资、薪金正常纳税申报及案例分析 /219

　　1. 在境内累计居住不超过 90 天的纳税申报 /219

　　【案例 8-10】在境内累计居住不超过 90 天的申报案例分析 /219

　　2. 在境内累计居住超过 90 天但不满 183 天的纳税申报 /220

　　【案例 8-11】居住超过 90 天但不满 183 天的申报案例分析 /221

　　3. 在境内累计满 183 天的年度连续不满六年的纳税申报 /222

　　【案例 8-12】在境内累计满 183 天的年度连续不满六年的申报案例分析 /222

　　4. 在境内居住累计满 183 天的年度连续满六年后的纳税申报 /223

（三）无住所个人工资、薪金特殊纳税申报及案例分析 / 224

  1. 无住所个人享受受雇所得协定待遇的纳税申报 / 224

  【案例 8-13】无住所个人享受境内受雇所得协定待遇申报案例分析 / 225

  2. 无住所高管人员的纳税申报及案例分析 / 225

  【案例 8-14】无住所高管人员的纳税申报 / 227

  3. 非居民个人取得数月奖金的纳税申报案例分析 / 228

  【案例 8-15】非居民个人取得数月奖金的税款计算 / 228

  4. 取得股权激励的纳税申报案例分析 / 229

  【案例 8-16】非居民个人取得股权激励的税款计算 / 230

  5. 非居民个人转居民个人的申报案例 / 231

  【案例 8-17】非居民个人转居民个人的纳税申报 / 231

第九章　自然人电子税务局操作流程 / 235

一、自行申报手机 App 端操作流程 / 235

  1. App 如何下载 / 235

  2. App 账号如何实名注册 / 236

  3. App 账号如何实名登录 / 237

  4. 如何填写个人信息 / 238

  5. 如何填写任职受雇信息 / 239

  6. 如何填写家庭成员信息 / 239

  7. 如何填写银行卡信息 / 239

  8. 如何修改手机号码 / 240

  9. 如何找回密码 / 240

  10. 如何进行专项附加扣除信息采集 / 241

  11. 如何查询专项附加扣除填报记录 / 243

  12. 如何确认下一年度专项附加扣除信息 / 243

  13. 如何查询收入纳税明细 / 244

  14. 如何办理个人所得税年度自行申报（简易申报）/ 244

  15. 如何办理个人所得税年度自行申报（标准申报，不含境外）/ 245

  16. 如何作废或更正申报记录 / 246

17. 如何进行缴退税 / 246
18. 如何建立委托关系，以便受托人办税 / 247
19. 如何进行办税授权，以便由单位集中申报 / 247
20. 对任职、受雇信息，如何发起申诉 / 248
21. 对被冒用为财务负责人，如何发起申诉 / 248
22. 对收入数据，如何发起申诉 / 248
23. 如何查询异议处理 / 249
24. 如何查询税收优惠备案信息 / 249
25. 如何查询涉税专业服务机构信用 / 249
26. 如何进行票证查验 / 250

二、自行申报 Web 网页端操作流程 / 250

1. Web 端如何注册 / 250
2. Web 端如何实名登录 / 250
3. 如何录入和维护个人信息 / 252
4. 如何修改手机号码或登录密码 / 253
5. 如何进行办税授权管理 / 253
6. 如何填报专项附加扣除信息 / 253
7. 如何进行经营所得个人所得税的自行申报 / 253
8. 如何建立与中介机构的委托代理关系 / 254
9. 如何进行个人综合所得汇算申报 / 255
10. 如何进行网上缴税 / 255
11. 如何办理退抵税申请 / 256
12. 如何更正和作废申报记录 / 257
13. 如何查询专项附加扣除信息 / 257
14. 如何办理备案信息查询 / 257
15. 如何查询涉税专业服务机构信用 / 258
16. 如何进行票证查验 / 258
17. 如何办理异议申诉 / 258

三、年度汇算单位代办申报端操作流程 / 259

1. 集中申报如何登录 / 259

2. 如何办理申报表填报　/ 260

　　3. 如何办理退税　/ 263

　　4. 如何办理税款缴纳　/ 264

　　5. 如何更正或作废申报　/ 264

四、年度汇算委托代理申报端操作流程　/ 265

　　1. 如何登录委托申报　/ 265

　　2. 如何进行委托管理　/ 266

　　3. 如何进行申报表填报　/ 266

　　4. 如何办理退税申请　/ 268

　　5. 如何办理税款缴纳　/ 268

　　6. 如何更正或作废申报　/ 269

五、扣缴客户端操作流程　/ 269

　　1. 如何安装扣缴客户端　/ 269

　　2. 如何注册账号　/ 270

　　3. 如何进行系统登录　/ 271

　　4. 如何采集报送人员信息　/ 271

　　5. 如何采集报送专项附加扣除信息　/ 274

　　6. 如何确认下一年度的专项附加扣除信息　/ 275

　　7. 如何办理综合所得预扣预缴申报　/ 275

　　8. 如何更正或作废预扣预缴申报　/ 282

　　9. 如何办理分类所得代扣代缴申报　/ 283

　　10. 如何更正和作废分类所得代扣代缴申报　/ 285

　　11. 如何办理限售股转让扣缴申报　/ 286

　　12. 如何办理非居民个人所得税代扣代缴申报　/ 287

　　13. 如何办理经营所得个人所得税申报　/ 289

　　14. 如何办理综合、分类、非居民所得申报缴款　/ 291

　　15. 如何办理代理经营所得申报缴款　/ 292

　　16. 如何办理退付手续费核对　/ 294

　　17. 如何办理分期或延期缴纳备案　/ 294

附录 A　个人所得税扣缴申报表 / 297

附录 B　个人所得税基础信息表（A 表） / 302

附录 C　个人所得税专项附加扣除信息表 / 306

附录 D　个人所得税减免税事项报告表 / 316

附录 E　个人所得税公益慈善事业捐赠扣除明细表 / 320

附录 F　个人所得税自行纳税申报表（A 表） / 323

附录 G　个人所得税基础信息表（B 表） / 327

附录 H.1　个人所得税年度自行纳税申报表（A 表） / 332

附录 H.2　个人所得税年度自行纳税申报表（简易版） / 339

附录 H.3　个人所得税年度自行纳税申报表（问答版） / 342

附录 I　个人所得税年度自行纳税申报表（B 表） / 351

附录 J　境外所得个人所得税抵免明细表 / 361

附录 K　个人所得税经营所得纳税申报表（A 表） / 368

附录 L　个人所得税经营所得纳税申报表（B 表） / 373

附录 M　个人所得税经营所得纳税申报表（C 表） / 379

附录 N　代扣代缴手续费申请表 / 383

附录 O　商业健康保险税前扣除情况明细表 / 385

附录 P　个人税收递延型商业养老保险税前扣除情况明细表 / 387

附录 Q　限售股转让所得扣缴个人所得税报告表 / 390

附录 R　限售股转让所得个人所得税清算申报表 / 393

个人所得税基本税制概述

2018年8月31日,全国人大常委会通过了《关于修改〈中华人民共和国个人所得税法〉的决定》(中华人民共和国主席令第九号),这是我国个人所得税法的第七次修订,也是一次里程碑式的改革。此次改革统筹建立了综合与分类相结合的税制,调整优化了税率结构,合理提高了基本减除费用标准,首次设立了专项附加扣除,增设了反避税条款等内容,健全了个人所得税征管制度,进一步与国际惯例接轨,对完善现代税制体系,加强税收法治建设,推动经济社会更加平衡、充分地发展,具有重要意义。

本章综述了个人所得税各税制要素的相关知识。关于各项所得具体纳税申报的有关知识,在其他章节进行了详细介绍;关于反避税、协同治税、法律责任、实名办税等有关知识,建议查阅本书作者团队编著的、由机械工业出版社于2019年6月发行的《一本书看透个人所得税》。本书绝大部分纳税申报表的填报用例也是由该书相关案例改编而成的,为的就是让两本书的读者更加完整而系统地掌握个人所得税的知识。

一、征税项目

(一) 征税项目具体范围的界定

《中华人民共和国个人所得税法》(以下简称《个人所得税法》)第二条规定,下列各项个人所得,应当缴纳个人所得税。

(1) 工资、薪金所得。

(2) 劳务报酬所得。

(3) 稿酬所得。

(4)特许权使用费所得。

(5)经营所得。

(6)利息、股息、红利所得。

(7)财产租赁所得。

(8)财产转让所得。

(9)偶然所得。

其中,居民个人取得工资、薪金所得,劳务报酬所得,稿酬所得,特许权使用费所得称为综合所得,按纳税年度合并计算个人所得税。非居民个人取得工资、薪金所得,劳务报酬所得,稿酬所得,特许权使用费所得按月或者按次分项计算个人所得税。

《中华人民共和国个人所得税法实施条例》(中华人民共和国国务院令第707号,以下简称《个人所得税法实施条例》)第六条具体对各项个人所得的范围进行了界定,如表1-1所示。

提醒读者注意的是,考虑个人所得税优惠政策衔接问题,个人取得全年一次性奖金收入、中央企业负责人绩效薪金延期兑现收入和任期奖励、单位低价向职工售房、个人股权激励收入、提前退休一次性补贴、内部退养一次性补偿金、解除劳动合同一次性补偿金、年金领取、税收递延型商业养老险,在过渡期内,可以不并入当年综合所得,单独计算个人所得税。相关纳税申报知识可查阅本书第三章内容。

(二)境内所得与境外所得的界定

《个人所得税法实施条例》第二条规定,个人所得税法所称从中国境内和境外取得的所得,分别是指来源于中国境内的所得和来源于中国境外的所得。

1. 来源于中国境内所得的界定

根据《个人所得税法实施条例》以及《财政部 税务总局关于非居民个人和无住所居民个人有关个人所得税政策的公告》(财政部 税务总局公告2019年第35号)第一条第四款的规定,除国务院财政、税务主管部门另有规定外,下列所得,不论支付地点是否在中国境内,均为来源于中国境内的所得。

(1)因任职、受雇、履约等在中国境内提供劳务取得的所得。

(2)将财产出租给承租人在中国境内使用而取得的所得。

表1-1 个人所得税各项所得征税范围明细表

序号	征税项目	征税范围
1	工资、薪金所得	个人因任职或者受雇取得的工资、薪金、奖金、年终加薪、劳动分红、津贴、补贴以及与任职或者受雇有关的其他所得
2	劳务报酬所得	个人从事劳务取得的所得，包括从事设计、装潢、安装、制图、化验、测试、医疗、法律、会计、咨询、讲学、翻译、审稿、书画、雕刻、影视、录音、录像、演出、表演、广告、展览、技术服务、介绍服务、经纪服务、代办服务以及其他劳务取得的所得
3	稿酬所得	个人因其作品以图书、报刊形式出版、发表而取得的所得
4	特许权使用费所得	个人提供专利权、商标权、著作权、非专利技术以及其他特许权的使用权取得的所得；提供著作权的使用权取得的所得，不包括稿酬所得
5	经营所得	①个体工商户从事生产、经营活动取得的所得，个人独资企业投资人、合伙企业的个人合伙人来源于境内注册的个人独资企业、合伙企业生产、经营的所得； ②个人依法从事办学、医疗、咨询以及其他有偿服务活动取得的所得； ③个人对企业、事业单位承包经营、承租经营以及转包、转租取得的所得； ④个人从事其他生产、经营活动取得的所得
6	利息、股息、红利所得	个人拥有债权、股权等而取得的利息、股息、红利所得
7	财产租赁所得	个人出租不动产、机器设备、车船以及其他财产取得的所得
8	财产转让所得	个人转让有价证券、股权、合伙企业中的财产份额、不动产、机器设备、车船以及其他财产取得的所得
9	偶然所得	个人得奖、中奖、中彩以及其他偶然性质的所得

（3）许可各种特许权在中国境内使用而取得的所得。

（4）转让中国境内的不动产等财产或者在中国境内转让其他财产取得的所得。

（5）从中国境内企业、事业单位、其他组织以及居民个人取得的利息、股息、红利所得。

（6）由境内企业、事业单位、其他组织支付或者负担的稿酬所得。

2. 来源于中国境内所得的判断要点及案例分析

除国务院财政、税务主管部门另有规定外，不论支付地点是否在中国境内，来源于中国境内的所得，判断要点如表1-2所示。

表1-2 来源于中国境内所得的判断要点一览表

序号	所得项目		来源于中国境内	判断要点
1	工资、薪金所得，劳务报酬所得		在中国境内提供劳务	看是否在中国干活
2	稿酬所得、偶然所得		由境内企业、事业单位、其他组织支付或者负担	看是否由中方支付或负担
3	特许权使用费所得、财产租赁所得		在中国境内使用	看是否在中国用
4	利息、股息、红利所得		从中国境内企业、事业单位、其他组织以及居民个人取得	看是否从中国取得
5	经营所得		在中国境内从事生产、经营活动	看是否在中国经营
6	财产转让所得	不动产、股权	转让中国境内的财产	看转让的财产是否在中国
		其他财产	在中国境内转让	看是否在中国转让

【案例1-1】来源于中国境内或境外所得的判断

法国人杰克是非居民个人，他是世界著名服装设计师，也是名模，2020年取得以下所得：

（1）在法国自己的工作室，根据中国某服务公司的需求为其设计服装，取得设计费 200 万元人民币。

（2）与法国某服装品牌公司签订协议，由其在中国北京、上海、广州、深圳走秀 10 天，回到法国后，由该公司一次性支付 500 万欧元。

（3）向美国人玛丽转让其在中国某公司的股权，取得转让收入 1000 万美元。

请判断杰克上述所得中的哪些是来源于中国境内的所得。

解析：

（1）杰克的设计费所得，虽然是中国境内企业支付的，但是劳务发生在法国，应该判定为来源于中国境外的所得。

（2）杰克的走秀所得，虽然是法国公司支付的，但是劳务发生在中国境内，应该判定为来源于中国境内的所得。

（3）杰克的股权转让所得，转让的是中国境内公司的股权，应当判定为来源于中国境内的所得。

注：居民个人境外所得纳税申报相关知识，请查阅本书第七章。

二、纳税人和扣缴义务人

（一）纳税人的基本规定

《个人所得税法》第九条规定，个人所得税以所得人为纳税人。纳税人有中国公民身份号码的，以中国公民身份号码为纳税人识别号；纳税人没有中国公民身份号码的，由税务机关赋予其纳税人识别号。

《个人所得税法》第一条将个人所得税纳税人分为居民个人和非居民个人，并具体规定了税收管辖权。

1. 什么是居民个人

在中国境内有住所，或者无住所而一个纳税年度内在中国境内居住累计满 183 天的个人，为居民个人。

居民个人从中国境内和境外取得的所得，依法缴纳个人所得税。

2. 什么是非居民个人

在中国境内无住所又不居住，或者无住所而一个纳税年度内在中国境内居住累计不满183天的个人，为非居民个人。

非居民个人从中国境内取得的所得，依法缴纳个人所得税。

【案例1-2】居民个人和非居民个人的判断

斯佳丽是瑞典居民，打算来中国居住八个月，计划2020年6月30日来中国并于2021年2月24日回瑞典。

解析：

斯佳丽2020年度在中国居住了184天（7月、8月、10月、12月各31天，9月、11月各30天），达到了在一个纳税年度内居住满183天的条件，可以判定斯佳丽在2020年度为中国的居民个人，如果不考虑免税因素，其来源于中国境内的所得需要在中国缴纳个人所得税，其来源于中国境外的所得也应在中国缴纳个人所得税。

如果斯佳丽推迟来中国的时间，计划2020年7月2日来中国并于2021年2月1日回瑞典，那么2020年度她在中国只居住了182天，未达到在一个纳税年度内居住满183天的条件，可以判定斯佳丽为中国的非居民个人，其仅就来源于中国境内的所得在中国缴纳个人所得税，其来源于中国境外的所得无须在中国缴纳个人所得税。

此外，在税法实践中，又从其他不同角度对个人所得税纳税人进行了分类。

（1）从纳税人身份角度来看，个人所得税的纳税人不仅包括一般自然人（包括中国公民和外籍个人），还包括"自然人性质的特殊主体"，如个体工商户业主、个人独资企业的投资人、合伙企业的个人合伙人。

注： 个人独资企业和合伙企业不缴纳企业所得税，个人独资企业以投资者个人为纳税人，合伙企业以每一个合伙人为纳税人。个体工商户以其业主个人为纳税人。

（2）从纳税人是否在中国境内有住所角度来看，个人所得税的纳税人分为有住所个人和无住所个人。

无住所个人又可以根据一个纳税年度内是否在中国境内居住累计满183天，区分为非居民个人和无住所居民个人两种情形。

注： 无住所个人的纳税申报相关知识，请查阅本书第八章。

(二) 扣缴义务人的基本规定

1. 扣缴义务人的一般情形

《个人所得税法》第九条规定，个人所得税以所得人为纳税人，以支付所得的单位或者个人为扣缴义务人。扣缴义务人扣缴税款时，纳税人应当向扣缴义务人提供纳税人识别号。

《个人所得税法》第十条至第十二条、第十四条，《个人所得税法实施条例》第二十四条、第二十六条，分别对扣缴义务人履行扣缴义务做了以下具体规定。

（1）扣缴义务人应当按照国家规定办理全员全额扣缴申报，并向纳税人提供其个人所得和已扣缴税款等信息。

所称全员全额扣缴申报，是指扣缴义务人在代扣税款的次月15日内，向主管税务机关报送其支付所得的所有个人的有关信息、支付所得数额、扣除事项和数额、扣缴税款的具体数额和总额以及其他相关涉税信息资料。

（2）居民个人向扣缴义务人提供专项附加扣除信息的，扣缴义务人按月预扣预缴税款时应当按照规定予以扣除，不得拒绝。

（3）非居民个人取得工资、薪金所得，劳务报酬所得，稿酬所得和特许权使用费所得，有扣缴义务人的，由扣缴义务人按月或者按次代扣代缴税款，不办理年度汇算。

（4）纳税人取得利息、股息、红利所得，财产租赁所得，财产转让所得和偶然所得，按月或者按次计算个人所得税，有扣缴义务人的，由扣缴义务人按月或者按次代扣代缴税款。

（5）扣缴义务人每月或者每次预扣、代扣的税款，应当在次月15日内缴入国库，并向税务机关报送《个人所得税扣缴申报表》（表格样式及填报说明见附录A，下同）。

（6）扣缴义务人向个人支付应税款项时，应当依照个人所得税法规定预扣或代扣税款，按时缴库，并专项记载备查。所称支付，包括现金支付，汇拨支付，转账支付和以有价证券、实物以及其他形式的支付。

2. 扣缴义务人的特殊情形

在特殊情况下，也有扣缴义务人不是支付所得的单位和个人的情形。这种情形主要是由于支付所得的单位和个人与取得所得的人之间有多重支付的现象，有时难以确定扣缴义务人。《国家税务总局关于个人所得税偷税案件查处中有关问题的补充通知》(国税函〔1996〕602号)第三条规定,为保证全国执行的统一,现将认定标准规定为:凡税务机关认定对所得的支付对象和支付数额有决定权的单位和个人,即为扣缴义务人。

作者整理了以下具有代表性的政策规定,供读者参考。

(1)个人取得企业债券利息。企业债券利息个人所得税统一由各兑付机构在向持有债券的个人兑付利息时负责代扣代缴,就地入库。各兑付机构应按照个人所得税法的有关规定做好代扣代缴个人所得税工作。[《国家税务总局关于加强企业债券利息个人所得税代扣代缴工作的通知》(国税函〔2003〕612号)]

(2)个人取得拍卖所得。个人财产拍卖所得应纳的个人所得税税款,由拍卖单位负责代扣代缴,并按规定向拍卖单位所在地主管税务机关办理纳税申报。[《国家税务总局关于加强和规范个人取得拍卖收入征收个人所得税有关问题的通知》(国税发〔2007〕38号)]

财产拍卖,交易双方并不是直接交易,而是通过拍卖单位间接交易,所以指定拍卖单位为扣缴义务人是征管成本最低的一种方式。

(3)个人转让限售股所得。限售股转让所得个人所得税,以限售股持有者为纳税义务人,以个人股东开户的证券机构为扣缴义务人。限售股个人所得税由证券机构所在地主管税务机关负责征收管理。[《财政部 国家税务总局 证监会关于个人转让上市公司限售股所得征收个人所得税有关问题的通知》(财税〔2009〕167号)]

对于股票交易来说,如果严格按照《个人所得税法》中所规定的,以支付所得的单位和个人作为扣缴义务人,税收征收管理就会陷入无所适从的状态,买卖双方并不见面,也不是一一对应关系,全靠交易系统进行撮合,买家做扣缴义务人是不可能的,所以对于限售股转让来说,指定交易第三方的证券机构为扣缴义务人是最为恰当的。

(4)个人技术成果入股递延纳税。选择技术成果投资入股递延纳税政策的,经向主管税务机关备案,投资入股当期可暂不纳税,允许递延至转让股权时,按股权转让收入减去技术成果原值和合理税费后的差额计算缴纳所得税。企业实施股权激励或个人以技术成果投资入股,以实施股权激励或取得技术成果的企业为个人所得税扣缴义务人。递延纳税期间,扣缴义务人应在每个纳税年度终了后向主管税务机关报告递延纳税有关情况。[《财政部 国家税务总局关于完善股权激励和技术入股有关所得税政策的通知》(财税〔2016〕101号)]

3. 代扣代缴手续费的规定

《个人所得税法》第十七条规定，对扣缴义务人按照所扣缴的税款，付给 2% 的手续费。

《个人所得税法实施条例》第三十三条规定，税务机关按照个人所得税法第十七条的规定付给扣缴义务人手续费，应当填开退还书；扣缴义务人凭退还书，按照国库管理有关规定办理退库手续。

扣缴义务人申请个人所得税扣缴手续费，应向税务机关填报《代扣代缴手续费申请表》（报表内容和填报说明见附录 N）。

注意：个人所得税扣缴手续费不受《财政部 税务总局 人民银行关于进一步加强代扣代收代征税款手续费管理的通知》（财行〔2019〕11 号）关于"支付给单个扣缴义务人年度最高限额 70 万元，超过限额部分不予支付"的限制。

三、各项所得的计税方法

（一）居民个人综合所得的计税方法

1. 适用税率

《个人所得税法》第三条第一款规定，综合所得适用 3%～45% 的超额累进税率，税率表即《个人所得税税率表一》，如表 1-3 所示。

表 1-3　个人所得税税率表一（居民个人综合所得适用）

级数	全年应纳税所得额	税率（%）	速算扣除数
1	不超过 36 000 元的	3	0
2	超过 36 000 元至 144 000 元的部分	10	2 520
3	超过 144 000 元至 300 000 元的部分	20	16 920
4	超过 300 000 元至 420 000 元的部分	25	31 920
5	超过 420 000 元至 660 000 元的部分	30	52 920
6	超过 660 000 元至 960 000 元的部分	35	85 920
7	超过 960 000 元的部分	45	181 920

2. 应纳税额的计算

（1）应纳税所得额的计算。《个人所得税法》第六条第一款规定，居民个人的综合所得，以每一纳税年度的收入额减除费用 6 万元以及专项扣除、专项附加扣除和依法确定的其他扣除后的余额，为应纳税所得额。

劳务报酬所得、稿酬所得、特许权使用费所得以收入减除 20% 的费用后的余额为收入额。稿酬所得的收入额减按 70% 计算。

《个人所得税法实施条例》第十三条规定，所称依法确定的其他扣除，包括个人缴付符合国家规定的企业年金、职业年金，个人购买符合国家规定的商业健康保险、税收递延型商业养老保险的支出，以及国务院规定可以扣除的其他项目。

专项扣除、专项附加扣除和依法确定的其他扣除，以居民个人一个纳税年度的应纳税所得额为限额；一个纳税年度扣除不完的，不结转以后年度扣除。

个人将其所得对教育、扶贫、济困等公益慈善事业进行捐赠，捐赠额未超过纳税人申报的扣除捐赠额之前的应纳税所得额 30% 的部分，可以从其应纳税所得额中扣除；国务院规定对公益慈善事业捐赠实行全额税前扣除的，从其规定。

注：公益慈善捐赠的纳税申报，本书第六章做了详细的介绍。

（2）应纳税额计算公式如下：

$$应纳税额 = 应纳税所得额 \times 适用税率 - 速算扣除数$$

居民个人取得综合所得，按纳税年度合并计算个人所得税，具体如表 1-4 所示。

表 1-4　居民个人综合所得应纳税额计算明细表

序号	所得项目	收入额	应纳税额计算
1	工资、薪金所得	收入×100%	[工资、薪金所得收入额＋劳务报酬所得收入额＋特许权使用费所得收入额＋稿酬所得收入额）－60 000－专项扣除－专项附加扣除－依法确定的其他扣除－公益捐赠]×适用税率－速算扣除数
2	劳务报酬所得	收入×（1-20%）	
3	特许权使用费所得		
4	稿酬所得	收入×（1-20%）×70%	

【案例 1-3】居民个人综合所得的应纳税额计算

中国公民金好好为境内一家企业白云公司的职员。

2020 年，金好好的收入情况如下：

（1）全年取得公司发放的工资薪金 180 000 元，无其他特殊性工资薪金所得。

（2）3 月给昊天公司提供培训服务，收入 20 000 元；6 月给盛大公司提供培训服务，收入 30 000 元。

（3）3 月出版一本专著，9 月获得稿酬 50 000 元，12 月获得稿酬 100 000 元。

（4）10 月将其拥有的一项非专利技术提供给白云公司使用，一次性收取使用费 300 000 元。

2020 年，金好好的支出情况如下：

（1）按国家规定标准缴纳的三险一金共计 50 000 元。

（2）发生符合扣除标准的住房贷款利息 12 000 元、子女教育支出 10 000 元。

（3）发生符合扣除标准的企业年金 6000 元。

（4）通过民政局向受灾地区捐赠 150 000 元。

请问：金好好 2020 年度综合所得应缴纳多少个人所得税？

解析：

（1）全年综合所得收入额的计算。

工资、薪金所得收入额：180 000 元。

劳务报酬所得收入额 =（20 000+30 000）×（1-20%）=40 000（元）

稿酬所得收入额 =（50 000+100 000）×（1-20%）×70%=84 000（元）

特许权使用费所得 =300 000×（1-20%）=240 000（元）

综合所得收入额 =180 000+40 000+84 000+240 000=544 000（元）

（2）公益慈善捐赠扣除额的计算。

扣除捐赠额之前的应纳税所得额 = 544 000-60 000-50 000-12 000-10 000-6000=406 000（元）

准予扣除公益慈善捐赠限额 =406 000×30%=121 800（元）

实际捐赠 150 000 元＞121 800 元，准予扣除的捐赠额为 121 800 元。

（3）全年综合所得应纳税额的计算。

应纳税所得额 =406 000-121 800=284 200（万元）

适用的税率为 20%，速算扣除数为 16 920。

应纳税额 =284 200×20%-16 920=39 920（元）

注：居民个人综合所得的纳税申报，本书第三章做了详细的介绍。

(二)非居民个人四项所得的计税方法

《个人所得税法》第二条第二款、第六条第二款和《国家税务总局关于全面实施新个人所得税法若干征管衔接问题的公告》(国家税务总局公告 2018 年第 56 号)第二条对非居民个人的工资、薪金所得,劳务报酬所得,稿酬所得,特许权使用费所得,如何计算应纳税额,进行了详细的规定。

1.适用税率

非居民个人取得工资、薪金所得,劳务报酬所得,稿酬所得,特许权使用费所得按月或者按次分项计算个人所得税,适用《综合所得税率按月换算税率表》(以下称《月度税率表》)计算应纳税额。《月度税率表》即《个人所得税税率表三》,如表 1-5 所示。

表 1-5 个人所得税税率表三(月度税率表)

(非居民个人的工资、薪金所得,劳务报酬所得,稿酬所得,特许权使用费所得适用)

级数	全月应纳税所得额	税率(%)	速算扣除数
1	不超过 3 000 元的	3	0
2	超过 3 000 至 12 000 元的部分	10	210
3	超过 12 000 元至 25 000 元的部分	20	1 410
4	超过 25 000 元至 35 000 元的部分	25	2 660
5	超过 35 000 元至 55 000 元的部分	30	4 410
6	超过 55 000 元至 80 000 元的部分	35	7 160
7	超过 80 000 元的部分	45	15 160

2.应纳税额的计算

(1)应纳税所得额的计算。

非居民个人的工资、薪金所得,以每月收入额减除费用 5000 元后的余额为应纳税所得额。

劳务报酬所得、稿酬所得、特许权使用费所得,以每次收入额为应纳税所得额。

其中:劳务报酬所得、稿酬所得、特许权使用费所得以收入减除 20% 的费用后的余额为收入额;稿酬所得的收入额减按 70% 计算。

个人将其所得对教育、扶贫、济困等公益慈善事业进行的捐赠,捐赠额未超过纳税人申报的扣除捐赠额之前的应纳税所得额 30% 的部分,可以从其应纳税所得额中扣除;国务院规定对公益慈善事业捐赠实行全额税前扣除的,从其规定。

(2)应纳税额计算公式如下:

非居民个人工资、薪金所得,劳务报酬所得,稿酬所得,特许权使用费所得应纳税额 = 应纳税所得额 × 税率 − 速算扣除数

应纳税额的计算具体如表 1-6 所示。

表 1-6 非居民个人四项所得应纳税额计算明细表

序号	项目	应纳税额计算
1	工资、薪金所得	(每月收入 − 5 000 − 公益捐赠)× 适用税率 − 速算扣除数
2	劳务报酬所得	[每次收入 ×(1−20%)− 公益捐赠]× 适用税率 − 速算扣除数
3	特许权使用费所得	
4	稿酬所得	[每次收入 ×(1−20%)× 70%− 公益捐赠]× 适用税率 − 速算扣除数

【案例 1-4】非居民个人四项所得应纳税额的计算

玛丽为非居民个人,2020 年 3 月在我国取得收入情况如下:

(1)取得我国蓝天公司发放的工资薪金 30 000 元。

(2)从我国白云公司取得培训收入 20 000 元。

(3)业余撰写业务论文,在国内一专业杂志 ZERO 发表,获得稿酬 2000 元。

(4)将她拥有的一项专利技术提供给蓝天公司使用,收取使用费 500 000 元。

假设不考虑其他税费,请问:玛丽当月应缴纳多少个人所得税?

解析:

(1)工资、薪金应纳税额的计算。

应纳税所得额 =30 000−5000=25 000(元)

适用的税率为 20%,速算扣除数为 1410。

应纳税额 =25 000 × 20%−1410=3590(元)

(2)劳务报酬所得应纳税额的计算。

应纳税所得额 =20 000 ×(1−20%)=16 000(元)

适用的税率为 20%,速算扣除数为 1410。

应纳税额 =16 000×20%-1410=1790（元）

（3）稿酬所得应纳税额的计算。

应纳税所得额 =2000×（1-20%）×70%=1120（元）

应纳税额 =1120×3%=33.60（元）

（4）特许权使用费所得应纳税额的计算。

应纳税所得额 =500 000×（1-20%）=400 000（元）

适用的税率为 45%，速算扣除数为 15 160。

应纳税额 =400 000×45%-15 160=164 840（元）

（5）玛丽 3 月应纳税额的计算。

玛丽 3 月应纳税额合计 =3590+1790+33.60+164 840=170 253.60（元）

注：非居民个人的纳税申报，本书第八章做了详细的介绍。

（三）经营所得的计税方法

1. 适用税率

《个人所得税法》第三条第二款规定，经营所得，适用 5%～35% 的超额累进税率，税率表即《个人所得税税率表二》，如表 1-7 所示。

表 1-7　个人所得税税率表二（经营所得适用）

级数	全年应纳税所得额	税率（%）	速算扣除数
1	不超过 30 000 元的	5	0
2	超过 30 000 元至 90 000 元的部分	10	1 500
3	超过 90 000 至 300 000 元的部分	20	10 500
4	超过 300 000 元至 500 000 元的部分	30	40 500
5	超过 500 000 元的部分	35	65 500

2. 应纳税额的计算

（1）应纳税所得额的计算。根据《个人所得税法》第六条第三款、《个人所得税法实施条例》第十五条的规定，经营所得，以每一纳税年度的收入总额减除成本、费用以及损失后的余额，为应纳税所得额。取得经营所得的个人，没有综合所得的，计算其每一纳税年度的应纳税所得额时，应当减除费用 6 万元、专项扣除、专项附加扣除以及依法确定的其他扣除。

（2）应纳税额计算公式如下：

经营所得应纳税额 = 应纳税所得额 × 税率 - 速算扣除数

经营所得应纳税额计算方法具体如表1-8所示。

表1-8 经营所得应纳税额计算明细表

具体情形	应纳税额的计算
没有综合所得的	[（收入总额 - 成本 - 费用 - 损失）× 分配比例 - 60 000 - 专项扣除 - 专项附加扣除 - 依法确定的其他扣除 - 公益捐赠] × 适用税率 - 速算扣除数
有综合所得的	[（收入总额 - 成本 - 费用 - 损失）× 分配比例 - 公益捐赠] × 适用税率 - 速算扣除数

注：上述计算方法仅适用于查账征收的个体工商户业主、个人独资企业投资人、合伙企业个人合伙人、承包承租经营者个人，以及其他从事生产、经营活动的个人在中国境内取得经营所得时计算个人所得税。

【案例1-5】经营所得应纳税额的计算

胡昊与吴桢在上海共同创办了景鸿合伙企业，合伙协议约定利润分配比例胡昊为60%，吴桢为40%。2020年景鸿合伙企业实现收入总额达10 000 000元，成本费用6 000 000元，其中：列支胡昊工资120 000元，其他事项纳税调整增加额为380 000元。

胡昊2020年无任何综合所得，实际缴纳基本养老保险和基本医疗保险24 000元，符合条件的专项附加扣除为36 000元。吴桢在一家公司上班，2020年的工资、薪金所得为200 000元，实际缴纳三险一金40 000元，符合条件的专项附加扣除为30 000元，已由单位在发放工资预扣预缴个人所得税时进行了扣除，另外吴桢从经营所得中拿出500 000元通过民政局捐赠给贫困地区。请问：胡昊与吴桢来源于景鸿合伙企业的经营所得应该缴纳多少个人所得税？

解析：

（1）第一步，计算景鸿合伙企业的应纳税所得额。

应纳税所得额 = 收入 - 成本费用 + 税前列支的投资者工资 + 纳税调整增加额 = 10 000 000 - 6 000 000 + 120 000 + 380 000 = 4 500 000（元）

（2）第二步，计算合伙人来源于景鸿合伙企业的经营所得。

合伙企业的投资者按照合伙企业的全部经营所得和合伙协议约定的分配比例确定应纳税所得额。

胡昊来源于合伙企业的经营所得=4 500 000×60%=2 700 000（元）

吴桢来源于合伙企业的经营所得=4 500 000×40%=1 800 000（元）

（3）第三步，计算个人经营所得的应纳税额。

1）胡昊没有综合所得，计算应纳税所得额时，可减除费用60 000元、专项扣除、专项附加扣除以及依法确定的其他扣除。

应纳税所得额=2 700 000−60 000−24 000−36 000=2 580 000（元）

适用的税率为35%，速算扣除数为65 500。

应纳税额=2 580 000×35%−65 500=837 500（元）

2）吴桢有综合所得，减除费用60 000元、专项扣除、专项附加扣除以及依法确定的其他扣除已在综合所得的应纳税所得额扣除的，不能重复扣除。

吴桢经营所得扣除捐赠额之前的应纳税所得额=1 800 000（元）

准予扣除的公益慈善事业捐赠额=1 800 000×30%=540 000（元）

实际捐赠500 000元，小于扣除限额，可以据实扣除。

扣除捐赠额之后的应纳税所得额=1 800 000−500 000=1 300 000（元）

适用的税率为35%，速算扣除数为65 500。

应纳税额=1 300 000×35%−65 500=389 500（元）

注：经营所得的纳税申报，本书第四章做了详细的介绍。

（四）其他分类所得的计税方法

《个人所得税法》第六条第四款至第六款对其他分类所得的应纳税额的计算做了具体的规定。

1.财产租赁所得的计税方法

财产租赁所得，每次收入不超过4000元的，减除费用800元后的余额按20%的税率计算缴纳个人所得税；每次收入4000元以上的，减除20%费用后的余额按20%的税率计算缴纳个人所得税。

此外，有关财产租赁所得个人所得税前扣除税费的扣除次序，《国家税务总局关于个人所得税若干业务问题的批复》(国税函〔2002〕146号)第二条规定如下。

（1）财产租赁过程中缴纳的税费。

（2）向出租方支付的租金。

（3）由纳税人负担的租赁财产实际开支的修缮费用。

（4）税法规定的费用扣除标准。

个人将其所得对教育、扶贫、济困等公益慈善事业进行捐赠，捐赠额未超过纳税人申报的扣除捐赠额之前的应纳税所得额30%的部分，可以从其应纳税所得额中扣除；国务院规定对公益慈善事业捐赠实行全额税前扣除的，从其规定。

【案例1-6】财产租赁所得个人所得税的计算

2020年2月，钱鑫将两年前从白云公司租赁的一套专用设备，转租给了碧海公司，每月收取租金126 000元（含增值税），租赁期为3年。当月缴纳增值税6000元，缴纳其他税费360元，发生了修缮费用1500元，支付给白云公司租金100 000元，并取得了发票。请问：当月碧海公司应代扣代缴钱鑫多少个人所得税？

解析：

（1）应税收入不含增值税，即该项财产租赁所得应税收入为120 000元。

（2）该项财产租赁所得个人所得税前扣除税费的扣除次序如下。

1）财产租赁过程中缴纳的税费：360元。

2）向出租方支付的租金：100 000元。

3）由纳税人负担的租赁财产实际开支的修缮费用：800元（每月以800元为限）。

4）税法规定的费用扣除标准：收入额4000元以上，定率扣除20%。

应纳税所得额=(120 000-360-100 000-800)×(1-20%)=15 072（元）

（3）碧海公司应代扣代缴个人所得税=15 072×20%=3014.40（元）

2.财产转让所得的计税方法

财产转让所得，以转让财产的收入额减除财产原值和合理费用后的余额，除个人转让住房外，按20%的税率计算缴纳个人所得税。

注意：个人转让住房的，按10%的税率计算缴纳个人所得税。个人转让房屋的个人所得税应税收入不含增值税，其取得房屋时所支付价款中包含的增值税计入财产原值，计算转让所得时可扣除的税费不包括本次转让缴纳的增值税。

对个人转让自用"5年以上"并且是家庭"唯一""生活用房"取得的所得，继续免征个人所得税。

个人将其所得对教育、扶贫、济困等公益慈善事业进行捐赠，捐赠额未超过纳税人申报的扣除捐赠额之前的应纳税所得额30%的部分，可以从其应纳税所得额中扣除；国务院规定对公益慈善事业捐赠实行全额税前扣除的，从其规定。

3. 利息、股息、红利所得的计税方法

利息、股息、红利所得，以每次收入额按20%的税率计算缴纳个人所得税。

个人将其所得对教育、扶贫、济困等公益慈善事业进行捐赠，捐赠额未超过纳税人申报的扣除捐赠额之前的应纳税所得额30%的部分，可以从其应纳税所得额中扣除；国务院规定对公益慈善事业捐赠实行全额税前扣除的，从其规定。

4. 偶然所得的计税方法

偶然所得，以每次收入额按20%的税率计算缴纳个人所得税。

个人将其所得对教育、扶贫、济困等公益慈善事业进行捐赠，捐赠额未超过纳税人申报的扣除捐赠额之前的应纳税所得额30%的部分，可以从其应纳税所得额中扣除；国务院规定对公益慈善事业捐赠实行全额税前扣除的，从其规定。

以上1～4项所得的应纳税额计算明细表如表1-9所示。

表1-9　其他分类所得应纳税额计算明细表

序号	项目	应纳税额计算
1	财产租赁所得	每次收入额≤4000，（收入额-800-公益捐赠）×20%
		每次收入额＞4000，[收入额×（1-20%）-公益捐赠]×20%
2	财产转让所得	（财产转让收入额-财产原值-合理费用-公益捐赠）×20%
3	利息、股息、红利所得	（每次收入额-公益捐赠）×20%
4	偶然所得	

【案例 1-7】其他分类所得应纳税额的计算

蓝天公司 2020 年 2 月对个人的支付费用如下：

（1）租赁张三的店面用于经营，支付租金 300 000 元（不含增值税）。

（2）支付李四的借款利息 150 000 元。

（3）开展有奖销售，特等奖奖品为价值 10 000 元的按摩椅，王五抽得此奖。

（4）受让马六一套营业房，支付价款 5 000 000 元（不含增值税），此房购置原价为 3 000 000 元，发生合理费用 200 000 元。

假设不考虑其他税费，请问：蓝天公司如何扣缴个人所得税？

解析：

（1）张三的财产租赁所得。

财产租赁额超过 4000 元，扣除 20% 的费用。

应纳税所得额 =300 000×（1-20%）=240 000（元）

应扣缴张三个人所得税 =240 000×20%=48 000（元）

（2）李四的利息、股息、红利所得。

应纳税所得额 =150 000（元）

应扣缴李四个人所得税 =150 000×20%=30 000（元）

（3）王五的偶然所得。

应纳税所得额 =10 000（元）

应扣缴王五个人所得税 =10 000×20%=2000（元）

（4）马六的财产转让所得。

应纳税所得额 =5 000 000-3 000 000-200 000=1 800 000（元）

应扣缴马六个人所得税 =1 800 000×20%=360 000（元）

注：上述四项分类所得的纳税申报，本书第五章做了详细的介绍。

四、纳税申报

（一）扣缴义务人全员全额扣缴申报

1. 基本规定

《个人所得税法》第十条第二款规定，扣缴义务人应当按照国家规定办理全员全额扣缴申报,并向纳税人提供其个人所得和已扣缴税款等信息。

《个人所得税法实施条例》第二十六条规定,所称全员全额扣缴申报,是指扣缴义务人在代扣税款的次月15日内,向主管税务机关报送其支付所得的所有个人的有关信息、支付所得数额、扣除事项和数额、扣缴税款的具体数额和总额以及其他相关涉税信息资料。

2. 具体操作办法

《国家税务总局关于发布〈个人所得税扣缴申报管理办法(试行)〉的公告》(国家税务总局公告2018年第61号,以下简称《个人所得税扣缴申报管理办法(试行)》)明确了全员全额扣缴申报具体操作办法。

(1)实行个人所得税全员全额扣缴申报的应税所得包括除经营所得之外的全部八项所得。

(2)居民个人综合所得实行由扣缴义务人按月或者按次预扣预缴税款,达到条件的,应办理汇算清缴;居民个人向扣缴义务人提供专项附加扣除信息的,扣缴义务人按月预扣预缴税款时应当按照规定予以扣除,不得拒绝。

(3)非居民个人取得工资、薪金所得,劳务报酬所得,稿酬所得和特许权使用费所得,由扣缴义务人按月或者按次代扣代缴税款,不办理汇算清缴。

(4)纳税人取得利息、股息、红利所得,财产租赁所得,财产转让所得和偶然所得,按月或者按次计算个人所得税,由扣缴义务人按月或者按次代扣代缴税款。

(5)扣缴义务人每月或者每次预扣、代扣的税款,应当在次月15日内缴入国库,并向税务机关报送《个人所得税扣缴申报表》。

(6)扣缴义务人首次向纳税人支付所得时,应当按照纳税人提供的纳税人识别号等基础信息,填写《个人所得税基础信息表(A表)》(表格样式及填报说明见附录B,下同),并于次月扣缴申报时向税务机关报送。扣缴义务人对纳税人向其报告的相关基础信息变化情况,应当于次月扣缴申报时向税务机关报送。

(7)纳税人享受子女教育、继续教育、住房贷款利息或住房租金、赡养老人五项专项附加扣除的,由扣缴义务人在扣缴税款时办理的,还应填写《个人所得税专项附加扣除信息表》(表格样式及填报说明见附录C,下同)。

(8)个人纳税年度内发生减免税事项,还应一并报送《个人所得税减免税事项报告表》(表格样式及填报说明见附录 D，下同)。

（9）个人纳税年度内发生公益慈善捐赠扣除事项，还应一并报送《个人所得税公益慈善事业捐赠扣除明细表》(表格样式及填报说明见附录 E，下同)。

操作要点总结如表 1-10 所示。

表 1-10　全员全额扣缴操作要点明细表

序号	项目	居民个人		非居民个人	
		扣缴方式	扣缴公式	扣缴方式	扣缴公式
1	工资、薪金所得	预扣预缴	本月应预扣预缴税额＝(累计预扣预缴应纳税所得额×预扣率－速算扣除数)－累计减免税额－累计已预扣预缴税额	代扣代缴	本月应代扣代缴税额＝本月应纳税所得额×税率－速算扣除数
2	劳务报酬所得	预扣预缴	本次应预扣预缴税额＝本次预扣预缴应纳税所得额×预扣率－速算扣除数	代扣代缴	本次应代扣代缴税额＝本次应纳税所得额×税率－速算扣除数
3	特许权使用费所得	预扣预缴	本次应预扣预缴税额＝本次预扣预缴应纳税所得额×20%	代扣代缴	
4	稿酬所得	预扣预缴		代扣代缴	
5	财产租赁所得	代扣代缴	本次应代扣代缴税额＝应纳税所得额×20%	代扣代缴	本次应代扣代缴税额＝应纳税所得额×20%
6	财产转让所得	代扣代缴		代扣代缴	
7	利息、股息、红利所得	代扣代缴		代扣代缴	
8	偶然所得	代扣代缴		代扣代缴	

(二) 个人自行申报

1. 个人自行申报的范围及申报期限

《个人所得税法》第十条、第十一条、第十三条、第十四条对个人自行申报个人所得税的范围及申报期限规定如下。

（1）居民个人的综合所得，需要办理汇算清缴的，居民个人应当在取得所得的次年 3 月 1 日至 6 月 30 日内办理汇算清缴。

（2）非居民个人在中国境内从两处以上取得工资、薪金所得的，应当在取得所得的次月 15 日内向税务机关申报纳税。

（3）纳税人取得经营所得的，应当在月度或者季度终了后 15 日内向税务机关报送纳税申报表，并预缴税款；次年 3 月 31 日前办理汇算清缴。

（4）纳税人取得应税所得没有扣缴义务人的，应当自取得所得的次月起 15 日内向税务机关报送纳税申报表，并缴纳税款。

（5）纳税人取得应税所得，扣缴义务人没有扣缴税款的，应当在取得所得的次年 6 月 30 日前缴纳税款；税务机关通知限期缴纳的，纳税人应当按照期限缴纳税款。

（6）纳税人从中国境外取得所得的，应当在取得所得的次年 3 月 1 日至 6 月 30 日内申报纳税。

（7）纳税人因移居境外注销中国户籍的，应当在注销中国户籍前办理税款清算。

2. 个人自行申报的操作要点

个人自行申报办法详见《国家税务总局公告关于个人所得税自行纳税申报有关问题的公告》(国家税务总局公告 2018 年第 62 号)。操作要点如表 1-11 所示。

纳税人办理自行纳税申报时，应当一并报送税务机关要求报送的其他有关资料。首次申报或者个人基础信息发生变化的，还应报送《个人所得税基础信息表（B 表）》。

纳税人在办理纳税申报时需要享受税收协定待遇的，按照享受税收协定待遇的有关办法办理。

表1-11 个人所得税自行申报操作要点明细表

序号	具体情形	申报表类型	申报期限
1	居民个人取得境内综合所得，需要办理汇算清缴的	个人所得税年度自行纳税申报表（A表）	次年3月1日至6月30日内
2	居民个人从中国境外取得所得的	（1）个人所得税年度自行纳税申报表（B表） （2）境外所得个人所得税抵免明细表	次年3月1日至6月30日内
3	非居民个人从两处以上取得工资、薪金所得的	个人所得税自行纳税申报表（A表）	次月15日内
4	（1）特许权使用费所得的 （2）扣缴义务人未扣缴税款的	个人所得税自行纳税申报表（A表）	次年6月30日之前，在此之前离境（临时离境除外）的，应当在离境前
5	纳税人取得利息、股息、红利所得，财产租赁所得，财产转让所得和偶然所得的，扣缴义务人未扣缴税款的	个人所得税自行纳税申报表（A表）	次年6月30日之前或税务机关通知限期
6	个体工商户业主、个人独资企业投资者、合伙企业个人合伙人、承包承租经营者以及其他从事生产、经营活动的个人取得经营所得的	个人所得税经营所得纳税申报表（A表）	月度或季度终了后15日内
	汇算清缴	个人所得税经营所得纳税申报表（B表）	取得所得的次年3月31日前
	从两处以上取得经营所得的，汇总申报	个人所得税经营所得纳税申报表（C表）	
7	因移居境外注销中国户籍，在注销户籍年度取得综合所得的	个人所得税年度自行纳税申报表（A表）	申请注销中国户籍前
	取得经营所得的	个人所得税经营所得纳税申报表（B表）（C表）	
	取得利息、股息、红利所得，财产转让所得和偶然所得的	个人所得税自行纳税申报表（A表）	

注：上述各类申报表的表格样式及填报说明见本书附录A至附录N。

五、纳税地点

（一）扣缴义务人的申报地点

1. 一般规定

（1）扣缴义务人向居民个人支付工资、薪金所得，劳务报酬所得，稿酬所得，特许权使用费所得时，预扣预缴个人所得税，并向主管税务机关报送《个人所得税扣缴申报表》。

（2）扣缴义务人向非居民个人支付工资、薪金所得，劳务报酬所得，稿酬所得，特许权使用费所得时，代扣代缴个人所得税，并向主管税务机关报送《个人所得税扣缴申报表》。

（3）扣缴义务人向个人支付利息、股息、红利所得，财产租赁所得，财产转让所得，偶然所得时，代扣代缴个人所得税，并向主管税务机关报送《个人所得税扣缴申报表》。

2. 特殊规定

（1）个人转让非上市公司股权。个人股权转让所得个人所得税以被投资企业所在地税务机关为主管税务机关。[《股权转让所得个人所得税管理办法（试行）》(国家税务总局公告2014年第67号)]

（2）个人转让新三板挂牌公司原始股。2019年9月1日之前，个人转让新三板挂牌公司原始股的个人所得税，征收管理办法按照现行股权转让所得有关规定执行，以股票受让方为扣缴义务人，由被投资企业所在地税务机关负责征收管理。自2019年9月1日（含）起，个人转让新三板挂牌公司原始股的个人所得税，以股票托管的证券机构为扣缴义务人，由股票托管的证券机构所在地主管税务机关负责征收管理。[《财政部 税务总局 证监会关于个人转让全国中小企业股份转让系统挂牌公司股票有关个人所得税政策的通知》(财税〔2018〕137号)]

（3）个人投资者持有创新企业CDR取得的股息、红利所得。自试点开始之日起，对个人投资者持有创新企业CDR取得的股息、红利所得，三年（36个月）内实施股息、红利差别化个人所得税政策，由创新企业在其境内的存托机构代扣代缴税款，并向存托机构所在地税务机关办理全员全额明细申报。[《财政部 税务总局 证监会关于创新企业境内发行存托凭证试点阶段有关税收政策的公告》(财政部 税务总局 证监会公告2019年第52号)]

（4）领取的税收递延型商业养老保险的养老金收入，其中25%部分予以免税，其余75%部分按照10%的比例税率计算缴纳个人所得税，税款计入"工资、薪金所得"项目，由保险机构代扣代缴后，在个人购买税延养老保险的机构所在地办理全员全额扣缴申报。[《财政部　税务总局关于个人取得有关收入适用个人所得税应税所得项目的公告》(财政部　税务总局公告2019年第74号)]

（二）个人自行申报的纳税地点

1. 居民个人取得综合所得需要办理汇算清缴的申报地点

居民个人取得综合所得，需要办理汇算清缴的纳税人，应当在取得所得的次年3月1日至6月30日内，向任职、受雇单位所在地主管税务机关办理纳税申报，并报送《个人所得税年度自行纳税申报表》。

纳税人有两处以上任职、受雇单位的，选择向其中一处任职、受雇单位所在地主管税务机关办理纳税申报；纳税人没有任职、受雇单位的，向户籍所在地或经常居住地主管税务机关办理纳税申报。

2. 居民个人取得境外所得的申报地点

居民个人从中国境外取得所得的，应当在取得所得的次年3月1日至6月30日内，向中国境内任职、受雇单位所在地主管税务机关办理纳税申报；在中国境内没有任职、受雇单位的，向户籍所在地或中国境内经常居住地主管税务机关办理纳税申报；户籍所在地与中国境内经常居住地不一致的，选择其中一地主管税务机关办理纳税申报；在中国境内没有户籍的，向中国境内经常居住地主管税务机关办理纳税申报。

3. 非居民个人从两处以上取得工资、薪金所得的申报地点

非居民个人在中国境内从两处以上取得工资、薪金所得的，应当在取得所得的次月15日内，向其中一处任职、受雇单位所在地主管税务机关办理纳税申报，并报送《个人所得税自行纳税申报表（A表）》。

4. 非居民个人取得四项所得，扣缴义务人未扣缴税款的申报地点

非居民个人取得工资、薪金所得，劳务报酬所得，稿酬所得，特许权使用费所得的，应当在取得所得的次年6月30日前，向扣缴义务人所在地主管税务机关办理纳税申报，并报送《个人所得税自行纳税申报表（A表）》。有两个以上扣缴义务人均未扣缴税款的，选择向其中一处扣缴义务人所在地主管税务机关

办理纳税申报。

非居民个人在次年 6 月 30 日前离境（临时离境除外）的，应当在离境前办理纳税申报。

5. 纳税人取得经营所得的申报地点

纳税人取得经营所得，按年计算个人所得税，月度或季度预缴，年度汇算清缴。具体纳税地点如下。

（1）纳税人取得经营所得，由纳税人在月度或季度终了后 15 日内，向经营管理所在地主管税务机关办理预缴纳税申报，并报送《个人所得税经营所得纳税申报表（A 表）》。

（2）纳税人取得经营所得，在取得所得的次年 3 月 31 日前，向经营管理所在地主管税务机关办理汇算清缴，并报送《个人所得税经营所得纳税申报表（B 表）》。

（3）纳税人从两处以上取得经营所得的，选择向其中一处经营管理所在地主管税务机关办理年度汇总申报，并报送《个人所得税经营所得纳税申报表（C 表）》。

6. 纳税人取得其他分类所得，扣缴义务人未扣缴税款的申报地点

纳税人取得利息、股息、红利所得，财产租赁所得，财产转让所得和偶然所得的，应当在取得所得的次年 6 月 30 日前，按相关规定向主管税务机关办理纳税申报，并报送《个人所得税自行纳税申报表（A 表）》。

税务机关通知限期缴纳的，纳税人应当按照期限缴纳税款。

7. 因移居境外注销中国户籍的申报地点

纳税人因移居境外注销中国户籍的，应当在申请注销中国户籍前，向户籍所在地主管税务机关办理纳税申报，进行税款清算。

六、减免税

（一）法定免税所得

《个人所得税法》第四条规定，下列各项个人所得，免征个人所得税。

（1）省级人民政府、国务院部委和中国人民解放军军以上单位，以及外国组织、国际组织颁发的科学、教育、技术、文化、卫生、体育、环境保护等方面的奖金。

（2）国债和国家发行的金融债券利息。

国债利息，是指个人持有中华人民共和国财政部发行的债券而取得的利息；国家发行的金融债券利息，是指个人持有经国务院批准发行的金融债券而取得的利息（《个人所得税法实施条例》第九条）。

（3）按照国家统一规定发给的补贴、津贴。

补贴、津贴是指按照国务院规定发给的政府特殊津贴、院士津贴、资深院士津贴，以及国务院规定免纳个人所得税的其他补贴、津贴（《个人所得税法实施条例》第十条）。

（4）福利费、抚恤金、救济金。

福利费，是指根据国家有关规定，从企业、事业单位、国家机关、社会团体提留的福利费或者工会经费中支付给个人的生活补助费；救济金，是指各级人民政府民政部门支付给个人的生活困难补助费（《个人所得税法实施条例》第十一条）。

（5）保险赔款。

（6）军人的转业费、复员费、退役金。

（7）按照国家统一规定发给干部、职工的安家费、退职费、基本养老金或者退休费、离休费、离休生活补助费。

（8）依照有关法律规定应予免税的各国驻华使馆、领事馆的外交代表、领事官员和其他人员的所得。

这是指依照《中华人民共和国外交特权与豁免条例》和《中华人民共和国领事特权与豁免条例》规定免税的所得（《个人所得税法实施条例》第十二条）。

（9）中国政府参加的国际公约、签订的协议中规定免税的所得。

（10）国务院规定的其他免税所得。

国务院规定的其他免税所得，报全国人民代表大会常务委员会备案。

（二）法定减征所得

《个人所得税法》第五条规定，有下列情形之一的，可以减征个人所得税，具体幅度和期限，由省、自治区、直辖市人民政府规定，并报同级人民代表大会常务委员会备案。

（1）残疾、孤老人员和烈属的所得。

（2）因自然灾害遭受重大损失的。

国务院可以规定其他减税情形,报全国人民代表大会常务委员会备案。

个人纳税年度内发生减免税事项,还应填写《个人所得税减免税事项报告表》。

(三)文件减免

在此仅对 2019 年以来发布的减免税文件做一个汇总,具体如表 1-12 所示。

表 1-12　2019 年以来个人所得税减免税文件明细表

序号	文件名	文号	减免内容	政策执行期限
1	关于支持新型冠状病毒感染的肺炎疫情防控有关个人所得税政策的公告	财政部 税务总局公告 2020 年第 10 号	(1)对参加疫情防治工作的医务人员和防疫工作者按照政府规定标准取得的临时性工作补助和奖金,免征个人所得税。政府规定标准包括各级政府规定的补助和奖金标准 (2)对省级及省级以上人民政府规定的对参与疫情防控人员的临时性工作补助和奖金,比照执行 (3)单位发给个人用于预防新型冠状病毒感染的肺炎的药品、医疗用品和防护用品等实物(不包括现金),不计入工资、薪金收入,免征个人所得税	2020 年 1 月 1 日起,截止日期视疫情情况而定
2	关于继续执行沪港、深港股票市场交易互联互通机制和内地与香港基金互认有关个人所得税政策的公告	财政部公告 2019 年第 93 号	对内地个人投资者通过沪港通、深港通投资香港联交所上市股票取得的转让差价所得和通过基金互认买卖香港基金份额取得的转让差价所得,继续暂免征收个人所得税	2019 年 12 月 5 日至 2022 年 12 月 31 日
3	关于远洋船员个人所得税政策的公告	财政部 税务总局公告 2019 年第 97 号	一个纳税年度内在船航行时间累计满 183 天的远洋船员,其取得的工资、薪金收入减按 50% 计入应纳税所得额,依法缴纳个人所得税	2019 年 1 月 1 日至 2023 年 12 月 31 日
4	关于北京 2022 年冬奥会和冬残奥会税收优惠政策的公告	财政部公告 2019 年第 92 号	对国际奥委会及其相关实体的外籍雇员、官员、教练员、训练员以及其他代表临时来华,从事与北京冬奥会相关的工作,取得由北京冬奥组委支付或认定的收入,免征个人所得税	2019 年 6 月 1 日至 2022 年 12 月 31 日
5	关于继续实施全国中小企业股份转让系统挂牌公司股息红利差别化个人所得税政策的公告	财政部公告 2019 年第 78 号	个人持有挂牌公司的股票,持股期限在 1 个月以内(含 1 个月)的,其股息红利所得全额计入应纳税所得额;持股期限在 1 个月以上至 1 年(含 1 年)的,其股息红利所得暂减按 50% 计入应纳税所得额;上述所得统一适用 20% 的税率计征个人所得税	2019 年 7 月 1 日至 2024 年 6 月 30 日

(续)

序号	文件名	文号	减免内容	政策执行期限
6	关于公共租赁住房税收优惠政策的公告	财政部 税务总局公告2019年第61号	对符合地方政府规定条件的城镇住房保障家庭从地方政府领取的住房租赁补贴,免征个人所得税	2019年1月1日至2020年12月31日
7	关于铁路债券利息收入所得税政策的公告	财政部 税务总局公告2019年第57号	对个人投资者持有2019~2023年发行的铁路债券取得的利息收入,减按50%计入应纳税所得额计算征收个人所得税。税款由兑付机构在向个人投资者兑付利息时代扣代缴	2019~2023年发行的铁路债券
8	关于创新企业境内发行存托凭证试点阶段有关税收政策的公告	财政部 税务总局 证监会公告2019年第52号	(1) 自试点开始之日起,对个人投资者转让创新企业CDR取得的差价所得,3年(36个月,下同)内暂免征收个人所得税 (2) 自试点开始之日起,对个人投资者持有创新企业CDR取得的股息、红利所得,3年内实施股票、红利差别化个人所得税政策	自试点开始之日起三年内(36个月)
9	关于粤港澳大湾区个人所得税优惠政策的通知	财税〔2019〕31号	广东省、深圳市按内地与香港个人所得税负差额,对在大湾区工作的境外(含港澳台,下同)高端人才和紧缺人才给予补贴,该补贴免征个人所得税	2019年1月1日至2023年12月31日
10	关于进一步支持和促进重点群体创业就业有关税收政策的通知	财税〔2019〕22号	建档立卡贫困人口、持《就业创业证》(注明"自主创业税收政策"或"毕业年度内自主创业税收政策")或《就业失业登记证》(注明"自主创业税收政策")的人员,从事个体经营的,自办理个体工商户登记当月起,在3年(36个月,下同)内按每户每年12 000元为限额依次扣减其当年实际应缴纳的增值税、城市维护建设税、教育费附加、地方教育附加和个人所得税。限额标准最高可上浮20%,各省、自治区、直辖市人民政府可根据本地区实际情况在此幅度内确定具体限额标准	2019年1月1日至2021年12月31日
11	关于进一步扶持自主就业退役士兵创业就业有关税收政策的通知	财税〔2019〕21号	自主就业退役士兵从事个体经营的,自办理个体工商户登记当月起,在3年(36个月,下同)内按每户每年12 000元为限额依次扣减其当年实际应缴纳的增值税、城市维护建设税、教育费附加、地方教育附加和个人所得税。限额标准最高可上浮20%,各省、自治区、直辖市人民政府可根据本地区实际情况在此幅度内确定具体限额标准	2019年1月1日至2021年12月31日

第二章

个人所得税专项附加扣除申报

个人所得税专项附加扣除，是指《个人所得税法》第六条第四款规定的子女教育、继续教育、大病医疗、住房贷款利息或者住房租金、赡养老人六项专项附加扣除。

《国务院关于印发〈个人所得税专项附加扣除暂行办法〉的通知》（国发〔2018〕41号，以下简称《个人所得税专项附加扣除暂行办法》）对六项专项附加扣除的范围、标准、实施步骤做了具体规定。国家税务总局发布了《税务总局关于发布〈个人所得税专项附加扣除操作办法（试行）〉的公告》（国家税务总局公告2018年第60号，以下简称《个人所得税专项附加扣除操作办法（试行）》，明确了个人所得税专项附加扣除享受扣除及办理时间、报送信息及留存备查资料、信息报送方式、后续管理。

一、专项附加扣除基本规定

（一）专项附加扣除对象和扣除规则

1. 专项附加扣除的对象

（1）居民个人取得的综合所得。

居民个人以每一纳税年度的收入额减除费用6万元以及专项扣除、专项附加扣除和依法确定的其他扣除后的余额，为应纳税所得额。

（2）没有综合所得的个人取得的经营所得。

取得经营所得的个人，没有综合所得的，计算其每一纳税年度的应纳税所得额时，应当减除费用6万元、专项扣除、专项附加扣除以及依法确定的其他扣除。

2. 专项附加扣除的规则

（1）个人所得税专项附加扣除额一个纳税年度扣除不完的，不能结转以后年度扣除。

（2）居民个人取得工资、薪金所得时，可以向扣缴义务人提供专项附加扣除有关信息，由扣缴义务人扣缴税款时减除专项附加扣除。

居民个人向扣缴义务人提供专项附加扣除信息的，扣缴义务人按月预扣预缴税款时应当按照规定予以扣除，不得拒绝。

纳税人同时从两处以上取得工资、薪金所得，并由扣缴义务人减除专项附加扣除的，对同一专项附加扣除项目，在一个纳税年度内只能选择从一处取得的所得中减除。

（3）居民个人取得劳务报酬所得、稿酬所得、特许权使用费所得，应当在汇算清缴时向税务机关提供有关信息，减除专项附加扣除。

（4）取得经营所得的个人，没有综合所得的，专项附加扣除在办理汇算清缴时减除。

3. 专项附加扣除信息的基本规定

（1）纳税人首次享受专项附加扣除，应当将专项附加扣除相关信息提交扣缴义务人或者税务机关，扣缴义务人应当及时将相关信息报送税务机关，纳税人对所提交信息的真实性、准确性、完整性负责。专项附加扣除信息发生变化的，纳税人应当及时向扣缴义务人或者税务机关提供相关信息。

（2）公安、人民银行、金融监督管理等相关部门应当协助税务机关确认纳税人的身份、金融账户信息。教育、卫生、医疗保障、民政、人力资源社会保障、住房城乡建设、公安、人民银行、金融监督管理等相关部门应当向税务机关提供纳税人子女教育、继续教育、大病医疗、住房贷款利息、住房租金、赡养老人专项附加扣除信息。

（二）专项附加扣除具体范围和标准

1. 子女教育专项附加扣除

（1）扣除标准。纳税人的子女接受学前教育和全日制学历教育的相关支出，按照每个子女每年12 000元（每月1000元）的标准定额扣除。

（2）扣除范围。

1）学前教育，包括年满 3 岁至小学入学前教育。

2）全日制学历教育，包括义务教育（小学和初中教育）、高中阶段教育（普通高中、中等职业教育、技工教育）、高等教育（大学专科、大学本科、硕士研究生、博士研究生教育）。包括在民办学校、境外接受教育。包括残障儿童接受的特殊教育，特殊教育属于九年一贯制义务教育，同时拥有学籍。

子女包括婚生子女、非婚生子女、养子女、继子女，也包括未成年但受到本人监护的非子女。

（3）扣除方式。子女教育专项附加扣除有以下两种扣除方式。

1）父母可以选择由其中一方按扣除标准的 100% 扣除，即一人每月 1000 元扣除。

2）父母选择由双方分别按扣除标准的 50% 扣除，即一人每月 500 元扣除。

纳税人可以根据情况自行选择，选定扣除方式后在一个纳税年度内不能变更。

注意：有两个以上子女的父母，可以对不同的子女选择不同的扣除方式，比如对子女甲可以选择由一方 100% 扣除，对子女乙可以选择由双方分别扣除 50%。

（4）扣除主体。

子女教育专项附加扣除由子女的法定监护人扣除。

子女的法定监护人包括生父母、继父母、养父母，父母之外的其他人担任未成年人的法定监护人。

（5）扣除时间。

1）学前教育。扣除时间为子女年满 3 周岁当月至法定小学入学前一月。

2）全日制学历教育。扣除时间为子女接受全日制学历教育入学的当月至全日制学历教育结束的当月。

（6）留存备查资料。

1）子女在境内接受教育的，不需要特别留存资料。

2）子女在境外接受教育的，则需要留存境外学校录取通知书、留学签证等相关教育资料，并积极配合税务机关的查验。

2. 继续教育专项附加扣除

（1）扣除标准。

1）纳税人在中国境内接受学历（学位）继续教育的支出，在学历（学位）

继续教育期间按照每年 4800 元（每月 400 元）定额扣除。

2）纳税人接受技能人员职业资格继续教育、专业技术人员职业资格继续教育支出，在取得相关证书的年度，按 3600 元定额扣除。

职业资格包括专业技术人员职业资格和技能人员职业资格，目录详见《人力资源社会保障部关于公布国家职业资格目录的通知》（人社部发〔2017〕68 号）附件《国家职业资格目录》。

注意：同一扣除年度可叠加享受两个扣除（即可以同时享受学历继续教育和职业资格继续教育），即当年纳税人继续教育专项附加扣除最高额可达 8400 元。

（2）扣除主体。

1）一般规定。继续教育专项附加扣除，由纳税人本人扣除。

2）特殊规定。个人接受本科（含）以下学历（学位）继续教育的，可以选择由本人扣除，也可以选择由其父母作为子女教育专项附加扣除，但对于同一教育事项，不得重复扣除。

（3）扣除时间。

1）学历（学位）继续教育的支出。扣除时间为在中国境内接受学历（学位）继续教育入学的当月至学历（学位）继续教育结束的当月，且扣除期限不得超过 48 个月。

上述 48 个月包括纳税人因病、因故等原因休学且学籍继续保留的休学期间，以及施教机构按规定组织实施的寒暑假期连续计算。

纳税人终止学历继续教育的，应当将相关变化信息告知扣缴义务人或税务机关。

2）技能人员职业资格、专业技术人员职业资格继续教育支出。扣除时间为取得相关证书的当年。

（4）留存备查资料。

1）纳税人在中国境内接受学历（学位）继续教育，不需要特别留存资料。

2）纳税人接受技能人员、专业技术人员职业资格继续教育，需要留存职业资格证书等相关资料，积极配合税务机关的查验。

3. 住房贷款利息专项附加扣除

（1）扣除标准。纳税人本人或其配偶单独或共同使用商业银行或住房公积金个人住房贷款为本人或其配偶购买中国境内住房，发生的首套住房贷款利息支出，在实际发生贷款利息的年度，按照每年 12 000 元（每月 1000 元）标准定额扣除。

首套住房贷款是指购买住房享受首套住房贷款利率的住房贷款。

注意：商业银行判定首套住房贷款的规则参照《中国人民银行办公厅财政部办公厅税务总局办公厅关于做好个人所得税住房贷款利息专项附加扣除相关信息归集工作的通知》(银办发〔2019〕71 号）文件规定执行。

（2）扣除主体。纳税人本人或其配偶发生的首套住房贷款利息支出，可以选择由纳税人本人或者其配偶扣除。

（3）扣除方式。

1）一般规定。纳税人本人或其配偶婚后购买住房发生的首套住房贷款利息支出，经纳税人本人及其配偶双方约定，选择由其中一方扣除，按扣除标准的 100% 扣除，具体扣除方式在一个纳税年度内不得变更。

2）特殊规定。纳税人本人及其配偶婚前分别购买住房发生的首套住房贷款，其贷款利息支出，婚后可以选择其中一套购买的住房，由购买方按扣除标准的 100% 扣除，也可以由双方对各自购买的住房分别按扣除标准的 50% 扣除，具体扣除方式在一个纳税年度内不能变更。

（4）扣除时间。该专项附加扣除的扣除时间为贷款合同约定开始还款的当月至贷款全部归还或贷款合同终止的当月，但扣除期限最长不得超过 240 个月。纳税人只能享受一次首套住房贷款的利息扣除。

（5）留存备查资料。享受住房贷款利息专项附加扣除政策，纳税人需要保存好住房贷款合同、贷款还款支出凭证等资料，积极配合税务机关查验。

4. 住房租金专项附加扣除

（1）扣除范围。

纳税人在主要工作城市没有自有住房而发生的住房租金支出。

纳税人有自有住房是指，纳税人已经取得自有住房产权证或取得购买自有住房时的契税完税证明。

纳税人的配偶在纳税人的主要工作城市有自有住房的，视同纳税人在主要工作城市有自有住房。

主要工作城市是指纳税人任职、受雇的直辖市、计划单列市、副省级城市、地级市（地区、州、盟）全部行政区域范围。无任职、受雇单位的，为受理其综合所得汇算清缴的税务机关所在城市。

（2）扣除标准。不同地区标准不同，具体如下。

1）直辖市、省会城市、计划单列市以及国务院确定的其他城市，扣除标准为每月1500元。

2）市辖区户籍人口超过100万的城市，扣除标准为每月1100元。

3）市辖区户籍人口不超过100万的城市，扣除标准为每月800元。

（3）扣除主体。该项专项附加扣除，由签订租赁住房合同的承租人扣除。

（4）扣除方式。不同情况不同处理，具体如下。

1）夫妻双方主要工作城市相同的，只能由一方（即承租人）扣除住房租金支出。

2）夫妻双方主要工作城市不相同的，且各自在其主要工作城市都没有住房的，可以分别扣除住房租金支出。

注意：夫妻双方不得同时分别享受住房贷款利息扣除和住房租金扣除。

（5）扣除时间。该专项附加扣除的扣除时间为租赁合同（协议）约定起租的当月至合同终止当月或者在主要工作城市已有住房。提前终止合同（协议）的，以实际租赁期限为准。

（6）留存备查资料。享受住房租金专项附加扣除政策，需要妥善保管好住房租赁合同或协议等资料，积极配合税务机关查验。住房租赁合同或协议等并无统一的模板要求，纳税人应参照规定要求，签订真实的租赁合同或协议，完整披露以上信息。

5. 赡养老人专项附加扣除

（1）扣除范围。纳税人赡养年满60岁父母以及子女均已去世的年满60岁的祖父母、外祖父母的赡养支出，可以税前扣除。

（2）扣除标准。

1）纳税人为独生子女的，按照每年24 000元（每月2000元）的标准定额扣除。

2）纳税人为非独生子女的，由其与兄弟姐妹分摊每月2000元的扣除额度，每人分摊的额度不能超过每月1000元。

注意：纳税人的父母均年满60岁的，赡养老人专项附加扣除也最多只能扣2000元。不按老人人数计算。

（3）扣除主体。

1）一般规定。由负有赡养义务的所有子女为扣除主体。《中华人民共和国婚姻法》规定，婚生子女、非婚生子女、养子女、继子女有赡养扶助父母的义务。

2）特殊规定。祖父母、外祖父母的子女均已经去世，由实际承担对祖父母、外祖父母赡养义务的孙子女、外孙子女为扣除主体。

（4）分摊扣除的方式。如果是非独生子女，可以选择的分摊扣除方式如下。

1）由赡养人平均分摊。

2）由赡养人约定分摊额度。

3）由被赡养人指定分摊额度。

约定或者指定分摊的须签订书面分摊协议，指定分摊优先于约定分摊。

具体分摊方式和额度在一个纳税年度内不能变更。

注意：在多子女情况下，存在子女中只有一人工作，其他子女未成年或丧失劳动力的情况，工作的子女分摊的额度不能超过每月1000元。

（5）扣除时间。该专项附加扣除的扣除时间为被赡养人年满60周岁的当月至赡养义务终止的年末。

（6）留存备查资料。

1）独生子女，不需要特别留存资料。

2）非独生子女，并且采取了约定分摊或者指定分摊的扣除方式，则需要注意留存好相关书面协议等资料，积极配合税务机关查验。

6.大病医疗专项附加扣除

（1）扣除范围。纳税人或其配偶、未成年子女发生的与基本医保相关的医药费用支出，可以税前扣除。

（2）扣除标准。一个纳税年度内，纳税人或其配偶、未成年子女发生的与基本医保相关的医药费用支出，扣除医保报销后个人负担（指医保目录范围内的自付部分）累计超过15 000元的部分，由纳税人在办理年度汇算清缴时，在80 000元限额内据实扣除。

纳税人或其配偶、未成年子女同时发生大病医疗支出的，可以分别按规定计算扣除。

（3）扣除主体，视具体情况而确定。

1）纳税人发生的医药费用支出可以选择由本人或者其配偶扣除。

2）未成年子女发生的医药费用支出可以选择由其父母一方扣除。

（4）扣除时间。该专项附加扣除的扣除时间为社会医疗保险管理信息系统记录的医药费用实际支出的当年，由其在次年3月1日至6月30日内，自行向汇缴地主管税务机关办理汇算清缴申报时扣除。

（5）留存备查资料。享受大病医疗专项附加扣除政策，纳税人需要留存大病患者医药服务收费及医保报销相关票据原件或复印件，或者医疗保障部门出具的纳税年度医药费用清单等资料，积极配合税务机关查验。

二、个人所得税专项附加扣除的操作流程

（一）享受专项附加扣除的办理环节

1. 工资、薪金所得办理预扣预缴时扣除

除大病医疗以外，享受专项附加扣除的纳税人，自符合条件开始，可以向支付工资、薪金所得的扣缴义务人提供上述专项附加扣除有关信息，由扣缴义务人在预扣预缴税款时，按其在本单位本年可享受的累计扣除额办理扣除。

办理扣除时需要注意以下两点。

（1）纳税人同时从两处以上取得工资、薪金所得，并由扣缴义务人办理专项附加扣除的，对同一专项附加扣除项目，一个纳税年度内，纳税人只能选择从其中一处扣除。

（2）纳税人年度中间更换工作单位的，在原单位任职、受雇期间已享受的专项附加扣除金额，不得在新任职、受雇单位扣除。原扣缴义务人应当自纳税人离职不再发放工资、薪金所得的当月起，停止为其办理专项附加扣除。

扣缴义务人办理工资、薪金所得预扣预缴税款时，应当根据纳税人报送的《个人所得税专项附加扣除信息表》（以下简称《扣除信息表》，表格样式和填报说明见附录C，下同）为纳税人办理专项附加扣除。

2. 综合所得、经营所得办理汇算清缴时扣除

有以下情形之一的，纳税人可以选择在次年3月1日至6月30日内，自行向汇缴地主管税务机关报送《扣除信息表》，并在办理汇算清缴申报时扣除。

（1）纳税人不愿意通过扣缴义务人办理专项附加扣除，未将相关专项附加扣除信息报送给扣缴义务人的。

（2）纳税人没有工资、薪金所得，但有劳务报酬所得、稿酬所得、特许权使用费所得的。

（3）纳税人有大病医疗支出项目的。

（4）纳税人在纳税年度内未享受或未足额享受专项附加扣除的等其他情形。

（二）享受专项附加扣除的操作步骤

纳税人享受专项附加扣除，具体操作可分为以下四步。

1. 纳税人获取《扣除信息表》

享受专项附加扣除，最关键的是要准确完整地填报《扣除信息表》，这是计算扣除金额的基础和前提。纳税人只要按照填报要求，填写或录入完整、准确的信息，提交给扣缴义务人或税务机关办理，就可以享受专项附加扣除了。

《扣除信息表》的获取，有以下三种途径。

（1）纸质表格。获取纸质表格的途径也有三种。

1）可以就近到任何一个办税服务厅领取已经印制好的信息表格。

2）可以到扣缴义务人负责办理专项附加扣除的部门去领取。

3）可以登录税务总局或各省、市税务机关官网，下载表格电子版并自行打印出来。

（2）电子模板。信息表格电子模板的获取，主要通过扣缴义务人向纳税人发放。扣缴义务人可以通过自然人电子税务局扣缴客户端软件，导出专项附加扣除信息电子模板供纳税人填写；纳税人也可以登录税务总局或各省、市税务机关门户网站自行下载。

（3）远程办税端。主要包括国家税务总局发布的自然人电子税务局 App 端（即手机 App"个人所得税"）和总局自然人电子税务局 Web 端及各省电子税务局网站。纳税人只需要下载或登录这些远程办税端软件，通过实名注册，获取登录用户名和密码，进入软件操作界面，就可以看到专项附加扣除信息的填报界面了。

2. 纳税人填写《扣除信息表》

纳税人将需要享受的专项附加扣除项目信息填报至《扣除信息表》相应栏次。

纳税人应根据专项附加扣除办法规定的条件，判断是否有符合相关条件的专项附加扣除项目，填报相应的专项附加扣除信息。

纳税人当年填报的专项附加扣除信息，是依据当年情况填报并享受政策的；如相关情况发生变化，需要及时据实更新。

填报要求和填报案例分析见本章后续内容，完整填报示例如表 2-11 所示。

3. 纳税人报送《扣除信息表》

（1）纳税人选择纳税年度内由扣缴义务人办理专项附加扣除的，可以通过远程办税端选择扣缴义务人并报送专项附加扣除信息，也可以通过填写电子或者纸质《扣除信息表》直接报送扣缴义务人。

（2）纳税人选择年度终了后办理汇算清缴申报时享受专项附加扣除的，既可以通过远程办税端报送专项附加扣除信息，也可以将电子或者纸质《扣除信息表》(一式两份) 报送给汇缴地主管税务机关。

4. 扣缴义务人或税务机关办理

（1）纳税人选择纳税年度内由扣缴义务人办理专项附加扣除的，扣缴义务人根据纳税人提交的专项附加扣除信息，按月计算应预扣预缴的税款，并向税务机关办理全员全额明细申报。

如果纳税人通过填写电子或者纸质《扣除信息表》直接报送扣缴义务人的，扣缴义务人将相关信息导入或者录入扣缴端软件，并在次月办理扣缴申报时提交给主管税务机关。《扣除信息表》应当一式两份，纳税人和扣缴义务人签字（章）后分别留存备查。

注意：纳税人如果未能及时报送，也可在以后月份补报，由扣缴义务人在当年剩余月份发放工资时补扣，不影响纳税人享受专项附加扣除。

（2）纳税人选择年度终了后办理汇算清缴申报时享受专项附加扣除的，主管税务机关根据纳税人提交的专项附加扣除信息，为其办理汇算清缴申报。

纳税人报送电子《扣除信息表》的，主管税务机关受理打印，交由纳税人签字后，一份由纳税人留存备查，一份由税务机关留存；报送纸质《扣除信息表》的，纳税人签字确认、主管税务机关受理签章后，一份退还纳税人留存备查，一份由税务机关留存。

注意：如果纳税人不愿意将相关扣除信息报送扣缴义务人，或者日常发工资时未足额享受专项附加扣除，可以按照上述方法填报《扣除信息表》，在次年 3 月 1 日至 6 月 30 日向其任职、受雇单位所在地主管税务机关办理汇算清缴申报时扣除。

（三）专项附加扣除的信息报送要求

1. 首次享受专项附加扣除的信息填报要求

纳税人在首次享受专项附加扣除时，不论由扣缴义务人办理专项附加扣除，还是自行申报办理专项附加扣除，纳税人都需要将享受的专项附加扣除项目信息填报至《扣除信息表》相应栏次，填报要素完整的，扣缴义务人或者主管税务机关应当受理；填报要素不完整的，扣缴义务人或者主管税务机关应当及时告知纳税人补正或重新填报。纳税人未补正或重新填报的，暂不办理相关专项附加扣除，待纳税人补正或重新填报后再行办理。

专项附加扣除信息，包括纳税人本人、配偶、子女、被赡养人等个人身份信息，以及国务院税务主管部门规定的其他与专项附加扣除相关的信息。

纳税人对所提交信息的真实性、准确性、完整性负责。

2. 专项附加扣除信息的后续填报要求

（1）纳税人的专项附加扣除信息发生了变化，需要及时填报《扣除信息表》，将变化信息进行更新，并提交扣缴义务人或主管税务机关按照新信息办理扣除。

如果纳税人未能及时关注、修改专项附加扣除信息，可能会对继续享受专项附加扣除带来一定影响。纳税人享受专项附加扣除政策的条件发生变化而不进行修改，还将会影响纳税人的纳税信用。

（2）纳税人次年需要由扣缴义务人继续办理专项附加扣除的，应当于每年12月对次年享受专项附加扣除的内容进行确认，并报送至扣缴义务人。纳税人未及时确认的，扣缴义务人于次年1月起暂停扣除，待纳税人确认后再行办理专项附加扣除。

对于如何修改次年享受专项附加扣除的相关信息，建议采用以下两个方法。

1）如果纳税人当年12月补充享受了符合条件的专项附加扣除，可以登录个人所得税 App 或者税务局官方网站相关界面，选择"使用此前数据自动生成202*年（次年）专项附加扣除确认信息"功能，并点击"一键确认"完成确认；如果相关信息没有变化，即便纳税人没有进行上述操作，系统也将在明年继续按纳税人填报的情况自动为纳税人办理扣除。

2）纳税人通过填写电子模板方式报送扣缴义务人办理专项附加扣除，要修改次年享受专项附加扣除政策的相关信息的，税务机关推荐纳税人下载个人所得税 App 或者登录税务局官方网站，对纳税人次年的专项附加扣除信息进行修改；前期纳税人填报的信息已经预填并可通过上述渠道查看。纳税人也可以将前期电子模板填报的专项附加扣除信息打印出来，修改并签字后交给扣缴义务人，扣缴义务人可据此为纳税人办理次年的专项附加扣除。

（四）专项附加扣除信息的填报案例分析

以下填报案例均改编自《一本书看透个人所得税》，案例中涉及的人员、房产、入学、养老、证书等信息均为虚构，请结合自身具体情况，依法如实填报。

1. 基础信息的填报

【案例 2-1】基础信息的填写

张帅的身份证号码为 360102********0121，手机号码为 139****1234，电子邮箱为 12****78@qq.com，联系地址为江西省新余市渝水区解放路 111 号幸福小区 1 单元 1101 室。张帅妻子李美的身份证号码为 360601********1120。

解析：

张帅的《扣除信息表》相应栏次填写如表 2-1 所示。

表 2-1 个人所得税专项附加扣除信息表（节选）

填报日期：2020 年 1 月 8 日

扣除年度：2020

纳税人姓名：张帅

纳税人识别号：360102********0121

纳税人信息	手机号码（必填）	139****1234		电子邮箱	12****78@qq.com
	联系地址	江西省新余市渝水区解放路 111 号幸福小区 1 单元 1101 室		配偶情况	☑有配偶 ☐无配偶
纳税人配偶信息	姓名	李美	身份证件类型	居民身份证	身份证件号码 360601********1120

填报说明

①纳税人识别号：纳税人有中国居民身份证的，填写公民身份号码；没有

公民身份号码的，填写税务机关赋予的纳税人识别号。

②纳税人信息：填写纳税人有效的手机号码、电子邮箱、联系地址。其中，手机号码为必填项。

③纳税人配偶信息：纳税人有配偶的填写本栏，没有配偶的则不填。具体填写纳税人配偶的姓名、有效身份证件名称及号码。

注意：

（1）纳税人姓名、身份证号、手机号码等信息务必填写准确，以保障纳税人的合法权益，避免漏掉重要的税收提醒服务。

（2）选填项尽可能填写完整，以便税务机关更好地为纳税人提供税收服务。

2. 子女教育专项附加扣除的填报

【案例2-2】子女教育专项附加扣除

张帅和李美是夫妻，有一个儿子、一个女儿，儿子张俊超目前读小学一年级，女儿张怡丽刚4岁，就读于某私立幼儿园。请问：张帅和李美应如何进行专项附加扣除申报？

解析：

两个子女都符合子女教育专项附加扣除政策，每个孩子可扣1000元/月（每年12 000元）。每个孩子张帅和李美可以在一方扣1000元/月，也可以由夫妻平均分摊，每人扣500元/月，一经选择，一个纳税年度内不能变更。

张帅和李美夫妻子女教育专项附加扣除每月可能扣除的金额如表2-2所示。

表2-2　张帅和李美子女教育专项附加扣除每月可能扣除的金额

扣除方式	1	2	3	4	5
张帅可扣除的金额（元）	2 000	1 500	1 000	500	0
李美可扣除的金额（元）	0	500	1 000	1 500	2 000

假设夫妻双方约定，两人对每个子女平均分摊子女教育专项附加扣除，即每个孩子每人扣500元/月。张帅的《扣除信息表》相应栏次填写，如表2-3所示。

表 2-3　个人所得税专项附加扣除信息表（节选）

一、子女教育支出扣除信息							
较上次报送信息是否发生变化：☑首次报送（请填写全部信息） □无变化（不需重新填写）　　□有变化（请填写发生变化的信息）							
子女一 ☑子 □女	姓名	张俊超	身份证件类型	居民身份证	身份证件号码	360101********0005	
	出生日期	2012.6.8	当前受教育阶段	☐学前教育阶段 ☑义务教育 ☐高中阶段教育 ☐高等教育			
	当前受教育阶段起始时间	2018.9	当前受教育阶段结束时间	2024.7	子女教育终止时间 *不再受教育时填写	年　月	
	就读国家（或地区）	中国	就读学校	新余市逸夫小学	本人扣除比例	☐100%（全额扣除） ☑50%（平均扣除）	
子女二 □子 ☑女	姓名	张怡丽	身份证件类型	居民身份证	身份证件号码	360101********0002	
	出生日期	2015.3.9	当前受教育阶段	☑学前教育阶段 ☐义务教育阶段 ☐高中阶段教育 ☐高等教育			
	当前受教育阶段起始时间	2018.2	当前受教育阶段结束时间	年　月	子女教育终止时间 *不再受教育时填写	年　月	
	就读国家（或地区）	中国	就读学校	小星星幼儿园	本人扣除比例	☐100%（全额扣除） ☑50%（平均扣除）	

填报说明

①当前受教育阶段：选择纳税人子女当前的受教育阶段。区分"学前教育

阶段、义务教育、高中阶段教育、高等教育"四种情形，在对应框内打"√"。

②当前受教育阶段起始时间：填写纳税人子女处于当前受教育阶段的起始时间，具体到年月。

③当前受教育阶段结束时间：纳税人子女当前受教育阶段的结束时间或预计结束的时间，具体到年月。

④子女教育终止时间：填写纳税人子女不再接受符合子女教育专项附加扣除条件的学历教育的时间，具体到年月。

⑤就读国家（或地区）、就读学校：填写纳税人子女就读的国家或地区名称、学校名称。

子女处于满3周岁至小学入学前的学前教育阶段，但确实未接受幼儿园教育的，仍可享受子女教育扣除，就读学校可以填写"无"。

⑥本人扣除比例：选择可扣除额度的分摊比例，由本人全额扣除的，选择"100%"，分摊扣除的，选"50%"，在对应框内打"√"。

注意：

（1）夫妻同时享受子女教育专项附加扣除时，注意仔细核对子女教育各自的扣除情况，每个子女总的扣除金额每月不能超过1000元，避免超额扣除。

（2）同一子女义务教育阶段无须区分小学、中学分别填写。

（3）对于同一子女的同一受教育阶段，即使在一个年度中间，子女存在升学、转学等情形，只要受教育阶段不变，也无须细化填写。

（4）同一子女某个受教育阶段中间就读学校或者就读国家（地区）发生变化的，无须分别填写，只需要填写填表时的就读学校。

（5）一个扣除年度中，同一子女因升学等原因接受不同教育阶段全日制学历教育的，可以分两行，分别填写前后两个阶段的受教育情况。

（6）子女已经不再接受全日制学历教育已不符合子女教育专项附加扣除的相关规定的，无须填写相关信息。

3.继续教育专项附加扣除的填报

【案例2-3】继续教育专项附加扣除

2020年9月，张帅被江西财经大学录取为在职公共管理硕士，10月取得注册会计师资格证书。请问：张帅如何进行专项附加扣除申报？

解析：

（1）张帅攻读在职公共管理硕士，于2020年9月开始，每个月可扣除学历（学位）继续教育专项附加扣除400元/月，共计1600元。

（2）张帅10月取得注册会计师资格证书，2020年专业技术人员职业资格继续教育专项附加扣除为3600元。

因此，2020年张帅可扣除的继续教育专项附加扣除为5200元。张帅的《扣除信息表》相应栏次填写，如表2-4所示。

表2-4 个人所得税专项附加扣除信息表（节选）

二、继续教育支出扣除信息						
较上次报送信息是否发生变化：☑首次报送（请填写全部信息） □无变化（不需重新填写）　　□有变化（请填写发生变化的信息）						
学历（学位）继续教育（本人）	当前继续教育起始时间	2020.9	当前继续教育结束时间	2022.7	学历（学位）继续教育阶段	□专科　□本科 ☑硕士研究生 □博士研究生 □其他
职业资格继续教育	职业资格继续教育类型	□技能人员	☑专业技术人员		证书名称	中华人民共和国注册会计师
	证书编号	B00100001	发证机关	中华人民共和国财政部	发证（批准）日期	2020.10.03

填报说明

①当前继续教育起始时间：填写接受当前学历（学位）继续教育的起始时间，具体到年月。

②当前继续教育结束时间：填写接受当前学历（学位）继续教育的结束时间，或预计结束的时间，具体到年月。

③学历（学位）继续教育阶段：区分"专科、本科、硕士研究生、博士研究生、其他"五种情形，在对应框内打"√"。

④职业资格继续教育类型：区分"技能人员、专业技术人员"两种类型，

在对应框内打"√"。证书名称、证书编号、发证机关、发证（批准）日期：填写纳税人取得的继续教育职业资格证书上注明的证书名称、证书编号、发证机关及发证（批准）日期。

注意：

（1）学历（学位）继续教育支出仅指在扣除年度内在中国境内接受学历（学位）教育的支出。

（2）对学历继续教育，采用凭学籍、考籍信息定额扣除方式。纳税人向扣缴义务人提供姓名、纳税识别号、学籍、考籍等信息，由扣缴义务人在预扣预缴环节扣除，也可以在年终向税务机关提供资料，通过汇算清缴享受扣除。

（3）对技能人员职业资格和专业技术人员职业资格继续教育，采用凭证书信息定额扣除方式。纳税人在取得证书后向扣缴义务人提供姓名、纳税识别号、证书编号等信息，由扣缴义务人在预扣预缴环节扣除，也可以在年终向税务机关提供资料，通过汇算清缴享受扣除。

（4）同时接受多个学历继续教育或者取得多个专业技术人员职业资格证书，只填写其中一条即可。因为多个学历（学位）继续教育不可同时享受继续教育专项附加扣除，多个职业资格继续教育不可同时享受继续教育专项附加扣除。

4.住房贷款利息专项附加扣除的填报

【案例2-4】婚前一方发生住房贷款利息的扣除

张帅和李美于2019年10月结婚，在两人结婚之前，李美用商业银行贷款在上海购买了一套住房，每月发生首套住房贷款利息5000元，张帅未曾用住房公积金或商业银行贷款购房，结婚后，两人一直都住在张帅所购的别墅内。请问：张帅和李美应如何进行专项附加扣除申报？

解析：

李美在上海购买的住房在商业银行的贷款利息是首套住房贷款利息，可以享受专项附加扣除。住房贷款利息专项附加扣除1000元/月（每年12 000元），可以选择由李美本人扣除，也可以选择由其配偶张帅扣除。

假设夫妻双方约定，住房贷款利息全专项附加扣除部由张帅享受，张帅的《扣除信息表》相应栏次填写如表2-5所示。

表2-5 个人所得税专项附加扣除信息表(节选)

三、住房贷款利息支出扣除信息				
较上次报送信息是否发生变化：☑首次报送（请填写全部信息） □无变化（不需重新填写）　　□有变化（请填写发生变化的信息）				
房屋信息	住房坐落地址	上海市长宁区长新街道28号		
房屋信息	产权证号/不动产登记号/商品房买卖合同号/预售合同号	上房地字（2019）第000235号		
房贷信息	本人是否借款人	□是　☑否	是否婚前各自首套贷款，且婚后分别扣除50%	□是　☑否
房贷信息	商业贷款|贷款合同编号	201910000126	贷款银行	中国建设银行
房贷信息	贷款期限（月）	480	首次还款日期	2019/10/1

填报说明

①住房坐落地址：填写首套贷款房屋的详细地址，具体到楼门号。

②产权证号/不动产登记号/商品房买卖合同号/预售合同号：填写首套贷款房屋的产权证、不动产登记证、商品房买卖合同或预售合同中的相应号码。所购买住房已取得房屋产权证的，填写产权证号或不动产登记号；所购住房尚未取得房屋产权证的，填写商品房买卖合同号或预售合同号。

③本人是否借款人：按实际情况选择"是"或"否"，并在对应框内打"√"。本人是借款人的情形，包括本人独立贷款、与配偶共同贷款的情形。如果选择"否"，则表头位置须填写配偶信息。

④是否婚前各自首套贷款，且婚后分别扣除50%：按实际情况选择"是"或"否"，并在对应框内打"√"。该情形是指夫妻双方在婚前各有一套首套贷款住房，婚后选择按夫妻双方各50%份额扣除的情况。不填默认为"否"。

⑤公积金贷款\|贷款合同编号：填写公积金贷款的贷款合同编号。

⑥商业贷款\|贷款合同编号：填写与金融机构签订的住房商业贷款合同编号。

⑦贷款期限（月）：填写住房贷款合同上注明的贷款期限，按月填写。

⑧首次还款日期：填写住房贷款合同上注明的首次还款日期。

⑨贷款银行：填写商业贷款的银行总行名称。

注意:

（1）夫妻双方婚前各自购房的，可以选择一方每月按 1000 元额度 100% 税前扣除，也可以选择双方每月各自按 50% 的比例税前扣除 500 元；婚后购房的，只能选择一方每月按 1000 元额度 100% 税前扣除。

夫妻双方婚前各自有一套符合条件的住房贷款利息，并且婚后选择对各自购买的住房分别按扣除标准的 50% 扣除的，才需要填写"是否婚前各自首套贷款，且婚后分别扣除 50%"这栏，且双方均需要填写并选择"是"。夫妻婚后选择其中一套住房，由购买者按扣除标准 100% 扣除的，则购买者需要填写本栏并选择"否"。

在实践中，很多纳税人没有正确填报，因而未能及时准确享受该项专项附加扣除。

（2）享受住房贷款利息专项附加扣除，房屋证书号码为房屋所有权证或不动产权证上载明的号码。如，京（2018）朝阳不动产权第 0000000 号，或者苏房地（宁）字（2017）第 000000 号。还没取得房屋所有权证或者不动产权证，但有房屋买卖合同、房屋预售合同的，填写合同上的编号。

（3）针对首套房认定，目前国内很多地方的房地产政策略有不同，不同时期的政策也有变化，对于首套住房贷款利率，可能不同时期的贷款利率有不同的政策，就按照纳税人发生贷款的年度政策来掌握。如果纳税人确实不好掌握，可以查阅一下自己当时的贷款合同，或者向当时办理贷款的银行查询。

5.住房租金专项附加扣除的填报

【案例 2-5】住房租金专项附加扣除

张帅和李美是夫妻，李美在上海购买商品房一套，贷款期限 20 年，目前还在还款期。张帅被单位派遣到南宁办事处工作，自行在单位附近租房，租金 2000 元/月。

解析： 纳税人及其配偶在一个纳税年度内不能同时分别享受住房贷款利息和住房租金专项附加扣除。

（1）如果张帅在南宁的住房租金支出可以扣除 1500 元，则李美或张帅在上海的贷款利息不再扣除。

（2）如果李美或张帅在上海的贷款利息支出可以扣除 1000 元，则张帅在南宁的租金不再扣除。

该对夫妻住房租金专项附加扣除每月可能扣除的金额如表 2-6 所示。

表2-6 张帅和李美住房租金专项附加扣除每月可能扣除的金额

扣除方式	1	2	3
张帅可扣除的金额（元）	1 500	1 000	0
李美可扣除的金额（元）	0	0	1 000

假设，张帅在南宁的租金可以扣除1500元，李美或张帅在上海的贷款利息不再扣除，张帅的《扣除信息表》相应栏次填写，如表2-7所示。

表2-7 个人所得税专项附加扣除信息表（节选）

四、住房租金支出扣除信息				
较上次报送信息是否发生变化：☑首次报送（请填写全部信息） □无变化（不需重新填写） □有变化（请填写发生变化的信息）				
房屋信息	住房坐落地址	南宁市兴宁区建宁路13号		
租赁情况	出租方（个人）姓名	李易	身份证件类型	居民身份证	身份证件号码	330101********0001
	主要工作城市 (*填写市一级)	南宁市	住房租赁合同编号（非必填）	无
	租赁期起	2020/1/1	租赁期止	2020/12/31

填报说明

①住房坐落地址：填写纳税人租赁房屋的详细地址，具体到楼门号。

②出租方（个人）姓名、身份证件类型及号码：租赁房屋为个人的，填写本栏。具体填写住房租赁合同中的出租方姓名、有效身份证件名称及号码。

③出租方（单位）名称、纳税人识别号（统一社会信用代码）：租赁房屋为单位所有的，填写单位法定名称全称及纳税人识别号（统一社会信用代码）。

④主要工作城市：填写纳税人任职、受雇的直辖市、计划单列市、副省级城市、地级市（地区、州、盟）。无任职、受雇单位的，填写其办理汇算清缴地所在城市。

⑤住房租赁合同编号（非必填）：填写签订的住房租赁合同编号。

⑥租赁期起、租赁期止：填写纳税人住房租赁合同上注明的租赁起止日期，

具体到年月。提前终止合同（协议）的，以实际租赁期限为准。

注意：

（1）纳税人的配偶在纳税人的主要工作城市有自有住房的，视同纳税人在主要工作城市有自有住房。此外，夫妻双方主要工作城市相同的，只能由一方扣除住房租金支出。另外，住房贷款利息和住房租金只能二选一。如果对于住房贷款利息进行了抵扣，就不能再对住房租金进行抵扣，反之亦然。

（2）一个月同时租住两处住房的，只能填写一处；中间月份更换租赁住房的，不能填写两处租赁日期有交叉的租赁住房信息。应当避免日期有交叉。此前已经填报过住房租赁信息的，只能填写新增租赁信息，且必须晚于上次已填报的住房租赁期止所属月份。确需修改已填报信息的，需联系扣缴义务人在扣缴客户端修改。

（3）员工宿舍，如果个人不付租金，不得扣除；如果本人支付租金，可以扣除。员工无房产而是长包酒店房间居住，每月金额自负，可以视为租赁住房，但需保留部分相关票据，用以证明相关事实。

（4）承租人租赁住房，但承租人未取得工资、薪金所得，不能由承租人的配偶享受住房租金专项附加扣除。承租人如未取得工资、薪金所得，但取得劳务报酬所得、稿酬所得、特许权使用费所得，住房租金支出可以在次年3月1日至6月30日内办理汇算清缴申报时扣除。

（5）对于为外派员工解决住宿问题的，不应扣除住房租金。外派员工自行解决租房问题，一年内多次变换工作地点的，个人应及时向扣缴义务人或者税务机关更新专项附加扣除相关信息，允许一年内按照更换工作地点的情况分别进行扣除。

6.赡养老人专项附加扣除的填报

【案例2-6】赡养老人专项附加扣除

张帅有兄弟姐妹三人，姐姐张洁、妹妹张英、弟弟张剑。父母均在老家，日常由姐姐、妹妹负责照料，张帅固定给父母每月1500元生活费，其他子女给父母500元生活费，父亲张土根71岁，母亲李桂莲68岁。

解析：

纳税人为非独生子女的，赡养老人专项附加扣除，由其与兄弟姐妹分摊每月2000元的扣除额度,每人分摊的额度不能超过每月1000元。

张帅可以选择与兄弟姐妹三人平均分摊,或者兄弟姐妹四人约定分摊额度,张帅的父亲也可以指定兄弟姐妹四人的分摊额度。

假设,张帅兄弟姐妹四人约定,赡养老人专项附加扣除由张帅扣1100元,张剑、张洁、张英各扣除300元。张帅每月只能享受赡养老人专项附加扣除1000元,《扣除信息表》相应栏次填写,如表2-8所示。

表2-8 个人所得税专项附加扣除信息表(节选)

五、赡养老人支出扣除信息						
较上次报送信息是否发生变化:☑首次报送(请填写全部信息) □无变化(不需重新填写) □有变化(请填写发生变化的信息)						
纳税人身份		□独生子女 ☑非独生子女				
被赡养人一	姓名	张土根	身份证件类型	居民身份证	身份证件号码	360601********0221
	出生日期	1950/11/3	与本人关系	☑父亲 □母亲 □其他		
共同赡养人信息	姓名	张洁	身份证件类型	居民身份证	身份证件号码	360102********0003
	姓名	张英	身份证件类型	居民身份证	身份证件号码	360102********0004
	姓名	张剑	身份证件类型	居民身份证	身份证件号码	360102********0007
分摊方式 *独生子女 不需填写		□平均分摊 ☑赡养人约定分摊 □被赡养人指定分摊		本年度月扣除金额	1 000	

填报说明

①纳税人身份:区分"独生子女、非独生子女"两种情形,并在对应框内打"√"。

②被赡养人姓名、身份证件类型及号码:填写被赡养人的姓名、有效证件名称及号码。

③被赡养人出生日期:填写被赡养人的出生日期,具体到年月。

④与纳税人关系：按被赡养人与纳税人的关系填报，区分"父亲、母亲、其他"三种情形，在对应框内打"√"。

⑤共同赡养人：纳税人为非独生子女时填写本栏，独生子女无须填写。填写与纳税人实际承担共同赡养义务的人员信息，包括姓名、身份证件类型及号码。

⑥分摊方式：纳税人为非独生子女时填写本栏，独生子女无须填写。区分"平均分摊、赡养人约定分摊、被赡养人指定分摊"三种情形，并在对应框内打"√"。

⑦本年度月扣除金额：填写扣除年度内，按政策规定计算的纳税人每月可以享受的赡养老人专项附加扣除的金额。

注意：

（1）赡养老人支出采用分摊扣除的，如果是均摊，兄弟姐妹之间不需要再签订书面协议，也无须向税务机关报送。如果采用约定分摊或者老人指定分摊的方式，那么兄弟姐妹之间需要签订书面协议，书面协议不需要向税务机关或者扣缴义务人报送，自行留存备查。

（2）对于独生子女家庭，父母离异后重新组建家庭，在新组建的两个家庭中，只要父母中的一方没有纳税人以外的其他子女进行赡养，则纳税人可以按照独生子女标准享受每月 2000 元的赡养老人专项附加扣除。除上述情形外，不能按照独生子女享受扣除。在填写专项附加扣除信息表时，纳税人需注明与被赡养人的关系（继子女）。

（3）独生子女包括：唯一的孙子女；其他兄弟姐妹去世或送人的，注意及时更改登记信息，但不属于法律上的独生子女；不包括多胞胎，多胞胎视同非独生子女。

（4）纳税人需注意仔细核对赡养老人的身份信息，避免错误填报而无法正常享受专项附加项目扣除。

（5）在填报赡养老人专项附加扣除项目时，纳税人要注意核对两点：一是所有兄弟姐妹赡养老人税前扣除金额合计数不能超过 2000 元；二是配偶的父母，不能作为自己的赡养人填报扣除。

7. 大病医疗专项附加扣除的填报

【案例 2-7】大病医疗专项附加扣除

张帅和李美是夫妻，有一个儿子、一个女儿。2020 年，张帅生了一场大病，在医保目录范围内的自付部分为115 000元；女儿张怡丽也生了一场大病，在医保目录范围内的自付部分为85 000元。

解析：

（1）张帅自付部分115 000元，超过个人负担起扣的15 000元，即11.5-1.5=10（万元），超过了每年8万元的限额，实际可扣除8万元，张帅可以由本人扣除或者由李美扣除。

（2）张帅的女儿自付部分85 000元，超过个人负担起扣的15 000元，即8.5-1.5=7（万元），未超过每年8万元的限额，实际可扣除7万元，可以选择由张帅扣除，也可以选择由李美扣除。

该对夫妻2020年大病医疗专项附加扣除可能扣除的金额如表2-9所示。

表2-9　张帅和李美大病医疗专项附加扣除可能扣除的金额

扣除方式	1	2	3	4
张帅可扣除的金额（元）	150 000	80 000	70 000	0
李美可扣除的金额（元）	0	70 000	80 000	150 000

假设夫妻双方约定全部由张帅扣除，张帅的《扣除信息表》相应栏次填写如表2-10所示。

表2-10　个人所得税专项附加扣除信息表（节选）

六、大病医疗支出扣除信息（汇算清缴时填写）					
较上次报送信息是否发生变化：☑首次报送（请填写全部信息） □无变化（不需重新填写）　　□有变化（请填写发生变化的信息）					
患者1	姓名	张帅	身份证件类型	居民身份证	身份证件号码	360102********0121
	医疗支出总金额	150 000	个人负担金额*自付+自费	115 000	与本人关系	☑本人　□配偶 □未成年子女
患者2	姓名	张怡丽	身份证件类型	居民身份证	身份证件号码	360000********0002
	医疗支出总金额	90 000	个人负担金额*自付+自费	85 000	与本人关系	□本人　□配偶 ☑未成年子女

填报说明

①患者姓名、身份证件类型及号码：填写享受大病医疗专项附加扣除的患者姓名、有效证件名称及号码。

②医疗支出总金额：填写社会医疗保险管理信息系统记录的与基本医保相关的医疗支出总金额。

③个人负担金额：填写社会医疗保险管理信息系统记录的基本医保目录范围内扣除医保报销后的个人自付部分。

④与纳税人关系：按患者与纳税人的关系填报，区分"本人、配偶或未成年子女"三种情形，在对应框内打"√"。

注意：

（1）纳税人年末住院，第二年年初出院，一般是在出院时才进行医疗费用的结算。纳税人申报享受大病医疗扣除，以医疗费用结算单上的结算时间为准，因此该医疗支出属于第二年的医疗费用，到本年度结束时，如果达到大病医疗扣除的"起付线"，可以在次年3月1日至6月30日汇算清缴时享受扣除。

（2）对于纳入医疗保障结算系统的私立医院，只要纳税人看病的支出在医保系统可以体现和归集，纳税人发生的与基本医保相关的支出，就可以按照规定享受大病医疗扣除。

（3）纳税人日常看病（注意：大病）时，应当留存医药服务收费及医保报销相关票据原件（或者复印件）等资料备查，同时，可以通过医疗保障部门的医疗保障管理信息系统或登录国家医保服务平台查询本人上一年度医药费用情况。纳税人在年度汇算清缴时填报相关信息申请退税。

个人所得税专项附加扣除信息表（完整示例）如表2-11所示。

表2-11　个人所得税专项附加扣除信息表（完整示例）

填报日期：2020年1月8日　　扣除年度：2020

纳税人姓名：张帅　　纳税人识别号 360102**********0121

纳税人信息	手机号码（必填）	139****1234	电子邮箱	12****78@qq.com
	联系地址	江西省新余市渝水区解放路111号		
纳税人配偶信息	姓名	李美	配偶情况	☑有配偶　□无配偶
	身份证件类型	居民身份证	身份证件号码	360601**********1120

一、子女教育支出扣除信息

较上次报送信息是否发生变化：☑首次报送（请填写全部信息）　□无变化（不需重新填写）
□有变化（请填写发生变化的信息）

子女一 ☑子 □女	姓名	张俊超	身份证件类型	居民身份证	身份证件号码	360101**********0005
	出生日期	2012.6.8	当前受教育阶段	□学前教育　☑义务教育 □高等教育	□高中阶段教育	
	当前受教育阶段起始时间	2018年9月	当前受教育阶段结束时间	2024年7月	子女教育终止时间 *不再受教育时填写	年　月
	就读国家（或地区）	中国	就读学校	新余市逸夫小学	本人扣除比例	□100%（全额扣除） ☑50%（平均扣除）

（续）

姓名	张怡丽	身份证件类型	居民身份证	身份证件号码	360101********0002
出生日期	2015.3.9	当前受教育阶段	☑学前教育阶段 □高中阶段教育		□义务教育阶段 □高等教育
当前受教育阶段起始时间	2018年2月	当前受教育阶段结束时间	年 月 子女教育终止时间 *不再受教育时填写		年 月
就读国家（或地区）	中国	就读学校	小星星幼儿园	本人扣除比例	□100%（全额扣除） ☑50%（平均扣除）

二、继续教育支出扣除信息

较上次报送信息是否发生变化：☑首次报送（请填写全部信息） □无变化（不需重新填写） □有变化（请填写发生变化的信息）					
学历（学位）继续教育（本人）	当前继续教育起始时间	2020年9月	当前继续教育结束时间	2023年7月	学历（学位）继续教育阶段	□专科 □本科 ☑硕士研究生 □博士研究生 □其他
职业资格继续教育	职业资格继续教育类型	□技能人员 ☑专业技术人员		证书名称	中华人民共和国注册会计师
	证书编号	B00100001	发证机关	中华人民共和国财政部	发证（批准）日期	2020-10-03

三、住房贷款利息支出扣除信息

较上次报送信息是否发生变化：☑首次报送（请填写全部信息） □无变化（不需重新填写）
□有变化（请填写发生变化的信息）

房屋信息	住房坐落地址	上海市长宁区长新街道 28 号		
	产权证号/不动产登记号/商品房买卖合同号/预售合同号	上房地字（2011）第 000235 号		
	本人是否借款人	□是 ☑否	是否婚前各自首套贷款，且婚后分别扣除 50%	□是 ☑否
房贷信息	公积金贷款｜贷款合同编号	2018000000066	首次还款日期	
	贷款期限（月）	480	贷款银行	中国建设银行
	商业贷款｜贷款合同编号			
	贷款期限（月）		首次还款日期	2018-10-1

四、住房租金支出扣除信息

较上次报送信息是否发生变化：☑首次报送（请填写全部信息） □无变化（不需重新填写）
□有变化（请填写发生变化的信息）

房屋信息	住房坐落地址	南宁市兴宁区建宁路 13 号		
租赁情况	出租方（个人）姓名	李易	身份证件类型	居民身份证
			身份证件号码	330101*******0001
	出租方（单位）名称		统一社会信用代码（纳税人识别号）	无
	主要工作城市（*填写市一级）	南宁市	住房租赁合同编号（非必填）	
	租赁期起	2020-1-1	租赁期止	2020-12-31

五、赡养老人支出扣除信息

较上次报送信息是否发生变化：☑首次报送（请填写全部信息） □无变化（不需重新填写）
□有变化（请填写发生变化的信息）

纳税人身份		☑独生子女 □非独生子女		
被赡养人一	姓名	张土根	身份证件类型	居民身份证
	出生日期	1950.11.3	身份证件号码	360601********0221
	与本人关系		☑父亲 □母亲 □其他	
被赡养人二	姓名		身份证件类型	
	出生日期		身份证件号码	
	与本人关系		□父亲 □母亲 □其他	
共同赡养人信息	姓名	张洁	身份证件类型	居民身份证
			身份证件号码	360102********0003
	姓名	张英	身份证件类型	居民身份证
			身份证件号码	360102********0004
	姓名	张剑	身份证件类型	居民身份证
			身份证件号码	360102********0007
分摊方式*独生子女不需填写		□平均分摊 ☑赡养人约定分摊 □被赡养人指定分摊	本年度月扣除金额	1 000

（续）

六、大病医疗支出扣除信息（汇算清缴时填写）

较上次报送信息是否发生变化：☑首次报送（请填写全部信息） □无变化（不需重新填写）
□有变化（请填写发生变化的信息）

	姓名	医疗支出总金额	身份证件类型	个人负担金额 *自付+自费	居民身份证	身份证件号码	与本人关系
患者1	张帅	150 000	居民身份证	115 000		360601********0009	☑本人 □配偶 □未成年子女
患者2	张怡丽	90 000	居民身份证	85 000		360101********0002	□本人 □配偶 ☑未成年子女

如果您需要将专项附加扣除信息报送给选定的扣缴义务人，请填写本栏内容。

选定扣缴义务人名称：新余市蓝天公司　　扣缴义务人纳税人识别号（统一社会信用代码）：36010********4789

第三章

居民个人综合所得纳税申报

《个人所得税法》第七次修订，最大的变化就是实施综合与分类相结合的新税制，这里的综合就是将居民个人的工资、薪金所得，劳务报酬所得，稿酬所得和特许权使用费所得四项所得按年合并计税，实行"代扣代缴、自行申报，汇算清缴、多退少补，优化服务、事后抽查"的征管制度。一方面，解决原分类税制下，个人收入不均衡、不同所得项目税负有差异等问题；另一方面，这四项纳入综合征税范围的所得，涵盖了绝大多数纳税人及其主要所得，对其适用统一的超额累进税率，更好地体现量能负担原则。

本章侧重阐述的是居民个人综合所得的纳税申报操作方法，对一些特殊问题比如员工社会保险、保障、补贴、津贴、生活补助、退职费、退休费、股权激励以及外籍个人的政策解读及案例分析，建议查阅《一本书看透个人所得税》或其他书籍。

一、基本规定

《个人所得税法》第二条规定，居民个人取得工资、薪金所得，劳务报酬所得，稿酬所得，特许权使用费所得四项所得（以下称为综合所得），按纳税年度合并计算个人所得税。在这里提醒注意的是，非居民个人取得上述四项所得，按月或者按次分项计算个人所得税，不属于综合所得范围。

《个人所得税法》第十一条规定，居民个人取得综合所得，按年计算个人所得税；有扣缴义务人的，由扣缴义务人按月或者按次预扣预缴税款，扣缴税款应当在次月十五日内缴入国库；需要办理汇算清缴的，应当在取得所得的次年3月1日至6月30日内办理汇算清缴。

（一）年度内，扣缴义务人预扣预缴申报

居民个人取得综合所得，由扣缴义务人在支付所得时，依税法规定按月或者按次预扣预缴税款，依法办理全员全额扣缴申报。

居民个人向扣缴义务人提供专项附加扣除信息的，扣缴义务人按月预扣预缴税款时应当按照规定予以扣除，不得拒绝。

扣缴义务人按月或者按次预扣预缴税款，按照《个人所得税扣缴申报管理办法（试行）》的有关规定执行。

（二）年度终了后，居民个人汇算清缴申报

居民个人需要将综合所得的全年收入额、免税收入和全年扣除项目（即专项扣除、专项附加扣除、依法确定的其他扣除、依法可扣除的公益慈善捐赠）进行汇总，收入额减去免税收入，再减去依法可扣除的项目后，为年度综合所得应纳税所得额，适用《综合所得税率表》，计算全年应纳个人所得税，再减去年度内已经预缴的税款，向税务机关办理年度纳税申报并结清应退或应补税款，并依法留存相关资料备查。

居民个人 2019 年度综合所得符合汇算清缴条件的，按照《国家税务总局关于办理 2019 年度个人所得税综合所得汇算清缴事项的公告》（国家税务总局公告 2019 年第 44 号）的有关规定执行。

综上所述，居民个人综合所得纳税申报的操作要点如表 3-1 所示。

二、综合所得预扣预缴申报操作方法

（一）预扣预缴申报基本规定

预扣预缴申报，是指扣缴义务人每月或者每次预扣、代扣的税款，应当在次月十五日内缴入国库，并向税务机关报送《个人所得税扣缴申报表》（见附录A），以及支付所得的所有个人的有关信息、支付所得数额、扣除事项和数额、扣缴税款的具体数额和总额以及其他相关涉税信息资料。

1. 预扣预缴申报方式

扣缴申报方式包括上门申报（税务机关办税服务厅）和网上申报（下载登录自然人电子税务局扣缴客户端）。

表 3-1　居民个人综合所得纳税申报的操作要点明细表

环节	综合所得项目	工资、薪金所得	劳务报酬所得	特许权使用费所得 稿酬所得
预扣预缴	应预扣预缴税额	本月应预扣预缴税额＝（累计预扣预缴应纳税所得额×预扣率－速算扣除数）－累计减免税额－累计已预扣预缴税额	本次应预扣预缴税额＝预扣预缴应纳税所得额×预扣率－速算扣除数	本次应预扣预缴税额＝预扣预缴应纳税所得额×预扣率
	扣缴申报	扣缴义务人（支付人）每月或每次预扣、代扣税款，扣缴税款应当在次月十五日内缴入国库，并向税务机关报送《个人所得税扣缴申报表》（见附录A）		
年度汇算	应补（退）税额	应纳税额＝(年收入额－免税收入－6万－专项扣除－专项附加扣除－其他扣除－公益捐赠)×适用税率－速算扣除数		
		应补（退）税额＝应纳税额－已预扣预缴税额		
	年度申报	纳税人在次年3月1日至6月30日内，向任职、受雇单位所在地主管税务机关办理纳税申报，如果仅取得境内所得，填报《个人所得税年度自行纳税申报表（A表）》（见附录H，包括简易版、问答版）；如果包含境外所得，填报《个人所得税年度自行纳税申报表（B表）》（见附录I）		
		纳税人有两处以上任职、受雇单位的，选择向其中一处任职、受雇单位所在地主管税务机关办理纳税申报；纳税人没有任职、受雇单位的，向户籍所在地或经常居住地主管税务机关办理纳税申报		

2. 预扣预缴申报流程

扣缴义务人按照"扣缴义务人登记——居民纳税人身份判断——人员基础信息采集——专项附加扣除信息收集——税款计算——扣缴申报表填报"的序时操作流程，区分不同类型纳税人、不同所得项目等情形。

注：扣缴客户端具体操作流程请查阅第九章中的相关内容。

3. 预扣预缴注意事项

（1）扣缴义务人在一个纳税年度内预扣预缴税款时，以纳税人在本单位截至当前月份工资、薪金所得累计收入计算本期应预扣预缴税额，不考虑纳税人在其他单位的收入。

（2）扣缴义务人通过扣缴客户端申报时，如果某个员工存在中间月份未申报情况，则收入额不会累计计算，而是只计算当月收入。因此，如果单位存在员工中间月份未发工资的情况，也需要进行零申报。

例如，某单位员工王某2月入职，3月、4月发工资各10 000元，5月未发工资，单位在扣缴客户端也未做零申报，则6月申报累计收入额系统自动生成10 000元，而不是30 000元。

（3）扣缴义务人预扣预缴时，计算出的累计应预扣预缴税额，再减除累计减免税额和累计已预扣预缴税额，其余额为本期应预扣预缴税额。余额为负值时，暂不退税。纳税年度终了后余额仍为负值时，则通过办理综合所得年度汇算清缴，申请退税。

（4）纳税人如果是在年度中间采集专项附加扣除信息，在采集后每次申报时会累计扣除前几个月的总和，不会产生多缴税的情况。

（5）纳税人同时从两处以上取得工资、薪金所得，并由扣缴义务人办理专项附加扣除的，对同一专项附加扣除项目，一个纳税年度内，只能选择从其中一处扣除。

（6）专项扣除、专项附加扣除和依法确定的其他扣除，以纳税人一个纳税年度的应纳税所得额为限额；一个纳税年度扣除不完的，不结转以后年度扣除。

（7）劳务报酬所得、稿酬所得、特许权使用费所得，每次减除费用区分不超过4000元和4000元以上，仅仅是在预扣预缴时，与年度汇算时是不同的。

（8）劳务报酬所得、稿酬所得、特许权使用费所得，预扣预缴时不减除专项扣除、专项附加扣除和依法确定的其他扣除，在汇算清缴时向与工资、薪金所得合计按年计算，依法减除各项扣除。

（二）正常工资、薪金所得预扣预缴申报

1. 累计预扣法的基本步骤

扣缴义务人向居民个人支付工资、薪金所得时，需要按照"累计预扣法"计算预扣预缴税款。具体步骤如下。

（1）计算累计预扣预缴应纳税所得额。对居民个人，按照其在本单位截至当前月份工资、薪金所得的累计收入，减除累计免税收入、累计减除费用、累计专项扣除、累计专项附加扣除和累计依法确定的其他扣除计算预扣预缴应纳税所得额。计算公式为：

累计预扣预缴应纳税所得额 = 累计收入 − 累计免税收入 − 累计减除费用
− 累计专项扣除 − 累计专项附加扣除
− 累计依法确定的其他扣除

1）累计减除费用，按照每月 5000 元乘以纳税人当年截至本月在本单位的任职、受雇月份数计算。计算公式为：

任职、受雇月份数 =（纳税人实际取得工资所在月份数
− 任职、受雇从业当月份数 +1）

如果是往年任职、受雇从业的，从业月份数从 1 月开始算起。

例如，甲于 2019 年 1 月 1 日受雇于 A 公司，该公司本月发上月工资。2020 年 3 月 10 日，甲取得 A 公司发放的 2 月工资 20 000 元，假设甲每月取得工资金额不变，不考虑其他情况。3 月 10 日，甲取得工资时任职、受雇月份数 = 纳税人实际取得工资所在月份数 − 任职、受雇从业当月份数（往年任职、受雇从业的为 1）+1=3−1+1=3，累计减除费用 = 5000×3=15 000（元）。

如果是年中任职、受雇从业的，从业月份数从任职、受雇当月开始算起。

例如，乙于 2020 年 2 月 1 日受雇于 B 公司，该公司本月发上月工资。2020 年 4 月 10 日，乙取得 B 公司发放的 3 月工资 20 000 元，假设乙每月取得工资不变，不考虑其他情况。4 月 10 日，乙取得工资时任职、受雇月份数 = 纳税人实际取得工资所在月份数 − 任职、受雇从业当月份数（往年任职、受雇从业的为 1）+1=4−2+1=3，累计减除费用 = 5000×3=15 000（元）。

2）累计专项附加扣除金额，为纳税人在本单位截至当前月份符合政策条件的扣除金额，按照各项目扣除标准定额乘以纳税人当年截至本月在本单位的任职、受雇月份数计算得出，中间入职的，则取当年在本单位截至当前有效月份数与任职月份数的交集。

例如，蓝天公司员工张丽于 2020 年 3 月向公司首次报送其正在上幼儿园的 4 岁女儿的相关信息，并与配偶约定，由其一人扣除，则 3 月张丽可以扣除的子女教育专项附加扣除为 3000 元（1000 元/月 ×3 个月）。

例如，蓝天公司的另一员工王英于 2020 年 3 月，向公司首次报送其当月刚

满3周岁的女儿的相关信息,并与其配偶约定,由其一人扣除,则3月王英可以扣除的子女教育专项附加扣除仅为1000元(1000元/月×1个月)。

例如,蓝天公司的另一员工李俊于2020年3月新入职并开始领工资,他6月才首次向公司报送其正在上幼儿园的4岁女儿的相关信息,并与其配偶约定,各扣除一半,则6月李俊可以扣除的子女教育专项附加扣除为2000元(500元/月×4个月)。

例如,蓝天公司的另一员工杜娟于2020年3月新入职并开始领工资,她6月才首次向公司报送其4月满3周岁女儿的相关信息,并与其配偶约定,各扣除一半,则6月杜娟可以扣除的子女教育专项附加扣除为1500元(500元/月×3个月)。

(2)计算本期应预扣预缴税额。根据累计预扣预缴应纳税所得额,对照《居民个人工资、薪金所得个人所得税预扣率表》(见表3-2),查找适用的预扣率和速算扣除数,据此计算累计应预扣预缴税额,再减除累计减免税额和累计已预扣预缴税额。在计算出的本月应预扣预缴税额为负值时,暂不退税。纳税年度终了后余额仍为负值时,由纳税人通过办理综合所得年度汇算清缴,税款多退少补。计算公式为:

本期应预扣预缴税额=(累计预扣预缴应纳税所得额×预扣率−速算扣除数)
−累计减免税额−累计已预扣预缴税额

表3-2 居民个人工资、薪金所得预扣率表

级数	累计预扣预缴应纳税所得额	预扣率(%)	速算扣除数
1	不超过36 000元的	3	0
2	超过36 000元至1 440 00元的部分	10	2 520
3	超过144 000元至300 000元的部分	20	16 920
4	超过300 000元至420 000元的部分	25	31 920
5	超过420 000元至660 000元的部分	30	52 920
6	超过660 000元至960 000元的部分	35	85 920
7	超过960 000元的部分	45	181 920

2. 工资、薪金所得全员全额申报的方法

【案例3-1】工资、薪金所得预扣预缴申报

白云公司职员赵丽2020年1月取得固定工资30 000元,2月取得加班工资

2000元，3月取得"三八节"补贴1000元。她每月缴纳"三险一金"4500元，每月享受子女教育、赡养老人两项专项附加扣除共计2000元。假设不考虑其他情况，白云公司应如何进行预扣预缴纳税申报？

解析：

（1）白云公司1～3月应预扣预缴税额的计算。

1）1月应预扣预缴税额=（30 000-5000-4500-2000）×3%=555（元）

2）2月累计预扣预缴税额=（30 000+32 000-5000×2-4500×2-2000×2）×10%-2520=1380（元）

2月应预扣预缴税额=1380-555=825（元）

3）3月累计预扣预缴税额=（30 000+32 000+31 000-5000×3-4500×3-2000×3）×10%-2520=3330（元）

3月应预扣预缴税额=3330-555-825=1950（元）

（2）办理全员全额扣缴申报。

白云公司应于每月向员工发放工资的次月15日内向其所在地主管税务机关办理全员全额扣缴申报，并填报《个人所得税扣缴申报表》，首次办理扣缴申报时还应一并填报《个人所得税基础信息表（A表）》。以白云公司3月扣缴赵丽的个人所得税为例，扣缴申报步骤如下。

1）填报《个人所得税基础信息表（A表）》，具体如表3-3所示。

表3-3 个人所得税基础信息表（A表）（节选）

（适用于扣缴义务人填报）

扣缴义务人名称：白云公司

扣缴义务人纳税人识别号（统一社会信用代码）：9316＊＊＊＊＊＊＊＊125A

纳税人基本信息（带*必填）						任职、受雇从业信息			
*纳税人姓名	*身份证件类型	*身份证件号码	*出生日期	*国籍/地区	类型	职务	任职、受雇从业日期	离职日期
3	4	5	6	7	8	9	11	12
赵丽	居民身份证	360502＊＊＊＊＊＊27001X	1985.1.12	中国			2012.8.8	

填报说明

①第2列"纳税人识别号"：有中国公民身份号码的，填写中华人民共和国

居民身份证上载明的"公民身份号码";没有中国公民身份号码的,填写税务机关赋予的纳税人识别号。

②第3列"纳税人姓名":填写纳税人姓名。外籍个人英文姓名按照"先姓(surname)后名(given name)"的顺序填写,确实无法区分姓和名的,按照证件上的姓名顺序填写。

③第4列"身份证件类型":根据纳税人实际情况填写。有中国公民身份号码的,应当填写"居民身份证";华侨应当填写"中国护照";港澳居民可选择填写"港澳居民通行证"或者"港澳居民居住证";台湾居民可选择填写"台湾居民通行证"或者"台湾居民居住证";外籍人员可选择填写"外国人永久居留证""外国人工作许可证"或者"外国护照";其他符合规定的情形填写"其他证件"。身份证件类型选择"港澳居民居住证"的,应当同时填写"港澳居民通行证";身份证件类型选择"台湾居民居住证"的,应当同时填写"台湾居民通行证";身份证件类型选择"外国人永久居留证"或者"外国人工作许可证"的,应当同时填写"外国护照"。

④第8列"类型":根据实际情况填写"雇员""保险营销员""证券经纪人"或者"其他"。

⑤第11～12列"任职、受雇从业日期""离职日期":当第8列"类型"选择"雇员""保险营销员"或者"证券经纪人"时,填写纳税人与扣缴义务人建立或者解除相应劳动或者劳务关系的日期。

2)填报《个人所得税扣缴申报表》,具体如表3-4所示。

表3-4 个人所得税扣缴申报表(节选)

税款所属期:2020年3月1日至2020年3月21日

扣缴义务人名称:白云公司　　　　　　　　金额单位:人民币元(列至角分)

姓名	所得项目	本月收入额	累计收入额	累计减除费用	累计专项扣除	累计专项附加扣除	应纳税所得额	预扣率	速算扣除数	应纳税额	已缴税额	应补/退税额
2	7	8	22	23	24	25	33	34	35	36	38	39
赵丽	工资、薪金	31 000	93 000	15 000	13 500	6 000	58 500	10%	2 520	3 330	1 380	1 950

填报说明

①第3列"身份证件类型":填写纳税人有效的身份证件名称。中国公民有

中华人民共和国居民身份证的，填写居民身份证；没有居民身份证的，填写中华人民共和国护照、港澳居民来往内地通行证或者港澳居民居住证、台湾居民通行证或者台湾居民居住证、外国人永久居留身份证、外国人工作许可证或者护照等。

②第5列"纳税人识别号"：有中国公民身份号码的，填写中华人民共和国居民身份证上载明的"公民身份号码"；没有中国公民身份号码的，填写税务机关赋予的纳税人识别号。

③第6列"是否为非居民个人"：纳税人为居民个人的填"否"。为非居民个人的，根据合同、任职期限、预期工作时间等不同情况，填写"是，且不超过90天"或者"是，且超过90天不超过183天"。不填默认为"否"。

其中，纳税人为非居民个人的，填写"是，且不超过90天"的，当年在境内实际居住超过90天的次月15日内，填写"是，且超过90天不超过183天"。

④第8～21列"本月（次）情况"：填写扣缴义务人当月（次）支付给纳税人的所得，以及按规定各所得项目当月（次）可扣除的减除费用、专项扣除、其他扣除等。其中，工资、薪金所得预扣预缴个人所得税时扣除的专项附加扣除，按照纳税年度内纳税人在该任职、受雇单位截至当月可享受的各专项附加扣除项目的扣除总额，填写至"累计情况"中第25～29列相应栏，本月情况中则无须填写。

⑤第22～30列"累计情况"：本栏适用于居民个人取得工资、薪金所得，保险营销员、证券经纪人取得佣金收入等按规定采取累计预扣法预扣预缴税款时填报。

⑥第31列"减按计税比例"：填写按规定实行应纳税所得额减计税收优惠的减计比例。无减计规定的，可不填，系统默认为100%。如，某项税收政策实行减按60%计入应纳税所得额，则本列填60%。

⑦第32列"准予扣除的捐赠额"：按照税法及相关法规、政策规定，可以在税前扣除的捐赠额。详细内容见本书第六章。

（三）其他三项综合所得的预扣预缴申报

1. 预扣预缴应纳税额的计算

扣缴义务人向居民个人支付劳务报酬所得、稿酬所得、特许权使用费所得（以下简称三项综合所得）时，按以下方法按月或者按次预扣预缴个人所得税。

（1）计算预扣预缴应纳税所得额。三项综合所得以每次收入减除费用后的余额为收入额，其中稿酬所得的收入额减按70%计算。当三项综合所得每次收入不超过4000元的，减除费用按800元计算；当每次收入在4000元以上的，减除费用按20%计算。三项综合所得以每次收入额为预扣预缴应纳税所得额。

（2）计算预扣预缴应纳税额。根据预扣预缴应纳税所得额乘以适用预扣率计算应预扣预缴税额。其中，劳务报酬所得适用《居民个人劳务报酬所得预扣预缴预扣率表》（见表3-5），稿酬所得、特许权使用费所得适用20%的比例预扣率。

表3-5　居民个人劳务报酬所得预扣预缴预扣率表

级数	预扣预缴应纳税所得额	预扣率（%）	速算扣除数
1	不超过20 000元的	20	0
2	超过20 000元至50 000元的部分	30	2000
3	超过50 000元的部分	40	7000

税率适用说明如下。

例如，某居民个人取得劳务报酬所30 000元，则这笔所得应预扣预缴税额计算过程为：

预扣预缴应纳税所得额=30 000×（1−20%）=24 000（元）

应预扣预缴税额=24 000×30%−2000=5200（元）

例如，某居民个人取得稿酬所得40 000元，则这笔所得应预扣预缴税额计算过程为：

预扣预缴应纳税所得额=（40 000−40 000×20%）×70%=22 400（元）

应预扣预缴税额=22 400×20%=4480（元）

例如，某居民个人取得特许权使用费所得3000元，则这笔所得应预扣预缴税额计算过程为：

预扣预缴应纳税所得额=3000−800=2200（元）

应预扣预缴税额=2200×20%=440（元）

（3）注意事项。

1）劳务报酬所得、稿酬所得、特许权使用费所得，属于一次性收入的，以取得该项收入为一次；属于同一项目连续性收入的，以一个月内取得的收入为一次。

2）每次减除费用区分不超过 4000 元和 4000 元以上，仅仅是在预扣预缴时，与年度汇算时是不同的。

3）居民个人取得劳务报酬所得、稿酬所得、特许权使用费所得，预扣预缴时不减除专项附加扣除和公益慈善捐赠。

2. 其他三项综合所得预扣预缴的填报案例分析

【案例 3-2】其他三项综合所得预扣预缴申报

曾乐为自由职业者，2020 年取得以下收入。

（1）3 月 15 日从济南白云公司取得服装设计专题讲座课酬 3000 元；3 月 29 日又从白云公司取得服装设计费 100 000 元。

（2）4 月编著的《服装设计完全攻略》在北京碧海出版社出版发行，5 月 25 日取得稿酬 10 000 元。

（3）6 月 25 日，将自主研发的服装面料专利技术特许上海新雅公司用于服装制作，收取使用费 300 000 元。

请问：济南白云公司、北京碧海出版社和上海新雅公司应如何预扣预缴曾乐的个人所得税？

解析：

根据《个人所得税法实施条例》第十四条的规定，劳务报酬所得、稿酬所得、特许权使用费所得，属于一次性收入的，以取得该项收入为一次；属于同一项目连续性收入的，以一个月内取得的收入为一次。

（1）3 月取得的服务设计费和服务设计培训课酬来自不同项目，应当分两次预扣预缴曾乐的个人所得税。服装设计专题讲座课酬 3000 元，收入额小于 4000 元，扣除费用 800 元。预扣预缴应纳税所得额 =3000-800=2200（元），适用预扣率 20%。应预扣预缴税额 =2200×20%=440（元）。

服装设计收入 100 000 元，收入额大于 4000 元，扣除费用 20%。预扣预缴应纳税所得额 =100 000×（1-20%）=80 000（元），适用预扣率 40%，速算扣除数 7000。应预扣预缴税额 =80 000×40%-7000=25 000（元）。

济南白云公司应于 4 月 15 日内（申报期）向其所在地主管税务机关办理全员全额扣缴申报，并报送《个人所得税扣缴申报表》，填报数据如表 3-6 所示。

表3-6　个人所得税扣缴申报表（节选）

税款所属期：2020年3月1日至2020年3月31日
扣缴义务人名称：济南白云公司　　　　　　金额单位：人民币元（列至角分）

姓名	所得项目	收入额计算			税款计算			
		收入	费用	免税收入	应纳税所得额	预扣率	速算扣除数	应纳税额
2	7	8	9	10	33	34	35	36
曾乐	劳务报酬所得	3 000	800		2 200	20%	—	440
曾乐	劳务报酬所得	100 000	20 000		80 000	40%	7 000	25 000

（2）4月取得稿酬10 000元，收入额大于4000元，扣除费用20%。预扣预缴应纳税所得额=10 000×（1-20%）×70%=5600（元），应预扣预缴税额=5600×20%=1120（元）。

北京碧海出版社应于5月15日内（申报期）向其所在地主管税务机关办理全员全额扣缴申报，并报送《个人所得税扣缴申报表》，填报数据如表3-7所示。

表3-7　个人所得税扣缴申报表（节选）

税款所属期：2020年4月1日至2020年4月30日
扣缴义务人名称：北京碧海出版社　　　　　　金额单位：人民币元（列至角分）

姓名	所得项目	收入额计算			税款计算			
		收入	费用	免税收入	应纳税所得额	预扣率	速算扣除数	应纳税额
2	7	8	9	10	33	34	35	36
曾乐	稿酬所得	10 000	2 000	2 400	5 600	20%	0	1 120

（3）6月取得服装料专利技术使用费300 000元，收入额大于4000元，扣除费用20%。预扣预缴应纳税所得额=300 000×（1-20%）=240 000（元），应预扣预缴税额=240 000×20%=48 000（元）。

上海新雅公司应于7月15日内（申报期）向其所在地主管税务机关办理全员全额扣缴申报，并报送《个人所得税扣缴申报表》，填报数据如表3-8所示。

表 3-8　个人所得税扣缴申报表（节选）

税款所属期：2020 年 6 月 1 日至 2020 年 6 月 30 日

扣缴义务人名称：上海新雅公司　　　　　　　金额单位：人民币元（列至角分）

姓名	所得项目	收入额计算			税款计算		
		收入	费用	免税收入	应纳税所得额	预扣率	速算扣除数	应纳税额
2	7	8	9	10	33	34	35	36
曾乐	特许权使用费所得	300 000	60 000	0	240 000	20%	0	48 000

填报说明

①第 9 列"费用"：取得劳务报酬所得、稿酬所得、特许权使用费所得时填写，取得其他各项所得时无须填写本列。居民个人取得上述所得，每次收入不超过 4000 元的，费用填写"800"元；每次收入 4000 元以上的，费用按收入的 20% 填写。非居民个人取得劳务报酬所得、稿酬所得、特许权使用费所得，费用按收入的 20% 填写。

②第 10 列"免税收入"：填写纳税人各所得项目收入总额中，包含的税法规定的免税收入金额。其中，税法规定"稿酬所得的收入额减按 70% 计算"，对稿酬所得的收入额减计的 30% 部分，填入本列。

（四）保险营销员、证券经纪人佣金的预扣预缴申报

保险营销员、证券经纪人取得的佣金收入，属于劳务报酬所得，以不含增值税的收入减除 20% 的费用后的余额为收入额，收入额减去展业成本以及附加税费后，并入当年综合所得，计算缴纳个人所得税。保险营销员、证券经纪人展业成本按照收入额的 25% 计算。

扣缴义务人向保险营销员、证券经纪人支付佣金收入时，应按照《个人所得税扣缴申报管理办法（试行）》规定的累计预扣法计算预扣税款。

1. 保险营销员、证券经纪人佣金收入预扣预缴税额的计算

保险营销员、证券经纪人取得的佣金收入在日常预扣预缴时，综合考虑新旧税制衔接，为最大程度减轻税收负担，依照税法规定，对其取得的佣金收入，按照累计预扣法计算预缴税款，即以该纳税人截至当期在单位从业月份的累计收入减除累计减除费用、累计其他扣除后的余额，比照《工资、薪金所得预扣

率表》(见表 3-2) 计算当期应预扣预缴税额。计算公式为：

累计预扣预缴应纳税所得额 = 累计收入额 − 累计减除费用 − 累计其他扣除

本期应预扣预缴税额 =（累计预扣预缴应纳税所得额 × 预扣率
　　　　　　　　　 − 速算扣除数）− 累计减免税额 − 累计已预扣预缴税额

其中：

累计收入额 = 本期收入额 + 上期累计收入额

本期收入额 = 本期收入 − 本期费用 − 本期免税收入

本期费用 = 本期收入 × 20%

累计减除费用 = 5000 × 本年度在本单位的实际从业月份数

累计其他扣除 = 累计展业成本 + 累计附加税费 + 累计依法确定的其他扣除

累计展业成本 =（本期收入 − 费用）× 25% + 上期累计展业成本

注意：

（1）在一个纳税年度内，保险营销员、证券经纪人的每月应预扣预缴税额为负值时，暂不退税；纳税年度终了后余额仍为负值时，由纳税人通过办理综合所得年度汇算清缴，税款多退少补。

（2）专项扣除和专项附加扣除，在预扣预缴环节暂不扣除，待年度终了后汇算清缴申报时办理。主要考虑是，一方面，依据《个人所得税法》及其实施条例的规定，个人取得的劳务报酬，应当在汇算清缴时办理专项附加扣除；另一方面，保险营销员、证券经纪人多为自己缴付"三险一金"，支付佣金的单位较难掌握这些情况并为其办理扣除；同时，部分保险营销员、证券经纪人还有任职、受雇单位，由支付佣金单位办理可能出现重复扣除。

2. 保险营销员、证券经纪人佣金收入预扣预缴填报案例分析

【案例 3-3】保险营销员预扣预缴申报

2019 年 12 月，赵丽成为安康保险公司一名营销员，2020 年 4 月、9 月分别从安康保险公司取得销售保险佣金收入（不含增值税）60 000 元和 100 000 元。赵丽的儿子上小学二年级，与丈夫约定子女教育专项附加扣除由其全部扣除。赵丽除在该保险公司取得前述佣金收入外，无其他项目的应税所得。假设不考虑其他相关税费，请问：安康保险公司就此笔佣金如何进行扣缴申报？

解析：

（1）2020 年 4 月应预扣预缴税额。

累计收入额 =60 000×（1-20%）=48 000（元）

累计展业成本 =48 000×25%=12 000（元）

累计减除费用 =5000×4=20 000（元）

累计应纳税所得额 =48 000-12 000-20 000=16 000（元）

累计应预扣预缴税额 =16 000×3%=480（元）

本期应预扣预缴税额 =480-0=480（元）

安康保险公司应于 5 月申报期内向其所在地主管税务机关办理全员全额扣缴申报，并报送《个人所得税扣缴申报表》，填报数据如表3-9所示。

表3-9 个人所得税扣缴申报表（节选）

税款所属期：2020 年 4 月 1 日至 2020 年 4 月 30 日

扣缴义务人名称：安康保险公司　　　　　　　金额单位：人民币元（列至角分）

姓名	所得项目	本月情况		累计情况			税款计算					
		收入	费用	累计收入额	累计减除费用	累计其他扣除	应纳税所得额	预扣率	速算扣除数	应纳税额	已缴税额	应补/退税额
2	7	8	9	22	23	30	33	34	35	36	38	39
赵丽	保险佣金	60 000	12 000	48 000	20 000	12 000	16 000	3%	—	480	0	480

注：本期展业成本填写第21列"其他扣除"。累计展业成本填写第30列"累计其他扣除"。

（2）2020 年 9 月应预扣预缴税额。

累计佣金收入 =100 000+60 000=160 000（元）

累计收入额 =160 000×（1-20%）=128 000（元）

累计展业成本 =128 000×25%=32 000（元）

累计减除费用 =5000×9=45 000（元）

累计应纳税所得额 =128 000-32 000-45 000=51 000（元）

累计应预扣预缴税额 =51 000×10%-2520=2580（元）

本期应预扣预缴税额 =2580-480=2100（元）

安康保险公司应于 10 月申报期内向其所在地主管税务机关办理全员全额扣缴申报，并报送《个人所得税扣缴申报表》，填报数据如表3-10所示。

表 3-10　个人所得税扣缴申报表（节选）

税款所属期：2020 年 9 月 1 日至 2020 年 9 月 30 日

扣缴义务人名称：安康保险公司　　　　　　金额单位：人民币元（列至角分）

姓名	所得项目	本月情况		累计情况			税款计算					
		收入	费用	累计收入额	累计减除费用	累计其他扣除	应纳税所得额	预扣率	速算扣除数	应纳税额	已缴税额	应补/退税额
2	7	8	9	22	23	30	33	34	35	36	38	39
赵丽	保险佣金	100 000	20 000	128 000	45 000	32 000	51 000	10%	2 520	2 580	480	2 100

三、居民个人综合所得年度汇算申报

《个人所得税法》第十一条规定，居民个人取得综合所得，按年计算个人所得税；有扣缴义务人的，由扣缴义务人按月或者按次预扣预缴税款；需要办理汇算清缴的，应当在取得所得的次年 3 月 1 日至 6 月 30 日内办理汇算清缴。

为贯彻党中央、国务院个人所得税改革决策部署，落实国务院常务会议精神，切实维护纳税人合法权益，确保纳税人顺利完成新税制实施后首次个人所得税综合所得汇算清缴（以下简称"年度汇算"），《财政部　税务总局关于个人所得税综合所得汇算清缴涉及有关政策问题的公告》（财政部　税务总局公告 2019 年第 94 号）和国家税务总局公告 2019 年第 44 号对 2019 年度综合所得汇算做了具体的规定。

（一）年度汇算的内容

1. 综合所得年度汇算的概念

所谓综合所得的年度汇算，是指依据《个人所得税法》规定，在一个纳税年度终了后，居民个人需要汇总纳税年度内 1 月 1 日至 12 月 31 日取得的工资、薪金所得，劳务报酬所得，稿酬所得，特许权使用费所得四项所得（以下称综合所得）的收入额，减除费用 6 万元以及专项扣除、专项附加扣除、依法确定的其他扣除和符合条件的公益慈善事业捐赠（以下简称捐赠）后，适用综合所得个人所得税税率并减去速算扣除数（税率表如表 1-2 所示），计算本年度最终应纳税额,再减去纳税年度已预缴税额,得出本年度应退或应补税额,向税务机关申报并办理退税或补税。简而言之,就是在平时已预缴税款的基础上"查遗补漏,汇总收支,按年算账,多退少补"。

需要注意的是,非居民个人取得工资、薪金所得,劳务报酬所得,稿酬所得和特许权使用费所得,有扣缴义务人的,由扣缴义务人按月或者按次代扣代缴税款,不办理汇算清缴。

2. 综合所得年度汇算应补(退)税额的计算方法

综合所得年度汇算应补(退)税额的计算公式如下。

年度汇算应退或应补税额 = [(综合所得收入额 −60 000 元
　　　　　　　　　　　− "三险一金"等专项扣除
　　　　　　　　　　　− 子女教育等专项附加扣除 − 依法确定的其他扣除
　　　　　　　　　　　− 可扣除的捐赠) × 适用税率 − 速算扣除数]
　　　　　　　　　　　− 已预缴税额

【案例 3-4】居民个人综合所得年度汇算的税款计算

居民个人金好好为蓝天公司的职员,2020 年取得公司发放的工资 297 000 元,已预扣预缴个人所得税 14 680 元;从白云公司取得劳务报酬所得 75 000 元,已预扣预缴个人所得税 17 000 元;从碧海出版社取得稿酬所得 20 000 元,已预扣预缴个人所得税 2240 元;从黄土公司取得特许权使用费所得 100 000 元,已预扣预缴个人所得税 16 000 元。金好好全年缴纳三险一金 36 000 元,符合条件的专项附加扣除为 34 000 元,缴纳企业年金 9000 元。请问:年度汇算时金好好应补(退)多少个人所得税?

解析:

(1) 汇算全年综合所得收入额,计算过程如表 3-11 所示。

表 3-11　综合所得全年汇算收入额计算明细表

所得项目	税前收入(元) A	费用(元) B=A×20%	免税收入(元) C=(A−B)×30%	收入额(元) D=A−B−C
(1) 工资、薪金所得	297 000			297 000
(2) 劳务报酬所得	75 000	15 000		60 000
(3) 稿酬所得	20 000	4 000	4 800	11 200
(4) 特许权使用费所得	100 000	20 000		80 000
合计	492 000	39 000	4 800	448 200

（2）年度汇算应退或应补税额。

应补（退）税额 = [（448 200-60 000-36 000-34 000-9000）×25%-31 920]-（14 680+17 000+2240+16 000）=-4540（元）

金好好应向主管税务机关申请退税4540元。

3. 年度汇算的时限

（1）纳税人办理年度汇算的时间为次年3月1日至6月30日。

（2）在中国境内无住所的纳税人在此期限前离境的，可以在离境前办理年度汇算。

4. 年度汇算，可继续享受的税前扣除

下列未扣除或未足额扣除的税前扣除项目，纳税人可在年度汇算期间办理扣除或补充扣除。

（1）纳税人及其配偶、未成年子女在当年度发生的，符合条件的大病医疗支出。

（2）纳税人在当年度未申请享受或者未足额享受的子女教育、继续教育、住房贷款利息或住房租金、赡养老人专项附加扣除，以及专项扣除、依法确定的其他扣除。

（3）纳税人在当年度发生的符合条件的公益性捐赠支出。

需要注意的是，居民个人填报专项附加扣除信息存在明显错误，经税务机关通知，居民个人拒不更正或者不说明情况的，税务机关可暂停纳税人享受专项附加扣除。居民个人按规定更正相关信息或者说明情况后，经税务机关确认，居民个人可继续享受专项附加扣除，以前月份未享受扣除的，可按规定追补扣除。

5. 综合所得年度汇算的注意事项

（1）纳税人识别号，是自然人纳税人办理各类涉税事项的唯一代码标识。有中国公民身份号码的，以其中国公民身份号码作为纳税人识别号；没有中国公民身份号码的，由税务机关赋予其纳税人识别号。

（2）年度汇算之所以称为"年度"，是指仅限于计算并结清纳税年度的应退或者应补税款，不涉及以前年度，也不涉及以后年度。比如，2020年纳税人办理年度汇算时仅需要汇总2019年度取得的综合所得。

（3）经营所得、利息股息红利所得、财产租赁所得、财产转让所得和偶然所得，依法均不纳入综合所得年度汇算。

（4）按照《财政部 国家税务总局关于个人所得税法修改后有关优惠政策衔接问题的通知》（财税〔2018〕164号）规定，纳税人取得的可以不并入综合所得计算纳税的收入，也不在年度汇算范围内，如选择单独计税的全年一次性奖金，解除劳动关系、提前退休、内部退养取得的一次性补偿收入，等等。

（5）纳税人在预扣预缴环节取得全年一次性奖金时是单独计算纳税的，年度汇算时也可选择并入综合所得计算纳税。

（6）无住所居民个人预缴时因预判为非居民个人而按取得数月奖金计算缴税的，汇算时可以根据自身情况，将一笔数月奖金按照全年一次性奖金单独计算。

（7）残疾、孤老人员和烈属取得综合所得办理汇算清缴时，汇算清缴地与预扣预缴地规定不一致的，用预扣预缴地规定计算的减免税额与用汇算清缴地规定计算的减免税额相比较，按照孰高值确定减免税额。

（二）需要或无须办理汇算清缴情形

《个人所得税法实施条例》第二十五条规定，取得综合所得需要办理汇算清缴的情形如下。

（1）从两处以上取得综合所得，且综合所得年收入额减除专项扣除的余额超过6万元。

（2）取得劳务报酬所得、稿酬所得、特许权使用费所得中一项或者多项所得，且综合所得年收入额减除专项扣除的余额超过6万元。

（3）纳税年度内预缴税额低于应纳税额。

（4）纳税人申请退税。

1. 无须办理年度汇算的纳税人

（1）依据财税公告2019年第94号文件第一条规定，纳税人已依法预缴个人所得税且符合下列情形之一的，无须办理年度汇算。

1）2019年1月1日至2020年12月31日居民个人取得的综合所得，年度综合所得收入不超过12万元且需要汇算清缴补税的。

需要说明的是，上述收入不超过12万元是指税前毛收入概念，即工资、薪金所得，劳务报酬所得，稿酬所得，特许权使用费所得未减除任何费用及扣除项目之前的收入。

2）2019年1月1日至2020年12月31日，年度汇算需补税金额不超过400元的纳税人。

注意：居民个人取得综合所得时，存在扣缴义务人未依法预扣预缴税款的情形，则不适用上述年度汇算豁免政策。

（2）已预缴税额与年度应纳税额完全一致的。

（3）不申请年度汇算退税的，即自愿放弃退税的。

2. 需要办理年度汇算的纳税人

（1）已预缴税额大于年度应纳税额且申请退税的情形。

1）年度综合所得收入额不超过6万元但已预缴个人所得税。

例如，某纳税人1月领取工资1万元、个人缴付"三险一金"2000元，假设没有专项附加扣除，预缴个人所得税90元；其他月份每月工资4000元，无须预缴个人所得税。全年看，因纳税人年收入额不足6万元无须缴税，因此预缴的90元税款可以申请退还。

2）年度中间劳务报酬所得、稿酬所得、特许权使用费所得适用的预扣率高于综合所得年适用税率。

例如，某纳税人每月固定从一处取得劳务报酬1万元，适用20%预扣率后预缴个人所得税1600元，全年为19 200元；全年算账，全年劳务报酬为12万元，减除6万元费用（不考虑其他扣除）后，适用3%的综合所得税率，全年应纳税款1080元。因此，可申请退税18 120元。

3）有符合享受条件的专项附加扣除，但预缴税款时没有申报扣除的。

例如，某纳税人每月工资为1万元、个人缴付"三险一金"2000元，有两个上小学的孩子，按规定可以每月享受2000元（全年24 000元）的子女教育专项附加扣除。但其在预缴环节未填报，使得计算个人所得税时未减除子女教育专项附加扣除，全年预缴个人所得税1080元。其在年度汇算时填报了相关信息后可补充扣除24 000元，扣除后全年应纳个人所得税360元，按规定其可以申请退税720元。

4）因年中就业、退职或者部分月份没有收入等原因，减除费用6万元、"三险一金"等专项扣除、子女教育等专项附加扣除、企业（职业）年金以及商业健康保险、税收递延型养老保险等扣除不充分的。

例如，某纳税人于 8 月底退休，退休前每月工资为 1 万元、个人缴付"三险一金"2000 元，退休后领取基本养老金。假设没有专项附加扣除，1~8 月预缴个人所得税 720 元；后 4 个月基本养老金按规定免征个人所得税。全年看，该纳税人仅扣除了 4 万元（8×5000 元/月）减除费用，未充分扣除 6 万元减除费用。年度汇算足额扣除后，该纳税人可申请退税 600 元。

5）没有任职、受雇单位，仅取得劳务报酬所得、稿酬所得、特许权使用费所得，需要通过年度汇算办理各种税前扣除的。

6）预缴税款时，未申报享受或者未足额享受综合所得税收优惠的，如残疾人减征个人所得税优惠等。

7）有符合条件的公益慈善事业捐赠支出，但预缴税款时未办理扣除的等。

（2）已预缴税额小于年度应纳税额且需要补税的情形（豁免情形除外）。

1）在两个以上任职、受雇单位并领取工资、薪金，预缴税款时重复扣除了基本减除费用（5000 元/月），导致已预缴税额小于年度应纳税额。

2）除工资薪金外，纳税人还有劳务报酬所得、稿酬所得、特许权使用费所得，各项综合所得的收入加总后，导致适用综合所得年税率高于预扣预缴率。

3. 查询全年综合所得收入的渠道

很多人都不太清楚自己全年收入到底有多少，或者不知晓怎么才能算出自己应该补税还是退税，具体补多少或者退多少，是否符合豁免政策的要求，等等。目前，有以下三个渠道可以了解相关情况：

（1）纳税人可以向扣缴单位提出要求。《个人所得税扣缴申报管理办法（试行）》第十三条规定，支付工资、薪金所得的扣缴义务人应当于年度终了后两个月内，向纳税人提供其个人所得和已扣缴税款等信息。纳税人年度中间需要提供上述信息的，扣缴义务人应当提供。

纳税人取得除工资、薪金所得以外的其他所得，扣缴义务人应当在扣缴税款后，及时向纳税人提供其个人所得和已扣缴税款等信息。

（2）纳税人可以登录税务总局自然人电子税务局（包括个人所得税手机 App 端或 Web 端）或到各地办税服务厅及各省电子税务局，查询本人纳税年度的收入和纳税申报明细记录。

（3）办理年度汇算前，税务机关将通过自然人电子税务局（包括个人所得税手机 App 端、Web 端），根据一定规则为纳税人提供申报表预填服务，如果纳税人对预填的结果没有异议，系统就会自动计算出应补或应退税款，纳税人就可以知道自己是否符合豁免政策要求了。

4. 非居民个人"变"居民个人需要年度汇算的情形

根据《个人所得税扣缴申报管理办法（试行）》的规定，非居民个人在一个纳税年度内税款扣缴方法保持不变，达到居民个人条件时，应当告知扣缴义务人基础信息变化情况，年度终了后按照居民个人有关规定办理汇算清缴。

《关于非居民个人和无住所居民个人有关个人所得税政策的公告》（财政部税务总局公告 2019 年第 35 号）第五条规定，无住所个人预先判定为非居民个人，因延长居住天数达到居民个人条件的，一个纳税年度内税款扣缴方法保持不变，年度终了后按照居民个人有关规定办理汇算清缴，但该个人在当年离境且预计年度内不再入境的，可以选择在离境之前办理汇算清缴。

例如，外籍个人杰克于 2020 年 1 月 1 日由美国总部派遣到南昌子公司工作，原定于 2020 年 4 月 30 日结束任职返回美国。杰克在入境时预判自己 2020 年在华居住天数不满 183 天，系非居民个人。据此，南昌子公司按非居民个人身份，为其办理了非居民个人所得税扣缴申报。后因工作需要，美国总部将杰克的任期延长至 2020 年 10 月 31 日。由于此次延期，杰克当年在华居住的天数超过 183 天，构成了居民纳税人身份。因此，他需要在年度终了后，重新以居民个人身份计算其当年应纳税额，并与他以非居民个人身份预扣预缴的税款做比较，计算得出应退或应补税额后，再判断他是否需要办理个人所得税综合所得年度汇算申报。

（三）年度汇算的办理方式和办理渠道

1. 年度汇算的办理方式

纳税人可自主选择三种方式办理，即自己办、单位办、请人办。

（1）自行办理年度汇算。

（2）通过取得工资、薪金所得或连续性取得劳务报酬所得的扣缴义务人代为办理。纳税人向扣缴义务人提出代办要求的，扣缴义务人应当代为办理，或者培训、辅导纳税人通过网上税务局（包括手机个人所得税 App）完成年度汇算申报和退（补）税。

由扣缴义务人代为办理的，纳税人应在 2020 年 4 月 30 日前与扣缴义务人进行书面确认，补充提供其当年度在本单位以外取得的综合所得收入、相关扣除、享受税收优惠等信息资料。由扣缴义务人集中办理汇算清缴，纳税人对其所提交信息的真实性、准确性、完整性负责。

（3）委托涉税专业服务机构或其他单位及个人（以下称受托人）办理，受托人需要与纳税人签订授权书。

扣缴义务人或受托人为纳税人办理年度汇算后，应当及时将办理情况告知纳税人。纳税人发现申报信息存在错误的，可以要求扣缴义务人或受托人办理更正申报，也可自行办理更正申报。

2. 年度汇算办理的三种渠道

为方便纳税人，税务机关提供了高效、快捷的办税渠道，主要有以下三个。

（1）自然人电子税务局申报。纳税人可通过网上税务局（免费下载注册个人所得税手机 App 端或登录注册网上税务局 Web 端）办理年度汇算，税务机关还将按一定规则给纳税人提供申报表预填服务，因此建议纳税人优先选择使用网络渠道办理。

注：自然人电子税务局的自行申报手机 App 端、自行申报 Web 网页端、年度汇算单位代办申报端、年度汇算委托代理申报端的具体操作流程请查阅第九章中的相关内容。

（2）邮寄申报。如果纳税人不方便使用网络，可以将申报表寄送至任职、受雇单位（没有任职、受雇单位的，为户籍或者经常居住地）所在省、自治区、直辖市、计划单列市税务局公告指定的税务机关。

（3）办税服务厅申报。如果纳税人不方便使用网络，也可以至年度汇算地主管税务机关办税服务厅办理。

（四）接受年度汇算申报的税务机关如何确定

1. 负责接受纳税人年度汇算申报的税务机关

按照方便就近的原则，负责接受纳税人年度汇算申报的税务机关，主要分为以下两种情形。

（1）纳税人自行办理或受托人为纳税人代为办理年度汇算。

1）居民个人有任职、受雇单位的，向其任职、受雇单位所在地主管税务机关申报；有两处及以上任职、受雇单位的，选择向其中一处单位所在地主管税务机关申报。

2）居民个人没有任职受雇单位的，向其户籍所在地或者经常居住地主管税务机关申报。居民个人已在中国境内申领居住证的，以居住证登载的居住地住址为经常居住地；没有申领居住证的，以当前实际居住地址为经常居住地。

（2）若由扣缴义务人在年度汇算期内为纳税人办理年度汇算，向扣缴义务人的主管税务机关申报。

需要说明的是，这里的税务机关，是指接受纳税人提交的年度汇算申报并负责处理年度汇算相关事宜的税务机关，并非等同于年度汇算"物理上的办理地点"。比如，纳税人若通过网络远程办理年度汇算，则可以不受物理空间的限制，在办公室、家里、旅途中都可以办理，但要在信息系统的提示帮助下，在办税软件中正确选择税务机关并向其提交年度汇算申报，以便税务机关更好地提供服务并处理后续相关事宜。当然，在网络办理不方便的情况下，纳税人也可以前往上述规定的税务机关办理，此时，税务机关就是纳税人办理年度汇算的"实际地点"了。

2. 纳税人未办理年度汇算，主管税务机关如何确定

纳税人尚未办理年度汇算前，自然人税收管理系统依次根据其任职、受雇单位所在地、收入来源地预判纳税人年度汇算主管税务机关。对有两处及以上任职、受雇单位的纳税人，按照申报属期时间最近的原则预判主管税务机关；对没有任职、受雇单位的纳税人，依次根据收入来源地、申报属期时间最近的顺序预判主管税务机关。预判的主管税务机关负责纳税人办理年度汇算申报前的宣传辅导、培训咨询、普遍性提示提醒等服务管理工作。

在年度汇算期内，纳税人依次根据任职、受雇所在地，户籍所在地或者经常居住地，确定年度汇算的主管税务机关。年度汇算期结束后，对仍未办理年度汇算申报的纳税人，自然人税收管理系统预判的税务机关则为其年度汇算主管税务机关。

除纳税人或者扣缴义务人办理更正申报、提出异议申诉等情形外，年度汇算主管税务机关确定后不再调整。

（五）年度汇算如何进行退税、补税

1. 年度汇算如何退税

（1）纳税人需要提供在境内开设的符合条件的银行账户。如果年度汇算后有应退税额，则纳税人可以申请退税。只要纳税人在申报表的相应栏次勾选"申请退税"，即完成了申请提交。税务机关按规定履行必要的审核程序后即可为纳税人办理退税，退税款直达个人银行账户。特别需要注意的是，为避免税款不能及时、准确退付，纳税人一定要准确填写身份信息资料和在中国境内开设的符合条件的银行账户。

纳税人未提供本人有效银行账户，或者提供的信息资料有误的，税务机关将通知纳税人更正，纳税人按要求更正后依法办理退税。

（2）退税地点。税务机关按规定审核后，按照国库管理有关规定，在汇算清缴地就地办理税款退库。

（3）便捷退税。对年度综合所得年收入额不足6万元，但因月度间工资、薪金收入不均衡，或者仅取得劳务报酬所得、稿酬所得、特许权使用费所得，偶发性被预扣预缴了个人所得税，税务机关将提前推送服务提示、预填简易申报表，纳税人只需确认已预缴税额、填写本人银行账户信息，即可通过网络实现快捷退税。同时，为让纳税人尽早获取退税，建议这部分纳税人在3月1日至5月31日，通过该简易方式办理退税。

说明： 纳税人需要及时关注国家税务总局的公告，以确定该政策是否会继续适用于以后年度。

扣缴义务人未将扣缴的税款解缴入库的，不影响纳税人按照规定申请退税，税务机关应当凭纳税人提供的有关资料办理退税。

2. 年度汇算如何补税

纳税人办理年度汇算补税的，可以通过网上银行、POS机刷卡、银行柜台、非银行支付机构等转账方式缴纳。

3. 年度汇算申报表的填报案例分析

【案例3-5】居民个人综合所得汇算清缴申报

中国公民金好好为境内一家企业白云公司的职员。2019年，其涉税资料如下：

（1）全年取得公司发放的工资、薪金180 000元，无其他特殊性工资、薪金所得。白云公司已预扣预缴个人所得税1680元。

（2）3月给昊天公司提供培训，取得收入20 000元，昊天公司预扣预缴个人所得税3200元；6月给盛大公司提供培训，取得收入30 000元，盛大公司预扣预缴个人所得税5200元。

（3）3月出版一本专著，9月获得稿酬50 000元，12月获得稿酬100 000元，已预扣预缴个人所得税16 800元。

（4）10月将其拥有的一项非专利技术提供给白云公司使用，一次性收取使用费300 000元，已预扣预缴个人所得税48 000元。

（5）全年按国家规定标准缴纳的三险一金共计50 000元；发生符合扣除标准的住房贷款利息12 000元、子女教育支出10 000元；发生符合扣除标准的企业年金6000元。

解析：

（1）综合所得收入额的计算。

工资、薪金所得收入额=180 000（元）

劳务报酬所得收入额=（20 000+30 000）×（1-20%）=40 000（元）

稿酬所得收入额=（50 000+10 0000）×（1-20%）×70%=84 000（元）

特许权使用费所得=300 000×（1-20%）=240 000（元）

综合所得收入额=180 000+40 000+84 000+240 000=544 000（元）

（2）应补（退）税额的计算。

应纳税所得额=544 000-60 000-50 000-12 000-10 000-6000=406 000（元）

适用的税率为25%，速算扣除数为31 920。

应纳税额=406 000×25%-31 920=69 580（元）

已预扣预缴税额=1680+3200+5200+16 800+48 000=74 880（元）

应补（退）税额=69 580-74 880=-5300（元）

（3）年度汇算纳税申报表的填报。

金好好应于2020年3月1日至6月30日向白云公司主管税务机关报送《个人所得税年度自行纳税申报表（A表）》（报表格式和填报说明见附录F），进行2020年度综合所得汇算，申请退税。

1）表头项目的填报，如表3-12所示。

表3-12　个人所得税年度自行纳税申报表（A表）

（仅取得境内综合所得年度汇算适用）

税款所属期：2019年1月1日至2019年12月31日

纳税人姓名：金好好

纳税人识别号：360202********0121　　　　　金额单位：人民币元（列至角分）

基本情况					
手机号码	1390791**36	电子邮箱	12****78@qq.com	邮政编码	3300000
联系地址	江西省（区、市）南昌市　西湖区（县）十字街道（乡、镇）111号				
纳税地点（单选）					
1.有任职、受雇单位的，需选本项并填写"任职、受雇单位信息"：				☑任职、受雇单位所在地	
任职、受雇单位信息	名称	白云公司			
	纳税人识别号	913010******345678			
2.没有任职、受雇单位的，可以从本栏次选择一地：				□户籍所在地 □经常居住地	
户籍所在地/经常居住地					
申报类型（单选）					
☑首次申报			□更正申报		

填报说明

①纳税人识别号：有中国公民身份号码的，填写中华人民共和国居民身份证上载明的"公民身份号码"；没有中国公民身份号码的，填写税务机关赋予的纳税人识别号。

②纳税地点：居民个人根据任职、受雇情况，在选项"1.任职、受雇单位所在地"和选项"2.没有任职、受雇单位的，可以从本栏次选择一地"之间选择其一，并填写相应信息。若居民个人逾期办理汇算清缴申报被指定主管税务机关的，无须填写本部分。

③户籍所在地/经常居住地：勾选"户籍所在地"的，填写居民户口簿中登记的住址；勾选"经常居住地"的，填写居民个人申领居住证上登载的居住地址；没有申领居住证的，填写居民个人实际居住地；实际居住地不在中国境内的，填写支付或者实际负担综合所得的境内单位或个人所在地。

④申报类型：未曾办理过年度汇算申报，勾选"首次申报"；已办理过年度

汇算申报，但有误需要更正的，勾选"更正申报"。

2)"综合所得个人所得税计算"栏目的填写，如表 3-13 所示。

表 3-13 个人所得税年度自行纳税申报表（A 表）：综合所得个人所得税计算

综合所得个人所得税计算		
项目	行次	金额
一、收入合计（1=2+3+4+5）	1	680 000
（一）工资、薪金	2	180 000
（二）劳务报酬	3	50 000
（三）稿酬	4	150 000
（四）特许权使用费	5	300 000
二、费用合计 [6=（3+4+5）×20%]	6	100 000
三、免税收入合计（7=8+9）	7	36 000
（一）稿酬所得免税部分 [8=4×（1-20%）×30%]	8	36 000
（二）其他免税收入（附报《个人所得税减免税事项报告表》）	9	0
四、减除费用	10	60000
五、专项扣除合计（11=12+13+14+15）	11	50 000
（一）基本养老保险费	12	16 000
（二）基本医疗保险费	13	5 000
（三）失业保险费	14	4 000
（四）住房公积金	15	25 000
六、专项附加扣除合计（附报《个人所得税专项附加扣除信息表》）	16	22 000
（一）子女教育	17	10 000
（四）住房贷款利息	20	12 000
七、其他扣除合计（23=24+25+26+27+28）	23	6 000
（一）年金	24	6 000
八、准予扣除的捐赠额（附报《个人所得税公益慈善事业捐赠扣除明细表》）	29	0
九、应纳税所得额	30	406 000
十、税率（%）	31	25
十一、速算扣除数	32	31 920
十二、应纳税额（33=30×31-32）	33	69 580

填报说明

①第 2～5 行"工资、薪金""劳务报酬""稿酬""特许权使用费":填写居民个人取得的需要并入综合所得计税的"工资、薪金""劳务报酬""稿酬""特许权使用费"所得收入金额。注意:是税前毛收入。

②第 6 行"费用合计":根据相关行次计算填报。注意:可扣除的费用仅指劳务报酬、稿酬和特许使用费合计数字的 20%,并不包含工资、薪金。

③第 8 行"稿酬所得免税部分":根据相关行次计算填报。注意:这里指的是稿酬收入扣除 20% 之后再减计 30%。

④第 9 行"其他免税收入":填写居民个人取得的除第 8 行以外的符合税法规定的免税收入合计,并按规定附报《个人所得税减免税事项报告表》。

注意:其他免税收入包括残疾、孤老、烈属减征个人所得税,科技人员取得职务科技成果转化现金奖励,外籍个人出差补贴、探亲费、语言训练费、子女教育费等津补贴,解除劳动合同上年度平均工资 3 倍和远洋船员工资、薪金收入减按 50% 计入应纳税所得额部分等。

⑤第 12～15 行"基本养老保险费""基本医疗保险费""失业保险费""住房公积金":填写居民个人按规定可以在税前扣除的基本养老保险费、基本医疗保险费、失业保险费、住房公积金金额。

⑥第 16 行"专项附加扣除合计":根据相关行次计算填报,并按规定附报《个人所得税专项附加扣除信息表》。参见本书第二章。

⑦第 23 行"其他扣除合计":根据相关行次计算填报。包括个人缴付符合国家规定的企业年金、职业年金,个人购买符合国家规定的商业健康保险、税收递延型商业养老保险的支出,允许扣除的税费(个人取得劳务报酬、稿酬、特许权使用费收入时,发生的合理税费支出)以及国务院规定可以扣除的其他项目。保险营销员 25% 的展业成本应填入其他扣除项目里面的其他项目。

⑧第 24～28 行"年金""商业健康保险""税延养老保险""允许扣除的税费""其他":填写居民个人按规定可在税前扣除的年金、商业健康保险、税延养老保险、允许扣除的税费和其他扣除项目的金额。其中,填写商业健康保险的,应当按规定附报《商业健康保险税前扣除情况明细表》;填写税延养老保险的,应当按规定附报《个人税收递延型商业养老保险税前扣除情况明细表》。

⑨第 29 行"准予扣除的捐赠额":填写居民个人按规定准予在税前扣除的

公益慈善事业捐赠金额，并按规定附报《个人所得税公益慈善事业捐赠扣除明细表》。

（3）"应补/退个人所得税计算"和"退税申请"栏目的填写，如表3-14所示。

表3-14 个人所得税年度自行纳税申报表（A表）：应补/退个人所得税计算

应补/退个人所得税计算		
项目	行次	金额
一、应纳税额合计（41=33+38+40）	41	69 580
二、减免税额（附报《个人所得税减免税事项报告表》）	42	
三、已缴税额	43	74 880
四、应补/退税额（44=41-42-43）	44	-5 300
退税申请（应补/退税额小于0的填写本部分）		
☑申请退税（需填写"开户银行名称""开户银行省份""银行账号"）		
□放弃退税		
开户银行名称	中国交通银行	开户银行省份	江西
银行账号	622262********6789		

填报说明

①第42行"减免税额"：填写符合税法规定的可以减免的税额，并按规定附报《个人所得税减免税事项报告表》。

②第43行"已缴税额"：填写居民个人取得在本表中已填报的收入对应的已经缴纳或者被扣缴的个人所得税。

③"开户银行名称"：填写居民个人在中国境内开立银行账户的银行名称。"开户银行省份"：填写居民个人在中国境内开立的银行账户的开户银行所在省、自治区、直辖市或者计划单列市。"银行账号"：填写居民个人在中国境内开立的银行账户的银行账号。建议填写Ⅰ类银行账户信息。

（六）申报信息及资料留存

1. 申报信息

（1）在一般情况下，仅申报《个人所得税年度自行纳税申报表（A表）》。

（2）需要修改本人相关基础信息，新增享受扣除或者税收优惠的，还应按规定一并填报相关信息。

（3）填报的信息，纳税人需仔细核对，确保真实、准确、完整。

2. 资料留存

纳税人以及代办年度汇算的扣缴义务人，需将年度汇算申报表以及与纳税人综合所得收入、扣除、已缴税额或税收优惠等相关资料，自年度汇算期结束之日起留存5年。

例如，2019年度纳税人年度汇算的相关资料，需自2020年7月1日起留存5年至2025年6月30日。

四、特殊一次性工薪收入的纳税申报操作方法

根据财税〔2018〕164号文件的规定，对个人取得全年一次性奖金，中央企业负责人年度绩效薪金延期兑现收入和任期奖励，个人取得上市公司股权激励收入，个人取得解除劳动关系、提前退休、内部退养的一次性补偿收入，单位低价向职工售房，个人领取企业年金、职业年金，可以单独计算纳税，不并入当年综合所得，由扣缴义务人在支付所得时，依税法规定按月或者按次代扣代缴税款。

（一）全年一次性奖金的纳税申报

1. 政策规定

2021年12月31日前，全年一次性奖金的计税方法有以下两种。

（1）不并入当年综合所得，以全年一次性奖金收入除以12个月得到的数额，按照按月换算后的《综合所得税率表》（以下简称《月度税率表》，如表3-15所示），确定适用税率和速算扣除数，单独计算纳税。计算公式为：

$$应纳税额 = 全年一次性奖金收入 \times 适用税率 - 速算扣除数$$

注意：在一个纳税年度内，对每一个纳税人，该计税办法只允许采用一次。

表 3-15 按月换算后的综合所得税率表（月度税率表）

级数	全月应纳税所得额	税率（%）	速算扣除数
1	不超过 3 000 元的	3	0
2	超过 3 000 至 12 000 元的部分	10	210
3	超过 12 000 元至 25 000 元的部分	20	1 410
4	超过 25 000 元至 35 000 元的部分	25	2 660
5	超过 35 000 元至 55 000 元的部分	30	4 410
6	超过 55 000 元至 80 000 元的部分	35	7 160
7	超过 80 000 元的部分	45	15 160

（2）选择并入当年综合所得计算纳税。自 2022 年 1 月 1 日起，居民个人取得全年一次性奖金，应并入当年综合所得计算缴纳个人所得税。

2. 扣缴申报表的填报方法

【案例 3-6】全年一次性奖金收入选择单独计算的申报

2020 年 2 月，钱鑫从蓝天公司取得 2019 年度全年绩效奖金 48 000 元，当月工资 6000 元，三险一金 2000 元，专项附加扣除 2000 元。钱鑫选择单独计算，不并入 2020 年综合所得，蓝天公司应如何进行扣缴申报？

解析：

（1）代扣代缴个人所得税的计算。

以全年一次性奖金收入除以 12 个月得到的数额，按照按月换算后的《综合所得税率表》，确定适用税率和速算扣除数。

48 000÷12=4000（元）

适用的税率为 10%，速算扣除数为 210 元。

应纳税额 =48 000×10%-210=4590（元）

（2）扣缴申报表的填报。

蓝天公司应于 2020 年 3 月的申报期内，将已扣缴税款向主管税务机关申报缴纳，并填报《个人所得税扣缴申报表》，填写示例如表 3-16 所示。

表 3-16　个人所得税扣缴申报表（节选）

税款所属期：2020 年 2 月 1 日至 2020 年 2 月 29 日

扣缴义务人名称：蓝天公司　　　　　　　　金额单位：人民币元（列至角分）

姓名	所得项目	收入	应纳税所得额	税率/预扣率	速算扣除数	应纳税额
2	7	8	33	34	35	36
钱鑫	全年一次性奖金收入	48 000	48 000	10%	210	4 590

注意：

（1）全年一次性奖金计算个人所得税时不减 5000 元、专项扣除、专项附加扣除和依法确定的其他扣除。

（2）全年一次性奖金选择单独计算个人所得税时，无须进行年度汇算申报。

（3）全年综合所得（含全年一次性奖金）减除费用 6 万元以及专项扣除、专项附加扣除、依法确定的其他扣除和捐赠后的余额小于零时，应选择将全年一次性奖金并入当年综合所得计税，否则，会增加税负。

（二）央企负责人年度绩效薪金延期兑现收入和任期奖励的纳税申报

1. 政策规定

中央企业负责人任期结束后取得的绩效薪金的 40% 和任期奖励收入符合《国家税务总局关于中央企业负责人年度绩效薪金延期兑现收入和任期奖励征收个人所得税问题的通知》（国税发〔2007〕118 号）规定的，在 2021 年 12 月 31 日前，可以不并入当年综合所得，以年度绩效薪金延期兑现收入和任期奖励收入除以 12 个月得到的数额，按照《月度税率表》（见表 3-15），确定适用税率和速算扣除数，单独计算纳税，也可以选择并入当年综合所得计算纳税。2022 年 1 月 1 日之后的政策另行明确。

2. 扣缴申报表的填报方法

【案例 3-7】央企负责人年度绩效薪金延期兑现收入的单独计算申报

肖华为《国资委管理的中央企业名单》中的某国有独资企业的总经理，2020 年 2 月其任期结束，取得年度绩效薪金延期兑现收入和任期奖励 360 000 元。肖华选择单独计算，该国有独资企业如何进行扣缴申报？

解析：

（1）代扣代缴个人所得税的计算。

以延期兑现绩效奖和任期奖励360 000元，以12个月得到的数额，按照按月换算后的《月度税率表》，确定适用税率和速算扣除数。

360 000÷12=30 000（元），适用的税率为25%，速算扣除数为2660。

应纳税额=360 000×25%-2660=87 340（元）

（2）扣缴申报表的填报。

该企业应于2020年3月的申报期内，将已扣缴税款向主管税务机关申报缴纳，并填报《个人所得税扣缴申报表》，填写示例如表3-17所示。

表3-17　个人所得税扣缴申报表（节选）

税款所属期：2020年2月1日至2020年2月29日

扣缴义务人名称：某国有独资企业　　　　　　金额单位：人民币元（列至角分）

姓名	所得项目	收入	应纳税所得额	税率/预扣率	速算扣除数	应纳税额
2	7	8	33	34	35	36
肖华	央企负责人绩效薪金延期兑现收入和任期奖励	360 000	360 000	25%	2 660	87 340

（三）单位向个人低价售房的扣缴申报

1. 政策规定

单位按低于购置或建造成本价格出售住房给职工计缴个人所得税应当分别两种情形进行处理。

（1）根据住房制度改革政策的有关规定，国家机关、企事业单位及其他组织（以下简称"单位"）在住房制度改革期间，按照所在地县级以上人民政府规定的房改成本价格向职工出售公有住房，职工因支付的房改成本价格低于房屋建造成本价格或市场价格而取得的差价收益，免征个人所得税。

（2）除上述规定情形外，单位按低于购置或建造成本的价格出售住房给职工，职工因此而少支出的差价部分，属于个人所得税应税所得，应按照"工资、薪金所得"项目缴纳个人所得税。

职工因此而少支出的差价部分不并入当年综合所得，以差价收入除以12个

月得到的数额,按照《月度税率表》确定适用税率和速算扣除数,单独计算纳税。计算公式为:

$$应纳税额 = 职工实际支付的购房价款低于该房屋的购置或建造成本价格的差额 \times 适用税率 - 速算扣除数$$

上述所称差价部分,是指职工实际支付的购房价款低于该房屋的购置或建造成本价格的差额。

2. 扣缴申报表的填报方法

【案例3-8】单位向个人低价售房的扣缴申报

陈杰所在的昊天房地产公司建造了一栋住宅楼销售给员工,建造成本为4200元/平方米,陈杰由于在该公司工作满了10年,2020年3月,按3000元/平方米购买了一套100平方米的住房。昊天房地产公司如何进行扣缴申报?

解析:

(1)代扣代缴个人所得税的计算。

昊天房地产公司按低于购置或建造成本的价格出售住房给陈杰,陈杰因此而少支出的差价部分,不并入当年综合所得,以差价收入除以12个月得到的数额,按照《月度税率表》确定适用税率和速算扣除数,单独计算纳税。

陈杰因此而少支出的差价=(4200-3000)×100=120 000(元)

120 000÷12=10 000(元),适用的税率为10%,速算扣除数为210。

应纳税额=120 000×10%-210=11 790(元)

(2)扣缴申报表的填报。

该公司应于2020年4月的申报期内,将已扣缴税款向主管税务机关申报缴纳,并填报《个人所得税扣缴申报表》,填写示例如表3-18所示。

表3-18 个人所得税扣缴申报表(节选)

税款所属期:2020年3月1日至2020年3月31日

扣缴义务人名称:昊天房地产公司　　　　金额单位:人民币元(列至角分)

姓名	所得项目	收入	应纳税所得额	税率	速算扣除数	应纳税额
2	7	8	33	34	35	36
陈杰	单位低价向职工售房	120 000	120 000	10%	210	11 790

注意：

（1）低价售房的含义是以低于购置或建造成本的价格出售。

（2）纳税人没有选择的权利，不能并入当年综合所得计税，只能单独计税。

（四）解除劳动关系一次性补偿收入的扣缴申报

1. 政策规定

个人与用人单位解除劳动关系取得一次性补偿收入（包括用人单位发放的经济补偿金、生活补助费和其他补助费），在当地上年职工平均工资3倍数额以内的部分，免征个人所得税；超过3倍数额的部分，不并入当年综合所得，单独适用《综合所得税率表》，计算纳税。

个人领取一次性补偿收入时按照国家和地方政府规定的比例实际缴纳的住房公积金、医疗保险费、基本养老保险费、失业保险费，可以在计征其一次性补偿收入的个人所得税时予以扣除。

2. 扣缴申报表的填报方法

【案例3-9】解除劳动关系一次性补偿收入的扣缴申报

2020年3月，蓝天公司因为增效减员与已经在单位工作了24年的张勇解除劳务合同，张勇取得一次性经济补偿收入370 000元，按照国家和政府规定的比例实际缴纳三险一金共计40 000元。假定当地上年度职工平均工资80 000元，蓝天公司应如何进行扣缴申报？

解析：

（1）代扣代缴个人所得税的计算。

张勇与蓝天公司解除劳动关系取得的一次性补偿收入370 000元中，当地上年职工平均工资3倍数额以内的部分240 000元（=80 000×3），免征个人所得税；超过3倍数额的部分，不并入当年综合所得，单独适用《综合所得税率表》，计算纳税。按照国家和政府规定的比例实际缴纳三险一金共计40 000元，可以在计征个人所得税时予以扣除。

应纳税所得额=370 000-240 000-40 000=90 000（元）

查《综合所得税率表》，适用的税率为10%，速算扣除数为2520。

应纳税额=90 000×10%-2520=6480（元）

（2）扣缴申报表的填报。

该公司应于 2020 年 4 月的申报期内,将已扣缴税款向主管税务机关申报缴纳,并填报《个人所得税扣缴申报表》,填写示例如表 3-19 所示。

表 3-19 个人所得税扣缴申报表(节选)

税款所属期:2020 年 3 月 1 日至 2020 年 3 月 31 日

扣缴义务人名称:蓝天公司　　　　　　　金额单位:人民币元(列至角分)

姓名	收入	免税收入	三险一金	应纳税所得额	税率	速算扣除数	应纳税额
2	8	10	12-15	33	34	35	36
张勇	370 000	240 000	40 000	90 000	10%	2 520	6 480

3. 申报注意事项

(1)"一次性经济补偿金"是因解除劳动合同而取得的,而不是因为劳动合同终止等其他原因而取得的。

(2)"3 倍工资"是当地年平均工资而不是月平均工资。

(3)超过 3 倍数额的部分,没有选择权,只能单独适用《综合所得税率表》(年度税率表),计算个人所得税。

(4)企业职工从该破产企业取得的一次性安置费收入,免征个人所得税。

(5)由企业支付的"一次性经济补偿金",不作为社保费的缴费基数。

(五)提前退休一次性收入的扣缴申报

1. 政策规定

机关、企事业单位对未达到法定退休年龄、正式办理提前退休手续的个人,按照统一标准向提前退休的工作人员支付一次性补贴,不属于免税的离退休工资收入,应按照"工资、薪金所得"项目征收个人所得税。

个人办理提前退休手续而取得的一次性补贴收入,应按照办理提前退休手续至法定离退休年龄之间的实际年度数平均分摊,确定适用税率和速算扣除数,单独适用《综合所得税率表》,计算纳税。计算公式为:

应纳税额 = {[一次性补贴收入 ÷ 办理提前退休手续至法定退休年龄的实际年度数] − 费用扣除标准] × 适用税率 − 速算扣除数}
× 办理提前退休手续至法定退休年龄的实际年度数

2. 扣缴申报表的填报方法

【案例3-10】提前退休一次性收入的扣缴申报

力帆车辆制造公司员工马远符合30年工龄可以提前退休的条件，于2020年3月办理提前退休手续，比正常退休早3年，当月取得按照统一标准发放的一次性收入216 000元。请问：力帆车辆制造公司应如何进行扣缴申报？

解析：

（1）代扣代缴个人所得税的计算。

马远办理提前退休手续而取得的一次性补贴收入，应按照办理提前退休手续至法定离退休年龄之间的实际年度数（3年）平均分摊，确定适用税率和速算扣除数，单独适用《综合所得税率表》，计算纳税。

216 000÷3−60 000=12 000（元），查找《综合所得税率表》，适用的税率为3%。

应纳税额=12 000×3%×3=1080（元）

（2）扣缴申报表的填报。

该公司应于2020年4月的申报期内，向主管税务机关填报《个人所得税扣缴申报表》。在此，以扣缴客户端系统的表单为例，相关数据填报如表3-20所示。

表3-20 提前退休一次性收入的扣缴申报明细表（节选）

税款所属期：2020年3月1日至2020年3月31日

姓名	本次收入	分摊年度数	每年分摊金额	减除费用	每年应纳税所得额	税率	每年应纳税额	应纳税额
马远	216 000	3	72 000	60 000	12 000	3%	360	1 080

3. 申报注意事项

（1）"分摊年度数"为提前办理退休手续至法定退休年龄之间的实际年度数。

（2）"分摊年度数"需填整数，不满一年的，按一年计算；超过一年的，四舍五入。

（六）内部退养一次性收入的扣缴申报

1. 政策规定

个人在其办理内部退养手续后至法定离退休年龄之间从原任职单位取得的工

资、薪金，不属于离退休工资，应按"工资、薪金所得"项目计征个人所得税。

个人在办理内部退养手续后从原任职单位取得的一次性收入，应按办理内部退养手续后至法定离退休年龄之间的所属月份进行平均，并与领取当月的工资、薪金所得合并后减除当月费用扣除标准，以余额为基数确定适用税率，再将当月工资、薪金所得加上取得的一次性收入，减去费用扣除标准，按适用税率计算出应纳税款总额后，再减除当月工资、薪金应纳税额后的余额为该项收入的实际应纳税额。

个人在办理内部退养手续后至法定离退休年龄之间重新就业取得的工资、薪金所得，应与其从原任职单位取得的同一月份的工资、薪金所得合并，并依法自行向主管税务机关申报缴纳个人所得税。

2. 扣缴申报表的填报方法

【案例3-11】内部退养一次性收入的扣缴申报

蓝天公司的王刚于2020年3月办理内退手续，距离正常退休还有2.5年，当月取得单位发放的一次性收入120 000元、工资8000元。4月至正式退休，他每月只取得基本工资6000元。假设王刚1月和2月均取得工资9000元，2020年度没有其他综合所得，每月均可享受1000元的赡养老人专项附加扣除，蓝天公司应就如何进行扣缴申报？

解析：

（1）1～12月王刚取得正常工资应纳税额的计算。

累计预扣预缴正常工资应纳税额=（9000×2+8000+6000×9−5000×12−1000×12）×3%=240（元）

（2）内部退养取得的一次性收入应纳税额的计算。

120 000÷（2×12+6）+8000−5000=7000（元）

查《月度税率表》，适用的税率为10%，速算扣除数为210。

应交个人所得税=（120 000+8000−5000）×10%−210=12 090（元）

单月工资应交个人所得税=（8000−5000）×3%=90（元）

应纳税额=12 090−90=12 000（元）

（3）扣缴申报表的填报。

该公司应于2020年4月的申报期内，向主管税务机关填报《个人所得税扣缴申报表》。在此，以扣缴客户端系统的表单为例，相关数据填报如表3-21所示。

表 3-21 内部退养一次性收入的扣缴申报明细表（节选）

税款所属期：2020 年 3 月 1 日至 2020 年 3 月 31 日

姓名	本次收入	分摊月份数	月分摊收入	本月工资收入	应纳税所得额	税率	速算扣除数	应纳税额
王刚	120 000	30	4 000	8 000	—	10%	210	12 000

3. 申报注意事项

截至目前，内部退养应纳税额的计算，国家税务总局并未下发文件具体明确方法，但是从自然人电子税务局扣缴客户端中"查看计税说明"可以看出计算过程。

计算公式为：

应纳税额 = [（当月工资、薪金所得 + 内部退养一次性收入 −5000）

× 税率 1− 速算扣除数 1]−[（当月工资、薪金所得 −5000）

× 税率 2− 速算扣除数 2]

其中：

（1）适用税率 1 及速算扣除数 1：按照（当月工资、薪金收入 + 内部退养一次性收入 ÷ 办理内部退养手续后至法定离退休年龄之间的所属月份 −5000）计算得出的金额，参照《月度税率表》确定。

（2）适用税率 2 及速算扣除数：按照（当月工资、薪金所得 −5000）的金额，参照《月度税率表》确定。

（七）上市公司股权激励收入的扣缴申报

1. 政策规定

居民个人取得股票期权、股票增值权、限制性股票、股权奖励等股权激励收入，符合条件的，在 2021 年 12 月 31 日前，不并入当年综合所得，全额单独适用《综合所得税率表》，计算纳税。计算公式为：

应纳税额 = 股权激励收入 × 适用税率 − 速算扣除数

居民个人一个纳税年度内取得两次以上（含两次）股权激励的，应合并按上述规定计算纳税。

2022 年 1 月 1 日之后的股权激励政策另行明确。

2. 扣缴申报表填报案例

【案例 3-12】上市公司股权激励收入的扣缴申报

2017 年 2 月 1 日，盛兴上市公司与总经理章宁签订了股票期权计划，约定自 2020 年 1 月 1 日起，章宁可以按照每股 10 元的价格购买 7 万股公司股票。2020 年 2 月 1 日，该股票当日市场价格是每股 20 元，章宁在该日行使股票期权，以每股 10 元的价格购买 5 万股公司股票。2020 年 5 月 1 日，该上市公司股票的市场价格是每股 25 元，章宁在该日行使股票期权，以每股 10 元的价格购买 2 万股公司股票。假设章宁每笔股权激励收入都选择一次性缴纳，两次行权时，盛兴上市公司该如何进行扣缴申报？

解析：

（1）2 月章宁股权激励收入应纳税额的计算。

2 月章宁行权时，其从盛兴上市公司取得股票的实际购买价 10 元低于购买日股票当日的收盘价 20 元的差额，是因章宁在公司的表现和业绩情况而取得的与任职、受雇有关的所得，应按"工资、薪金所得"适用的规定计算缴纳个人所得税。

应纳税所得额 =（行权股票的每股市场价 - 员工取得该股票期权支付的每股施权价）× 股票数量 =（20-10）× 50 000=50（万元）

按照财税〔2018〕164 号文件第二条的规定，章宁的股票期权所得在 2021 年 12 月 31 日前，不并入当年综合所得，全额单独适用《综合所得税率表》，单独计算纳税。

适用的税率为 30%，速算扣除数为 52 920。

应纳税额 =500 000×30%-52 920=97 080（元）

该公司应于 2020 年 3 月的申报期内，向主管税务机关填报《个人所得税扣缴申报表》。在此，以扣缴客户端系统的表单为例，相关数据填报如表 3-22 所示。

表 3-22　股权激励收入扣缴申报明细表（节选）

税款所属期：2020 年 3 月 1 日至 2020 年 3 月 31 日

姓名	本月股权激励收入	本年累计股权激励收入	税率	速算扣除数	应纳税额	已缴税额	应补（退）税额
章宁	500 000	500 000	30%	52 920	97 080	0	97 080

（2）两次累计工资薪金应纳税所得额=（2月1日工资薪金应纳税所得额+5月1日工资薪金应纳税所得额）=（500 000+（25-10）×20 000）=800 000（元）

适用的税率为35%，速算扣除数为85 920。

5月1日应纳税额=800 000×35%-85 920=194 080（元）

5月1日应补税额=194 080-97 080=97 000（元）

该公司应于2020年6月的申报期内，向主管税务机关填报《个人所得税扣缴申报表》。在此，以扣缴客户端系统的表单为例，相关数据填报如表3-23所示。

表3-23 股权激励收入扣缴申报明细表（节选）

税款所属期：2020年5月1日至2020年5月31日

姓名	本月股权激励收入	本年累计股权激励收入	税率	速算扣除数	应纳税额	已缴税额	应补（退）税额
章宁	300 000	800 000	35%	85 920	194 080	97 080	97 000

（八）个人领取企业年金、职业年金的扣缴申报

1. 政策规定

个人达到国家规定的退休年龄，领取的企业年金、职业年金，符合规定的，不并入综合所得，全额单独计算应纳税款。其中：

（1）按月领取的，适用《月度税率表》计算纳税。

（2）按季领取的，平均分摊计入各月，按每月领取额适用《月度税率表》计算纳税。

（3）按年领取的，适用《综合所得税率表》计算纳税。

（4）个人因出境定居而一次性领取的年金个人账户资金，或个人死亡后，其指定的受益人或法定继承人一次性领取的年金个人账户余额，适用《综合所得税率表》计算纳税。

（5）对个人除上述特殊原因外一次性领取年金个人账户资金或余额的，适用《月度税率表》计算纳税。

个人领取年金时，其应纳税款由受托人代表委托人委托托管人代扣代缴。年金账户管理人应及时向托管人提供个人年金缴费及对应的个人所得税纳税明细。托管人根据受托人指令及账户管理人提供的资料，按照规定计算扣缴个人

当期领取年金待遇的应纳税款,并向托管人所在地主管税务机关申报解缴。

2. 扣缴申报表的填报方法

【案例3-13】个人领取企业年金、职业年金的扣缴申报

李森所任职的单位从2011年1月开始设立企业年金,假定年金计划中未设领取额度限制,李森于2020年1月退休,其年金个人账户金额为60万元。李森选择分10年领取,每年1月领取一次。2020年1月年金托管人应如何进行扣缴申报?

解析:

(1)应扣缴税额的计算。

李森2020年1月领取的年金=600 000÷10=60 000(元)

查《综合所得税率表》,适用的税率为10%,速算扣除数为2520。

应纳税额=60 000×10%-2520=3480(元)

(2)扣缴申报表的填报。

年金托管人应在2月的申报期内,向主管税务机关填报《个人所得税扣缴申报表》。在此,以扣缴客户端系统的表单为例,相关数据填报如表3-24所示。

表3-24 个人领取企业年金申报明细表(节选)

税款所属期:2020年1月1日至2020年1月31日

姓名	本次收入	领取方式	分摊年度数	年度分摊收入	税率	速算扣除数	应纳税额
李森	600 000	按年	10	60 000	10%	2 520	3 480

(九)个人领取税收递延型商业养老险的扣缴申报

1. 政策规定

个人按照《财政部 税务总局 人力资源社会保障部 中国银行保险监督管理委员会 证监会关于开展个人税收递延型商业养老保险试点的通知》(财税〔2018〕22号)和《财政部 税务总局关于个人取得有关收入适用个人所得税应税所得项目的公告》(财政部 税务总局公告2019年第74号)的规定,领取的税收递延型商业养老保险的养老金收入,其中25%的部分予以免税,其余75%的部分按照10%的比例税率计算缴纳个人所得税,税款计入"工资、薪金所得"

项目,由保险机构代扣代缴后,在个人购买税收递延型商业养老保险的机构所在地办理全员全额扣缴申报。

2.保险机构扣缴申报表的填报方法

【案例3-14】个人领取税收递延型商业养老险的扣缴申报

上海某企业高管人员马宇,2018年每月通过个人商业养老资金账户在安康保险公司购买符合规定的税收递延型商业养老保险产品的支出为1000元。2020年5月,马宇达到法定退休年龄,可每月领取3000元养老金。2020年5月,安康保险公司如何进行扣缴申报?

解析:

(1)应扣缴税额的计算。

2020年10月,领取3000元,25%的部分免税。

免税收入=3000×25%=750(元)

其余75%的部分,按10%的比例税率缴纳个人所得税。

应纳税额=2250×10%=225(元)

(2)扣缴申报表的填报。

安康保险公司应于2020年6月的申报期内,将已扣缴税款向主管税务机关申报缴纳,并填报《个人所得税扣缴申报表》,填写示例如表3-25所示。

表3-25 个人所得税扣缴申报表(节选)

税款所属期:2020年5月1日至2020年5月31日
扣缴义务人名称:安康保险公司　　　　金额单位:人民币元(列至角分)

姓名	所得项目	收入	免税收入	应纳税所得额	税率	应纳税额
2	7	8	10	33	34	36
马宇	税收递延型商业养老金	3 000	750	2 250	10%	225

第四章 经营所得纳税申报

一、经营所得征税的基本规定

（一）经营所得的征税范围和纳税人

1. 征税范围

《个人所得税法实施条例》第六条第五款规定，经营所得，是指：

（1）个体工商户从事生产、经营活动取得的所得，个人独资企业投资人、合伙企业的个人合伙人来源于境内注册的个人独资企业、合伙企业生产、经营的所得。

（2）个人依法从事办学、医疗、咨询以及其他有偿服务活动取得的所得。

（3）个人对企业、事业单位承包经营、承租经营以及转包、转租取得的所得。

（4）个人从事其他生产、经营活动取得的所得。

注意：没有办理登记，实质上属于个体经营性质的个人所得也适用于这个税目。根据《国家税务总局关于税收征管若干事项的公告》（国家税务总局公告2019年第48号）第二条的规定，从事生产、经营的个人应办而未办营业执照，但发生纳税义务的，可以按规定申请办理临时税务登记。

2. 纳税主体

个体工商户业主、个人独资企业投资者、合伙企业个人合伙人、承包承租经营者个人以及其他从事生产、经营活动的个人为经营所得的纳税人。

注意：经营所得属于自行申报，不能由支付方代扣代缴申报，因此个体工商户、个人独资企业和合伙企业的办税人员申报经营所得并不是扣缴申报，而是一种代理办税行为，申报纳税主体和责任还是纳税人本人。

(二) 经营所得的计税方法

1. 适用税率

经营所得,适用 5% ～ 35% 的超额累进税率,具体如表 4-1 所示。

表 4-1 个人所得税税率表(经营所得适用)

全年应纳税所得额	税率(%)	速算扣除数
不超过 30 000 元的	5	0
超过 30 000 元至 90 000 元的部分	10	1 500
超过 90 000 至 300 000 元的部分	20	10 500
超过 300 000 元至 500 000 元的部分	30	40 500
超过 500 000 元的部分	35	65 500

2. 应纳税额的计算

《个人所得税法》第六条第一款第三项规定,经营所得,以每一纳税年度的收入总额减除成本、费用以及损失后的余额,为应纳税所得额。

《个人所税法实施条例》第十五条和《个体工商户个人所得税计税办法》(国家税务总局令第 44 号)、《财政部　国家税务总局关于印发〈关于个人独资企业和合伙企业投资者征收个人所得税的规定〉的通知》(财税〔2000〕91 号)对个人取得经营所得如何计缴个人所得税做了详细规定。个人经营所得的应纳税额具体计算步骤如下:

(1) 第一步,计算个体工商户、个人独资企业、合伙企业以及个人从事其他生产经营活动的应纳税所得额。计算公式为:

$$应纳税所得额 = 收入总额 - 成本、费用 - 损失$$

上述成本、费用,是指生产、经营活动中发生的各项直接支出和分配计入成本的间接费用以及销售费用、管理费用、财务费用。

上述损失,是指生产、经营活动中发生的固定资产和存货的盘亏、毁损、报废损失,转让财产损失,坏账损失,自然灾害等不可抗力因素造成的损失以及其他损失。

上述应纳税所得额,包括企业分配给投资者个人的所得和企业当年留存的所得(利润)。

（2）第二步，计算个人来源于个体工商户、个人独资企业、合伙企业以及个人从事其他生产、经营活动的经营所得。

1）个体工商户业主、个人独资企业的投资者或个人从事其他生产经营活动的个人，以上述全部应纳税所得额为个人的经营所得。

2）合伙企业的合伙人按照合伙企业的全部经营所得和合伙协议约定的分配比例确定应纳税所得额，合伙协议没有约定分配比例的，以上述全部应纳税所得额和合伙人数量平均计算每个投资者的经营所得。

（3）第三步，计算个人经营所得的应纳税所得额。

1）取得经营所得的个人，没有综合所得的，计算其每一纳税年度的应纳税所得额时，应当减除费用6万元、专项扣除、专项附加扣除以及依法确定的其他扣除。专项附加扣除在办理汇算清缴时减除。

从多处取得经营所得的，应汇总计算个人所得税，只减除一次上述费用和扣除。

2）取得经营所得的个人，有综合所得的，减除费用6万元、专项扣除、专项附加扣除以及依法确定的其他扣除已在综合所得的应纳税所得额扣除的，不能重复扣除。

如果个人将经营所得捐赠用于公益慈善事业，根据《个人所得税法》第六条第三款的规定，个人将其所得对教育、扶贫、济困等公益慈善事业进行捐赠，捐赠额未超过纳税人申报的应纳税所得额30%的部分，可以从其应纳税所得额中扣除；国务院规定对公益慈善事业捐赠实行全额税前扣除的，从其规定。

（4）第四步，查找适用税率，计算应纳税额。计算公式如下：

$$应纳税额 = 应纳税所得额 \times 适用税率 - 速算扣除数$$

注意：上述计算方法仅适用于查账征收的个体工商户业主、个人独资企业投资人、合伙企业个人合伙人、承包承租经营者个人以及其他从事生产、经营活动的个人在中国境内取得经营所得时计算个人所得税。

详细内容可参阅《一本书看透个人所得税》，本书不再赘述。

3. 经营所得的征收方式

《个人所税法实施条例》第十五条规定，从事生产、经营活动，未提供完整、准确的纳税资料，不能正确计算应纳税所得额的，由主管税务机关核定应纳税所得额或者应纳税额。

经营所得的征收方式包括查账征收和核定征收。查账征收预缴时，预缴方式包括据实预缴和按上年应纳税所得额预缴。核定征收方式包括：定额征收（即定期定额）、核定应税所得率征收、核定应纳税所得额征收以及税务机关认可的其他方式。

二、经营所得的纳税申报

（一）申报基本规定

1. 正常申报

《个人所得税法》第十二条规定，纳税人取得经营所得，按年计算个人所得税，由纳税人在月度或者季度终了后 15 日内向税务机关报送纳税申报表，并预缴税款；在取得所得的次年 3 月 31 日前办理汇算清缴。

（1）纳税人取得经营所得，在月度或季度终了后 15 日内，向经营管理所在地主管税务机关办理预缴纳税申报，并报送《个人所得税经营所得纳税申报表（A 表）》(报表内容和填报说明见附录 F，下同)。

（2）实行查账征收的纳税人在取得所得的次年 3 月 31 日前，向经营管理所在地主管税务机关办理汇算清缴，并报送《个人所得税经营所得纳税申报表（B 表）》(报表内容和填报说明见附录 L，下同)。

（3）纳税人从两处以上取得经营所得的，选择向其中一处经营管理所在地主管税务机关办理年度汇总申报，并报送《个人所得税经营所得纳税申报表（C 表）》(报表内容和填报说明见附录 M，下同)。

2. 离境申报

（1）纳税人在注销户籍年度取得经营所得的，应当在注销户籍前，办理当年经营所得的汇算清缴，并报送《个人所得税经营所得纳税申报表（B 表）》。

（2）纳税人从两处以上取得经营所得的，还应当一并报送《个人所得税经营所得纳税申报表（C 表）》。

（3）纳税人尚未办理上一年度经营所得汇算清缴的，应当在办理注销户籍纳税申报时一并办理。

3. 申报办理途径

经营所得主要申报办理途径如下：

（1）定期定额户的办理途径。实行定期定额征收方式征收个人所得税的，主要通过金税三期核心征管系统进行纳税申报。

（2）非定期定额户的办理途径。

1）个体工商户业主（定期定额户除外，下同）、个人独资企业投资者和合伙企业自然人合伙人（以下简称投资人）可以直接通过自然人电子税务局 Web 端（以下简称 Web 端）办理自行纳税申报。

2）个体工商户、个人独资企业和合伙企业的办税人员可以通过自然人电子税务局扣缴客户端（以下简称扣缴客户端），帮助投资人代办经营所得申报。

3）投资人或者其办税人员可以前往被投资单位对应的办税服务厅进行申报。

注：Web 端、扣缴客户端的具体操作流程请查阅第九章中的相关内容。

4. 网上申报渠道

（1）Web 端：自然人电子税务局 Web 端是自然人用户可以自行操作的在线平台，可以进行个人所得税经营所得纳税申报 A 表、B 表及 C 表申报等。

（2）App 端：自然人电子税务局（App 端）是个人所得税网上办税平台（个人所得税 App），目前未开通经营所得申报功能。

（3）扣缴客户端：自然人电子税务局（扣缴客户端）可以代理个人所得税经营所得纳税申报 A 表及 B 表的申报。

（二）经营所得的月（季度）预缴纳税申报

1. 查账征收经营所得预缴申报及填报案例分析

【案例 4-1】个人独资企业的预缴申报

张平于 2019 年 12 月在上海创办飞宇工作室（个人独资企业），主营范围为娱乐业，能完整、准确提供税务核算资料，查账征收个人所得税，按季据实预缴个人所得税。张平 2020 年第一季度取得收入 100 000 元，成本费用 25 000 元；第二季度取得收入 120 000 元，成本费用 23 000 元。张平 2020 年度没有取得综合所得，飞宇工作室每季度支付张平基本养老保险费 8000 元、基本医疗保险费 6000 元和住房公积金 15 000 元。张平购买符合规定的商业健康保险费为每季度 600 元。请问：张平如何预缴个人所得税？如何填写申报表？

解析：

（1）计算第一季度应预缴个人所得税。

1）计算独资企业层面的营业利润：

第一季度营业利润 =100 000-25 000=75 000（元）

2）计算投资者层面的经营所得个人所得税：

应纳税所得额 = 经营利润 - 专项扣除 - 投资者减除费用 - 依法确定的其他扣除 =75 000-8 000-6 000-15 000-5000×3-600=30 400（元）

适用的税率为 10%，速算扣除数为 1500。

应纳税额 =30 400×10%-1500=1540（元）

（2）计算第二季度应预缴个人所得税。

1）计算独资企业层面的营业利润：

第一、二季度累计营业利润 =（100 000+120 000）-（25 000+23 000）=172 000（元）

2）计算投资者层面的经营所得个人所得税：

累计应纳税所得额 = 累计经营所得 - 累计专项扣除 - 累计投资者减除费用 - 累计依法确定的其他扣除 =172 000-8000×2-6000×2-15 000×2-5000×6-600×2=82 800（元）

适用的税率为 10%，速算扣除数为 1500。

应纳税额 =82 800×10%-1500=6780（元）

应补预缴税额 = 应纳税额 - 减免税额 - 已缴税额 =6780-0-1540=5240（元）

（3）张平应于每个季度终了后 15 日内，向飞宇工作室的所在地上海的主管税务机关进行纳税申报，报送《个人所得税经营所得纳税申报表（A 表）》，具体如下。

1）第一季度申报相关数据的填报如表 4-2 所示。

表 4-2 个人所得税经营所得纳税申报表（A 表）(节选)

税款所属期：2020 年 1 月 1 日至 2020 年 3 月 31 日

纳税人姓名：张平　　　　　　　　　　　金额单位：人民币元（列至角分）

被投资单位信息			
名称	飞宇工作室		
纳税人识别号（统一社会信用代码）	913601********366Q		
征收方式（单选）			
☑查账征收（据实预缴）　　□查账征收（按上年应纳税所得额预缴） □核定应税所得率征收 □核定应纳税所得额征收　　□税务机关认可的其他方式_____			
个人所得税计算			
项目		行次	金额/比例
一、收入总额		1	100 000
二、成本费用		2	25 000
三、利润总额（3=1-2）		3	75 000
四、弥补以前年度亏损		4	0
六、合伙企业个人合伙人分配比例（%）		6	100
七、允许扣除的个人费用及其他扣除（7=8+9+14）		7	44 600
（一）投资者减除费用		8	15 000
（二）专项扣除（9=10+11+12+13）		9	29 000
1.基本养老保险费		10	8 000
2.基本医疗保险费		11	6 000
4.住房公积金		13	15 000
（三）依法确定的其他扣除（14=15+16+17）		14	600
1.商业健康保险		15	600
九、应纳税所得额		19	30 400
十、税率（%）		20	10
十一、速算扣除数		21	1 500
十二、应纳税额（22=19×20-21）		22	1 540
十三、减免税额（附报《个人所得税减免税事项报告表》）		23	0
十四、已缴税额		24	0
十五、应补/退税额（25=22-23-24）		25	1 540

2）第二季度申报的相关数据填报如表 4-3 所示。

表4-3　个人所得税经营所得纳税申报表（A表）(节选)

税款所属期：2020年1月1日至2020年6月30日

纳税人姓名：张平　　　　　　　　　金额单位：人民币元（列至角分）

个人所得税计算		
项目	行次	金额/比例
一、收入总额	1	220 000
二、成本费用	2	48 000
三、利润总额（3=1-2）	3	172 000
六、合伙企业个人合伙人分配比例（%）	6	100
七、允许扣除的个人费用及其他扣除（7=8+9+14）	7	89 200
（一）投资者减除费用	8	30 000
（二）专项扣除（9=10+11+12+13）	9	58 000
1. 基本养老保险费	10	16 000
2. 基本医疗保险费	11	12 000
4. 住房公积金	13	30 000
（三）依法确定的其他扣除（14=15+16+17）	14	1 200
1. 商业健康保险	15	1 200
九、应纳税所得额	19	82 800
十、税率（%）	20	10
十一、速算扣除数	21	1 500
十二、应纳税额（22=19×20-21）	22	6 780
十三、减免税额（附报《个人所得税减免税事项报告表》）	23	0
十四、已缴税额	24	1 540
十五、应补/退税额（25=22-23-24）	25	5 240

填报说明

①征收方式：包括查账征收（据实预缴、按上年应纳税所得额预缴）；核定应税所得率征收（能准确核算收入总额的、能准确核算成本费用的）；核定应纳税所得额征收；税务机关认可的其他方式（所得率、征收率）。

②收入总额：填写被投资单位本年度开始经营月份起截至本期从事经营以及与经营有关的活动取得的货币形式和非货币形式的各项收入总金额。征收方

式为查账征收（据实预缴）、核定征收（能准确核算收入总额的）、税务机关认可的其他方式（所得率、征收率）可填写。

③成本费用：填写被投资单位本年度开始经营月份起截至本期实际发生的成本、费用、税金、损失及其他支出的总额。征收方式为查账征收（据实预缴）、核定征收（能准确核算成本费用的）可填写。

④弥补以前年度亏损：填写企业可在税前弥补的以前年度尚未弥补的亏损额。仅征收方式为查账征收（据实预缴）时，弥补以前年度亏损可填写。

⑤合伙企业个人合伙人分配比例：纳税人为合伙企业个人合伙人的，填写本行；其他则不填。分配比例按照合伙协议约定的比例填写；合伙协议未约定或不明确的，按合伙人协商决定的比例填写；协商不成的，按合伙人实缴出资比例填写；无法确定出资比例的，按合伙人平均分配。

2. 核定征收经营所得的预缴申报及填报案例分析

【案例 4-2】个人独资企业核定征收经营所得的预缴

接【案例 4-1】，如果主管税务机关认定飞宇工作室（个人独资企业）核定征收个人所得税，核定征收方式为核定应税所得率征收，当地娱乐业应税所得率为 20%。请问：张平如何预缴个人所得税？如何填写申报表？

解析：

（1）第一季度应纳税额计算。

应纳税所得额 =100 000×20%=20 000（元）

适用的税率为 5%，速算扣除数为 0。

应纳税额 =20 000×5%=1000（元）

（2）第二季度应纳税额计算。

累计应纳税所得额 220 000×20%=44 000（元）

适用的税率为 10%，速算扣除数为 1500。

应纳税额 =44 000×10%–1500=2900（元）

应补 / 退税额 = 应纳税额 – 减免税额 – 已缴税额 =2900-0-1000=1900（元）

张平应于每个季度终了后 15 日内，向飞宇工作室的所在地上海的主管税务机关进行纳税申报，报送《个人所得税经营所得纳税申报表（A 表）》，具体如下。

（1）第一季度申报数据填报如表 4-4 所示。

第四章 经营所得纳税申报 113

表4-4 个人所得税经营所得纳税申报表（A表）(节选)

税款所属期：2020年1月1日至2020年3月31日

纳税人姓名：张平

金额单位：人民币元（列至角分）

名称	飞宇工作室	被投资单位信息	
纳税人识别号（统一社会信用代码）	913601********366Q		
征收方式（单选）	□查账征收（据实预缴） □查账征收（按上年应纳税所得额预缴） ☑核定应税所得率征收 □核定应纳税所得额征收 □税务机关认可的其他方式		

个人所得税计算

项目	行次	金额/比例
一、收入总额	1	100 000
五、应税所得率（%）	5	20
九、应纳税所得额	19	20 000
十、税率（%）	20	5
十一、速算扣除数	21	0
十二、应纳税额（22=19×20-21）	22	1 000
十三、减免税额（附报《个人所得税减免税事项报告表》）	23	0
十四、已缴税额	24	0
十五、应补/退税额（25=22-23-24）	25	1 000

（2）第二季度纳税申报数据填报如表4-5所示。

表4-5 个人所得税经营所得纳税申报表（A表）(节选)

税款所属期：2020年1月1日至2020年6月30日

纳税人姓名：张平　　　　　　　　　　金额单位：人民币元（列至角分）

个人所得税计算		
项目	行次	金额/比例
一、收入总额	1	220 000
五、应税所得率（%）	5	20
九、应纳税所得额	19	44 000
十、税率（%）	20	10
十一、速算扣除数	21	1 500
十二、应纳税额（22=19×20-21）	22	2 900
十三、减免税额（附报《个人所得税减免税事项报告表》）	23	0
十四、已缴税额	24	1 000
十五、应补/退税额（25=22-23-24）	25	1 900

（三）经营所得汇算清缴的纳税申报

1. 从合伙企业取得经营所得的汇缴申报

【案例4-3】自然人合伙人经营所得的汇算清缴

　　章美丽为鹰潭市锦绣投资合伙企业的合伙人，合伙协议约定其分配比例为50%。2020年该合伙企业取得转让股权收入为5000万元，股权取得成本为3000万元，发生其他营业成本100万元、营业费用80万元、税金20万元，除了章美丽在该企业列支工资8万元外，业务招待费超支20万元，无其他纳税调整事项。2020年度，章美丽缴纳基本养老保险3万元、基本医疗保险1.4万元，符合条件的子女教育专项附加扣除为1.2万元、赡养老人专项附加扣除为2.4万元。假设章美丽无综合所得，预缴时已缴税款为120万元。请问：2020年度章美丽就锦绣投资合伙企业的经营所得该如何缴纳个人所得税？如何填写申报表？

解析：

　　锦绣投资合伙企业生产经营所得=5000-3000-100-80-20+8+20=1828（万元）

章美丽应分得生产经营所得 =1828×50%=914（万元）

应纳税所得额 =914-6-4.4-3.6=900（万元）

适用的税率为 35%，速算扣除数为 65 500。

应纳税额 = 900×35%-6.55=308.45（万元）

应补/退税额 =308.45-120=188.45（万元）

章美丽应于 2021 年 3 月 31 日之前向鹰潭市锦绣投资合伙企业的主管税务机关办理纳税申报，并报送《个人所得税经营所得纳税申报表（B 表）》。相关数据填报如表 4-6 所示。

表 4-6　个人所得税经营所得纳税申报表（B 表）(节选)

税款所属期：2020 年 1 月 1 日至 2020 年 12 月 31 日

纳税人姓名：章美丽

纳税人识别号：360606********1312　　　　金额单位：人民币元（列至角分）

被投资单位信息	名称	锦绣投资合伙企业	纳税人识别号（统一社会信用代码）	913101********83661	
		项目		行次	金额/比例
一、收入总额				1	50 000 000
二、成本费用（3=4+5+6+7+8+9+10）				3	32 000 000
（一）营业成本				4	31 000 000
（二）营业费用				5	800 000
（五）税金				8	200 000
三、利润总额（11=1-2-3）				11	18 000 000
四、纳税调整增加额（12=13+27）				12	280 000
（一）超过规定标准的扣除项目金额（13=14+15+16+17+18+19+20+21+22+23+24+25+26）				13	200 000
5. 业务招待费				18	200 000
（二）不允许扣除的项目金额（27=28+29+30+31+32+33+34+35+36）				27	80 000
8. 投资者工资薪金支出				35	80 000
六、纳税调整后所得（38=11+12-37）				38	18 280 000
八、合伙企业个人合伙人分配比例（%）				40	50
九、允许扣除的个人费用及其他扣除（41=42+43+48+55）				41	140 000

(续)

（一）投资者减除费用	42	60 000
（二）专项扣除（43=44+45+46+47）	43	44 000
1. 基本养老保险费	44	30 000
2. 基本医疗保险费	45	14 000
（三）专项附加扣除（48=49+50+51+52+53+54）	48	36 000
1. 子女教育	49	12 000
6. 赡养老人	54	24 000
十二、应纳税所得额 [62=38−39−41−60−61 或 62=（38−39）×40−41−60−61]	62	9 000 000
十三、税率（%）	63	35
十四、速算扣除数	64	65 500
十五、应纳税额（65=62×63−64）	65	3 084 500
十六、减免税额（附报《个人所得税减免税事项报告表》）	66	
十七、已缴税额	67	1 200 000
十八、应补/退税额（68=65−66−67）	68	1 884 500

填报说明

①收入总额：填写本年度从事生产、经营以及与生产、经营有关的活动取得的货币形式和非货币形式的各项收入总金额。包括：销售货物收入、提供劳务收入、转让财产收入、利息收入、租金收入、接受捐赠收入、其他收入。

②国债利息收入：填写本年度已计入收入的因购买国债而取得的应予免税的利息。

③成本费用：填写本年度实际发生的成本、费用、税金、损失及其他支出的总额。

　　A."营业成本"：填写在生产、经营活动中发生的销售成本、销货成本、业务支出以及其他耗费。

　　B."营业费用"：填写在销售商品和材料、提供劳务的过程中发生的各种费用。

　　C."管理费用"：填写为组织和管理企业生产、经营发生的管理费用。

　　D."财务费用"：填写为筹集生产、经营所需资金等发生的筹资费用。

　　E."税金"：填写在生产、经营活动中发生的除个人所得税和允许抵扣的增值税以外的各项税金及其附加。

F."损失":填写生产、经营活动中发生的固定资产和存货的盘亏、毁损、报废损失,转让财产损失,坏账损失,自然灾害等不可抗力因素造成的损失以及其他损失。

G."其他支出":填写除成本、费用、税金、损失外,生产、经营活动中发生的与之有关的、合理的支出。

④纳税调整增加额:根据相关行次计算填报。纳税调整增加额=超过规定标准的扣除项目金额+不允许扣除的项目金额。不可修改。

A."超过规定标准的扣除项目金额":填写扣除的成本、费用和损失中,超过税法规定的扣除标准应予调增的应纳税所得额。

B."不允许扣除的项目金额":填写按规定不允许扣除但被投资单位已将其扣除的各项成本、费用和损失,应予调增应纳税所得额的部分。

⑤纳税调整减少额:填写在计算利润总额时已计入收入或未列入成本费用,但在计算应纳税所得额时应予扣除的项目金额。

⑥弥补以前年度亏损:填写本年度可在税前弥补的以前年度亏损额。

⑦投资抵扣:填写按照税法规定的投资可以税前抵扣的金额。

⑧准予扣除的个人捐赠支出:填写本年度按照税法及相关法规、政策规定,可以在税前扣除的个人捐赠合计额。

⑨合伙企业个人合伙人分配比例:纳税人为合伙企业个人合伙人的,填写本栏;其他则不填。分配比例按照合伙协议约定的比例填写;合伙协议未约定或不明确的,按合伙人协商决定的比例填写;协商不成的,按合伙人实缴出资比例填写;无法确定出资比例的,按合伙人平均分配。

⑩允许扣除的个人费用及其他扣除:填写按税法规定可以税前扣除的各项费用、支出。

A."专项扣除":分别填写本年度按规定允许扣除的基本养老保险费、基本医疗保险费、失业保险费、住房公积金的合计金额。

B."专项附加扣除":分别填写本年度纳税人按规定可享受的子女教育、继续教育、大病医疗、住房贷款利息或住房租金、赡养老人专项附加扣除的合计金额。

C."依法确定的其他扣除":分别填写按规定允许扣除的商业健康保险、税延养老保险,以及国务院规定其他可以扣除项目的合计金额。

2. 从两处以上取得经营所得的年度汇总申报

【案例4-4】从两处以上取得经营所得的年度汇总申报

接【案例4-3】，章美丽同时在杭州市创办了白云独资企业，2020年该企业实现收入总额100万元，营业成本为60万元，营业费用为20万元，章美丽在该企业列支工资8万元，无其他纳税调整事项。

假设章美丽无综合所得，请问：章美丽2020年度两处经营所得该如何汇总纳税申报？如何填写申报表？

解析：

（1）第一步，分企业分别办理汇算清缴。

1）章美丽从锦绣投资合伙企业取得经营所得的纳税申报见【案例4-3】。

2）章美丽来源于白云独资企业的经营所得的纳税申报。

来源于白云独资企业的经营所得=100-80+8=28（万元）

应纳税所得额=28-6=22（万元）

适用的税率为20%，速算扣除数为10 500

应交个人所得税=22×20%-1.05=3.35（万元）

章美丽应于2021年3月31日之前向杭州市该企业的主管税务机关办理纳税申报，并报送《个人所得税经营所得纳税申报表（B表）》。相关数据填报如表4-7所示。

（2）第二步，将两处经营所得合并计缴个人所得税。

汇总经营所得=914+28=942（万元）

汇总应纳税所得额=942-6-4.4-3.6=928（万元）

适用的税率为35%，速算扣除数为65 500。

应交个人所得税=928×35%-6.55=318.25（万元）

已缴个人所得税=308.45+3.35=311.80（万元）

应补缴个人所得税=318.25-311.80=6.45（万元）

章美丽应于2021年3月31日之前，选择鹰潭市或杭州市其中一处主管税务机关办理汇总申报，报送《个人所得税经营所得纳税申报表（C表）》。假设章美丽选择锦绣投资合伙企业所在地进行汇总申报，申报数据的填报如表4-8所示。

表 4-7　个人所得税经营所得纳税申报表（B 表）(节选)

税款所属期：2020 年 1 月 1 日至 2020 年 12 月 31 日　　　　　　金额单位：人民币元（列至角分）

纳税人姓名：章美丽

被投资单位信息	名称	白云独资企业	纳税人识别号（统一社会信用代码）	914111*******234X	
项目				行次	金额/比例
一、收入总额				1	1 000 000
二、成本费用（3=4+5+6+7+8+9+10）				3	800 000
（一）营业成本				4	600 000
（二）营业费用				5	200 000
三、利润总额（11=1-2-3）				11	200 000
四、纳税调整增加额（12=13+27）				12	80 000
（二）不允许扣除的项目金额（27=28+29+30+31+32+33+34+35+36）				27	80 000
8. 投资者工资薪金支出				35	80 000
六、纳税调整后所得（38=11+12-37）				38	280 000
九、允许扣除的个人费用及其他扣除（41=42+43+48+55）				41	60 000
（一）投资者减除费用				42	60 000
十二、应纳税所得额 [62=38-39-41-60-61 或 62=(38-39)×40-41-60-61]				62	220 000
十三、税率(%)				63	20
十四、速算扣除数				64	10 500
十五、应纳税额（65=62×63-64）				65	33 500

表4-8 个人所得税经营所得纳税申报表（C表）(节选)

税款所属期：2020 年 1 月 1 日至 2020 年 12 月 31 日

纳税人姓名：章美丽　　　　　　　　　　　金额单位：人民币元（列至角分）

被投资单位信息		单位名称	纳税人识别号（统一社会信用代码）	投资者应纳税所得额
	汇总地	锦绣投资合伙企业	913101******33661	9 000 000
	非汇总地 1	白云独资企业	914111******234X	220 000
	非汇总地 2			

项目	行次	金额/比例
一、投资者应纳税所得额合计	1	9 220 000
二、应调整的个人费用及其他扣除（2=3+4+5+6）	2	
（一）投资者减除费用	3	60 000
（二）专项扣除	4	
（三）专项附加扣除	5	
（四）依法确定的其他扣除	6	
三、应调整的其他项目	7	
四、调整后应纳税所得额（8=1+2+7）	8	9 280 000
五、税率（%）	9	35
六、速算扣除数	10	65 500
七、应纳税额（11=8×9-10）	11	3 182 500
八、减免税额（附报《个人所得税减免税事项报告表》）	12	
九、已缴税额	13	3 118 000
十、应补/退税额（14=11-12-13）	14	64 500

填报说明

①税款所属期：默认为所选申报年度的 1～12 月。

②汇总地：选择其中一处从事生产、经营所在地。

③应纳税所得额：自动计算，不可修改。被投资单位应纳税所得额合计。

④应调整的个人费用及其他扣除：按规定需调整增加或者减少应纳税所得额的项目金额。

⑤应调整的其他费用：按规定应予调整的其他项目的合计金额。

⑥调整后应纳税所得额：应纳税所得额＋应调整的个人费用及其他扣除＋

应调整的其他费用，不可修改。

(四) 合伙创投企业个人所得税的纳税申报

1. 个人合伙人对初创科技型企业投资额抵扣经营所得的纳税申报

（1）投资额抵扣政策规定。

《财政部 税务总局关于创业投资企业和天使投资个人有关税收政策的通知》（财税〔2018〕55号）第一条第二项规定，自2018年1月1日起，有限合伙制创业投资企业（以下简称合伙创投企业）采取股权投资方式直接投资于种子期、初创期科技型企业（以下简称初创科技型企业）满2年的，个人合伙人可以按照对初创科技型企业投资额的70%抵扣个人合伙人从合伙创投企业分得的经营所得；当年不足抵扣的，可以在以后纳税年度结转抵扣。

根据《国家税务总局关于创业投资企业和天使投资个人税收政策有关问题的公告》（国家税务总局公告2018年第43号）第一条的规定，合伙创投企业的个人合伙人符合享受优惠条件的，可以按以下程序办理。

1）合伙创投企业的个人合伙人符合享受优惠条件的，合伙创投企业应在投资初创科技型企业满2年的年度终了后3个月内，向合伙创投企业主管税务机关办理备案手续，备案时应报送《合伙创投企业个人所得税投资抵扣备案表》。合伙企业多次投资同一初创科技型企业的，应按年度分别备案。

2）合伙创投企业应在投资初创科技型企业满2年后的每个年度终了后3个月内，向合伙创投企业主管税务机关报送《合伙创投企业个人所得税投资抵扣情况表》。

3）个人合伙人在个人所得税年度申报时，应将当年允许抵扣的投资额填至《个人所得税生产经营所得纳税申报表（B表）》"投资抵扣"栏。

（2）个人合伙人投资额抵扣经营所得的纳税申报。

【案例 4-5】个人合伙人投资额抵扣经营所得的纳税申报

昊天投资公司和章美丽于2018年2月成立了蓝天有限合伙企业，章美丽实缴出资额为600万元，双方实缴出资比例和约定分配比例均为50%。2018年4月，蓝天有限合伙企业向中锐科技公司（符合初创科技型企业条件）投资800万元现金，占股权比例为40%。章美丽2020年缴纳基本养老保险3万元、基本医疗保险1.4万元。她符合条件的子女教育专项附加扣除1.2万元、赡养老人专项附加扣除 2.4 万元，无综合所得和其他所得。假设 2020 年蓝天有限合伙企业的收入为 1000 万元，营业成本为 200 万元，其他条件均符合文件规定。章美丽应如何计缴个人所得税？如何进行纳税申报？

解析：

2018 年 4 月至 2020 年 12 月，已满 24 个月，符合税收优惠条件，章美丽投资额的 70%，即 800×50%×70%=280（万元），可以抵扣 2020 年她从蓝天有限合伙企业分得的经营所得。2020 年章美丽分得蓝天有限合伙企业的经营所得为（1000-200）×50%=400（万元），则可以抵扣 280 万元。

应纳税所得额 =400-280-6-4.4-3.6=106（万元）

适用的税率为 35%，速算扣除数为 65 500。

应交个人所得税 =106×35%-6.55=30.55（万元）

章美丽应当于 2021 年 3 月 31 日之前向蓝天有限合伙企业主管税务机关办理备案手续，报送《合伙创投企业个人所得税投资抵扣备案表》（数据填报如表 4-9 所示）、《合伙创投企业个人所得税投资抵扣情况表》（数据填报如表 4-10 所示），并将当年允许抵扣的投资额填至《个人所得税生产经营所得纳税申报表（B 表）》"投资抵扣"栏（数据填报如表 4-11 所示）。

表 4-9 合伙创投企业个人所得税投资抵扣备案表（节选）

（2020 年度）

备案编号（主管税务机关填写）：20200301　　单位：%，人民币元（列至角分）

合伙创投企业基本情况			
企业名称	蓝天有限合伙企业	纳税人识别号（统一社会信用代码）	911101**********3552
备案管理部门	某某发展改革委员会	备案时间	2020 年 3 月 1 日
联系人		联系电话	
对初创科技型企业投资情况			

初创科技型企业名称	纳税人识别号	注册地	设立时间	投资日期	从业人数	本科以上学历人数占比	资产总额	年销售收入	研发费用总额占成本费用支出的比例	投资2年内与关联方合计持股比例是否超50%	投资额
中锐科技公司	912201******733112	北京	2018.2	2018.4	100	50	29 000 000	28 000 000	30	否	8 000 000

表4-10 合伙创投企业个人所得税投资抵扣情况表（节选）

（2020年度）

单位：%、人民币元（列至角分）

合伙创投企业情况			
企业名称	蓝天有限合伙企业	纳税人识别号（统一社会信用代码）	911101********3552
投资情况备案编号	20200301		
当年新增符合条件的投资额合计	8 000 000	新增可抵扣投资额	5 600 000

个人合伙人相关情况									
姓名	身份证件类型	身份证件号码	出资额	出资比例	分配比例	当年度分配的经营所得	结转上年可抵扣投资额	当年新增可抵扣投资额	当年实际抵扣投资额	结转抵扣投资额
章美丽	居民身份证	略	6 000 000	50	50	4 000 000	0	2 800 000	2 800 000	0

表 4-11　个人所得税经营所得纳税申报表（B 表)(节选)

税款所属期：2020 年 1 月 1 日至 2020 年 12 月 31 日

纳税人姓名：章美丽　　　　　　　　　金额单位：人民币元（列至角分）

被投资单位信息	名称	蓝天有限合伙企业	纳税人识别号（统一社会信用代码）	911101*******3552	
项目				行次	金额/比例
一、收入总额				1	10 000 000
二、成本费用（3=4+5+6+7+8+9+10）				3	2 000 000
（一）营业成本				4	2 000 000
三、利润总额（11=1-2-3）				11	8 000 000
六、纳税调整后所得（38=11+12-37）				38	8 000 000
八、合伙企业个人合伙人分配比例（%）				40	50
九、允许扣除的个人费用及其他扣除（41=42+43+48+55）				41	140 000
（一）投资者减除费用				42	60 000
（二）专项扣除（43=44+45+46+47）				43	44 000
1.基本养老保险费				44	30 000
2.基本医疗保险费				45	14 000
（三）专项附加扣除（48=49+50+51+52+53+54）				48	36 000
1.子女教育				49	12 000
6.赡养老人				54	24 000
十、投资抵扣				60	2 800 000
十二、应纳税所得额 [62=38-39-41-60-61 或 62=（38-39）×40-41-60-61]				62	1 060 000
十三、税率（%）				63	35
十四、速算扣除数				64	65 500
十五、应纳税额（65=62×63-64）				65	305 500

（3）填写合伙创投企业投资抵扣情况表的注意事项。

1）投资情况备案编号：填写合伙创投企业办理投资情况备案时，税务机关受理其填报的《合伙创投企业个人所得税投资抵扣备案表》赋予的备案编号。

2）当年新增符合条件的投资额合计：填写当年《合伙创投企业个人所得税投资抵扣备案表》投资额合计。若当年无新增符合投资抵扣税收优惠条件的投资，则无须填写。

3）新增可抵扣投资额：新增可抵扣投资额＝当年新增符合条件的投资额合计×70%。

4）出资额：填写个人合伙人在投资满两年当年年末，对合伙创投企业的实缴出资额。

5）出资比例：填写报告年度年末各合伙人对合伙创投企业的实缴出资额占所有合伙人全部实缴出资额的比例。

6）当年度分配的经营所得：填写报告年度个人合伙人按其分配比例自合伙创投企业计算分得的经营所得。

7）结转上年可抵扣投资额：填写上年度此表"结转抵扣投资额"，上年无结转抵扣投资额的填"0"。

8）当年新增可抵扣投资额：当年新增可抵扣投资额＝新增可抵扣投资额×出资比例。

9）当年实际抵扣投资额：区别以下情况计算填写。

A.当年度分配的经营所得＜结转上年可抵扣投资额＋当年新增可抵扣投资额时，当年实际抵扣投资额＝当年度分配的经营所得。

B.当年度分配的经营所得≥结转上年可抵扣投资额＋当年新增可抵扣投资额时，当年实际抵扣投资额＝当年新增可抵扣投资＋结转上年可抵扣投资额。

10）结转抵扣投资额：结转抵扣投资额＝结转上年可抵扣投资额＋当年新增可抵扣投资额－当年实际抵扣投资额。

2. 个人合伙人投资创投企业选择单一投资基金核算的纳税申报

《财政部　税务总局　发展改革委　证监会关于创业投资企业个人合伙人所得税政策问题的通知》（财税〔2019〕8号）第一条规定，自2019年1月1日起至2023年12月31日止，创投企业可以选择按单一投资基金核算，对其个人合伙人来源于创投企业的所得计算个人所得税应纳税额。具体要点如下。

（1）征税项目。

创投企业选择按单一投资基金核算的，其个人合伙人从该基金应分得的股权转让所得和股息红利所得，按照20%税率计算缴纳个人所得税。

（2）应纳税额计算。

单一投资基金核算，是指单一投资基金（包括不以基金名义设立的创投企业）在一个纳税年度内从不同创业投资项目取得的股权转让所得和股息、红利所得按下述方法分别核算纳税。

1）股权转让所得。单个投资项目的股权转让所得，按年度股权转让收入扣除对应股权原值和转让环节合理费用后的余额计算，股权原值和转让环节合理费用的确定方法，参照股权转让所得个人所得税有关政策规定执行；单一投资基金的股权转让所得，按一个纳税年度内不同投资项目的所得和损失相互抵减后的余额计算，余额大于或等于零的，即确认为该基金的年度股权转让所得；余额小于零的，该基金年度股权转让所得按零计算且不能跨年结转。

个人合伙人按照其应从基金年度股权转让所得中分得的份额计算其应纳税额，并由创投企业在次年3月31日前代扣代缴个人所得税，并报送《单一投资基金核算的合伙制创业投资企业个人所得税扣缴申报表》。

符合财税〔2018〕55号文件规定条件的，创投企业个人合伙人可以按照被转让项目对应投资额的70%抵扣其应从基金年度股权转让所得中分得的份额后再计算其应纳税额，当期不足抵扣的，不得向以后年度结转。

2）股息、红利所得。单一投资基金的股息、红利所得，以其来源于所投资项目分配的股息、红利收入以及其他固定收益类证券等收入的全额计算。

个人合伙人按照其应从基金股息、红利所得中分得的份额计算其应纳税额，并由创投企业按次代扣代缴个人所得税。

（3）执行和备案口径。

1）除前述可以扣除的成本、费用之外，单一投资基金发生的包括投资基金管理人的管理费和业绩报酬在内的其他支出，不得在核算时扣除。

2）单一投资基金核算方法仅适用于计算创投企业个人合伙人的应纳税额。

3）创投企业选择按单一投资基金核算的，3年内不能变更。

4）创投企业选择按单一投资基金核算的，应当在管理机构完成备案的30日内，向主管税务机关进行核算方式备案，报送《合伙制创业投资企业单一投资基金核算方式备案表》；未按规定备案的，视同选择按创投企业年度所得整体核算。创投企业选择按单一投资基金核算方式满3年需要调整的，应当在满3年的次年1月31日前，重新向主管税务机关备案。

【案例4-6】单一投资基金核算的税款计算

陈亮出资2000万元与其他合伙人共同设立锦绣合伙创投企业，合伙协议约定其出资比例和分配比例均为30%。2018年1月，锦绣合伙企业以1000万元现金投资入股到初创科技型企业天成公司，持有该公司100 000股。当年3月，锦绣合伙企业以800万元现金投资入股到金科公司（非初创科技型企业），持有公司50 000股。2020年，锦绣合伙创投企业发生以下业务。

（1）3月10日，取得天成公司分回的股息、红利收入200万元。

（2）4月15日，将所持天成公司的全部股权以3000万元的价格转让给富友公司，转让时发生审计、评估费及印花税等费用共计60万元。

（3）6月15日，将所持金科公司的全部股权以600万元的价格转让给聚能公司，转让发生审计、评估费及印花税等费用共计30万元。

（4）2020年发生管理费和业绩报酬等其他支出300万元。

锦绣合伙创投企业选择按单一投资基金核算。陈亮2020年实缴两险一金4万元，符合条件的专项附加扣除3万元，无综合所得和其他所得。请问：陈亮该如何计缴个人所得税？如何进行纳税申报？

解析：

（1）备案。选择按单一投资基金核算的创投企业，应当在管理机构完成备案的30日内，向主管税务机关进行核算方式备案，报送《合伙制创业投资企业单一投资基金核算方式备案表》，数据填报如表4-12所示。

表4-12 合伙制创业投资企业单一投资基金核算方式备案表

（2020至2022年度）

备案编号（主管税务机关填写）：20200201

创投企业（基金）名称	锦绣合伙创投企业
纳税人识别号（统一社会信用代码）	9131010*******661
创投企业（基金）备案管理机构	□发展改革部门　☑证券监管部门
管理机构备案编号	S33088
管理机构备案时间	2020-02-01

（2）股息、红利所得的个人所得税处理。根据财税〔2019〕8号文件的规定，锦绣合伙创投企业选择按单一投资基金核算，陈亮应分得的股息、红利所得，按照20%税率计算应纳税额，并由锦绣合伙创投企业按次代扣代缴个人所得税。

陈亮分得的股息、红利所得 =200×30%=60（万元）

应交个人所得税 =60×20%=12（万元）

由锦绣合伙创投企业代扣代缴陈亮的个人所得税，并于2020年4月15日之前进行扣缴申报，并报送《个人所得税扣缴申报表》，数据填报如表4-13所示。

表4-13 个人所得税扣缴申报表（节选）

姓名	证照类型	证照号码	所得项目	收入	税率（%）	应扣缴税额
陈亮	居民身份证	略	其他利息、股息、红利所得	600 000	20	120 000

（3）股权转让所得的个人所得税处理。根据财税〔2019〕8号文件的规定，锦绣合伙创投企业选择按单一投资基金核算，陈亮应分得的股权转让所得，按照20%税率计算缴纳个人所得税。

锦绣合伙创投企业股权转让所得，按一个纳税年度内不同投资项目的所得和损失相互抵减后的余额计算，余额大于或等于零的，即确认为该基金的年度股权转让所得；余额小于零的，该基金年度股权转让所得按零计算且不能跨年结转。管理费和业绩报酬在内的其他支出，不得在核算时扣除。个人合伙人按照其应从基金年度股权转让所得中分得的份额计算其应纳税额，并由创投企业在次年3月31日前代扣代缴个人所得税。

1）锦绣合伙创投企业2020年度股权转让所得计算：

转让天成公司股权所得=3000-1000-60=1940（万元）

转让金科公司股权所得=600-800-30=-230（万元）

可分配的股权转让所得=1940-230=1710（万元）

2）陈亮应纳个人所得税的计算：

天成公司符合初创科技型企业条件，陈亮可以按照被转让项目对应投资额的70%抵扣其应从锦绣合伙创投企业年度股权转让所得中分得的份额后再计算其应纳税额，当期不足抵扣的，不得向以后年度结转。

应分得的股权所得=1710×30%=513（万元）

允许抵扣的投资额=1000×30%×70%=210（万元）

应交个人所得税=（513-210）×20%=60.6（万元）

由锦绣合伙创投企业于2021年3月31日之前代扣代缴，并向主管税务机关报送《单一投资基金核算的合伙制创业投资企业个人所得税扣缴申报表》，数据填报如表4-14所示。

表 4-14 单一投资基金核算的合伙制创业投资企业个人所得税扣缴申报表（节选）

税款所属期：2020 年 1 月 1 日至 2020 年 12 月 31 日

扣缴义务人名称：锦绣合伙创投企业

扣缴义务人纳税人识别号（统一社会信用代码）：913101********3661

税务机关备案编号：20200201

金额单位：人民币元（列至角分）

序号	被投资企业名称	被投资企业纳税人识别号（统一社会信用代码）	创投企业投资项目所得情况							
			投资股权份数	转让股权份数	转让后股份数	股权转让时间	股权转让收入	股权原值	合理费用	股权转让所得额
1	2	3	4	5	6	7	8	9	10	11
1	天成公司	923601********3662	100 000	100 000	—	4 月 15 日	30 000 000	10 000 000	600 000	19 400 000
2	金科公司	912601********3121	50 000	50 000	—	6 月 15 日	6 000 000	8 000 000	300 000	-2 300 000
纳税年度内股权转让所得额合计										17 100 000

个人合伙人姓名	分配比例（%）	创投企业股权转让所得额	分配所得额	创投企业个人合伙人所得分配情况			应纳税所得额	税率（%）	应纳税额
				其中：投资初创科技型企业情况					
				创投企业符合条件的投资额	个人出资比例（%）	当年按个人投资额 70% 计算的实际抵扣额			
13	17	18	19	20	21	22	23	24	25
陈亮	30	17 100 000	5 130 000	10 000 000	30	2 100 000	3 030 000	20	606 000

填报说明

①税款所属期：填写创投企业申报股权转让所得的所属期间，应填写具体的起止年月日。

②税务机关备案编号：填写创投企业在主管税务机关进行核算方式备案的编号。

③第4列"投资股权份数"：填写创投企业在发生股权转让前持有被投资企业的股权份数。

④第5列"转让股权份数"：填写创投企业纳税年度内转让被投资企业股权的份数，一年内发生多次转让的，应分行填写。

⑤第6列"转让后股权份数"：填写创投企业发生股权转让后持有被投资企业的股权份数。

⑥第7列"股权转让时间"：填写创投企业转让被投资企业股权的具体时间，一年内发生多次转让的，应分行填写。

⑦第8列"股权转让收入"：填写创投企业发生股权转让收入额，一年内发生多次转让的，应分行填写。

⑧第9列"股权原值"：填写创投企业转让股权的原值，一年内发生多次转让的，应分行填写。

⑨第10列"合理费用"：填写转让股权过程中发生的按规定可以扣除的合理税费。

⑩第11列"股权转让所得额"：按相关列次计算填报。第11列=第8列-第9列-第10列。

⑪"纳税年度内股权转让所得额合计"：填写纳税年度内股权转让所得的合计金额，即所得与损失相互抵减后的余额。如余额为负数，填写0。

⑫第17列"分配比例（%）"：分配比例按照合伙协议约定的比例填写；合伙协议未约定或不明确的，按合伙人协商决定的比例填写；协商不成的，按合伙人实缴出资比例填写；无法确定出资比例的，按合伙人平均分配。

⑬第18列"创投企业股权转让所得额"：填写创投企业纳税年度内取得的股权转让所得总额，即本表"创投企业投资项目所得情况"中"纳税年度内股权转让所得额合计"的金额。

⑭第19列"分配所得额"：填写个人合伙人按比例分得的股权转让所得额。第19列=第18列×第17列。

⑮ 第 20 列"创投企业符合条件的投资额":填写合伙创投企业对种子期、初创期科技型企业符合投资抵扣条件的投资额。

⑯ 第 21 列"个人出资比例":填写个人合伙人对创投企业的出资比例。

⑰ 第 22 列"当年按个人投资额 70% 计算的实际抵扣额":根据相关列次计算填报。第 22 列 = 第 20 列 × 第 21 列 × 70%。

⑱ 第 23 列"应纳税所得额":填写个人合伙人纳税年度内取得股权转让所得的应纳税所得额。第 23 列 = 第 19 列 - 第 22 列。

3. 创投企业选择按年度所得整体核算的纳税申报

财税〔2019〕8 号文件第一条规定,自 2019 年 1 月 1 日起至 2023 年 12 月 31 日止,创投企业可以选择按创投企业年度所得整体核算,对其个人合伙人来源于创投企业的所得计算个人所得税应纳税额。具体要点如下:

(1) 征税项目。创投企业选择按创投企业年度所得整体核算的,其个人合伙人从创投企业取得的所得,按照"经营所得"项目,适用 5%～35% 的超额累进税率计算缴纳个人所得税。

(2) 应纳税额计算。创投企业年度所得整体核算,是指将创投企业以每一纳税年度的收入总额减除成本、费用以及损失后,计算应分配给个人合伙人的所得。符合财税〔2018〕55 号规定条件的,创投企业个人合伙人可以按照被转让项目对应投资额的 70% 抵扣其可以从创投企业分得的经营所得后再计算其应纳税额。年度核算亏损的,准予按有关规定向以后年度结转。

按照"经营所得"项目计税的个人合伙人,没有综合所得的,可依法减除基本减除费用、专项扣除、专项附加扣除以及国务院确定的其他扣除。从多处取得经营所得的,应汇总计算个人所得税,只减除一次上述费用和扣除。

(3) 执行和备案口径。

1) 创投企业选择按年度所得整体核算,3 年内不能变更。

2) 创投企业选择单一投资基金核算未按规定备案的,视同选择按创投企业年度所得整体核算。创投企业选择按年度所得整体核算满 3 年需要调整的,应当在满 3 年的次年 1 月 31 日前,重新向主管税务机关备案。

【案例 4-7】年度所得整体核算的税务处理

肖华出资 2000 万元与其他合伙人共同设立鹏程合伙创投企业,合伙协议约定其出资比例和分配比例均为 30%。鹏程合伙创投企业 2018 年 1 月以 1000 万元现金投资入股到初创科技型企业盛达公司，当年3月以800万元现金投资入股到嘉业公司（非初创科技型企业）。2020年锦绣合伙创投企业发生以下业务：

（1）4月10日，将所持盛达公司的全部股权以3000万元的价格转让给富森公司，转让时发生审计、评估费及印花税等费用共计60万元。

（2）6月15日，将所持嘉业公司的全部股权以600万元的价格转让给聚能公司，转让发生审计、评估费及印花税等费用共计30万元。．

（3）2020年发生管理费和业绩报酬等其他支出300万元。

鹏程合伙创投企业选择按年度所得整体核算。肖华2020年缴纳基本养老保险3万元、基本医疗保险1.4万元。符合条件的子女教育专项附加扣除为1.2万元、赡养老人专项附加扣除为2.4万元，无综合所得和其他所得。请问：肖华该如何计缴个人所得税？如何填报申报表？

解析：

根据财税〔2019〕8号文件规定，创投合伙企业选择按创投企业年度所得整体核算的，以每一纳税年度的收入总额减除成本、费用以及损失后，计算应分配给个人合伙人的所得。个人合伙人应从创投企业取得的所得，按照"经营所得"项目计算缴纳个人所得税。

（1）鹏程合伙创投企业2020年度经营所得计算。

转让盛达公司股权所得=3000-1000-60=1940（万元）

转让嘉业公司股权所得=600-800-30=-230（万元）

可分配的经营所得=1940-230-300=1410（万元）

（2）肖华应纳个人所得税的计算。

肖华没有综合所得，可依法减除6万元、专项扣除、专项附加扣除以及国务院确定的其他扣除。

盛达公司符合初创科技型企业条件，肖华可以按照盛达公司对应投资额的70%抵扣其可以从鹏程合伙创投企业分得的经营所得后再计算其应纳税额。年度核算亏损的，准予按有关规定向以后年度结转。

应分得的经营所得=1410×30%=423（万元）

允许抵扣的投资额=1000×30%×70%=210（万元）

应纳税所得额=423-210-6-4.4-3.6=199（万元）

适用的税率为35%，速算扣除数为65 500。

应交个人所得税=199×35%-6.55=63.10（万元）

肖华应于 2021 年 3 月 31 日之前，向鹏程合伙创投企业主管税务机关办理纳税申报，报送《个人所得税经营所得纳税申报表（B 表）》，数据填报如表 4-15 所示。

表 4-15　个人所得税经营所得纳税申报表（B 表）（节选）

税款所属期：2020 年 1 月 1 日至 2020 年 12 月 31 日

纳税人姓名：肖华　　　　　　　　　　金额单位：人民币元（列至角分）

被投资单位信息	名称	鹏程合伙创投企业	纳税人识别号（统一社会信用代码）	911101********366P	
		项目		行次	金额/比例
一、收入总额				1	36 000 000
二、成本费用（3=4+5+6+7+8+9+10）				3	21 900 000
（一）营业成本				4	18 000 000
（二）营业费用				5	900 000
（七）其他支出				10	3 000 000
三、利润总额（11=1-2-3）				11	14 100 000
六、纳税调整后所得（38=11+12-37）				38	14 100 000
八、合伙企业个人合伙人分配比例（%）				40	30
九、允许扣除的个人费用及其他扣除（41=42+43+48+55）				41	140 000
（一）投资者减除费用				42	60 000
（二）专项扣除（43=44+45+46+47）				43	44 000
1. 基本养老保险费				44	30 000
2. 基本医疗保险费				45	14 000
（三）专项附加扣除（48=49+50+51+52+53+54）				48	36 000
1. 子女教育				49	12 000
6. 赡养老人				54	24 000
十、投资抵扣				60	2 100 000
十二、应纳税所得额 [62=38-39-41-60-61 或 62=[（38-39）×40-41-60-61]				62	1 990 000
十三、税率（%）				63	35
十四、速算扣除数				64	65 500
十五、应纳税额（65=62×63-64）				65	631 000

第五章 其他分类所得纳税申报

其他分类所得包括财产租赁所得，利息、股息、红利所得，财产转让所得和偶然所得四类。主要申报方式为扣缴义务人代扣代缴申报和纳税人自行申报。详细政策解读、热点难点问题分析、典型案例分析建议阅读《一本书看透个人所得税》中的相关内容。

一、基本规定

（一）征税范围的界定及应纳税额的计算

1.财产租赁所得界定范围和应纳税额

（1）征税范围。财产租赁所得，是指个人出租不动产、机器设备、车船以及其他财产取得的所得。

（2）应纳税额的计算。

1）计税方法：按次计征，以一个月内取得的收入为一次。

2）适用税率：20%，个人出租住房取得的所得暂减按10%的税率征收个人所得税。

3）计算应纳税额。

每次（月）收入不超过4000元的计算公式为：

$$应纳税额 = [每次（月）收入额 - 财产租赁过程中缴纳的税费 - 修缮费用（800元为限）- 800] \times 20\%$$

每次（月）收入超过4000元的计算公式为：

$$应纳税额 = [每次（月）收入额 - 财产租赁过程中缴纳的税费 - 修缮费用（800元为限）] \times (1-20\%) \times 20\%$$

2. 利息、股息、红利所得界定范围和应纳税额

（1）征税范围。利息、股息、红利所得，是指个人拥有债权、股权等而取得的利息、股息、红利所得。

（2）应纳税额的计算。

1）计税方法：按次计征。

2）适用税率：20%。

3）计算公式为：

应纳税额 =（每次收入额 − 准予扣除的公益慈善捐赠额）×20%

3. 财产转让所得界定范围和应纳税额

（1）征税范围。财产转让所得，是指个人转让有价证券、股权、合伙企业中的财产份额、不动产、机器设备、车船以及其他财产取得的所得。

（2）应纳税额的计算。

1）计税方法：按次计征。

2）适用税率：20%。

3）计算公式为：

应纳税额 =（财产转让收入额 − 财产原值 − 合理费用 − 准予扣除的公益慈善捐赠额）×20%

4. 偶然所得界定范围和应纳税额

（1）征税范围。偶然所得，是指个人得奖、中奖、中彩以及其他偶然性质的所得。

（2）应纳税额的计算。

1）计税方法：按次计征。

2）适用税率：20%。

3）计算公式为：

应纳税额 =（每次收入额 − 准予扣除的公益慈善捐赠额）×20%

（二）纳税申报办理时间

1. 扣缴义务人代扣代缴

扣缴义务人向个人支付应税款项时，应当依照《个人所得税法》的规定代扣税款，按时缴库，并专项记载备查。所称支付，包括现金支付、汇拨支付、

转账支付和以有价证券、实物以及其他形式完成的支付。

扣缴义务人每月或者每次代扣的税款,应当在次月15日内缴入国库,并向税务机关报送《个人所得税扣缴申报表》。

2. 纳税人自行申报

纳税人取得利息、股息、红利所得,财产租赁所得,财产转让所得和偶然所得时,扣缴义务人未扣缴税款的纳税申报,应当在取得所得的次年6月30日前,按相关规定向主管税务机关办理纳税申报,并报送《个人所得税自行纳税申报表(A表)》。税务机关通知限期缴纳的,纳税人应当按照期限缴纳税款。

(三)纳税申报办理渠道

1. 自然人电子税务局申报

(1)扣缴申报。扣缴义务人通过扣缴客户端来办理代扣代缴税款的纳税申报。

(2)自行申报。纳税人通过注册和登录网上电子税务局Web端办理纳税申报。

注:Web端、扣缴客户端的具体操作流程请查阅第九章中的相关内容。

2. 办税服务厅申报

如果纳税人和扣缴义务人不方便使用网络,可以前往各项所得对应主管税务机关的办税服务厅进行申报。

二、财产租赁所得的纳税申报

(一)纳税申报具体规定

1. 申报规定

(1)所得项目。包括"个人房屋出租所得"和"其他财产租赁所得"。

(2)减除费用。每次收入不超过4000元的,减除费用800元;4000元以上的,减除20%的费用。分类所得中只有此项所得有减除费用概念。

(3)减免税额。所得项目有符合规定的减免情形,均可填报。

2. 注意事项

(1)财产租赁过程中缴纳的税费包括出租房屋时缴纳的城市维护建设税、

教育费附加以及房产税、印花税等相关税费；不包括增值税。

（2）允许扣除的修缮费用，以每次 800 元为限，一次扣除不完的，准予在下一次继续扣除，直至扣完为止。

（二）个人出租住房的纳税申报表填报示例

1. 减免税规定

对个人出租住房取得的所得减按 10% 的税率征收个人所得税。

2. 扣缴申报和自行申报填报示例

【案例 5-1】个人出租住房的纳税申报

钱鑫在北京市东城区有一层住宅 10 套，2020 年 3 月 1 日租赁给蓝天公司做员工宿舍，当月收取租金 100 000 元，发生修缮费用 1000 元。假设不考虑其他税费，请问：钱鑫应交多少个人所得税？如何进行纳税申报？

解析：

修缮费用本月只能扣除 800 元，租金收入额超过 4000 元，定率扣除 20% 的费用。

应纳税所得额 =（100 000-800）×（1-20%）=79 360（元）

对个人出租住房取得的所得减按 10% 的税率征收个人所得税。

应纳税额 =79 360×10%=7936（元）

（1）如果蓝天公司代扣代缴个人所得税 7936 元，并在次月 15 日内，向主管税务机关报送《个人所得税扣缴申报表》，数据填报如表 5-1 所示。

表 5-1 个人所得税扣缴申报表（节选）

税款所属期：2020 年 3 月 1 日至 2020 年 3 月 31 日

扣缴义务人名称：蓝天公司　　　　　　　金额单位：人民币元（列至角分）

姓名	所得项目	收入	允许扣除的税费	减免费用	应纳税所得额	税率	应纳税额	已缴税额	应补/退税额
2	7	8	9	11	33	34	36	38	39
钱鑫	个人房屋出租所得	100 000	800	19 840	79 360	10%	7 936	0	7 936

（2）如果蓝天公司未代扣代缴个人所得税，钱鑫应向主管税务机关报送《个人所得税自行纳税申报表（A 表）》，依法申报个人所得税，数据填报如表 5-2 所示。

表 5-2　个人所得税自行纳税申报表（A 表）（节选）

税款所属期：2020 年 3 月 1 日至 2020 年 3 月 31 日

纳税人姓名：钱　鑫

纳税人识别号：360102******29002X　　　　金额单位：人民币元（列至角分）

自行申报情形	☑居民个人取得应税所得，扣缴义务人未扣缴税款 □非居民个人取得应税所得，扣缴义务人未扣缴税款 □非居民个人在中国境内从两处以上取得工资、薪金所得 □其他

所得项目	收入	允许扣除的税费	减除费用	应纳税所得额	税率	应纳税额	已缴税额	应补/退税额
2	3	4	6	16	17	19	21	22
个人房屋出租	100 000	800	19 840	79 360	10%	7 936	0	7 936

三、利息、股息、红利所得的纳税申报

（一）纳税申报具体规定

1. 申报规定

（1）所得项目。包括"上市公司股息、红利所得（沪市、深市、创业板）""三板股票股息、红利所得""证券资金利息所得""国债利息""国家发行的金融债券利息""地方政府债券利息""铁路债券利息""储蓄存款利息所得""持有创新企业境内发行存托凭证"和"其他利息、股息、红利所得"。

（2）减除费用。此项所得没有减除费用。

（3）减免税额。所得项目有符合规定的减免情形，均可填报。

2. 注意事项

企业自支付个人利息、股息、红利时，需要关注以下风险事项：

（1）企业分红后，是否代扣了个人股东的个人所得税，或个人股东是否进

行了自行申报，或者是否进行了分期缴纳个人所得税备案。

（2）企业以未分配利润、盈余公积、资本公积向个人股东转增股本后，是否代扣了个人股东个人所得税，或个人股东是否进行了自行申报，或者是否进行了分期缴纳个人所得税备案。

（3）个人独资企业、合伙企业对外投资分回的利息、股息、红利，投资者是否申报了个人所得税。

（二）股息红利差别化个人所得税的扣缴申报

1. 减免税规定

对个人从公开发行和转让市场取得的上市公司股票、持有全国中小企业股份转让系统挂牌公司的股票、持有创新企业 CDR，取得的股息、红利所得，实施股息、红利差别化个人所得税政策。

（1）股权登记日在 2015 年 9 月 8 日之后的，持股期限超过 1 年的，股息、红利所得暂免征收个人所得税。

（2）持股期限在 1 个月以上至 1 年（含 1 年）的，暂减按 50% 计入应纳税所得额，适用 20% 的税率计征个人所得税。

（3）持股期限在 1 个月以内（含 1 个月）的，其股息、红利所得全额计入应纳税所得额，适用 20% 的税率计征个人所得税。

扣缴义务人派发股息、红利时，对个人持股 1 年以内（含 1 年）的，暂不扣缴个人所得税；待个人转让股票时，证券登记结算公司根据其持股期限计算应纳税额，由证券公司等托管机构从个人资金账户中扣收并划付证券登记结算公司，证券登记结算公司应于次月 5 个工作日内划付扣缴义务人，扣缴义务人在收到税款当月的法定申报期内向主管税务机关申报缴纳。

2. 税款计算和纳税申报表填报示例

【案例 5-2】上市公司发放股息的纳税申报

金巧巧于 2020 年 3 月 15 日购买上市公司昊天公司的股票 100 000 股，该公司 2019 年度每 10 股派发现金红利 2 元，股息登记日为 2020 年 4 月 9 日，股息派发日为 4 月 12 日。请问：金巧巧应缴纳多少个人所得税？如何进行纳税申报？

解析：

（1）2020年4月12日派发现金红利时，昊天公司暂不扣缴金巧巧的个人所得税。

（2）如果金巧巧在2020年4月15日之前卖出股票，那么持股期限在1个月以内（含1个月），其股息红利所得全额计入应纳税所得额。

昊天公司应扣缴个人所得税=100 000÷10×2×20%=4000（元）

（3）如果金巧巧在2020年4月16日至2020年3月15日卖出股票，那么持股期限在1个月以上至1年（含1年），暂减按50%计入应纳税所得额。

昊天公司应扣缴个人所得税=100 000÷10×2×50%×20%=2000（元）

（4）如果金巧巧在2021年3月16日以后卖出股票，持股期限超过1年，免征收个人所得税。

假设金巧巧在2020年4月15日之前卖出股票，蓝天公司应在收到证券登记结算公司划付的税款后，于次月15日内，向主管税务机关报送《个人所得税扣缴申报表》，数据填报如表5-3所示。

表5-3 个人所得税扣缴申报表（节选）

税款所属期：2020年4月1日至2020年4月30日

扣缴义务人名称：蓝天公司　　　　　　　　金额单位：人民币元（列至角分）

姓名	所得项目	收入	减按计税比例	应纳税所得额	税率	应纳税额	已缴税额	应补/退税额
2	7	8	31	33	34	36	38	39
金巧巧	上市公司股息红利所得（沪市、深市、创业板）	20 000	50%	10 000	20%	2 000	0	2 000

四、财产转让所得的纳税申报操作实务

（一）纳税申报具体规定

1. 申报规定

（1）所得项目。包括"财产拍卖所得及回流文物拍卖所得""股权转让所得"及"其他财产转让所得"。

（2）扣除及减除项目。根据选择的所得项目而有所区别：

1）是否提供财产原值凭证：当所得项目选择"财产拍卖所得及回流文物拍卖所得"时，"是否提供财产原值凭证"选择为"否"，以收入减除准予扣除的捐赠后的余额，为应纳税所得额，税率2%和3%可选；选择为"是"，以收入减除财产原值、允许扣除的税费、其他和准予扣除的捐赠后的余额，为应纳税所得额，税率是20%。

2）投资抵扣：只有所得项目选择为"股权转让所得"时，该栏次可填写。

（3）减免税额。所得项目有符合规定的减免情形，均可填报。

2.注意事项

（1）纳税义务人未提供完整、准确的财产原值凭证，不能正确计算财产原值的，由主管税务机关核定其财产原值。

（2）合理费用，是指卖出财产时按照规定支付的有关税费。

（3）个人通过拍卖市场取得的房屋拍卖收入在计征个人所得税时，其房屋原值应按照纳税人提供的合法、完整、准确的凭证予以扣除；不能提供完整、准确的房屋原值凭证，不能正确计算房屋原值和应纳税额的，统一按转让收入全额的3%计算缴纳个人所得税。

（4）个人拍卖除文字作品原稿及复印件外的其他财产，应以其转让收入额减除财产原值和合理费用后的余额为应纳税所得额，按照"财产转让所得"项目适用20%税率缴纳个人所得税。

（二）个人转让房屋的纳税申报填报示例

1.减免税规定

（1）房屋产权所有人将房屋产权无偿赠与配偶、父母、子女、祖父母、外祖父母、孙子女、外孙子女、兄弟姐妹的；房屋产权所有人将房屋产权无偿赠与对其承担直接抚养或者赡养义务的抚养人或者赡养人的；房屋产权所有人死亡，依法取得房屋产权的法定继承人、遗嘱继承人或者受遗赠人，对当事双方不征收个人所得税。

（2）个人转让自用达五年以上，并且是唯一的家庭生活用房取得的所得，暂免征收个人所得税。

（3）个人转让离婚析产房屋所取得的收入，允许扣除其相应的财产原值和合理费用后,余额按照规定的税率缴纳个人所得税;其相应的财产原值,为房屋初次购置时的全部原值和相关税费之和乘以转让者占房屋所有权的比例。个人转让离婚析产房屋所取得的收入,符合家庭生活自用五年以上唯一住房的,可以申请免征个人所得税。

注意:不符合上述条件的,个人转让住房应依法缴纳个人所得税。

2. 税款计算和纳税申报表填报示例

【案例 5-3】个人转让房屋的纳税申报

钱乐于 2020 年 3 月将 2018 年 5 月在北京购买的唯一住房,以 10 500 000 元的价格转让给了蓝天公司,开具的增值税普通发票上注明销售价格为 10 000 000 元,增值税额为 500 000 元。钱乐缴纳增值税 500 000 元、城市维护建设税 35 000 元、教育费附加 15 000 元、地方教育附加 10 000 元,发生过户费 30 000 元。该套住房是以银行按揭贷款的方式购置的,购置发票上注明销售价格为 8 000 000 元,增值税额为 400 000 元;贷款利息凭证上注明已支付的住房贷款利息为 320 000 元。该套住房还发生装修费用 300 000 元,都有合法的凭证。请问:钱乐应如何进行纳税申报?

解析:

(1)个人转让住房的应税收入不含增值税,即为 10 000 000 元。

(2)房屋原值为购置该房屋时实际支付的房价款及交纳的相关税费,包括支付价款中包含的增值税,即 8 400 000 元。

(3)转让住房过程中缴纳的税金包括转让住房时实际缴纳的城市维护建设税 35 000 元、教育费附加 15 000 元、地方教育附加 10 000 元,不包括本次转让缴纳的增值税,共计 60 000 元。

(4)合理费用包括实际支付的住房装修费用 300 000 元、住房贷款利息 320 000 元、过户费 30 000 元,共计 650 000 元。

(5)应纳税所得额 =10 000 000-8 400 000-60 000-650 000=890 000(元)

应纳税额 =890 000×20%=178 000(元)

(6)钱乐应在次月 15 日内,向主管税务机关报送《个人所得税自行纳税申报表(A 表)》,依法申报个人所得税,具体如表 5-4 所示。

表5-4 个人所得税自行纳税申报表（A表）（节选）

税款所属期：2020年3月1日至2020年3月31日

纳税人姓名：钱乐

纳税人识别号：360102******2301520　　　金额单位：人民币元（列至角分）

自行申报情形	☑ 居民个人取得应税所得，扣缴义务人未扣缴税款 ☐ 非居民个人取得应税所得，扣缴义务人未扣缴税款 ☐ 非居民个人在中国境内从两处以上取得工资、薪金所得 ☐ 其他 _____

所得项目	收入	财产原值	允许扣除的税费	应纳税所得额	税率	应纳税额	已缴税额	应补/退税额
2	3	11	12	16	17	19	21	22
其他财产转让所得	10 000 000	8 400 000	710 000	890 000	20%	178 000	0	178 000

（三）个人以非货币性资产投资入股纳税申报

1. 政策规定

个人以非货币性资产投资，应按评估后的公允价值确认非货币性资产转让收入。非货币性资产转让收入减除该资产原值及合理税费后的余额为应纳税所得额。个人以非货币性资产投资，应于非货币性资产转让、取得被投资企业股权时，确认非货币性资产转让收入的实现。

纳税人一次性缴税有困难的，可合理确定分期缴纳计划并报主管税务机关备案后，自发生上述应税行为之日起不超过5个公历年度内（含）分期缴纳个人所得税。如果非货币性资产投资交易过程中有取得现金补价的，现金部分应优先用于缴税；现金不足以缴纳的部分，才可分期缴纳。

个人在分期缴税期间转让其持有的上述全部或部分股权，并取得现金收入的，该现金收入应优先用于缴纳尚未缴清的税款。

2. 纳税人分期缴纳备案和自行申报表填报示例

【案例5-4】个人以非货币性资产投资入股的纳税申报

张南与蓝天公司在2020年1月1日签署了投资协议和公司章程成立盛大公司，张南以一处营业用房作价4 050 000元（原值为2 000 000元）出资，股权比例为20%；蓝天公司以16 000 000元现金出资，股权比例为80%。盛大公司于2020年1月10日登记成立，张南的营业用房产权变更到盛大公司名下，付合理税费5万元，蓝天公司的16 000 000元现金已缴纳。2020年10月20日，张南将所持股权10%转让给碧海公司，取得现金3 000 000元，发生合理税费10 000元。假设在此之前张南缴纳了非货币性资产投资个人所得税税款50 000元。假设不考虑其他税费，张南该如何进行纳税申报？

解析：

（1）2020年1月10日营业用房投资入股时。

张南以营业用房投资入股应按"财产转让所得"计缴个人所得税。

应纳税所得额=4 050 000−2 000 000−50 000=2 000 000（元）

应纳税额=2 000 000×20%=400 000（元）

张南可以在2020年2月15日前一次缴清，也可以自2020年1月10日起五个年度内分期缴纳。

（2）2020年10月20日股权转让时。

个人在分期缴税期间转让其持有的全部或部分股权，并取得现金收入的，该现金收入应优先用于缴纳尚未缴清的税款。

营业用房投资入股环节尚未缴清的税款=400 000−50 000=350 000（元）

张南将盛大公司10%的股权转让给碧海公司取得的现金3 000 000元，应优先用于缴纳尚未缴清的税款350 000元。

应纳税所得额=3 000 000−4 050 000×10%÷20%−10 000=965 000（元）

应纳税额=965 000×20%=193 000（元）

两项应纳税额合计=350 000+193 000=543 000（元）

张南应于2020年11月15日之前将上述税款申报缴纳入库。

（3）填报《非货币性资产投资分期缴纳个人所得税备案表》。

张南如果选择分期缴纳税款，应于2020年2月15日之前，自行制订缴税计划并向主管税务机关报送《非货币性资产投资分期缴纳个人所得税备案表》（见表5-5）、身份证明、投资协议、非货币性资产评估价格证明材料、能够证明非货币性资产原值及合理税费的相关资料。

（4）填报分期缴纳个人所得税申报表。

假设2020年2月15日，张南按备案表计划申报缴纳个人所得税5万元，向主管税务机关填报《个人所得税自行纳税申报表（A表）》，具体如表5-6所示。

表 5-5 非货币性资产投资分期缴纳个人所得税备案表（节选）

备案编号（主管税务机关填写）：20200201　　　　　　　　　　　　　金额单位：人民币元（列至角分）

投资人信息	姓　名	张南	身份证件类型	居民身份证	身份证件号码	360102********3213
	国籍（地区）	中国			纳税人识别号	360102********3213
	通信地址	南昌市仙城路16号			联系电话	1397911****
被投资单位信息	名　称	盛大公司			纳税人识别号	913606*******3115
	地　址	南昌市天河路29号			联系人及电话	李月 1397901*****
投资情况	投资类型	☑参与增资　□定向增发　□股权置换　□重组改制　□其他					
	取得股权时间	2020年1月10日	取得的现金补价	—	持股比例（%）	20
	非货币性资产名称	产权证或注册登记证号码	登记机关	坐落地	评估后的公允价值	非货币性资产原值	合理税费
	营业用房	*****	***	南山区	4 050 000	2 000 000	50 000
	截止缴税时间	2024年12月31日	应纳税所得额	2 000 000		
	应缴个人所得税	400 000	已缴个人所得税	0		
分期缴税计划	分　期	1	2	3	4	5	合　计
	计划缴税时间	2020年 2月15日	2021年 2月15日	2022年 2月15日	2023年 2月15日	2024年 12月15日	—
	计划缴税金额	50 000	50 000	50 000	50 000	200 000	400 000

表 5-6　个人所得税自行纳税申报表（A 表）(节选)

税款所属期：2020 年 1 月 1 日至 2020 年 1 月 31 日

纳税人姓名：张南

纳税人识别号：360102********3213　　　金额单位：人民币元（列至角分）

自行申报情形	☑ 居民个人取得应税所得，扣缴义务人未扣缴税款 ☐ 非居民个人取得应税所得，扣缴义务人未扣缴税款 ☐ 非居民个人在中国境内从两处以上取得工资、薪金所得 ☐ 其他 _____

所得项目	收入	财产原值	允许扣除的税费	应纳税所得额	税率	应纳税额	减免税额	应补/退税额
2	3	11	12	16	17	19	20	22
其他财产转让所得	4 050 000	2 000 000	50 000	2 000 000	20%	400 000	350 000	50 000

（5）投资股权转让时个人所得税申报表的填报。

张南应于 2020 年 11 月 15 日之前将两项税款共计 543 000 元申报缴纳入库，并向主管税务机关报送《个人所得税自行纳税申报表（A 表）》，具体如表 5-7 所示。

（四）平价低价股权转让的纳税申报

1. 政策规定

个人申报的股权转让收入明显偏低且无正当理由的，主管税务机关应依次按照下列方法核定股权转让收入。

（1）净资产核定法。

股权转让收入按照每股净资产或股权对应的净资产份额核定。

被投资企业的土地使用权、房屋、房地产企业未销售的房产、知识产权、探矿权、采矿权、股权等资产占企业总资产比例超过 20% 的，主管税务机关可参照纳税人提供的具有法定资质的中介机构出具的资产评估报告核定股权转让收入。

表 5-7　个人所得税自行纳税申报表（A 表）（节选）

税款所属期：2020 年 10 月 1 日至 2020 年 10 月 31 日
纳税人姓名：张南
纳税人识别号：360102*******3213　　　　金额单位：人民币元（列至角分）

自行申报情形	☑ 居民个人取得应税所得，扣缴义务人未扣缴税款 ☐ 非居民个人取得应税所得，扣缴义务人未扣缴税款 ☐ 非居民个人在中国境内从两处以上取得工资、薪金所得 ☐ 其他 ＿＿＿＿＿＿

所得项目	收入	财产原值	允许扣除的税费	应纳税所得额	税率	应纳税额	已缴税额	应补/退税额
2	3	11	12	16	17	19	21	22
股权转让所得	3 000 000	2 025 000	10 000	965 000	20%	193 000	0	193 000
其他财产转让所得	4 050 000	2 000 000	50 000	2 000 000	20%	400 000	50 000	350 000

6 个月内再次发生股权转让且被投资企业净资产未发生重大变化的，主管税务机关可参照上一次股权转让时被投资企业的资产评估报告核定此次股权转让收入。

（2）类比法。

1）参照相同或类似条件下同一企业同一股东或其他股东股权转让收入核定。

2）参照相同或类似条件下同类行业企业股权转让收入核定。

（3）其他合理方法。主管税务机关采用以上方法核定股权转让收入存在困难的，可以采用其他合理方法核定。

2. 税款计算和扣缴申报表填报示例

【案例 5-5】平价低价股权转让的纳税申报

锦怡公司 2020 年 3 月 31 日的资产负债表显示：资产总额为 5 000 000 元，负债总额为 1 500 000 元，所有者权益总额为 3 500 000 元。该公司实收资本为

3 000 000元，其中：章怡出资1 200 000元，持有股权40%；章锦出资1 800 000元，持有股权60%。资产总额中，无形资产——土地使用权价值1 000 000元，固定资产房屋建筑物价值3 000 000元，其他资产价值1 000 000元。

具有法定资质的中介机构出具的以2020年3月31日为基准日的资产评估报告表明，土地使用权的公允价值为5 000 000元，房屋建筑物的公允价值为3 600 000元，其他资产的公允价值为900 000元，负债总额价值不变。

2020年4月1日，琅琪公司拟以1 400 000元的现金对价收购章怡持有的锦怡公司40%的股权，琅琪公司为章怡的大女儿方珏琅和二女儿方珏琪共同出资成立的公司。章怡认为她将股权转让给了女儿的公司，只需要按股权转让价格的0.05%缴纳印花税，不需要缴纳个人所得税。请问：章怡应如何进行纳税申报？

解析：

（1）判断是否为低价转让股权，是否有正当理由。

锦怡公司净资产的公允价值为＝5 000 000+3 600 000+900 000−1 500 000＝8 000 000（元）

章怡应享有的股东权益公允价值＝8 000 000×40%＝3 200 000（元）

章怡将锦怡公司40%的股权以1 400 000元转让给琅琪公司，符合《股权转让所得个人所得税管理办法（试行）》（国家税务总局公告2014年第67号）第十二条"申报的股权转让收入低于股权对应的净资产份额"的情形，应视为股权转让收入明显偏低。

按《公司法》的规定，公司的财产具有独立性，公司以其财产对外承担债务，股东仅以出资额为限对外承担债务。琅琪公司虽然是章怡的大女儿方珏琅和二女儿方珏琪共同成立的，但公司和股东是两个独立的法律主体。因此，章怡和琅琪公司不符合国家税务总局公告2014年第67号第十三条规定的情形，应视为无正当理由。

章怡和琅琪公司构成关联关系，《个人所得税法》第八条第一款第一项规定，个人与其关联方之间的业务往来不符合独立交易原则而减少本人或者其关联方应纳税额，且无正当理由，税务机关有权按照合理方法进行纳税调整。

（2）主管税务机关核定股权转让收入，进行纳税调整。

章怡申报的股权转让收入明显偏低且无正当理由，主管税务机关可以按照每股净资产或股权对应的净资产份额核定股权转让收入。

核定的股权收入应为章怡应享有的股东权益的公允价值3 200 000元。

章怡实缴印花税 =1 400 000×0.05%=700（元）

应纳税所得额 =3 200 000-1 200 000-700=1 999 300（元）

应纳税额 =1 999 300×20%=399 860（元）

（3）琅琪公司应在 2020 年 5 月 15 日之前将扣缴章怡的 399 860 元个人所得税，向主管税务机关报送《个人所得税扣缴申报表》，将税款缴纳入库，具体如表 5-8 所示。

表 5-8　个人所得税扣缴申报表（节选）

税款所属期：2020 年 4 月 1 日至 2020 年 4 月 30 日

扣缴义务人名称：琅琪公司　　　　　　　金额单位：人民币元（列至角分）

姓名	所得项目	收入	财产原值	允许扣除的税费	应纳税所得额	税率	应纳税额
2	7	8	19	20	33	34	36
章怡	股权转让所得	3 200 000	1 200 000	700	1 999 300	20%	399 860

3. 注意事项

（1）扣缴义务人在填写股权转让相关申报信息时，需要注意，填写被扣缴的纳税人基本信息之前应当已经完成了自然人信息采集并通过信息验证，如未完成就不能在基本信息中选择纳税人信息；所得项目栏次必须选择"股权转让所得"。

（2）纳税人或扣缴义务人完成股权转让相关申报信息填写后，选择附表填写，并填写《个人股东股权转让信息表》。

（五）个人转让限售股的纳税申报

1. 政策规定

个人转让限售股，以每次限售股转让收入，减除股票原值和合理税费后的余额，为应纳税所得额。

（1）限售股转让收入，是指转让限售股股票实际取得的收入。个人协议转让限售股，转让收入按照实际转让收入计算，转让价格明显偏低且无正当理由的，主管税务机关可以依据协议签订日的前一交易日该股收盘价或其他合理方式核定其转让收入。

（2）限售股原值，是指限售股买入时的买入价及按照规定缴纳的有关费用。

（3）合理税费，是指转让限售股过程中发生的印花税、佣金、过户费等与交易相关的税费。

（4）纳税人未能提供完整、真实的限售股原值凭证，不能准确计算限售股原值的，主管税务机关一律按限售股转让收入的15%核定限售股原值及合理税费。

（5）纳税人同时持有限售股及该股流通股的，其股票转让所得，按照限售股优先原则，即转让股票视同为先转让限售股，按规定计算缴纳个人所得税。

个人转让限售股，应区分不同情形，采用证券机构预扣预缴、纳税人自行申报清算和证券机构直接扣缴相结合的方式征收或采用纳税人自行申报纳税的方式。

2.税款计算和纳税申报表填报示例

【案例5-6】个人转让限售股的纳税申报

张三持有证券机构技术和制度准备完成前形成的蓝天公司限售股1 000 000股，原始取得成本为1 000 000元。该股股权分置改革后于2017年1月10日复牌上市，当日收盘价为每股20元。2020年1月10日，张三持有的限售股全部解禁可上市流通。2020年1月20日，张三将已经解禁的限售股全部减持，合计取得转让收入18 000 000元，并支付印花税、过户费、佣金等税费20 000元。

解析：

（1）第一步：证券公司预扣预缴。

长城证券按照股改限售股股改复牌日收盘价计算出的转让收入的15%确定限售股原值和合理税费，以转让收入减去原值和合理税费后的余额，适用20%税率，计算预扣预缴个人所得税额。

应纳税所得额=复牌日收盘价×减持股数−复牌日收盘价×减持股数×15%=20×1 000 000−20×1 000 000×15%=17 000 000（元）

应纳税额=17 000 000×20%=3 400 000（元）

长城证券应于2020年2月15日以前以纳税保证金形式向主管税务机关缴纳预扣预缴的税款，并报送《限售股转让所得扣缴个人所得税报告表》(见表5-9)及税务机关要求报送的其他资料。

表 5-9 限售股转让所得扣缴个人所得税报告表

扣缴义务人编码：36110**********111F
税款所属期：2020年1月1日至2020年1月31日　金额单位：元（列至角分）

纳税人姓名	纳税人有效身份证照证照类型	身份证照号码	证券账户号码	股票代码	股票名称	每股计税价格（元/股）	转让股数（股）	转让收入额	限售股原值及合理税费小计	应纳税所得额	税率（%）	扣缴税额
1	2	3	4	5	6	7	8	9=7×8	10=11+12	13=9-10	14	5=13×14
张三	略	略	略	略	蓝天股份	20	1 000 000	20 000 000	3 000 000	17 000 000	20	3 400 000

(2)第二步：申报清算应纳税款。

如果张三能提供完整、真实的限售股原值凭证：

应纳税所得额＝限售股转让收入－（限售股原值＋合理税费）＝18 000 000－（1 000 000＋20 000）＝16 980 000（元）

应纳税额＝16 980 000×20%＝3 396 000（元）

应退还的税额＝3 400 000－3 396 000＝4000（元）

张三应在2020年5月15日以前，持加盖证券机构印章的交易记录和相关完整、真实凭证，向主管税务机关提出清算申报并办理清算事宜。《限售股转让所得个人所得税清算申报表》如表5-10所示。

注：系统详细申报操作指引见本章下一部分中的限售股转让扣缴申报流程。

3. 纳税注意事项

（1）个人持有在证券机构技术和制度准备完成后形成的拟上市公司限售股，在公司上市前，个人应委托拟上市公司向证券登记结算公司提供有关限售股成本原值的详细资料，以及会计师事务所或税务师事务所对该资料出具的鉴证报告。逾期未提供的，证券登记结算公司以实际转让收入的15%核定限售股原值和合理税费。

（2）个人转让限售股所得需由证券机构预扣预缴税款的，应在客户资金账户留足资金供证券机构扣缴税款，依法履行纳税义务。证券机构应采取积极、有效的措施依法履行扣缴税款义务，对纳税人资金账户暂无资金或资金不足的，证券机构应当及时通知个人投资者补足资金，并扣缴税款。个人投资者未补足资金的，证券机构应当及时报告相关主管税务机关，并依法提供纳税人相关资料。

（六）天使投资人转让初创科技型企业股权的纳税申报

1. 政策规定

自2018年7月1日起，天使投资个人采用股权投资方式直接投资于初创科技型企业满两年的，可以按照投资额的70%抵扣转让该初创科技型企业股权取得的应纳税所得额；当期不足抵扣的，可以在以后取得转让该初创科技型企业股权的应纳税所得额时结转抵扣。

第五章 其他分类所得纳税申报 153

表 5-10 限售股转让所得个人所得税清算申报表（节选）

填报日期：2020 年 5 月 15 日
税款所属期：2020 年 1 月 1 日至 2020 年 1 月 31 日

金额单位：元（列至角分）

项目			
纳税人基本情况	姓名	张三	证券账户号 832***112
	有效身份证照类型	居民身份证	有效身份证照号码 360102*******3015
	国籍（地区）	江西	有效联系电话
	开户银行名称	中国银行	开户银行账号 *********
	中国境内有效联系地址及邮编		
开户证券公司（营业部）	名称	长城证券南昌营业部	扣缴义务人编码 36110OMB*****11F
	地址	南昌	邮编
限售股转让收入及纳税情况	股票代码	1	002**1
	股票名称	2	蓝天股份
	转让股数（股）	3	1 000 000
	实际转让收入额	4	18 000 000
	限售股原值和合理税费小计	5=6+7	1 020 000
	限售股原值	6	1 000 000
	合理税费	7	20 000
	应纳税所得额	8=4-5	16 980 000
	税率（%）	9	20
	应纳税额	10=8×9	3 396 000
	已扣缴税额	11	3 400 000
	应退（补）税额	12=10-11	-4 000

天使投资个人投资多个初创科技型企业的，对其中办理注销清算的初创科技型企业，天使投资个人对其投资额的70%尚未抵扣完的，可自注销清算之日起36个月内抵扣天使投资个人转让其他初创科技型企业股权取得的应纳税所得额。

转让未上市企业股权的，天使投资个人应于股权转让次月15日内，向主管税务机关报送《天使投资个人所得税投资抵扣情况表》，办理抵扣手续。

转让上市公司股票的，天使投资个人在转让上市公司限售股税款清算时，进行投资抵扣。

初创科技型企业注销清算，天使投资个人有尚未抵扣完毕的投资额的，应及时持前期投资抵扣备案的《天使投资个人所得税投资抵扣备案表》，到原初创科技型企业主管税务机关办理情况登记。天使投资人在转让投资的其他符合投资抵扣条件的初创科技型企业股权时，应持税务机关登记后的已注销清算企业的《天使投资个人所得税投资抵扣备案表》和前期办理投资抵扣时税务机关受理的《天使投资个人所得税投资抵扣情况表》办理投资抵扣手续。

2. 投资人转让初创科技型企业股权的纳税申报填报示例

【案例5-7】天使投资人转让初创科技型企业股权的纳税申报

章美丽于2018年2月投资5 000 000元现金到中锐科技公司（符合初创科技型企业条件），占股权比例为20%，2020年3月以15 000 000元的价格将其持有的全部中锐科技公司的股权转让给睿越投资公司，发生相关税费20 000元。假设章美丽符合天使投资个人的其他条件，请问：针对章美丽转让中锐科技公司股权取得的所得，睿越投资公司将如何代扣代缴个人所得税？

解析：

（1）税款计算。

2018年2月至2020年2月，已满24个月，符合税收优惠条件，其投资额的70%，即5 000 000×70%=3 500 000（元），可以抵扣转让该初创科技型企业股权取得的应纳税所得额。

章美丽转让中锐科技公司股权应纳税所得额=（15 000 000−5 000 000−20 000）−3 500 000=6 480 000（元）

应纳税额=6 480 000×20%=1 296 000（元）

（2）章美丽要享受投资额70%抵扣税收优惠政策，需要由初创科技型企业、天使投资个人共同于满足投资抵扣税收优惠条件次月15日内办理投资情况备案，向其主管税务机关报送《天使投资个人所得税投资抵扣备案表》，具体如表 5-11 所示。

表 5-11　天使投资个人所得税投资抵扣备案表

备案编号（主管税务机关填写）：20200312　单位：%，人民币元（列至角分）

天使投资个人基本情况								
姓名	章美丽	身份证件类型	居民身份证	身份证件号码		360606********1312		
国籍（地区）	略	联系电话	略	联系地址		略		
初创科技型企业基本情况								
企业名称	中锐科技公司	纳税人识别号（统一社会信用代码）				912201013513733112		
设立时间	2018年1月	注册地址				南昌市天河路22号		
初创科技型企业及天使投资个人投资情况								
投资日期	从业人数	本科以上学历人数占比	资产总额	年销售收入	研发费用总额占成本费用支出的比例	投资两年内与其亲属合计持股比例是否超过50%	投资额	
2018年2月	100	50	29 000 000	28 000 000	30	否	5 000 000	

（3）《个人所得税投资抵扣情况表》填写，如表 5-12 所示。

（4）睿越投资公司应于2020年4月15日之前，代扣代缴章美丽股权转让所得的个人所得税，并向主管税务机关报送《个人所得税扣缴申报表》，具体如表 5-13 所示。

表 5-12 个人所得税投资抵扣情况表（节选）

单位：人民币元（列至角分）

天使投资个人基本情况						
姓名	章美丽	身份证件类型	居民身份证	身份证件号码	360606********1312	
国籍（地区）	略	联系电话	略	联系地址	略	
投资抵扣备案编号	20200312	投资额	5 000 000	可抵扣投资额	3 500 000	
初创科技型企业基本情况						
企业名称	中锐科技公司	纳税人识别号（统一社会信用代码）		912201013513733112		
投资抵扣情况						
股权转让时间	股权转让应纳税所得额	本企业可抵扣投资额	可抵扣投资额合计	累计已抵扣投资额	本期抵扣投资额	结转抵扣投资额
2020年3月	9 980 000	3 500 000	3 500 000	3 500 000	3 500 000	0

表 5-13 个人所得税扣缴申报表（节选）

税款所属期：2020年3月1日至2020年3月31日

扣缴义务人名称：睿越投资公司　　　　　　金额单位：人民币元（列至角分）

姓名	所得项目	收入	财产原值	允许扣除的税费	其他	应纳税所得额	税率	应纳税额
2	7	8	19	20	21	33	34	36
章美丽	股权转让所得	15 000 000	5 000 000	20 000	3 500 000	6 480 000	20%	1 296 000

3. 办理注销清算初创科技型企业尚未抵扣投资额的填报示例

【案例5-8】注销清算初创科技型企业尚未抵扣投资额的纳税申报

接【案例5-7】，假设天使投资个人章美丽2018年1月还投资了4 000 000

元现金到领先科技公司（符合初创科技型企业条件），占股权比例为20%，2019年12月领先科技公司经营失败，注销清算后，章美丽收回投资额2 000 000元，投资亏损了2 000 000元。请问：章美丽转让中锐科技公司股权取得的所得，应如何办理个人所得税申报？

解析：

（1）税款计算。

章美丽于2018年1月对领先科技公司投资额的70%，即4 000 000×70%=2 800 000（元），可以在2020年3月（超过注销清算之日起36个月）抵扣转让中锐科技公司股权取得的应纳税所得额。

转让中锐科技公司股权应纳税所得额=（15 000 000−5 000 000−20 000）−3 500 000−2 800 000=3 680 000（元）

应纳税额=3 680 000×20%=736 000（元）

（2）章美丽《个人所得税投资抵扣情况表》的填写，如表5-14所示。

表5-14 个人所得税投资抵扣情况表（节选）

单位：人民币元（列至角分）

天使投资个人基本情况						
姓名	章美丽	身份证件类型	居民身份证	身份证件号码	360606*******1312	
国籍（地区）	略	联系电话	略	联系地址	略	
投资抵扣备案编号	20200312	投资额	4 000 000	可抵扣投资额	2 800 000	
初创科技型企业基本情况						
企业名称	领先科技公司	纳税人识别号（统一社会信用代码）			911101*******3111	
投资抵扣情况						
股权转让时间	股权转让应纳税所得额	从已清算企业结转待抵扣投资额	本企业可抵扣投资额	可抵扣投资额合计	累计已抵扣投资额	本期抵扣投资额	结转抵扣投资额
2020年3月	9 980 000	2 800 000	3 500 000	6 300 000	6 300 000	6 300 000	0

（3）章美丽收回投资额，2020年4月转让中锐科技公司股权取得的所得，应进行自行申报，向主管税务机关报送《个人所得税自行纳税申报表（A表）》，具体如表5-15所示。

表5-15 个人所得税自行纳税申报表（A表）

税款所属期：2020年3月1日至2020年3月31日

纳税人姓名：章美丽

纳税人识别号：360606********1312　　　　金额单位：人民币元（列至角分）

自行申报情形	☑居民个人取得应税所得，扣缴义务人未扣缴税款 ☐非居民个人取得应税所得，扣缴义务人未扣缴税款 ☐非居民个人在中国境内从两处以上取得工资、薪金所得 ☐其他＿＿＿＿＿

所得项目	收入	财产原值	允许扣除的税费	其他	应纳税所得额	税率	应纳税额
股权转让所得	15 000 000	5 000 000	20 000	6 300 000	3 680 000	20%	736 000

五、偶然所得纳税申报操作实务

（一）纳税申报具体规定

1. 政策规定

（1）所得项目。包括"省级、部级、军级奖金""外国组织和国际组织奖金""见义勇为奖金""举报、协查违法犯罪奖金""社会福利募捐奖金、体彩奖金""有奖发票奖金""随机赠送礼品""其他偶然所得"。

（2）减除费用。此项所得没有减除费用。

（3）减免税额。所得项目有符合规定的减免情形，均可填报。

2. 注意事项

（1）自2020年起，偶然所得新增"随机赠送礼品"所得项目。在获奖人数较多且未获取纳税人真实的基础信息时，扣缴义务人可暂采用汇总申报方式，注明"随机赠送礼品汇总申报"，但礼品发放的相关材料需要依法留存备查（该所得项目 2020 年前税款所属期不可用）。

（2）其他偶然性质的所得，必须是财政部和国家税务总局出台单独文件予以明确的，才能按"偶然所得"项目征收个人所得税。

（二）偶然所得的扣缴申报

【案例 5-9】偶然所得的税款计算

豪盛商场于 2020 年 3 月开展累积消费每 10 000 元赠送代金券 300 元和一张抽奖券的促销活动。金好好在豪盛商场累积消费达 32 000 元，获得代金券 900 元和三张抽奖券。金好好的三张抽奖券中有两张未中奖，有一张抽中了一台智能清洁机器人。该智能清洁机器人由该商场委托厂家生产，生产成本为 3000 元，市场售价为 5000 元。请问：金好好获得代金券和智能清洁机器人，豪盛商场应如何进行扣缴申报？

分析：

（1）金好好获得代金券属于企业赠送的具有价格折扣或折让性质的消费券、代金券、抵用券、优惠券等礼品，无须缴纳个人所得税。

（2）金好好抽奖获赠智能清洁机器人，按照"偶然所得"项目计算缴纳个人所得税，全额适用 20% 的税率缴纳个人所得税。

金好好获赠的智能清洁机器人属于该商场委托生产的，应以该产品的市场销售价格确定应纳税所得额。

金好好获赠智能清洁机器人应缴纳的个人所得税 =5000×20%=1000（元）

豪盛商场应于 2020 年 4 月 15 日之前，向其主管税务机关进行扣缴申报，报送《个人所得税扣缴申报表》，具体如表 5-16 所示。

表 5-16 个人所得税扣缴申报表（节选）

税款所属期：2020 年 3 月 1 日至 2020 年 3 月 31 日

扣缴义务人名称：豪盛商场　　　　　　金额单位：人民币元（列至角分）

姓名	所得项目	收入	应纳税所得额	税率	应纳税额	已缴税额	应补/退税额
2	7	8	33	34	36	38	39
金好好	偶然所得	5 000	5 000	20%	1 000	0	1 000

第六章

公益慈善事业捐赠扣除申报

《个人所得税法》第六条第三款规定，个人将其所得对教育、扶贫、济困等公益慈善事业进行捐赠，捐赠额未超过纳税人申报的应纳税所得额30%的部分，可以从其应纳税所得额中扣除；国务院规定对公益慈善事业捐赠实行全额税前扣除的，从其规定。

《财政部 税务总局关于公益慈善事业捐赠个人所得税政策的公告》（财政部 税务总局公告2019年第99号），对有关公益慈善事业捐赠（以下简称公益捐赠）的个人所得税政策做了详尽的规定，形成了一套较为完善的扣除办法和操作流程。

一、公益捐赠扣除的基本规定

（一）可扣除公益捐赠的范围

1. 公益捐赠的条件

个人将其所得对教育、扶贫、济困等公益慈善事业进行捐赠，是指个人将其所得通过中国境内的公益性社会组织、国家机关向教育、扶贫、济困等公益慈善事业的捐赠。

境内公益性社会组织，包括依法设立或登记并按规定条件和程序取得公益性捐赠税前扣除资格的慈善组织、其他社会组织和群众团体。

国家机关是指县级以上人民政府及其部门等国家机关。

【案例6-1】直接捐赠

陈北山于2020年3月从白云公司取得工资8000元，从中拿出1000元直接捐给希望小学的一名贫困学生。请问：陈北山的捐款在计缴个人所得税时可以扣除吗？

解析：

陈北山取得的工资直接捐赠给受赠者个人，不符合《个人所得税法实施条例》"个人将其所得对教育、扶贫、济困等公益慈善事业进行捐赠，是指个人将其所得通过中国境内的公益性社会组织、国家机关向教育、扶贫、济困等公益慈善事业的捐赠"的规定，不允许在税前扣除。

在特殊情形下，符合条件的直接捐赠也可以扣除。《财政部 税务总局关于支持新型冠状病毒感染的肺炎疫情防控有关捐赠税收政策的公告》（财政部 税务总局公告 2020 年第 9 号）第二条第一款规定，企业和个人直接向承担疫情防治任务的医院捐赠用于应对新型冠状病毒感染的肺炎疫情的物品，允许在计算应纳税所得额时全额扣除。该公告自 2020 年 1 月 1 日起施行，截止日期视疫情情况另行公告。

2. 限额扣除

个人将其所得对教育、扶贫、济困等公益慈善事业进行捐赠，捐赠额未超过纳税人申报的应纳税所得额 30% 的部分，可以从其应纳税所得额中扣除。所称应纳税所得额，是指计算扣除捐赠额之前的应纳税所得额。

（1）居民个人发生的公益捐赠支出，在综合所得、经营所得中扣除的，扣除限额分别为当年综合所得、当年经营所得应纳税所得额的 30%。

（2）居民个人发生的公益捐赠支出，在分类所得中扣除的，扣除限额为当月分类所得应纳税所得额的 30%。

【案例 6-2】限额扣除

陈北山出租 B 市沙田区住房一套，月租金为 5000 元。2020 年 3 月，他收取本月租金并从租金中拿出 1000 元通过 B 市民政局向贫困地区捐款并取得了捐赠票据。假设不考虑其他税费，请问：陈北山的捐款在计缴个人所得税时可以扣除吗？

解析：

陈北山出租住房取得的所得通过 B 市民政局向贫困地区捐款，未超过应纳税所得额 30% 的部分，可以从计算扣除捐赠额之前的应纳税所得额中扣除。

应纳税所得额 =5000×（1-20%）=4000（元）

捐赠扣除限额 =4000×30%=1200（元）

实际捐赠额 1000 元未超过捐赠扣除限额，可以全部扣除。

陈北山应交个人所得税 =（4000-1000）×20%=600（元）

政策速递：《财政部　税务总局关于公共租赁住房税收优惠政策的公告》（财政部　税务总局公告 2019 年第 61 号）第五条规定，自 2019 年 1 月 1 日至 2020 年 12 月 31 日，个人捐赠住房作为公租房，符合税收法律法规规定的，对其公益性捐赠支出未超过其申报的应纳税所得额 30% 的部分，准予从其应纳税所得额中扣除。

3. 全额扣除

根据现行有关文件，可以在税前全额扣除的情况如下：

（1）个人通过公益性社会组织或者县级以上人民政府及其部门等国家机关，捐赠用于应对新型冠状病毒感染的肺炎疫情的现金与物品和个人直接向承担疫情防治任务的医院捐赠用于应对新型冠状病毒感染的肺炎疫情的物品。（财税公告 2020 年第 9 号）

（2）个人捐赠北京 2022 年冬奥会、冬残奥会、测试赛的资金和物资支出。（《财政部　税务总局　海关总署关于北京 2022 年冬奥会和冬残奥会税收政策的通知》（财税〔2017〕60 号））

（3）个人通过非营利性的社会团体和国家机关对公益性青少年活动场所（其中包括新建）的捐赠。所称公益性青少年活动场所，是指专门为青少年学生提供科技、文化、德育、爱国主义教育、体育活动的青少年宫、青少年活动中心等校外活动的公益性场所。（《财政部　国家税务总局　关于对青少年活动场所、电子游戏厅有关所得税和营业税政策问题的通知》（财税〔2000〕21 号））

（4）个人通过非营利性的社会团体和政府部门向福利性、非营利性的老年服务机构的捐赠。所称老年服务机构，是指专门为老年人提供生活照料、文化、护理、健身等多方面服务的福利性、非营利性的机构，主要包括：老年社会福利院、敬老院（养老院）、老年服务中心、老年公寓（含老年护理院、康复中心、托老所）等。（《财政部　国家税务总局关于对老年服务机构有关税收政策问题的通知》（财税〔2000〕97 号））

（5）个人通过非营利的社会团体和国家机关向农村义务教育的捐赠。所称农村义务教育的范围，是指政府和社会力量举办的农村乡镇（不含县和县级市政府所在地的镇）、村的小学和初中以及属于这一阶段的特殊教育学校。（《财政部　国家税务总局关于纳税人向农村义务教育捐赠有关所得税政策的通知》（财税〔2001〕103 号））

（6）纳税人通过中国境内非营利的社会团体、国家机关向教育事业的捐赠。

(《财政部　国家税务总局关于教育税收政策的通知》(财税〔2004〕39号))

（7）个人向慈善机构、基金会等非营利机构的公益、救济性捐赠。(《财政部　国家税务总局关于完善城镇社会保障体系试点中有关所得税政策问题的通知》(财税〔2001〕9号))

（8）个人向中华健康快车基金会和孙冶方经济科学基金会、中华慈善总会、中国法律援助基金会和中华见义勇为基金会的捐赠。(《财政部　国家税务总局关于向中华健康快车基金会等5家单位的捐赠所得税税前扣除问题的通知》(财税〔2006〕204号))

（9）个人通过宋庆龄基金会、中国福利会、中国残疾人福利基金会、中国扶贫基金会、中国煤矿尘肺病治疗基金会、中华环境保护基金会用于公益救济性的捐赠。(《财政部　国家税务总局关于向宋庆龄基金会等6家单位捐赠所得税政策问题的通知》(财税〔2004〕172号))

（10）个人通过中国老龄事业发展基金会、中国华文教育基金会、中国绿化基金会、中国妇女发展基金会、中国关心下一代健康体育基金会、中国生物多样性保护基金会、中国儿童少年基金会和中国光彩事业基金会用于公益救济性捐赠。(《财政部　国家税务总局关于中国老龄事业发展基金会等8家单位捐赠所得税政策问题的通知》(财税〔2006〕66号))

（11）个人通过中国医药卫生事业发展基金会用于公益救济性捐赠。(《财政部　国家税务总局关于中国医药卫生事业发展基金会捐赠所得税政策问题的通知》(财税〔2006〕67号))

（12）个人通过中国教育发展基金会用于公益救济性捐赠。(《财政部　国家税务总局关于中国教育发展基金会捐赠所得税政策问题的通知》(财税〔2006〕68号))

(二) 公益捐赠支出金额的确定

1. 货币性资产捐赠金额的确定

个人发生公益捐赠支出，捐赠货币性资产的，按照实际捐赠金额确定。

2. 非货币性资产捐赠金额的确定

（1）捐赠股权、房产的，按照个人持有股权、房产的财产原值确定。

（2）捐赠除股权、房产以外的其他非货币性资产的，按照非货币性资产的市场价格确定。

【案例6-3】非货币性资产捐赠金额的计算

个体工商户业主张阳光于2020年3月通过市民政局将其在市区的一栋四层住宅楼捐赠用于扶贫济困，住宅楼原值为2 000 000元，公允价值为10 000 000元。张阳光2020年度扣除捐赠前的经营所得应纳税所得额为5 000 000元，假设无其他所得。

解析：

捐赠房产，按照个人持有房产的财产原值（确定公益捐赠额即2 000 000元。）

公益捐赠扣除限额 =5 000 000×30%=1 500 000（元）

实际捐赠额2 000 000元 > 允许捐赠限额1 500 000元，只能扣除1 500 000元。

（三）公益捐赠支出扣除的规则

1. 公益捐赠是否能跨项目扣除

居民个人发生的公益捐赠支出可以在财产租赁所得，财产转让所得，利息、股息、红利所得，偶然所得（以下统称分类所得），综合所得或者经营所得中扣除。在当期一个所得项目扣除不完的公益捐赠支出，可以按规定在其他所得项目中继续扣除。

2. 公益捐赠是否有扣除顺序

（1）居民个人根据各项所得的收入、公益捐赠支出、适用税率等情况，自行决定在分类所得、综合所得、经营所得中扣除的公益捐赠支出的顺序。

（2）个人同时发生按30%扣除和全额扣除的公益捐赠支出，自行选择扣除顺序。

【案例6-4】公益捐赠跨项目扣除

陈北山2020年3月取得工资薪金5000元、利息所得2000元、中奖所得1000元，当月通过鹰潭市民政局向贫困地区捐款800元，并取得了捐赠票据。假设不考虑其他税费，请问：陈北山的捐款如何进行扣除？

解析：

陈北山当月工资、薪金为5000元，基本减除费用为5000元，应纳税所得额为0元。

陈北山可以将800元在利息所得和中奖所得中扣除。

利息所得捐赠扣除限额 =2000×30%=600（元）

偶然所得捐赠扣除限额=1000×30%=300（元）

假设陈北山在利息所得中扣除600元，在偶然所得中除200元。

当月利息所得应交个人所得税=（2000-600）×20%=280（元）

当月偶然所得应交个人所得税=（1000-200）×20%=160（元）

（四）公益捐赠票据

1. 公益捐赠票据的开具要求

公益性社会组织、国家机关在接受个人捐赠时，应当按照规定开具捐赠票据；个人索取捐赠票据的，应予以开具。

《财政部关于印发〈公益事业捐赠票据使用管理暂行办法〉的通知》（财综〔2010〕112号）规定，公益事业捐赠票据（以下简称捐赠票据），是指各级人民政府及其部门、公益性事业单位、公益性社会团体及其他公益性组织（以下简称公益性单位）按照自愿、无偿原则，依法接受并用于公益事业的捐赠财物时，向提供捐赠的自然人、法人和其他组织开具的凭证。捐赠票据是会计核算的原始凭证，是财政、税务、审计、监察等部门进行监督检查的依据。捐赠票据是捐赠人对外捐赠并根据国家有关规定申请捐赠款项税前扣除的有效凭证。捐赠票据分别由财政部或省级财政部门统一印制，并套印全国统一式样的财政票据监制章。公益性单位应当严格按照本办法的规定和财政部门的要求开具捐赠票据。

注意：财税公告2020年第9号第二条第二款规定，企业和个人直接向承担疫情防治任务的医院捐赠用于应对新型冠状病毒感染的肺炎疫情的物品，捐赠人凭承担疫情防治任务的医院开具的捐赠接收函办理税前扣除事宜。

2. 未及时取得捐赠票据的处理

个人发生公益捐赠时不能及时取得捐赠票据的，可以暂时凭公益捐赠银行支付凭证扣除，并向扣缴义务人提供公益捐赠银行支付凭证复印件。个人应在捐赠之日起90日内向扣缴义务人补充提供捐赠票据，如果个人未按规定提供捐赠票据，扣缴义务人应在30日内向主管税务机关报告。

3. 集体捐赠的扣除凭证

机关、企事业单位统一组织员工开展公益捐赠的，纳税人可以凭汇总开具的捐赠票据和员工明细单扣除。

4. 公益捐赠票据的提供与备查

（1）纳税人通过扣缴义务人享受公益捐赠扣除政策，应当告知扣缴义务人符合条件可扣除的公益捐赠支出金额，并提供捐赠票据的复印件，其中捐赠股权、房产的还应出示财产原值证明。扣缴义务人应当按照规定在预扣预缴、代扣代缴税款时予扣除，并将公益捐赠扣除金额告知纳税人。

（2）自行办理或扣缴义务人为个人办理公益捐赠扣除的，应当在申报时一并报送《个人所得税公益慈善事业捐赠扣除明细表》（报表内容与填报说明见附录E）。个人应留存捐赠票据，留存期限为五年。

二、各项所得公益捐赠扣除纳税申报

（一）居民个人综合所得公益捐赠扣除

1. 综合所得公益捐赠扣除的规则

居民个人在综合所得中扣除公益捐赠支出的，应按照以下规定处理：

（1）居民个人取得工资、薪金所得的，可以选择在预扣预缴时扣除，也可以选择在年度汇算清缴时扣除。

居民个人选择在预扣预缴时扣除的，应按照累计预扣法计算扣除限额，其捐赠当月的扣除限额为截至当月累计应纳税所得额的30%（全额扣除的从其规定，下同）。个人从两处以上取得工资、薪金所得，选择其中一处扣除，选择后当年不得变更。

（2）居民个人取得劳务报酬所得、稿酬所得、特许权使用费所得的，预扣预缴时不扣除公益捐赠支出，统一在汇算清缴时扣除。

（3）居民个人取得全年一次性奖金、股权激励等所得，且按规定采用不并入综合所得而单独计税方式处理的，公益捐赠支出扣除比照分类所得的扣除规定处理。

2. 年度中间预扣预缴时办理扣除填报案例分析

【案例6-5】年度中间预扣预缴时办理扣除

居民个人桂凡为凯盛公司高管人员，其2020年1～2月的应税资料如下。

（1）1月12日取得工资32 000元，2月12日取得工资32 000元，取得加班工资2000元，按国家规定比例每月缴纳三险一金4500元。

（2）2月1日取得全年一次性奖金60 000元。

（3）每月可享受子女教育专项附加扣除1000元。

（4）2月8日通过鹰潭市民政局向灾区捐赠20 000元。

假设桂凡选择将公益捐赠额先在全年一次性奖金中扣除，未扣完的部分选择在正常工资中扣除，且将有关捐赠资料提交给凯盛公司，由公司办理扣除。请问：凯盛公司2月如何进行公益捐赠扣除？如何办理纳税申报？

解析：

（1）全年一次性奖金代扣代缴申报。

公益捐赠扣除限额=60 000×30%=18 000（元）

小于实际捐赠额20 000元，准予扣除的捐赠额为18 000元。

60 000-18 000=42 000（元）

42 000÷12=3500（元），适用的月度税率为10%，速算扣除数为210。

应纳税额=（60 000-18 000）×10%-210=3 990（元）

（2）工资、薪金预扣预缴申报。

1月预扣预缴应纳税所得额=32 000-5000-4500-1000=21 500（元）

1月应预扣预缴税额=21 500×3%=645（元）

2月扣除捐赠额前的累计预扣预缴应纳税所得额=34 000+32 000-5000×2-4500×2-1000×2=45 000（元）

可以从综合所得中扣除的捐赠额=20 000-18 000=2000（元）

公益捐赠扣除限额=45 000×30%=13 500（元）

大于实际捐赠额2000元，准予扣除的捐赠额为2000元。

2月累计预扣预缴应纳税所得额=45 000-2000=43 000（元）

适用的税率为10%，速算扣除数为2520。

2月累计应预扣预缴税额=43 000×10%-2520=1780（元）

2月应预扣预缴税额=1780-645=1135（元）

（3）纳税申报表的填报。

凯盛公司应于2020年3月15日之前向其主管税务机关报送《个人所得税扣缴申报表》（相关数据填报如表6-1所示），将代扣代缴桂凡全年一次性奖金的个人所得税3990元，预扣预缴桂凡正常工资、薪金所得的个人所得税进行申报缴纳；同时，一并报送《个人所得税公益慈善事业捐赠扣除明细表》（相关数据填报如表6-2所示）。

表 6-1 个人所得税扣缴申报表（节选）

税款所属期：2020年2月1日至2020年2月29日

扣缴义务人名称：凯盛公司

金额单位：人民币元（列至角分）

姓名	纳税人识别号	所得项目	本月（次）收入额	累计收入额	累计减除费用	累计专项扣除	累计子女教育专项附加扣除	准予扣除的捐赠额	应纳税所得额	税率/预扣率	速算扣除数	应纳税额	应补/退税额
2	3	7	8	22	23	24	25	32	33	34	35	36	39
桂凡	略	全年一次性奖金	60 000					18 000	42 000	10%	210	3 990	3 990
桂凡	略	正常工资、薪金	34 000	66 000	10 000	9 000	2 000	2 000	43 000	10%	2 520	1 780	1 135

表 6-2 个人所得税公益慈善事业捐赠扣除明细表（节选）

捐赠年度：2020年

扣缴义务人名称：凯盛公司

金额单位：人民币元（列至角分）

纳税人姓名	纳税人识别号	捐赠信息					扣除比例	扣除所得项目	税款所属期	扣除金额
		受赠单位名称	受赠单位纳税人识别号（统一社会信用代码）	捐赠凭证号	捐赠日期	捐赠金额				
2	3	4	5	6	7	8	9	10	11	12
桂凡	略	鹰潭市民政局	略	202002081	2020.2.8	20 000	30%	正常工资、薪金	2020.2	2 000
桂凡	略	鹰潭市民政局	略	202002081	2020.2.8	20 000	30%	全年一次性奖金	2020.2	18 000

填报说明

①表头"扣缴义务人名称及扣缴义务人纳税人识别号":填写扣缴义务人的法定名称全称,以及其纳税人识别号或者统一社会信用代码。扣缴义务人在扣缴申报时为个人办理公益慈善事业捐赠扣除的,填写本项。纳税人自行申报无须填报本项。

②第2列"纳税人姓名"和第3列"纳税人识别号":扣缴单位为纳税人办理捐赠扣除时,填写本栏。个人自行申报的,无须填写本项。

③第4列"受赠单位名称":填写受赠单位的法定名称全称。

④第5列"受赠单位纳税人识别号(统一社会信用代码)":填写受赠单位的纳税人识别号或者统一社会信用代码。

⑤第6列"捐赠凭证号":填写捐赠票据的凭证号。

⑥第7列"捐赠日期":填写个人发生的公益慈善事业捐赠的具体日期。

⑦第8列"捐赠金额":填写个人发生的公益慈善事业捐赠的具体金额。

⑧第9列"扣除比例":填写公益慈善事业捐赠支出税前扣除比例,如30%或者100%。

⑨第10列"扣除所得项目":填写扣除公益慈善事业捐赠的所得项目。

⑩第11列"税款所属期":填写"扣除所得项目"对应的税款所属期。

⑪第12列"扣除金额":填写个人取得"扣除所得项目"对应收入办理扣缴申报或者自行申报时,实际扣除的公益慈善事业捐赠支出金额。

3. 年度汇算自行申报办理扣除填报案例分析

【案例6-6】年度汇算自行申报办理扣除填报案例分析

中国公民陈北山为境内蓝天公司的职员。其2020年的收入和支出情况如下。

(1)全年取得公司发放的工资、薪金180 000元,无其他特殊性工资、薪金所得。蓝天公司已预扣预缴个人所得税1680元。

(2)3月给昊天公司提供培训收入20 000元,昊天公司预扣预缴个人所得税3200元;6月给盛大公司提供培训收入30 000元,盛大公司预扣预缴个人所得税5200元。

(3)因出版专著9月获得稿酬50 000元、12月获得稿酬100 000元,出版社预扣预缴个人所得税16 800元。

（4）10月将其拥有的一项非专利技术提供给白云公司使用，一次性收取使用费300 000元，白云公司预扣预缴个人所得税48 000元。

（5）12月，通过江西红十字会向灾区捐赠150 000元，选择年度汇算时扣除。

（6）全年按国家规定标准缴纳基本养老保险18 800元、基本医疗保险4200元、失业保险3000元、住房公积金24 000元，共计50 000元。

（7）全年发生符合扣除标准的住房贷款利息12 000元、子女教育支出10 000元，共计22 000元。

（8）发生符合扣除标准的企业年金6000元。

假设陈北山当年度无其他所得，如何进行公益捐赠扣除？如何办理纳税申报？

解析：

（1）综合所得收入额的计算。

工资、薪金所得收入额为180 000元。

劳务报酬所得收入额=（20 000+30 000）×（1-20%）=40 000（元）

稿酬所得收入额=（50 000+10 0000）×（1-20%）×70%=84 000（元）

特许权使用费所得收入额=300 000×（1-20%）=240 000（元）

综合所得收入额=180 000+40 000+84 000+240 000=544 000（元）

（2）公益慈善捐赠扣除额的计算。

扣除捐赠额前的应纳税所得额=544 000-60 000-50 000-12 000-10 000-6 000=406 000（元）

准予扣除公益捐赠限额=406 000×30%=121 800（元）

小于实际捐赠额150 000元，准予扣除的捐赠额为121 800元。

（3）综合所得应补退税额的计算。

应纳税所得额=406 000-121 800=284 200（万元）

适用的税率为20%，速算扣除数为16 920。

应纳税额=284 200×20%-16 920=39 920（元）

已预扣预缴税额=1680+3200+5200+16 800+48 000=74 880（元）

应退税额=74 880-39 920=34 960（元）

（4）年度纳税申报表的报送。

陈北山应于2021年3月1日至6月30日向蓝天公司主管税务机关报送《个人所得税年度自行纳税申报表（A表）》（数据填报如表6-3所示），进行2020

年度综合所得汇算,申请退税,同时一并报送《个人所得税公益慈善事业捐赠扣除明细表》(数据填报如表 6-4 所示)。

表 6-3　个人所得税年度自行纳税申报表（A 表）（节选）

（仅取得境内综合所得年度汇算适用）

税款所属期：2020 年 1 月 1 日至 2020 年 12 月 31 日

纳税人姓名：陈北山

纳税人识别号：360602********1156　　　金额单位：人民币元（列至角分）

纳税地点（单选）			
1. 有任职受雇单位的,需选本项并填写"任职受雇单位信息":		☑任职受雇单位所在地	
任职受雇单位信息	名称	蓝天公司	
	纳税人识别号	9136M360112*****G	
综合所得个人所得税计算			
项目		行次	金额
一、收入合计（1=2+3+4+5）		1	680 000
（一）工资、薪金		2	180 000
（二）劳务报酬		3	50 000
（三）稿酬		4	150 000
（四）特许权使用费		5	300 000
二、费用合计[6=（3+4+5）×20%]		6	100 000
三、免税收入合计（7=8+9）		7	36 000
（一）稿酬所得免税部分[8=4×（1−20%）×30%]		8	36 000
四、减除费用		10	60 000
五、专项扣除合计（11=12+13+14+15）		11	50 000
（一）基本养老保险费		12	18 800
（二）基本医疗保险费		13	4 200
（三）失业保险费		14	3 000
（四）住房公积金		15	24 000
六、专项附加扣除合计（附报《个人所得税专项附加扣除信息表》）（16=17+18+19+20+21+22）		16	22 000

(续)

（一）子女教育	17	10 000
（四）住房贷款利息	20	12 000
七、其他扣除合计（23=24+25+26+27+28）	23	6 000
（一）年金	24	6 000
八、准予扣除的捐赠额（附报《个人所得税公益慈善事业捐赠扣除明细表》）	29	121 800
九、应纳税所得额（30=1-6-7-10-11-16-23-29）	30	284 200
十、税率（%）	31	20
十一、速算扣除数	32	16 920
十二、应纳税额（33=30×31-32）	33	39 920
应补/退个人所得税计算		
一、应纳税额合计（41=33+38+40）	41	39 920
二、减免税额（附报《个人所得税减免税事项报告表》）	42	0
三、已缴税额	43	74 880
四、应补/退税额（44=41-42-43）	44	-34 960

表6-4 个人所得税公益慈善事业捐赠扣除明细表（节选）

捐赠年度：2020年

纳税人姓名：陈北山

纳税人识别号：360602********1156　　　　金额单位：人民币元（列至角分）

捐赠信息						扣除信息			
受赠单位名称	受赠单位纳税人识别号（统一社会信用代码）	捐赠凭证号	捐赠日期	捐赠金额	扣除比例	扣除所得项目	税款所属期	扣除金额	
4	5	6	7	8	9	10	11	12	
江西红十字会	略	202012088	2020.12.8	150 000	30%	综合所得	2020.2	121 800	

填报说明

①表头"纳税人姓名和纳税人识别号":填写个人姓名及其纳税人识别号。有中国公民身份号码的,填写中华人民共和国居民身份证上载明的"公民身份号码";没有中国公民身份号码的,填写税务机关赋予的纳税人识别号。

个人通过自行申报进行公益慈善事业捐赠扣除的,填写上述两项。扣缴义务人填报时,无须填写。

②第2列"纳税人姓名"和第3列"纳税人识别号":扣缴单位为纳税人办理捐赠扣除时,填写本栏。个人自行申报的,无须填写本项。

③第12列"扣除金额":填写个人取得"扣除所得项目"对应收入办理扣缴申报或者自行申报时,实际扣除的公益慈善事业捐赠支出金额。

(二)经营所得公益捐赠扣除操作实务

1. 公益捐赠扣除的规则

在经营所得中扣除公益捐赠支出,应按以下规定处理:

(1)个体工商户发生的公益捐赠支出,在其经营所得中扣除。

(2)个人独资企业、合伙企业发生的公益捐赠支出,其个人投资者应当按照捐赠年度合伙企业的分配比例(个人独资企业分配比例为100%),计算归属于每一个人投资者的公益捐赠支出,个人投资者应将其归属的个人独资企业、合伙企业公益捐赠支出和本人需要在经营所得中扣除的其他公益捐赠支出合并,在其经营所得中扣除。

(3)在经营所得中扣除公益捐赠支出的,可以选择在预缴税款时扣除,也可以选择在汇算清缴时扣除。

(4)经营所得采用核定征收方式的,不扣除公益捐赠支出。

2. 经营所得预缴申报时扣除的填报案例

【案例6-7】个人独资企业经营所得预缴时办理公益捐赠扣除

张平于2019年12月在上海创办飞宇工作室(个人独资企业),主营范围为娱乐业,能完整、准确提供税务核算资料,查账征收个人所得税,按季据实预缴个人所得税。2020年第一季度取得收入100 000元,成本费用为25 000元,已预缴个人所得税1540元；第二季度取得收入120 000元，成本费用为23 000元。张平没有其他所得，飞宇工作室每季度支付张平基本养老保险费8000元、基本医疗保险费6000元和住房公积金15 000元，张平购买符合规定的商业健康保险费为每季度600元。6月15日，飞宇工作室通过上海红十字会向灾区捐赠10 000元。请问：张平第二季度如何进行公益捐赠扣除？如何办理纳税申报？

解析：

（1）计算第二季度飞宇工作室的营业所得。

第一、二季度累计营业所得=（100 000+120 000）-（25 000+23 000）=172 000（元）

（2）计算第二季度张平的经营所得。

累计应纳税所得额=累计经营所得-累计专项扣除-累计投资者减除费用-累计依法确定的其他扣除=172 000-8000×2-6000×2-15 000×2-5000×6-600×2=82 800（元）

（3）计算第二季度张平公益捐赠允许扣除额。

公益捐赠扣除限额=82 800×30%=24 840（元）

实际捐赠10 000元，允许扣除的捐赠额为10 000元。

应纳税所得额=82 800-10 000=72 800（元）

适用的税率为10%，速算扣除数为1500。

应纳税额=72 800×10%-1500=5780（元）

应补预缴税额=应纳税额-减免税额-已缴税额=5780-0-1540=4240（元）

（4）纳税申报表的填报。

张平应于7月15日前，向飞宇工作室的所在地上海的主管税务机关进行纳税申报，报送《个人所得税经营所得纳税申报表（A表）》数据填报如表6-5所示），同时一并报送《个人所得税公益慈善事业捐赠扣除明细表》（数据填报如表6-6所示）。

表 6-5　个人所得税经营所得纳税申报表（A 表）（节选）

税款所属期：2020 年 1 月 1 日至 2020 年 6 月 30 日
纳税人姓名：张平
纳税人识别号：360502********023X　　　　金额单位：人民币元（列至角分）

被投资单位信息			
名称		飞宇工作室	
纳税人识别号（统一社会信用代码）		9136010********66Q	
征收方式（单选）			
☑ 查账征收（据实预缴）　　□ 查账征收（按上年应纳税所得额预缴） □ 核定应税所得率征收　　□ 核定应纳税所得额征收 □ 税务机关认可的其他方式 _____			
个人所得税计算			
项目		行次	金额/比例
一、收入总额		1	220 000
二、成本费用		2	48 000
三、利润总额（3=1-2）		3	172 000
六、合伙企业个人合伙人分配比例（%）		6	100
七、允许扣除的个人费用及其他扣除（7=8+9+14）		7	89 200
（一）投资者减除费用		8	30 000
（二）专项扣除（9=10+11+12+13）		9	58 000
1. 基本养老保险费		10	16 000
2. 基本医疗保险费		11	12 000
4. 住房公积金		13	30 000
（三）依法确定的其他扣除（14=15+16+17）		14	1 200
1. 商业健康保险		15	1 200
八、准予扣除的捐赠额（附报《个人所得税公益慈善事业捐赠扣除明细表》）		18	10 000
九、应纳税所得额		19	72 800
十、税率（%）		20	10
十一、速算扣除数		21	1 500
十二、应纳税额（22=19×20-21）		22	5 780
十四、已缴税额		24	1 540
十五、应补/退税额（25=22-23-24）		25	4 240

表6-6 个人所得税公益慈善事业捐赠扣除明细表（节选）

捐赠年度：2020年
纳税人姓名：张平
纳税人识别号：360502********023X　　　　金额单位：人民币元（列至角分）

捐赠信息						扣除信息			
受赠单位名称	受赠单位纳税人识别号	捐赠凭证号	捐赠日期	捐赠金额	扣除比例	扣除所得项目		税款所属期	扣除金额
4	5	6	7	8	9	10		11	12
上海红十字会	略	20200621	2020.6.15	10 000	30%	经营所得		2020.1～6	10 000

3. 经营所得汇算清缴申报时扣除的填报案例

【案例6-8】合伙企业经营所得汇算清缴申报时办理公益捐赠扣除

胡昊与吴桢于2020年1月在上海共同创办了景鸿合伙企业，合伙协议约定利润分配比例为胡昊60%，吴桢40%。2020年，景鸿合伙企业实现收入总额1000万元，成本费用为660万元，其中：列支胡昊工资12万元，2月通过上海红十字会向灾区捐赠60万元，其他纳税调整增加额为38万元。胡昊当年3月还以个人的名义通过江西红十字会向灾区捐赠20万元。胡昊当年无任何其他所得，实际缴纳基本养老保险2万元和基本医疗保险0.4万元，符合条件的住房贷款利息专项附加扣除为1.2万元，赡养老人专项附加扣除为2.4万元。请问：胡昊在汇算清缴时如何进行公益捐赠扣除？如何办理纳税申报？

解析：

（1）计算胡昊来源于景鸿合伙企业的经营所得。

景鸿合伙企业应纳税所得额＝收入－成本费用＋税前列支的投资者工资＋纳税调整增加额＝1000－660＋12＋38＋60＝450（万元）

胡昊来源于景鸿合伙企业的经营所得＝450×60%＝270（万元）

（2）计算胡昊允许扣除的捐赠额。

扣除公益捐赠前的应纳税所得额＝270－6－2.4－3.6＝258（万元）

胡昊实际公益捐赠额＝60×60%＋20＝56（万元）

公益捐赠扣除限额＝258×30%＝77.4（万元），大于实际公益捐赠额56万元，允许扣除的捐赠额为 56 万元。

（3）计算胡昊的应纳税额。

胡昊经营所得的应纳税所得额 =258-56=202（万元）

适用的税率为 35%，速算扣除数为 65 500。

应纳税额 =202×35%-6.55=64.15（万元）

（4）纳税申报表的填报。

胡昊应于 2021 年 3 月 31 日前，向景鸿合伙企业的所在地主管税务机关进行纳税申报，报送《个人所得税经营所得纳税申报表（B 表）》（数据填报如表 6-7 所示），同时一并报送《个人所得税公益慈善事业捐赠扣除明细表》（数据填报如表 6-8 所示）。

表 6-7　个人所得税经营所得纳税申报表（B 表）(节选)

税款所属期：2020 年 1 月 1 日至 2020 年 12 月 31 日

纳税人姓名：胡昊

纳税人识别号：3606021989****1121　　　　金额单位：人民币元（列至角分）

被投资单位信息	名称	景鸿合伙企业	纳税人识别号（统一社会信用代码）	91310101********661	
项目				行次	金额/比例
一、收入总额				1	10 000 000
二、成本费用（3=4+5+6+7+8+9+10）				3	6 600 000
三、利润总额（11=1-2-3）				11	3 400 000
四、纳税调整增加额（12=13+27）				12	1 100 000
六、纳税调整后所得（38=11+12-37）				38	4 500 000
八、合伙企业个人合伙人分配比例（%）				40	60
九、允许扣除的个人费用及其他扣除（41=42+43+48+55）				41	120 000
（一）投资者减除费用				42	60 000
（二）专项扣除（43=44+45+46+47）				43	24 000
（三）专项附加扣除（48=49+50+51+52+53+54）				48	36 000
十一、准予扣除的个人捐赠支出				61	560 000
十二、应纳税所得额 [62=38-39-41-60-61 或 62=（38-39）×40-41-60-61]				62	2 020 000
十三、税率（%）				63	35
十四、速算扣除数				64	65 500
十五、应纳税额（65=62×63-64）				65	641 500

表 6-8　个人所得税公益慈善事业捐赠扣除明细表（节选）

捐赠年度：2020 年
纳税人姓名：胡昊
纳税人识别号：3606021989****1124　　　　金额单位：人民币元（列至角分）

捐赠信息						扣除信息			
受赠单位名称	受赠单位纳税人识别号	捐赠凭证号	捐赠日期	捐赠金额	扣除比例	扣除所得项目	税款所属期	扣除金额	
4	5	6	7	8	9	10	11	12	
上海红十字会	略	20200221	2020.2.15	360 000	30%	经营所得	2020.1～12	360 000	
江西红十字会	略	20200318	2020.3.26	200 000	30%	经营所得	2020.1～12	200 000	

（三）其他分类所得公益捐赠扣除

1. 公益捐赠扣除的规则

居民个人发生的公益捐赠支出，可在捐赠当月取得的分类所得中扣除。

2. 扣缴义务人未扣除公益捐赠的处理

当月分类所得应扣除未扣除的公益捐赠支出，可以按照以下规定追补扣除：

（1）扣缴义务人已经代扣但尚未解缴税款的，居民个人可以向扣缴义务人提出追补扣除申请，退还已扣税款。

（2）扣缴义务人已经代扣且解缴税款的，居民个人可以在公益捐赠之日起 90 日内提请扣缴义务人向征收税款的税务机关办理更正申报追补扣除，税务机关和扣缴义务人应当予以办理。

（3）居民个人自行申报纳税的，可以在公益捐赠之日起 90 日内向主管税务机关办理更正申报追补扣除。

居民个人捐赠当月有多项多次分类所得的，应先在其中一项一次分类所得中扣除。已经在分类所得中扣除的公益捐赠支出，不再调整到其他所得中扣除。

（4）个人自 2019 年 1 月 1 日至本公告发布之日期间发生的公益捐赠支出，按照规定可以在分类所得中扣除但未扣除的，可以在 2020 年 1 月 31 日前通过扣缴义务人向征收税款的税务机关提出追补扣除申请，税务机关应当按规定予以办理。

3.其他分类所得公益捐赠扣除填报案例分析

【案例6-9】其他分类所得公益捐赠扣除

钱鑫于2020年3月1日取得蓝天公司支付的股息所得10 000元，蓝天公司依法代扣了个人所得税2000元。3月30日，钱鑫通过江西红十字会捐赠价值5000元的救灾物资。假设钱鑫年综合所得不超过6万元并选择在股息所得中扣除，该如何进行纳税申报？

解析：

（1）计算允许扣除的公益捐赠额。

利息、股息、红利所得以每次收入为应纳税所得额。

公益慈善捐赠扣除限额=10 000×30%=3000（元）

实际捐赠5000元，允许扣除公益慈善捐赠额为3000元。

（2）计算扣除捐赠额后，股息所得应补退税额。

应纳税额=（10 000-3000）×20%=1400（元）

应退个人所得税=2000-1400=600（元）

钱鑫应当及时将捐赠票据及相关资料交由蓝天公司在扣缴税款时办理，如果未及时办理，也可以在2020年6月30日之前，向蓝天公司追补扣除申请。如果蓝天公司未解缴税款，应退还已扣税款；如果已经解缴税款，应向征收税款的税务机关办理更正申报追补扣除，主管税务机关和蓝天公司应当予以办理。蓝天公司应报送更正的《个人所得税扣缴申报表》（数据填报如表6-9所示）与《个人所得税公益慈善事业捐赠扣除明细表》（数据填报如表6-10所示）。

表6-9 个人所得税扣缴申报表（节选）

税款所属期：2020年3月1日至2020年3月31日

扣缴义务人名称：蓝天公司　　　　　　金额单位：人民币元（列至角分）

姓名	所得项目	收入	准予扣除的捐赠额	应纳税所得额	税率	应纳税额	已缴税额	应补/退税额
2	7	8	32	33	34	36	38	39
钱鑫	股息所得	10 000	3 000	7 000	20%	1 400	2 000	-600

表 6-10 个人所得税公益慈善事业捐赠扣除明细表（节选）

捐赠年度：2020 年

扣缴义务人名称：蓝天公司　　　　　　　　　　金额单位：人民币元（列至角分）

捐赠信息							扣除信息			
纳税人姓名	纳税人识别号	受赠单位名称	受赠单位纳税人识别号（统一社会信用代码）	捐赠凭证号	捐赠日期	捐赠金额	扣除比例	扣除所得项目	税款所属期	扣除金额
2	3	4	5	6	7	8	9	10	11	12
钱鑫	略	江西红十字会	略	****	2020.3.30	10 000	30%	利息、股息、红利所得	2020.3	3 000

（四）非居民个人公益捐赠扣除

1. 公益捐赠扣除的规则

非居民个人发生的公益捐赠支出，未超过其在公益捐赠支出发生的当月应纳税所得额 30% 的部分，可以从其应纳税所得额中扣除。扣除不完的公益捐赠支出，可以在经营所得中继续扣除。

2. 非居民个人公益捐赠的追补扣除

非居民个人按规定可以在应纳税所得额中扣除公益捐赠支出而未实际扣除的，可以按照以下规定追补扣除：

（1）扣缴义务人已经代扣但尚未解缴税款的，居民个人可以向扣缴义务人提出追补扣除申请，退还已扣税款。

（2）扣缴义务人已经代扣且解缴税款的，居民个人可以在公益捐赠之日起 90 日内提请扣缴义务人向征收税款的税务机关办理更正申报追补扣除，税务机关和扣缴义务人应当予以办理。

（3）居民个人自行申报纳税的，可以在公益捐赠之日起 90 日内向主管税务机关办理更正申报追补扣除。

3. 非居民个人从两处以上取得工资、薪金所得自行申报捐赠扣除

【案例 6-10】非居民个人从两处以上取得工资、薪金所得的捐赠扣除

非居民个人杰克于 2020 年 3 月 10 日从蓝天公司取得工资、薪金所得 10 000 元,蓝天公司已代扣代缴其个人所得税 290 元;3 月 12 日从白云公司取得工资、薪金所得 30 000 元,白云公司已代扣代缴其个人所得税 3590 元。3 月 20 日,杰克通过北京红十字会向红十字事业捐赠 12 000 元,其选择自行申报时追补扣除。假设杰克当月无其他所得,其应如何进行纳税申报?

解析:

(1) 计算杰克扣除公益捐赠前应纳税所得额。

杰克应将从两家公司取得的工资、薪金收入额汇总后减除费用 5000 元后的余额为应纳税所得额。

扣除公益捐赠前应纳税所得额 =10 000+3000−5000=35 000(元)

(2) 计算杰克扣除公益捐赠后,工资、薪金所得应补退税额。

杰克通过北京红十字会向红十字事业捐赠 12 000 元,在计缴个人所得税时,准予在税前的所得额中全额扣除。

应纳税所得额 =35 000−12 000=23 000(元)

适用的税率为 20%,速算扣除数为 1410。

应纳税额 =23 000×20%−1410=3190(元)

应退个人所得税 =290+3590−3190=690(元)

杰克应当在 2020 年 4 月 15 日之前,在蓝天公司或白云公司之间选择一处主管税务机关进行自行纳税申报,在申报时扣除公益捐赠额,并报送《个人所得税自行纳税申报表(A 表)》(数据填报如表 6-11 所示)与《个人所得税公益慈善事业捐赠扣除明细表》(数据填报如表 6-12 所示)。

表 6-11　个人所得税自行纳税申报表（A 表）(节选)

税款所属期：2020 年 3 月 1 日至 2020 年 3 月 31 日

纳税人姓名：杰克

金额单位：人民币元（列至角分）

自行申报情形：
- □居民个人取得应税所得，扣缴义务人未扣缴税款
- □非居民个人取得应税所得，扣缴义务人未扣缴税款
- ☑非居民个人在中国境内从两处以上取得工资、薪金所得
- □其他_____

序号	所得项目	收入	减除费用	准予扣除的捐赠额	应纳税所得额	税率	速算扣除数	应纳税额	已缴税额	应补/退税额
1	2	3	6	15	16	17	18	19	21	22
一	工资、薪金所得	40 000	5 000	12 000	23 000	20%	1 410	3 190	3 880	−690

表 6-12　个人所得税公益慈善事业捐赠扣除明细表（节选）

捐赠年度：2020 年

纳税人姓名：杰克

金额单位：人民币元（列至角分）

	捐赠信息				扣除信息			
序号	受赠单位名称	受赠单位纳税人识别号（统一社会信用代码）	捐赠凭证号	捐赠日期	捐赠金额	扣除比例	扣除所得项目	税款所属期	扣除金额
4		5	6	7	8	9	10	11	12
	北京红十字会	略	20200345	2020.3.20	12 000	100%	工资、薪金所得	2020.1～12	12 000

第七章

居民个人境外所得纳税申报

《个人所得税法》第七条规定，居民个人从中国境外取得的所得，可以从其应纳税额中抵免已在境外缴纳的个人所得税税额，但抵免额不得超过该纳税人境外所得依照本法规定计算的应纳税额。对于居民个人取得境外所得，如何进行税收抵免，《个人所得税法实施条例》第二十一条、二十二条进行了明确，《财政部 税务总局关于境外所得有关个人所得税政策的公告》（财政部 税务总局公告 2020 年第 3 号）又做了进一步的详细规定，形成了一套较为完善的计税办法和纳税申报流程。

一、居民个人境外所得个人所得税政策规定

（一）税收抵免的一般规定

1. 抵免方法

居民个人从中国境外取得的所得，可以从其应纳税额中抵免已在境外缴纳的个人所得税税额，但抵免额不得超过该纳税人境外所得依法规定计算的应纳税额。

所称已在境外缴纳的个人所得税税额，是指居民个人来源于中国境外的所得，依照该所得来源国家（地区）的法律应当缴纳并且实际已经缴纳的所得税税额。

所称纳税人境外所得依照本法规定计算的应纳税额，是居民个人抵免已在境外缴纳的综合所得、经营所得以及其他所得的所得税税额的限额（以下简称抵免限额）。除国务院财政、税务主管部门另有规定外，来源于中国境外一个国家（地区）的综合所得抵免限额、经营所得抵免限额以及其他所得抵免限额之和，为来源于该国家（地区）所得的抵免限额。

居民个人在中国境外一个国家（地区）实际已经缴纳的个人所得税税额，低于依照规定计算出的来源于该国家（地区）所得的抵免限额的，应当在中国缴纳差额部分的税款；超过来源于该国家（地区）所得的抵免限额的，其超过部分不得在本纳税年度的应纳税额中抵免，但是可以在以后纳税年度来源于该国家（地区）所得的抵免限额的余额中补扣。补扣期限最长不得超过五年。

2.抵免凭证

居民个人申请抵免已在境外缴纳的个人所得税税额，应当提供境外税务机关出具的税款所属年度的有关纳税凭证。

3.纳税年度确定

居民个人取得境外所得的境外纳税年度与公历年度不一致的，按照取得境外所得的境外纳税年度最后一日所在的公历年度为办理境外所得申报及税款抵免的所属年度。

4.如何确定所得是否来源于境外

下列所得，为来源于中国境外的所得：

（1）因任职、受雇、履约等在中国境外提供劳务取得的所得。

（2）中国境外企业以及其他组织支付且负担的稿酬所得。

（3）许可各种特许权在中国境外使用而取得的所得。

（4）中国境外从事生产、经营活动而取得的与生产、经营活动相关的所得。

（5）从中国境外企业、其他组织以及非居民个人取得的利息、股息、红利所得。

（6）将财产出租给承租人在中国境外使用而取得的所得。

（7）转让中国境外的不动产，转让对中国境外企业以及其他组织投资形成的股票、股权以及其他权益性资产（以下称权益性资产）或者在中国境外转让其他财产取得的所得。但转让对中国境外企业以及其他组织投资形成的权益性资产，该权益性资产被转让前3年（连续36个公历月份）内的任一时间，被投资企业或其他组织的资产公允价值的50%以上直接或间接来自位于中国境内的不动产的，取得的所得为来源于中国境内的所得。

（8）中国境外企业、其他组织以及非居民个人支付且负担的偶然所得。

（9）财政部、税务总局另有规定的，按照相关规定执行。

综上所述，判断居民个人取得所得是否来源于中国境外的要点如表7-1所示。

表 7-1　来源于中国境外所得判断要点一览表

序号	所得项目		判断标准	特点
1	工资、薪金所得，劳务报酬所得		在中国境外提供劳务	看在哪儿干活
2	利息、股息、红利所得		从中国境外企业、单位、其他组织以及非居民个人取得	看从哪儿取得
3	稿酬所得，偶然所得		中国境外企业、其他组织以及非居民个人支付且负担	看哪儿支付且负担
4	特许权使用费所得、财产租赁所得		在中国境外使用	看在哪儿用
5	经营所得		在中国境外从事生产、经营活动	看在哪儿经营
6	财产转让所得	不动产、股权	转让中国境外的财产，特殊的股权除外	看财产在哪儿
		其他财产	在中国境外转让	看在哪儿转让

（二）税收抵免的特殊规定

1. 可抵免与不予抵免的情形

可抵免的境外所得税税额，是指居民个人取得境外所得，依照该所得来源国（地区）税收法律应当缴纳且实际已经缴纳的所得税性质的税额。

不予抵免的境外所得税额包括以下情形：

（1）按照境外所得税法律属于错缴或错征的境外所得税税额。

（2）按照我国政府签订的避免双重征税协定以及内地与香港、澳门签订的避免双重征税安排（以下统称税收协定）规定不应征收的境外所得税税额。

（3）因少缴或迟缴境外所得税而追加的利息、滞纳金或罚款。

（4）境外所得税纳税人或者其利害关系人从境外征税主体得到实际返还或补偿的境外所得税税款。

（5）按照我国《个人所得税法》及其实施条例的规定，已经免税的境外所得负担的境外所得税税款。

2. 饶让处理

居民个人从与我国签订税收协定的国家（地区）取得的所得，按照该国（地区）税收法律享受免税或减税待遇，且该免税或减税的数额按照税收协定饶让条款规定应视同已缴税额在中国的应纳税额中抵免的，该免税或减税数额可作为居民个人实际缴纳的境外所得税税额按规定申报税收抵免。

3. 抵免凭证和延迟抵免处理

居民个人申报境外所得税收抵免时，除另有规定外，应当提供境外征税主体出具的税款所属年度的完税证明、税收缴款书或者纳税记录等纳税凭证，未提供符合要求的纳税凭证，不予抵免。

居民个人已申报境外所得、未进行税收抵免，在以后纳税年度取得纳税凭证并申报境外所得税收抵免的，可以追溯至该境外所得所属纳税年度进行抵免，但追溯年度不得超过五年。自取得该项境外所得的五个年度内，境外征税主体出具的税款所属纳税年度纳税凭证载明的实际缴纳税额发生变化的，按实际缴纳税额重新计算并办理补退税，不加收税收滞纳金，不退还利息。

纳税人确实无法提供纳税凭证的，可同时凭境外所得纳税申报表（或者境外征税主体确认的缴税通知书）以及对应的银行缴款凭证办理境外所得抵免事宜。

4. "走出去"个人的规定

居民个人被境内企业、单位、其他组织（以下称派出单位）派往境外工作，取得的工资、薪金所得或者劳务报酬所得，由派出单位或者其他境内单位支付或负担的，派出单位或者其他境内单位应按照《个人所得税法》及其实施条例的规定预扣预缴税款。

居民个人被派出单位派往境外工作，取得的工资、薪金所得或者劳务报酬所得，由境外单位支付或负担的，境外单位为境外任职、受雇的中方机构（以下称中方机构）的，可以由境外任职、受雇的中方机构预扣税款，并委托派出单位向主管税务机关申报纳税。中方机构未预扣税款的或者境外单位不是中方机构的，派出单位应当于次年2月28日前向其主管税务机关报送外派人员情况，包括外派人员的姓名、身份证件类型及身份证件号码、职务、派往国家和地区、境外工作单位名称和地址、派遣期限、境内外收入及缴税情况等。

中方机构包括中国境内企业、事业单位、其他经济组织以及国家机关所属的境外分支机构、子公司、使（领）馆、代表处等。

5. 法律责任和信用管理

纳税人和扣缴义务人未按本公告规定申报缴纳、扣缴境外所得个人所得税以及报送资料的，按照《中华人民共和国税收征收管理法》和《个人所得税法》及其实施条例等法律法规的有关规定处理，并按规定纳入个人纳税信用管理。

二、居民个人取得境外所得的纳税申报

（一）纳税申报时间与纳税地点

1. 纳税申报时间

居民个人从中国境外取得所得的，应当在取得所得的次年3月1日至6月30日内申报纳税。

2. 纳税申报地点和主管税务机关

居民个人取得境外所得，申报地点和主管税务机关应按照以下规则确定：

（1）在中国境内有任职、受雇单位的，向任职、受雇单位所在地主管税务机关办理纳税申报。

（2）在中国境内没有任职、受雇单位的，向户籍所在地或者中国境内经常居住地主管税务机关办理纳税申报。

（3）户籍所在地或者中国境内经常居住地不一致的，选择其中一地主管税务机关办理纳税申报。

（4）在中国境内没有户籍的，向中国境内经常居住地主管税务机关办理纳税申报。

（二）境外所得税收抵免的计缴方法

1. 如何计算境外所得已纳税额实际可抵免额

（1）按照中国税法规定计算应纳税额。

居民个人来源于中国境外的综合所得，应当与境内综合所得合并计算应纳税额；来源于中国境外的经营所得，应当与境内经营所得合并计算应纳税额；来源于中国境外的利息、股息、红利所得，财产租赁所得，财产转让所得和偶然所得（以下称其他分类所得），不与境内所得合并，应当分别单独计算应纳税额。

（2）依照中国税法规定计算抵免限额。

按照"分国不分项"的原则计算抵免限额。居民个人来源于一国（地区）的综合所得、经营所得以及其他分类所得项目的应纳税额为其抵免限额，按照下

列公式计算：

来源于一国（地区）所得的抵免限额合计 = 来源于该国（地区）综合所得抵免限额 + 来源于该国（地区）经营所得抵免限额 + 来源于该国（地区）其他分类所得抵免限额

其中：

1）来源于一国（地区）综合所得的抵免限额 = 中国境内和境外综合所得合并计算的应纳税额 × 来源于该国（地区）的综合所得收入额 ÷ 中国境内和境外综合所得收入额合计

中国境内和境外综合所得的应纳税所得额 =（境内、境外全年工资、薪金 + 境内、境外全年劳务报酬 ×（1 – 20%）+ 境内、境外全年特许权使用费 ×（1 – 20%）+ 境内、境外全年稿酬 ×（1 – 20%）× 70%）– 免税收入 – 60 000 – 专项扣除 – 专项附加扣除 – 依法确定的其他扣除 – 准予扣除的捐赠额

2）来源于一国（地区）经营所得的抵免限额 = 中国境内和境外经营所得合并计算的应纳税额 × 来源于该国（地区）的经营所得应纳税所得额 ÷ 中国境内和境外经营所得应纳税所得额合计

中国境内和境外经营所得的应纳税所得额 = 境内、境外全年收入总额 – 成本、费用 – 损失 – 60 000 – 专项扣除 – 专项附加扣除 – 依法确定的其他扣除 – 准予扣除的捐赠额

注意： 取得经营所得的个人，没有综合所得的，计算其每一纳税年度的应纳税所得额时，应当减除费用6万元、专项扣除、专项附加扣除以及依法确定的其他扣除。

3）来源于一国（地区）其他分类所得的抵免限额 = 该国（地区）的其他分类所得分别单独计算的应纳税额

（3）计算实际可抵免额。

来源于一国（地区）所得的实际可抵免额 = 最小值（来源于一国（地区）所得的抵免限额合计，本年境外已纳税额 + 以前年度结转抵免额）

本年抵免额合计（境外所得已纳所得税抵免额）= 各所得来源国（地区）的实际可抵免额之和

（4）填报《个人所得税年度自行纳税申报表（B表）》相应栏次。

将本年抵免额合计（境外所得已纳所得税抵免额）填写到《个人所得税年度自行纳税申报表（B表）》第75行"境外所得已纳所得税抵免额"。

《个人所得税年度自行纳税申报表（B表）》的具体内容和填报说明见附录 I（下同）。

2. 境外取得外国货币收入如何折合计算

居民个人取得来源于境外的所得或者实际已经在境外缴纳的所得税税额为人民币以外的货币，按照办理纳税申报或者扣缴申报的上一月最后一日人民币汇率中间价，折合成人民币计算应纳税所得额。年度终了后办理汇算清缴的，对已经按月、按季或者按次预缴税款的人民币以外的货币所得，不再重新折算；对应当补缴税款的所得部分，按照上一纳税年度最后一日人民币汇率中间价，折合成人民币计算应纳税所得额。

（三）仅取得综合所得的纳税申报

【案例 7-1】综合所得的境外税收抵免税款计算

居民个人金好好为凯盛公司高管人员，2020 年金好好的应税资料如下：

（1）全年取得工资 362 000 元，按国家规定比例缴纳基本养老保险费 16 000 元、基本医疗保险费 8000 元和住房公积金 30 000 元，可享受子女教育专项附加扣除 14 000 元（其中：儿子上小学，女儿 2020 年 11 月满 3 岁）、赡养老人专项附加扣除 24 000 元（金好好为独生子女），凯盛公司已预扣预缴个人所得税 25 080 元。

（2）5 月应邀某高校开了一次讲座，取得税后课酬 10 000 元，该高校已预扣预缴个人所得税 1904.76 元，即税前课酬为 11 904.76 元。

（3）9 月应邀到美国举办讲座，取得主办单位支付的酬金 20 000 美元，在境外缴纳个人所得税 3000 美元。

假设 2020 年 12 月 31 日美元对人民币外汇牌价为 1∶7，不考虑其他税费。请问：金好好 2020 年度取得中国境内和境外所得应如何进行汇算清缴纳税申报？

解析：

（1）计算境内、境外综合所得全部应纳税额。

境内、境外综合所得收入额 =362 000+11 904.76×（1-20%）+20 000×7×（1-20%）=483 523.81（元）

境内、境外综合所得应纳税所得额 = 483 523.81 - 60 000 - 54 000 - 38 000 = 331 523.81（元）

综合所得应纳税额 =331 523.81×25%-31 920=50 960.95（元）

（2）计算来源于美国综合所得的可抵免税额。

来源于美国的应税收入额 =20 000×7×（1-20%）=112 000（元）

来源于美国劳务报酬所得的税收抵免限额 =50 960.95×112 000÷483 523.81=11 804.23（元）

小于境外已纳税额 21 000 元，实际抵免税额为 11 804.23 元。

结转以后年度抵免额 =21 000-11 804.23=9195.77（元）

（3）计算年度汇算应补（退）税额。

综合所得汇算清缴应补（退）个人所得税额 =50 960.95-11 804.23-25 080-1904.76=12 171.96（元）

（4）居民个人金好好在 2020 年度取得了境外所得，应按照税法规定进行个人所得税自行申报。并在 2021 年 3 月 1 日至 6 月 30 日内申报《个人所得税年度自行纳税申报表（B 表）》，附报《境外所得个人所得税抵免明细表》。

1. 境外所得个人所得税抵免明细表的填报示例

（1）"本期境外所得抵免限额计算"栏目的填报，具体如表 7-2 所示。

表 7-2 境外所得个人所得税抵免明细表（节选）

本期境外所得抵免限额计算							
列次			A	B	C	D	E
项目		行次	金额				
国家（地区）		1	境内	境外			合计
				美国			
一、综合所得	（一）收入	2	373 904.76	140 000.00			513 904.76
	其中：工资、薪金	3	362 000.00				362 000.00
	劳务报酬	4	11 904.76	140 000.00			151 904.76
	（二）费用	7	2 380.95	28 000.00			30 380.95
	（三）收入额	8	371 523.81	112 000.00			483 523.81
	（四）应纳税额	9	—	—			50 960.95
	（六）抵免限额	11		11 804.23			11 804.23
九、本年可抵免限额合计		45	—	11 804.23			11 804.23

填报说明

①第 1 行"国家（地区）"：按"境外"列分别填写居民个人取得的境外收入

来源国家（地区）名称。

②第2行"收入"：按列分别填写居民个人取得的综合所得收入合计金额。

③第3～6行"工资、薪金""劳务报酬""稿酬""特许权使用费"：按列分别填写居民个人取得的需要并入综合所得计税的"工资、薪金""劳务报酬""稿酬""特许权使用费"所得收入金额。

④第7行"费用"：根据相关行次计算填报。第7行=（第4行+第5行+第6行）×20%。

⑤第8行"收入额"：根据相关行次计算填报。第8行=第2行－第7行－第5行×80%×30%。

⑥第9行"应纳税额"：按我国法律法规计算应纳税额，并填报本行"合计"列。

⑦第10行"减免税额"：填写符合税法规定的可以减免的税额，并按规定附报《个人所得税减免税事项报告表》。

⑧第11行"抵免限额"：根据相应行次按列分别计算填报。

第11行"境外"列=（第9行"合计"列－第10行"合计"列）×第8行"境外"列÷第8行"合计"列。

第11行"合计列"=Σ第11行"境外"列。

（2）"本期实际可抵免额计算"栏目的填报，具体如表7-3所示。

表7-3 境外所得个人所得税抵免明细表（节选）

列次		A	B	C	D	E
项目	行次	金额				
国家（地区）	1	境内	境外			合计
			美国			
本期实际可抵免额计算						
一、以前年度结转抵免额	46	—				
二、本年境外已纳税额	52	—	21 000.00			21 000.00
三、本年抵免额（境外所得已纳所得税抵免额）	54	—	11 804.23			11 804.23
四、可结转以后年度抵免额	55	—	9 195.77		—	—
其中：前4年	56	—				
本年	60	—	9 195.77			—

填报说明

①第 46 行"以前年度结转抵免额":根据相应行次按列分别计算填报。

②第 52 行"本年境外已纳税额":按列分别填写居民个人在境外已经缴纳或者被扣缴的税款合计金额,包括第 53 行"享受税收饶让抵免税额"。

③第 53 行"享受税收饶让抵免税额":按列分别填写居民个人享受税收饶让政策视同境外已缴纳而实际未缴纳的税款合计金额。

④第 54 行"本年抵免额":按"境外"列分别计算填写可抵免税额。本行是通过比较第 52 行"境外所得已纳所得税"和第 45 行"本年可抵免限额合计"孰小计算得出。

⑤第 55 行"可结转以后年度抵免额":根据相应行次按列分别计算填报。

2. 个人所得税年度自行纳税申报表(B 表)的填报示例

(1)"基本情况"栏目的填报,具体如表 7-4 所示。

表 7-4 个人所得税年度自行纳税申报表(B 表)(节选)
(居民个人取得境外所得适用)

税款所属期:2020 年 1 月 1 日至 2020 年 12 月 31 日

纳税人姓名:金好好

纳税人识别号:360202********0121　　　　金额单位:人民币元(列至角分)

基本情况					
手机号码	1390****234	电子邮箱	123****78@qq.com	邮政编码	3300000
联系地址	江西省 南昌市 西湖区 十字 街道(乡、镇) 111 号				
纳税地点(单选)					
1.有任职、受雇单位的,需选本项并填写"任职、受雇单位信息":				☑任职受雇单位所在地	
任职、受雇单位信息	名称	凯盛公司			
	纳税人识别号	91102*******4567P			
2.没有任职、受雇单位的,可以从本栏次选择一地:			□户籍所在地 □经常居住地		
户籍所在地/经常居住地	江西省 南昌市 西湖区 十字 街道(乡、镇)111 号				
申报类型(单选)					
☑首次申报 □更正申报					

注意：居民个人已在中国境内申领居住证的，以居住证登载的居住地住址为经常居住地；没有申领居住证的，以当前实际居住地址为经常居住地。主要考虑是，上述判断标准清晰确定，且能在没有网络的情况下，最大程度上为纳税人提供就近办税的便利，而采用居住证的确定原则，还便于同纳税人享受基本公共服务等事项相衔接，有利于包括税务机关在内的政府各部门共同为纳税人提供便捷、高效的政务服务。

（2）"综合所得个人所得税计算"栏的填报，具体如表 7-5 所示。

表 7-5　个人所得税年度自行纳税申报表（B 表）(节选)

综合所得个人所得税计算		
项目	行次	金额
一、境内收入合计（1=2+3+4+5）	1	373 904.76
（一）工资、薪金	2	362 000.00
（二）劳务报酬	3	11 904.76
二、境外收入合计（附报《境外所得个人所得税抵免明细表》）	6	140 000.00
（二）劳务报酬	8	140 000.00
三、费用合计	11	30 380.95
五、减除费用	15	60 000.00
六、专项扣除合计（16=17+18+19+20）	16	54 000.00
（一）基本养老保险费	17	16 000.00
（二）基本医疗保险费	18	8 000.00
（四）住房公积金	20	30 000.00
七、专项附加扣除合计（附报《个人所得税专项附加扣除信息表》）	21	38 000.00
（一）子女教育	22	14 000.00
（六）赡养老人	27	24 000.00
十、应纳税所得额	35	331 523.81
十一、税率（%）	36	25
十二、速算扣除数	37	31 920.00
十三、应纳税额（38=35×36-37）	38	50 960.95

(续)

应补/退个人所得税计算		
一、应纳税额合计	70	50 960.95
二、减免税额（附报《个人所得税减免税事项报告表》）	71	
三、已缴税额（境内）	72	26 984.76
四、境外所得已纳所得税抵免额（附报《境外所得个人所得税抵免明细表》）	75	11 804.23
五、应补/退税额（76=70-71-72-75）	76	12 171.96

填报说明

第 7~10 行"工资、薪金""劳务报酬""稿酬""特许权使用费"：填写居民个人取得的需要并入境外综合所得计税的"工资、薪金""劳务报酬""稿酬""特许权使用费"所得收入金额。

（四）取得除综合所得外其他境外所得的纳税申报

【案例 7-2】其他境外所得税收抵免的计算

我国居民金好好于 2020 年在英国取得股息所得 100 000 元，已在英国缴纳税款 10 000 元；在韩国取得经营所得收入 250 000 元，提供成本费用相关凭证 100 000 元，已在韩国缴纳税款 20 000 元。2020 年，她在中国境内取得经营所得应纳税所得额为 50 000 元，已缴纳个人所得税 3500 元。2020 年度金好好在境内未取得综合所得，允许扣除的子女教育专项附加扣除为 12 000 元。假设金好好 2020 年以前年度在韩国有未抵扣完的经营所得已纳税额 5000 元。请问：2020 年度金好好如何进行个人所得税纳税申报？

解析：

（1）计算境内、境外经营所得全部应纳税额。

境内、境外经营所得应纳税所得额 =（250 000-100 000）+50 000=200 000（元）

经营所得应纳税额 =200 000×20%-10 500=29 500（元）

在英国取得股息所得应纳税额 =100 000×20%=20 000（元）

（2）计算可抵免税额。

来源于英国的利息所得税收抵免限额 =100 000×20%=20 000（元）

来源于韩国的经营所得税收抵免限额 =29 500×150 000÷200 000 = 22 125（元）

英国可抵免税额＝最小值（10 000，20 000）=10 000（元）

韩国可抵免税额＝最小值（20 000+5000，22 125）=22 125（元）

韩国结转以后年度抵免额=25 000-22 125=2875（元）

实际抵免额合计=10 000+22 125=32 125（元）

（3）计算年度应补（退）税额。

应补个人所得税额=49 500-3500-32 125=13 875（元）

1. 个人所得税年度自行纳税申报表（B表）填报示例

"除综合所得外其他境外所得个人所得税计算"栏目的填报，具体如表7-6所示。

表7-6 个人所得税年度自行纳税申报表（B表）（节选）

（除综合所得外其他境外所得个人所得税计算）

（无相应所得不填本部分，有相应所得另需附报《境外所得个人所得税抵免明细表》））

项目		行次	行次	金额
一、经营所得	（一）经营所得应纳税所得额（39=40+41）		39	200 000
	其中：境内经营所得应纳税所得额		40	50 000
	境外经营所得应纳税所得额		41	150 000
	（二）税率（%）		42	20
	（三）速算扣除数		43	10 500
	（四）应纳税额（44=39×42-43）		44	29 500
二、利息、股息、红利所得	（一）境外利息、股息、红利所得应纳税所得额		45	100 000
	（二）税率（%）		46	20
	（三）应纳税额（47=45×46）		47	20 000
应补/退个人所得税计算				
一、应纳税额合计			70	49 500
二、减免税额（附报《个人所得税减免税事项报告表》）			71	
三、已缴税额（境内）			72	3 500
四、境外所得已纳所得税抵免额（附报《境外所得个人所得税抵免明细表》）			75	32 125
五、应补/退税额（76=70-71-72-75）			76	13 875

填报说明

①第39行"经营所得应纳税所得额":根据相应行次计算填报。

②第40行"境内经营所得应纳税所得额":填写居民个人取得的境内经营所得应纳税所得额合计金额。

③第41行"境外经营所得应纳税所得额":填写居民个人取得的境外经营所得应纳税所得额合计金额。

④第45行"境外利息、股息、红利所得应纳税所得额":填写居民个人取得的境外利息、股息、红利所得应纳税所得额合计金额。

⑤第48行"境外财产租赁所得应纳税所得额":填写居民个人取得的境外财产租赁所得应纳税所得额合计金额。

⑥第51行"境外财产转让所得应纳税所得额":填写居民个人取得的境外财产转让所得应纳税所得额合计金额。

⑦第54行"境外偶然所得应纳税所得额":填写居民个人取得的境外偶然所得应纳税所得额合计金额。

⑧第57行"其他境内、境外所得应纳税所得额":填写居民个人取得的其他境内、境外所得应纳税所得额合计金额,并在"备注"栏说明具体项目、计算方法等信息。

2. 境外所得个人所得税抵免明细表填报

(1)"本期境外所得抵免限额计算"栏目的填报,具体如表7-7所示。

表7-7 境外所得个人所得税抵免明细表(节选)

列次			A	B	C	D	E
项目		行次	金额				
国家(地区)		1	境内	境外			合计
				英国	韩国		
二、经营所得	(一)收入总额	12			250 000		250 000
	(二)成本费用	13			100 000		100 000

（续）

二、经营所得	（三）应纳税所得额	14	50 000			150 000	200 000
	（四）应纳税额	15					29 500
	（五）减免税额	16					
	（六）抵免限额	17				22 125	22 125
三、利息、股息、红利所得	（一）应纳税所得额	18		100 000			
	（二）应纳税额	19		20 000			
	（三）减免税额	20					
	（四）抵免限额	21		20 000			20 000
九、本年可抵免限额合计		45		20 000	22 125	0	42 125

填报说明

①第 12～14 行"收入总额""成本费用""应纳税所得额"：按列分别填写居民个人取得的经营所得收入、成本费用及应纳税所得额合计金额。

②第 16 行"减免税额"：填写符合税法规定的可以减免的税额，并按规定附报《个人所得税减免税事项报告表》。

③第 17 行"抵免限额"：根据相应行次按列分别计算填报。

第 17 行"境外"列＝(第 15 行"合计"列－第 16 行"合计"列)×第 14 行"境外"列÷第 14 行"合计"列。

第 17 行"合计列"＝Σ第 17 行"境外"列。

④第 18 行"应纳税所得额"：按列分别填写居民个人取得的利息、股息、红利所得，财产租赁所得，偶然所得，其他境内、境外所得应纳税所得额合计金额。

⑤第 19 行"应纳税额"：按列分别计算填报。

⑥第 20 行"减免税额"：填写符合税法规定的可以减免的税额，并附报《个人所得税减免税事项报告表》。

⑦第 21 行"抵免限额"：根据相应行次按列分别计算填报。

第 21 行＝第 19 行－第 20 行。

（2）"本期实际可抵免额计算"栏目的填报，具体如表 7-8 所示。

表 7-8　境外所得个人所得税抵免明细表（节选）

列次		A	B	C	D	E
项目	行次	金额				
国家（地区）	1	境内	境外			合计
			英国	韩国		
本期实际可抵免额计算						
一、以前年度结转抵免额	46	—		5 000		5 000
其中：前5年	47					
前1年	51			5 000		5 000
二、本年境外已纳税额	52	—	10 000	20 000		20 000
其中：享受税收饶让抵免税额（视同境外已纳）	53					
三、本年抵免额（境外所得已纳所得税抵免额）	54	—	10 000	22 125		32 125
四、可结转以后年度抵免额	55			2 875		—
其中：前4年	56					—
本年	60			2 875	0	—

填报说明

①第46行"以前年度结转抵免额"：根据相应行次按列分别计算填报。

②第52行"本年境外已纳税额"：按列分别填写居民个人在境外已经缴纳或者被扣缴的税款合计金额，包括第53行"享受税收饶让抵免税额"。

③第53行"享受税收饶让抵免税额"：按列分别填写居民个人享受税收饶让政策视同境外已缴纳而实际未缴纳的税款合计金额。

④第54行"本年抵免额"：按"境外"列分别计算填写可抵免税额。

⑤第54行"合计"列=Σ第54行"境外"列。

⑥第55行"可结转以后年度抵免额"：根据相应行次按列分别计算填报。

（五）全年一次性奖金境外抵免的纳税申报

【案例7-3】全年一次性奖金境外抵免税款的计算

英国人玛丽于2020年6月15日被英国M公司派遣来华工作，受雇于境内 B 公司。2020 年 12 月，她取得 B 公司支付的全年一次性奖金 48 000 元，假设预计 12 月 1 日她结束工作离境。请问：玛丽 12 月取得全年一次性奖金如何进行纳税申报？假设玛丽实际离境时间为 2020 年 12 月 31 日，属于居民个人，2020 年度汇算时，她的全年一次性奖金如何进行纳税申报？（不考虑税收协议因素）

解析：

（1）白云公司代扣代缴时。

数月奖金属于工资、薪金所得，无住所个人取得数月奖金，应按照工资、薪金所得来源地判定规则划分境内和境外所得。具体计算方法为：数月奖金乘以数月奖金所属工作期间境内工作天数与所属工作期间公历天数之比。根据预判，玛丽属于非居民个人，因此，境内 B 公司需要按照非居民个人代扣代缴玛丽数月奖金个人所得税。

预计境内工作天数 =0.5+15+31+31+30+31+30+0.5=169（天）

全年一次性奖金归属于境内的应计税收入额 =48 000×169÷366=22 163.93（元）

B 公司代扣代缴个人所得税 =[（22 163.93÷6）×10%−210]×6=956.39（元）

（2）玛丽年度汇算时。

实际境内工作天数 =0.5+15+31+31+30+31+30+30.5=199（天），属于居民个人。

年度汇算全年一次性奖金个人所得税 =48 000×10%−210=4590（元）

年度汇算应补个人所得税 =4590−956.39=3633.61（元）

1. 个人所得税年度自行纳税申报表（B 表）填报示例

主要是"全年一次性奖金个人所得税计算""应补/退个人所得税计算"栏目的填报，具体如表 7-9 所示。

2. 注意事项

（1）在境内、境外单位同时担任职务或者仅在境外单位任职的个人，在境内停留的当天不足 24 小时的，按照半天计算境内工作天数。

（2）一个纳税年度内，无住所个人由非居民个人变为居民个人时，非居民个人代扣代缴适用的是《月度税率表》，而居民个人年度汇算时适用的是《年度税率表》。

表 7-9　个人所得税年度自行纳税申报表（B 表）（节选）

（全年一次性奖金个人所得税计算

（无住所个人预判为非居民个人取得的数月奖金，

选择按全年一次性奖金计税的填写本部分））

一、全年一次性奖金收入	63	48 000.00
三、税率（%）	65	10
四、速算扣除数	66	210
五、应纳税额 [67=（63-64）×65-66]	67	4 590.00
应补/退个人所得税计算		
一、应纳税额合计	70	4 590.00
二、减免税额（附报《个人所得税减免税事项报告表》）	71	0
三、已缴税额（境内）	72	956.39
其中：境外所得境内支付部分已缴税额	73	
境外所得境外支付部分预缴税额	74	
四、境外所得已纳所得税抵免额（附报《境外所得个人所得税抵免明细表》）	75	
五、应补/退税额（76=70-71-72-75）	76	3 633.61

填报说明

①无住所居民个人预缴时因预判为非居民个人而按取得数月奖金计算缴税的，汇缴时可以根据自身情况，将一笔数月奖金按照全年一次性奖金单独计算。

②第 63 行"全年一次性奖金收入"：填写无住所的居民个人纳税年度内预判为非居民个人时取得的一笔数月奖金收入金额。

③第 64 行"准予扣除的捐赠额"：填写无住所的居民个人按规定准予在税前扣除的公益慈善事业捐赠金额，并按规定附报《个人所得税公益慈善事业捐赠扣除明细表》。

（六）股权激励收入境外税收抵免的纳税申报

【案例 7-4】股权激励收入境外税收抵免税款的计算

居民个人章美丽是盛兴上市公司总经理，2020 年 2 月被派遣到美国子公司

M公司工作5个月，与盛兴上市公司和M公司分别签订了股票期权计划，约定自2020年2月1日起，章美丽可以按照每股10元的价格购买公司股票20 000股。2020年2月1日，盛兴上市公司股票的市场价格是每股20元，章美丽在该日行使股票期权，以每股10元的价格购买公司股票20 000股，盛兴上市公司已扣缴个人所得税23 080元。2020年5月1日，M公司股票的市场价格是每股25元，章美丽在该日行使股票期权，以每股10元的价格购买公司股票10 000股。该股票期权已在美国缴纳所得税10 000元。请问：章美丽取得境内、境外股权激励所得，如何计算抵免个人所得税？如何进行纳税申报？

解析：

（1）计算境内、境外股权激励所得全部应纳税额。

境内、境外股权激励应纳税所得额＝（20－10）×20 000+（25－10）×10 000=350 000（元）。

适用的税率为25%，速算扣除数为31 920。

股权激励所得应纳税额＝350 000×25%－31 920=55 580（元）。

（2）计算来源于美国的股权激励所得可抵免税额。

来源于美国的股权激励所得应纳税所得额＝（25－10）×10 000=150 000（元）

来源于美国的股权激励所得税收抵免限额＝55 580×150 000÷350 000=23 820（元）

可抵免税额＝最小值（10 000，23 820）=10 000（元）

（3）计算年度汇算应补（退）税额。

年度汇算清缴应补个人所得税额＝55 580－23 080－10 000=22 500（元）

1. 个人所得税年度自行纳税申报表（B表）填报示例

主要是"股权激励个人所得税计算""应补/退个人所得税计算"栏目的填报，具体如表7-10所示。

2. 境外所得个人所得税抵免明细表填报示例

主要是"本期境外所得抵免限额计算""本期实际可抵免额计算"栏目的填报，具体如表7-11所示。

表 7-10 个人所得税年度自行纳税申报表（B 表）(节选)

股权激励个人所得税计算 （无境外股权激励所得不填本部分，有相应所得另需附报 《境外所得个人所得税抵免明细表》）		
项目	行次	金额
一、境内、境外单独计税的股权激励收入合计	59	350 000
二、税率（%）	60	25
三、速算扣除数	61	31 920
四、应纳税额（62=59×60-61）	62	55 580
应补/退个人所得税计算		
一、应纳税额合计	70	55 580
二、减免税额（附报《个人所得税减免税事项报告表》）	71	
三、已缴税额（境内）	72	23 080
其中：境外所得境内支付部分已缴税额	73	
境外所得境外支付部分预缴税额	74	
四、境外所得已纳所得税抵免额（附报《境外所得个人所得税抵免明细表》）	75	10 000
五、应补/退税额（76=70-71-72-75）	76	22 500

填报说明

①居民个人取得境外股权激励，填写本部分，并按规定附报《境外所得个人所得税抵免明细表》。

②第 59 行"境内、境外单独计税的股权激励收入合计"：填写居民个人取得的境内、境外单独计税的股权激励收入合计金额。

表 7-11　境外所得个人所得税抵免明细表（B 表）(节选)

			A	B	C	D	E
本期境外所得抵免限额计算							
项目		行次	金额				
			境内	境外			合计
国家（地区）		1		美国			
七、股权激励	（一）应纳税所得额	37	200 000	150 000			350 000
	（二）应纳税额	38	—	—	—	—	55 580
	（三）减免税额	39					
	（四）抵免限额	40	—	23 820			23 820
九、本年可抵免限额合计		45		23 820			23 820
本期实际可抵免额计算							
一、以前年度结转抵免额		46	—				
二、本年境外已纳税额		52	—	10 000			10 000
三、本年抵免额（境外所得已纳所得税抵免额）		54		10 000			10 000
四、可结转以后年度抵免额		55					

填报说明

①第 37 行"应纳税所得额"：按列分别填写居民个人取得的股权激励应纳税所得额合计金额。

②第 38 行"应纳税额"：按我国法律法规计算应纳税额填报本行"合计"列。

③第 39 行"减免税额"：填写符合税法规定的可以减免的税额，并附报《个人所得税减免税事项报告表》。

④第 40 行"抵免限额"：根据相应行次按列分别计算填报。

⑤第 40 行"境外"列 =（第 38 行"合计"列 - 第 39 行"合计"列）× 第 37 行"境外"列 ÷ 第 37 行"合计"列。

⑥第 45 行"本年可抵免限额合计"：根据相应行次按列分别计算填报。

⑦第 52 行"本年境外已纳税额"：按列分别填写居民个人在境外已经缴纳或者被扣缴的税款合计金额，包括第 53 行"享受税收饶让抵免税额"。

⑧第 53 行"享受税收饶让抵免税额"：按列分别填写居民个人享受税收饶让政策视同境外已缴纳而实际未缴纳的税款合计金额。

⑨第 54 行"本年抵免额"：按"境外"列分别计算填写可抵免税额。

第 54 行"合计"列 =Σ第 54 行"境外"列。

第八章

无住所个人的纳税申报

《个人所得税法》第一条规定,中国境内无住所而一个纳税年度内在中国境内居住累计满183天的个人,为居民个人;在中国境内无住所又不居住,或者无住所而一个纳税年度内在中国境内居住累计不满183天的个人,为非居民个人。通常我们把非居民个人和无住所居民个人统称为"无住所个人"。《个人所得税法实施条例》和财税公告2019年第35号对无住所个人有关个人所得税问题均做了具体的规定和进一步的明确。

无住所个人的纳税身份是非居民个人还是居民个人,最大区别就是工资、薪金所得,劳务报酬所得,稿酬所得,特许权使用费所得(以下称四项所得)的计税方法、申报方式不同。本章着重介绍无住所个人取得上述四项所得纳税申报的相关知识,对于其他五项分类所得的相关知识,可查阅第一章、第四章和第五章中的相关内容;对于有关外籍个人的特殊优惠政策,可查阅《一本书看透个人所得税》或其他书。

一、基本规定

(一)无住所个人的征税规定

1. 税收管辖权标准

个人取得境外所得是否应按中国税法征税,取决于其是否为中国的居民个人,是否在中国境内有住所,是否在中国境内居住累计满183天。

(1)在中国境内有住所,或者无住所而一个纳税年度内在中国境内居住累计满183天的个人,为居民个人。居民个人在中国境内和境外取得的所得,依法缴纳个人所得税。

(2)在中国境内无住所又不居住,或者无住所而一个纳税年度内在中国境内居住累计不满183天的个人,为非居民个人。非居民个人仅就从中国境内取得的所得，依法缴纳个人所得税。

注意：纳税年度，自公历 1 月 1 日起至 12 月 31 日止。

无住所个人纳税身份的判断及征税范围如表 8-1 所示。

表 8-1　无住所个人纳税身份的判断及征税范围明细表

纳税人	纳税身份判断标准	征税范围
居民个人	①在中国境内有住所的个人 ②在中国境内无住所，而一个纳税年度内在中国境内居住满 183 天的个人	从中国境内和境外取得的所得
非居民个人	①在中国境内无住所又不居住的个人 ②在中国境内无住所而一个纳税年度内在中国境内居住不满 183 天的个人	从中国境内取得的所得

2. 住所标准

税法中所称"住所"是一个特定概念，不等同于实物意义上的住房。"有住所"并不等于"有房产"。

《个人所得税法实施条例》第二条规定，在中国境内有住所，是指因户籍、家庭、经济利益关系而在中国境内习惯性居住。

习惯性居住是判定纳税人是居民个人还是非居民个人的一个法律意义上的标准，并不是指实际的居住地或者在某一个特定时期内的居住地。

对于因学习、工作、探亲、旅游等原因而在境外居住，待上述原因消除后仍然回到中国境内居住的个人而言，中国为该纳税人的习惯性居住地，即该个人属于在中国境内有住所。

对于境外个人仅因学习、工作、探亲、旅游等原因而在中国境内居住，待上述原因消除后该境外个人仍然回到境外居住的，其习惯性居住地不在境内，即使该境外个人在境内购买住房，也不会被认定为境内有住所的个人。

3. 居住天数标准

《财政部　税务总局关于在中国境内无住所的个人居住时间判定标准的公告》（财政部　税务总局公告 2019 年第 34 号）第二条规定，无住所个人一个纳税年度内在中国境内累计居住天数，按照个人在中国境内累计停留的天数计算。在中国境内停留的当天满 24 小时的，计入中国境内居住天数；在中国境内停留的当天不足 24 小时的，不计入中国境内居住天数。

【案例 8-1】居住天数的计算

周查理为澳门居民，在珠海工作，每周一早上来珠海上班，周五晚上回澳门。周一和周五当天停留都不足 24 小时，因此不计入境内居住天数，再加上周六、周日两天也不计入，这样，每周可计入的天数仅为 3 天，按全年 52 周计算，周查理全年在境内居住天数为 156 天，未超过 183 天，不构成居民个人，周查理取得的全部境外所得，就可免缴个人所得税。

4. 境内所得与境外所得的判定标准

《个人所得税法》所称从中国境内和境外取得的所得，分别是指来源于中国境内的所得和来源于中国境外的所得。如何判断一项所得是来源于境内还是来源于境外，本书第一章和第七章都对相关税收政策做了详细的解读，现对比相关内容，具体如表 8-2 所示。

表 8-2 境内所得与境外所得来源地对比明细表

序号	所得项目	来源于中国境内	来源于中国境外
1	工资、薪金所得 劳务报酬所得	在中国境内提供劳务	在中国境外提供劳务
2	稿酬所得 偶然所得	由境内企业、事业单位、其他组织支付或者负担	由中国境外企业、其他组织以及非居民个人支付且负担
3	特许权使用费所得 财产租赁所得	在中国境内使用	在中国境外使用
4	利息、股息、红利所得	从中国境内企业、事业单位、其他组织以及居民个人取得	从中国境外企业、单位、其他组织以及非居民个人取得
5	经营所得	在中国境内从事生产、经营活动	在中国境外从事生产、经营活动
6	转让不动产、股权所得	①转让中国境内的财产 ②转让中国境外特殊的股权①	转让中国境外除特殊股权以外的财产
7	转让其他财产所得	在中国境内转让	在中国境外转让

① 转让中国境外特殊的股权，是指转让对中国境外企业以及其他组织投资形成的权益性资产，该权益性资产被转让前三年（连续 36 个公历月份）内的任一时间，被投资企业或其他组织的资产公允价值 50% 以上直接或间接来自位于中国境内的不动产。

这里要提醒读者注意的是，根据上述所得来源地规则，无住所个人取得的工资、薪金所得，可分为境内和境外工资、薪金所得。在此基础上，根据支付地不同，无住所个人工资、薪金所得可以划分为境内支付的境内所得、境外支付的境内所得、境内支付的境外所得、境外支付的境外所得四个部分。

【案例 8-2】如何判断境外支付的所得是否来源于境内

我国外资企业华尔法公司的母公司为法国斯达瑞公司，2020 年 7 月 31 日，法国斯达瑞公司派其雇员工程师斯佳丽到华尔法公司工作 60 天，工作期间未离境。斯佳丽于 8 月 31 日取得 8 月工资、薪金 80 000 元，其中：华尔法公司支付 60 000 元，斯达瑞公司支付 20 000 元。假设不考虑税收协定因素，斯佳丽 8 月来源于中国境内的所得是多少？

解析：

《个人所得税法实施条例》第三条第一项规定，因任职、受雇、履约等在境内提供劳务取得的所得属于来源于境内的所得。

法国斯达瑞公司支付的 20 000 元为境外支付境内所得，华尔法公司支付的 60 000 元为境内支付境内所得。因此，斯佳丽 8 月取得的两家公司支付的工资共计 80 000 元，均属于来源于境内的所得，应依法向华尔法公司主管税务机关申报缴纳个人所得税。

（二）无住所个人的免税规定

1. 免税范围

为了吸引外资和鼓励外籍人员来华工作，促进对外交流，《个人所得税法实施条例》第四条和第五条对无住所个人由境外支付的境外所得做了以下免予征税的规定。

（1）在中国境内无住所的个人，在中国境内居住累计满 183 天的年度连续不满六年的，经向主管税务机关备案，其来源于中国境外且由境外单位或者个人支付的所得，免予缴纳个人所得税；在中国境内居住累计满 183 天的任一年度中有一次离境超过 30 天的，其在中国境内居住累计满 183 天的年度的连续年限重新起算。

（2）在中国境内无住所的个人，在一个纳税年度内在中国境内居住累计不超过90天的，其来源于中国境内的所得，由境外雇主支付并且不由该雇主在中国境内的机构、场所负担的部分，免予缴纳个人所得税。

来华工作的外籍人员个人所得税优惠如表8-3所示。

表8-3　来华工作的外籍人员个人所得税优惠明细表

居住时间	境内所得		境外所得	
	境内支付	境外雇主支付且不由其中国境内机构、场所负担	境内支付	境外支付
累计不满90天的	征	受雇所得①：免征	不征	不征
累计不满183天的	征	征	不征	不征
累计满183天连续年度不满6年的	征	征	征	免征
连续年度满6年的	征	征	征	征

① 这里的受雇所得通常指，由境外雇主支付并且不由该雇主在中国境内的机构、场所负担的工资、薪金所得。

【案例8-3】来华外籍人员是否享受优惠的判定

我国外资企业华尔法公司的母公司为法国斯达瑞公司。2020年7月10日，法国斯达瑞公司派其雇员罗丽娅（非高管人员）到华尔法公司工作至12月31日，工作期间不准回法国。罗丽娅于2020年10月31日取得10月工资、薪金60 000元，其中：华尔法公司支付50 000元，斯达瑞公司支付10 000元。假设不考虑税收协定因素，斯达瑞公司支付的10 000元是否可以享受免税优惠？

解析：

（1）计算居住天数。

无住所个人一个纳税年度内在中国境内累计居住天数，按照个人在中国境内累计停留的天数计算。在中国境内停留的当天满24小时的，计入中国境内居住天数；在中国境内停留的当天不足24小时的，不计入中国境内居住天数。

罗丽娅在我国境内居住天数=21+31+30+31=113（天）

（2）判断税收优惠。

《个人所得税法实施条例》第三条第一款规定，因任职、受雇、履约等在境内提供劳务取得的所得属于来源于境内的所得。罗丽娅自7月10日以来一直在境内工作，其取得的10月工资收入50 000元，均属于来源于境内的所得，且其在境内居住天数已超过 90 天，因此法国斯达瑞公司支付 50 000 元，不能享受税收优惠。

2. 连续不满六年的判定标准

财税公告 2019 年第 34 号第一条规定，无住所个人一个纳税年度内在中国境内累计居住满 183 天的，如果此前六年在中国境内每年累计居住天数都满 183 天而且没有任何一年单次离境超过 30 天，该纳税年度来源于中国境内、境外所得应当缴纳个人所得税；如果此前六年中的任一年在中国境内累计居住天数不满 183 天或者单次离境超过 30 天，该纳税年度来源于中国境外且由境外单位或者个人支付的所得，免予缴纳个人所得税。

上述所称此前六年，是指该纳税年度的前一年至前六年的连续六个年度，此前六年的起始年度自 2019 年（含）以后年度开始计算。

也就是说，2018 年（含）之前已经居住的年度一律"清零"，重新计算居住年度。

【案例 8-4】在境内居住累计满 183 天的年度连续"满六年"的计算

丽迪吉娅女士为法国居民，2014 年 1 月 1 日来北京工作，2025 年 8 月 30 日回到法国工作，在此期间，除 2021 年 6 月 1 日～7 月 10 日临时回法国处理家事以外，其余时间一直停留在北京。丽迪吉娅能否享受免税优惠政策？

解析：

根据财税公告 2019 年第 34 号的规定，在境内居住累计满 183 天的年度连续"满六年"，自 2019 年（含）以后年度开始计算，2018 年（含）之前已经居住的年度一律"清零"，不计算在内。按此规定，2024 年（含）之前，所有无住所个人在境内居住年限都不满六年，其取得境外支付的境外所得都能享受免税优惠。此外，自 2019 年起任一年度如果有单次离境超过 30 天的情形，此前连续年限"清零"，重新计算。

（1）丽迪吉娅女士在境内居住累计满 183 天的年度不是自 2014 年起算的，而是自 2019 年起算的，2019～2020 年，丽迪吉娅女士在境内居住累计满 183 天的年度连续不满六年，其取得的境外支付的境外所得，可免缴个人所得税。

（2）2021 年，丽迪吉娅女士在境内居住满 183 天，但单次离境超过 30 天，其取得的境外支付的境外所得，也可免缴个人所得税。其在境内居住累计满 183

天的连续年限清零,重新起算。

(3)2022～2025年,丽迪吉娅女士在境内居住累计满183天的年度连续不满六年,其取得的境外支付的境外所得,可以免缴个人所得税。

(三)无住所个人四项所得的计税方法

1.适用税率

(1)无住所个人为居民个人的,其取得的工资、薪金所得,劳务报酬所得,稿酬所得,特许权使用费所得称为综合所得,综合所得适用3%～45%的超额累进税率(见《个人所得税率表一》)(表1-3)或《综合所得税率表》(表8-4))。

(2)无住所个人为非居民个人的,其取得的工资、薪金所得,劳务报酬所得,稿酬所得,特许权使用费所得,适用3%～45%的超额累进税率(见《个人所得税率表三》(表1-5)或《月度税率表》(表8-4))。

表8-4 无住所个人四项所得适用税率表

级数	税率(%)	月度税率表(四项所得)		综合所得税率表	
		全月应纳税所得额	速算扣除数	全年应纳税所得额	速算扣除数
1	3	不超过3 000元的	0	不超过36 000元的	0
2	10	超过3 000至12 000元的部分	210	超过36 000元至144 000元的部分	2 520
3	20	超过12 000元至25 000元的部分	1 410	超过144 000元至300 000元的部分	16 920
4	25	超过25 000元至35 000元的部分	2 660	超过300 000元至420 000元的部分	31 920
5	30	超过35 000元至55 000元的部分	4 410	超过420 000元至660 000元的部分	52 920
6	35	超过55 000元至80 000元的部分	7 160	超过660 000元至960 000元的部分	85 920
7	45	超过80 000元的部分	15 160	超过960 000元的部分	181 920

2. 收入额计算

（1）无住所个人取得工资、薪金所得，以每月收入为收入额。

无住所个人境内计税的工资、薪金收入额的计算，具体分为以下四种情况。

1）无住所个人在境内居住不超过90天的，其取得由境内支付的境内工作期间工资、薪金收入额为在境内应计税的工资、薪金收入额。

2）无住所个人在境内居住时间累计超过90天不满183天的，其取得的全部境内所得（包括境内支付和境外支付）为在境内应计税的工资、薪金收入额。

3）无住所个人在境内居住累计满183天的年度连续不满六年的，符合实施条例第四条规定优惠条件的，境外支付的境外所得不计入在境内应计税的工资、薪金收入额，免予缴税；全部境内所得（包括境内支付和境外支付）和境内支付的境外所得为在境内应计税的工资、薪金收入额。

4）无住所个人在境内居住累计满183天的年度连续满六年后，不符合实施条例第四条规定优惠条件的，其从境内、境外取得的全部工资、薪金所得均计入在境内应计税的工资、薪金收入额。

对于无住所个人一个月内取得多笔对应不同归属工作期间的工资、薪金所得的，应当按照每笔工资、薪金所得的归属期间，分别计算每笔工资、薪金在境内应计税的收入额，再加总计算为当月工资、薪金收入额。

5）税收协定另有规定的，可以按照税收协定的规定办理。

具体的政策解读和案例分析见本章"二、无住所个人工资、薪金所得的纳税申报"。

（2）无住所个人取得劳务报酬所得、稿酬所得、特许权使用费所得，以收入减除20%的费用后的余额为收入额。稿酬所得的收入额减按70%计算。

无住所个人四项所得收入额的计算公式如表8-5所示。

表8-5 无住所个人四项所得收入额计算公式明细表

序号	所得项目	收入额
1	工资、薪金	税前收入×100%
2	劳务报酬	税前收入×（1-20%)
3	特许权使用费	
4	稿酬	税前收入×（1-20%)×70%

3.应纳税额的计算

不考虑减免税因素,无住所个人四项所得的应纳税额计算公式如表8-6所示。

表8-6 无住所个人四项所得应纳税额计算公式明细表

所得项目	非居民个人四项所得		居民个人综合所得	
	纳税期限	应纳税额的计算	纳税期限	应纳税额的计算
工资、薪金	按月	(本月收入额−5 000−公益捐赠)×税率−速算扣除数	按年	[工资、薪金所得年收入额+劳务报酬所得年收入额+特许权使用费所得年收入额+稿酬所得年收入额)−60 000−专项扣除−专项附加扣除−其他扣除−公益捐赠]×税率−速算扣除数
劳务报酬 特许权使用费 稿酬	按次	(本次收入额−公益捐赠)×税率−速算扣除数		

(1)无住所居民个人应纳税额的计算缴纳。

1)税款计算。

无住所居民个人取得综合所得,年度终了后,应将年度工资、薪金收入额,劳务报酬收入额,稿酬收入额,特许权使用费收入额汇总,计算缴纳个人所得税。需要办理汇算清缴的,依法办理汇算清缴。

无住所居民个人在计算综合所得收入额时,可以享受专项附加扣除。其中,无住所居民个人为外籍个人的,在2022年1月1日前计算工资、薪金收入额时,可以选择享受住房补贴、子女教育费、语言训练费等八项津补贴优惠政策,也可以选择享受专项附加扣除政策,但二者不可同时享受。

2)纳税申报。无住所个人为居民个人的,其取得的综合所得由扣缴义务人按月或者按次预扣预缴税款,达到条件的,应办理汇算清缴。

(2)非居民个人应纳税额的计算缴纳。

1)税款计算。

非居民个人当月取得工资、薪金所得,以当月收入额,减去税法规定的减除费用后的余额,适用《月度税率表》,计算应纳税额。

非居民个人取得来源于境内的劳务报酬所得、稿酬所得、特许权使用费所得,以税法规定的每次收入额为应纳税所得额，适用《月度税率表》计算应纳税额。

【案例 8-5】非居民个人四项所得税款的计算

　　法国人琳达于 2020 年 7 月 31 日入境，就职于境内的蓝天公司，2020 年度属于非居民个人。2020 年 8 月她从蓝天公司取得的收入如下：

（1）取得 8 月的工资、薪金 10 000 元。

（2）取得 A 专利技术使用费 50 000 元。

（3）取得员工集资借款利息 10 000 元。

　　假设不考虑其他税费，请问：琳达应缴纳多少个人所得税？

解析：

（1）工资、薪金的税款计算。

应纳税所得额 =10 000－5000=5000（元）

适用的税率为 10%，速算扣除数为 210。

应纳税额 =5000×10%－210=290（元）

（2）特许权使用费所得的税款计算。

应纳税所得额 =50 000×（1－20%）=40 000（元）

适用的税率为 30%，速算扣除数为 4410。

应纳税额 =40 000×30%－4410=7590（元）

（3）利息所得的税款计算。

应纳税额 =10 000×20%=2000（元）

三项所得合计应纳税额 =290+7590+2000=9880（元）

2）纳税申报。

　　无住所个人为非居民个人的，其取得的四项所得由扣缴义务人按月或者按次代扣代缴税款，不办理汇算清缴。

　　非居民个人在中国境内从两处以上取得工资、薪金所得的，应当在取得所得的次月 15 日内，向其中一处任职、受雇单位所在地主管税务机关办理纳税申报。

【案例 8-6】非居民个人从两处以上取得工资的纳税申报

　　接【案例 8-5】，琳达 2020 年 8 月还从白云公司取得工资、薪金 30 000 元。两家公司应如何进行扣缴申报？琳达如何进行自行申报？

解析：

（1）两家公司扣缴申报。

两家公司在向琳达支付工资、薪金时，分别以收入额减除费用 5000 元后的余额为应纳税所得额进行扣缴申报。

蓝天公司代扣代缴 290 元。

白云公司代扣代缴计算如下：

应纳税所得额 =30 000-5000=25 000（元）

适用的税率为 20%，速算扣除数为 1410。

应扣缴个人所得税 =25 000×20%-1410=3590（元）

蓝天公司、白云公司应于 9 月 15 日之前向其主管税务机关报送《个人所得税扣缴申报表》。以蓝天公司为例，数据填报如表 8-7 所示。

表 8-7　个人所得税扣缴申报表（节选）

税款所属期：2020 年 8 月 1 日至 2020 年 8 月 31 日

扣缴义务人名称：蓝天公司　　　　　　　　　金额单位：人民币元（列至角分）

姓名	是否为非居民个人	所得项目	收入	费用	减除费用	应纳税所得额	税率	速算扣除数	应纳税额
2	6	7	8	9	11	33	34	35	36
琳达	是	正常工资、薪金	10 000		5 000	5 000	10%	210	290
琳达	是	特许权使用费	50 000	10 000		40 000	30%	4 410	7 590
琳达	是	利息、股息、红利	10 000				20%	—	2 000

（2）琳达自行申报。

琳达应以从两家公司取得的工资、薪金收入额汇总并减除费用 5000 元后的余额为应纳税所得额。

应申报个人所得税 =35 000×25%-2660=6090（元）

应补缴个人所得税 =6090-290-3590=2210（元）

琳达应于 2020 年 9 月 15 日之前选择其中一家公司所在地主管税务机关进行自

行申报,并报送《个人所得税自行纳税申报表(A 表)》(数据填报如表 8-8 所示)。

表 8-8 个人所得税自行纳税申报表(A 表)(节选)

税款所属期:2020 年 8 月 1 日至 2020 年 8 月 31 日

纳税人姓名:琳达　　　　　　　　　　　　金额单位:人民币元(列至角分)

自行申报情形	☑非居民个人在中国境内从两处以上取得工资、薪金所得	是否为非居民个人	☑是	非居民个人本年度境内居住天数	☑超过90天不超过183天
所得项目	收入	减除费用	应纳税所得额	税率	速算扣除数	应纳税额	已缴税额	应补/退税额
2	3	6	16	17	18	19	21	22
正常工资、薪金所得	40 000	5 000	35 000	25%	2 660	6 090	3 880	2 210

填报说明

"非居民个人本年度境内居住天数":非居民个人根据合同、任职期限、预期工作时间等不同情况,勾选"不超过 90 天"或者"超过 90 天不超过 183 天"。

提醒读者注意的是,非居民个人在一个纳税年度内税款扣缴方法保持不变,达到居民个人条件时,应当告知扣缴义务人基础信息变化情况,年度终了后按照居民个人有关规定办理汇算清缴(申报表填报见【案例 8-16】)。

(四)无住所个人的征管规定

1. 年度首次申报时的征管规定

无住所个人在一个纳税年度内首次申报时,应当根据合同约定等情况预计一个纳税年度内境内居住天数以及在税收协定规定的期间内的境内停留天数,按照预计情况计算缴纳税款。实际情况与预计情况不符的,分别按照以下规定处理:

(1)无住所个人预先判定为非居民个人,因延长居住天数达到居民个人条件的,一个纳税年度内税款扣缴方法保持不变,年度终了后按照居民个人有关规定办理汇算清缴,但该个人在当年离境且预计年度内不再入境的,可以选择在离境之前办理汇算清缴。

（2）无住所个人预先判定为居民个人，因缩短居住天数不能达到居民个人条件的，在不能达到居民个人条件之日起至年度终了15天内，应当向主管税务机关报告，按照非居民个人重新计算应纳税额，申报补缴税款，不加收税收滞纳金。需要退税的，按照规定办理。

（3）无住所个人预计一个纳税年度境内居住天数累计不超过90天，但实际累计居住天数超过90天的，或者对方税收居民个人预计在税收协定规定的期间内境内停留天数不超过183天，但实际停留天数超过183天的，待达到90天或者183天的月度终了后15天内，应当向主管税务机关报告，就以前月份工资、薪金所得重新计算应纳税款，并补缴税款，不加收税收滞纳金。

2. 取得境外关联方支付工资的征管规定

无住所个人在境内任职、受雇取得来源于境内的工资、薪金所得，凡境内雇主与境外单位或者个人存在关联关系，将本应由境内雇主支付的工资、薪金所得，部分或者全部由境外关联方支付的，无住所个人可以自行申报缴纳税款，也可以委托境内雇主代为缴纳税款。

（1）委托境内雇主代为缴纳。无住所个人选择委托境内雇主代为缴纳税款的，境内雇主应当比照《个人所得税扣缴申报管理办法（试行）》第六条和第九条的有关规定计算应纳税款，填写《个人所得税扣缴申报表》，并于相关所得支付当月终了后15日内向主管税务机关办理纳税申报。

（2）自行申报缴纳。无住所个人选择自行申报缴纳税款的，应当比照《个人所得税扣缴申报管理办法（试行）》第九条的有关规定计算应纳税款，填写《个人所得税自行纳税申报表（A表）》，并于取得相关所得当月终了后15日内向其境内雇主的主管税务机关办理自行纳税申报。

（3）境内雇主的报告义务。无住所个人未委托境内雇主代为缴纳税款的，境内雇主应当在相关所得支付当月终了后15天内向主管税务机关报告相关信息，包括境内雇主与境外关联方对无住所个人的工作安排、境外支付情况以及无住所个人的联系方式等信息。

二、无住所个人工资、薪金所得的纳税申报

无住所居民个人的工资、薪金所得采用"先分后税"的方法，即先根据境内

外工作时间及境内外收入支付比例，对工资、薪金收入额进行划分，计算在境内应计税的工资、薪金收入额，再据此计算应纳税额。

（一）无住所个人工资、薪金所得的划分

1. 境内工作天数的计算

境内工作期间按照个人在境内工作天数计算，包括其在境内的实际工作日，以及境内工作期间在境内、境外享受的公休假、个人休假、接受培训的天数。

在境内、境外单位同时担任职务或者仅在境外单位任职的个人，在境内停留的当天不足 24 小时的，按照半天计算境内工作天数。

境外工作天数按照当期公历天数减去当期境内工作天数计算。

【案例 8-7】境内工作天数的计算

我国外资企业华尔法公司的母公司为法国斯达瑞公司，2020 年 9 月 10 日，法国斯达瑞公司派其雇员工程师斯佳丽（非高管人员）到华尔法公司工作，计划工作至 12 月 31 日回法国。假设斯佳丽来华后一直未曾离境，9 月其在境内的工作天数是多少？

解析：

斯佳丽 9 月 10 日来中国的当天，在境内停留不足 24 小时，按照半天计算境内工作天数。

9 月 11～30 日工作天数为 20 天。

斯佳丽 9 月境内工作天数 =0.5+20=20.5（天）

2. 一般雇员境内工资、薪金所得的划分

个人取得归属于中国境内工作期间的工资、薪金所得为来源于境内的工资、薪金所得。境内工作期间按照个人在境内工作天数计算。

（1）无住所个人未在境外单位任职的，无论其是否在境外停留，都不计算境外工作天数。

（2）无住所个人在境内、境外单位同时担任职务或者仅在境外单位任职，且当期同时在境内、境外工作的，按照工资、薪金所属境内、境外工作天数占当期公历天数的比例计算确定来源于境内、境外工资、薪金所得的收入额。

【案例 8-8】无住所非高管人员境内工资、薪金所得的划分

接【案例 8-7】，斯佳丽 9 月共取得工资、薪金 90 000 元，其中：华尔法公司支付 60 000 元，斯达瑞公司支付 30 000 元。假设不考虑税收协定因素，斯佳丽境内应税工资、薪金如何划分？

解析：

（1）境内工作天数的计算。

斯佳丽 9 月 10 日来中国的当天，在境内停留不足 24 小时，按照半天计算境内工作天数，9 月 11～30 日一直在境内，因此，其境内工作天数为 20.5 天。

（2）境内工资、薪金收入额的计算。

工资、薪金收入额 =90 000×20.5÷30=61 500（元）

3.高管人员境内工资、薪金所得的划分

高管人员无论是否在境内履行职务，取得由境内居民企业支付或者负担的董事费、监事费、工资、薪金或者其他类似报酬（以下统称高管人员报酬，包含数月奖金和股权激励），属于来源于境内的所得。

高管人员是指担任境内居民企业的董事、监事及高层管理职务的个人。高层管理职务包括企业正、副（总）经理，各职能总师，总监及其他类似公司管理层的职务。高管人员参与公司决策和监督管理，工作地点流动性较大，不宜简单按照工作地点划分境内和境外所得，应把握以下两点：

（1）高管人员取得由境内居民企业支付或负担的报酬，不论其是否在境内履行职务，均属于来源于境内的所得，应在境内缴税。

（2）高管人员取得不是由境内居民企业支付或者负担的报酬，仍需按照任职、受雇、履约地点划分境内、境外所得。

【案例 8-9】高管人员境内工资、薪金所得的划分

我国外资企业华尔法公司的母公司为法国斯达瑞公司。2020 年 11 月，公司董事布拉克共取得奖金 500 000 元，其中 60% 由华尔法公司支付，40% 由法国斯达瑞公司支付。2020 年布拉克没有来过我国境内。不考虑税收协定因素，布拉克境内应税工资、薪金如何划分？

解析：

虽然布拉克 2020 年度未曾在境内履行职务，但是由于他是高管人员，参与公司决策和监督管理，因此他取得的由境内华尔法公司支付的奖金，属于来源

于境内的所得。

布拉克境内工资、薪金收入额 =500 000×60%=300 000（元）

（二）无住所个人工资、薪金正常纳税申报及案例分析

1. 在境内累计居住不超过 90 天的纳税申报

《个人所得税法实施条例》第五条规定，在中国境内无住所的个人，在一个纳税年度内在中国境内居住累计不超过 90 天的，其来源于中国境内的所得，由境外雇主支付并且不由该雇主在中国境内的机构、场所负担的部分，免予缴纳个人所得税。

因此，在一个纳税年度内，在境内累计居住不超过 90 天的非居民个人，仅就归属于境内工作期间并由境内雇主支付或者负担的工资、薪金所得计算缴纳个人所得税。

当月工资、薪金收入额的计算公式（公式一）如下：

当月工资、薪金收入额＝当月境内外工资、薪金总额×（当月境内支付工资、
薪金数额÷当月境内外工资、薪金总额）
×（当月工资、薪金所属工作期间境内工作天数
÷当月工资、薪金所属工作期间公历天数）

应纳税额＝（当月工资、薪金收入额 −5000）× 税率 − 速算扣除数

注意：

（1）境内雇主包括雇用员工的境内单位和个人以及境外单位或者个人在境内的机构、场所。

（2）凡境内雇主采取核定征收所得税或者无营业收入未征收所得税的，无住所个人为其工作取得工资、薪金所得，不论是否在该境内雇主会计账簿中记载，均视为由该境内雇主支付或者负担。

（3）工资、薪金所属工作期间的公历天数，是指无住所个人取得工资、薪金所属工作期间按公历计算的天数。

【案例 8-10】在境内累计居住不超过 90 天的申报案例分析

2020 年 4 月 15 日杰尔德（非高管人员）受法国斯达瑞公司指派到我国子公司华尔法公司工作，于当月 30 日离境，后再未来中国。他 4 月共取得工资、薪金 90 000 元，其中：华尔法公司支付 30 000 元，法国斯达瑞公司支付 60 000

元。不考虑税收协定因素,杰尔德应缴纳多少个人所得税?华尔法公司应如何进行扣缴申报?

解析:

(1) 应纳税额的计算。

杰尔德15日入境当天和30日出境当天,在境内停留不足24小时,当日按照半天计算境内工作天数,16～29日工作天数为14天。

4月境内工作天数为=0.5+14+0.5=15(天)

杰尔德在境内居住天数不满90天,其仅就归属于境内工作期间并由境内雇主华尔法公司支付或者负担的工资、薪金所得缴纳个人所得税。4月公历天数为30天。

当月工资、薪金收入额=当月境内外工资、薪金总额×(当月境内支付工资、薪金数额÷当月境内外工资、薪金总额)×(当月工资、薪金所属工作期间境内工作天数÷当月工资、薪金所属工作期间公历天数)=90 000×(30 000÷90 000)×(15÷30)=15 000(元)

应纳税所得额=15 000-5000=10 000(元)

查《月度税率表》得出:适用的税率为10%,速算扣除数为210。

应纳税额=10 000×10%-210=790(元)

(2) 华尔法公司扣缴申报。

华尔法公司应代扣代缴杰尔德个人所得税790元,并于5月15日之前向其主管税务机关报送《个人所得税扣缴申报表》,数据填报如表8-9所示。

表8-9 个人所得税扣缴申报表(节选)

税款所属期:2020年4月1日至2020年4月30日
扣缴义务人名称:华尔法公司

姓名	是否为非居民个人	所得项目	收入	减除费用	应纳税所得额	税率/预扣率	速算扣除数	应纳税额
2	6	7	8	11	33	34	35	36
杰尔德	是,不超过90天	正常工资、薪金	15 000	5 000	10 000	10%	210	790

2. 在境内累计居住超过90天但不满183天的纳税申报

在一个纳税年度内,在境内累计居住超过90天但不满183天的非居民个人，取得归属于境内工作期间的工资、薪金所得，均应当计算缴纳个人所得税；其取得归属于境外工作期间的工资、薪金所得，不征收个人所得税。当月工资、薪金收入额的计算公式（公式二）如下：

当月工资、薪金收入额 = 当月境内外工资、薪金总额 ×（当月工资、薪金所属工作期间境内工作天数 ÷ 当月工资、薪金所属工作期间公历天数）

应纳税额 =（当月工资、薪金收入额 −5000）× 税率 − 速算扣除数

【案例 8-11】居住超过 90 天但不满 183 天的申报案例分析

法国斯达瑞公司为境内华尔法公司的母公司。2020 年 4 月 10 日，斯佳丽（非高管人员）受法国斯达瑞公司指派到华尔法公司工作 120 天，工作期间原则上不能离境。她 4 月共取得工资、薪金 120 000 元，其中：华尔法公司支付 90 000 元，法国斯达瑞公司支付 30 000 元。不考虑税收协定因素，斯佳丽应缴纳多少个人所得税？华尔法公司该如何进行扣缴申报？

解析：

（1）2020 年度居住天数的判断。

斯佳丽 4 月是首次申报，根据母公司的派遣合同等资料，估计纳税年度境内居住天数为 120 天，境内累计居住超过 90 天但不满 183 天，其取得归属于境内工作期间的工资、薪金所得，均应当计算缴纳个人所得税。

（2）4 月境内工作天数判断。

斯佳丽 10 日入境当天停留不足 24 小时，当日按照半天计算境内工作天数。11～30 日天数为 20 天。

境内工作天数 =0.5+20=20.5（天）

（3）应纳税额的计算。

当月工资、薪金收入额 = 当月境内外工资、薪金总额 ×（当月工资、薪金所属工作期间境内工作天数 ÷ 当月工资、薪金所属工作期间公历天数）=120 000×20.5÷30=82 000（元）

应纳税所得额 =82 000−5000=77 000（元）

查《月度税率表》得出：适用的税率为 35%，速算扣除数为 7160。

应纳税额 =77 000×35%−7160=19 790（元）

华尔法公司应于 2020 年 5 月 15 日之前向其主管税务机关报送《个人所得税扣缴申报表》，数据填报如表 8-10 所示。

表 8-10　个人所得税扣缴申报表（节选）

税款所属期：2020年4月1日至2020年4月30日
扣缴义务人名称：华尔法公司　　　　　　金额单位：人民币元（列至角分）

姓名	是否为非居民个人	所得项目	收入	减除费用	应纳税所得额	税率/预扣率	速算扣除数	应纳税额
2	6	7	8	11	33	34	35	36
斯佳丽	是，且超过90天不超过183天	正常工资、薪金	82 000	5 000	77 000	35%	7 160	19 790

3. 在境内累计满183天的年度连续不满六年的纳税申报

在境内居住累计满183天的年度连续不满六年的无住所居民个人，符合《个人所税法实施条例》第四条优惠条件的，经向主管税务机关备案，其来源于中国境外且由境外单位或者个人支付的所得，免予缴纳个人所得税。

因此，其取得的全部工资、薪金所得，除归属于境外工作期间且由境外单位或者个人支付的工资、薪金所得部分外，均应计算缴纳个人所得税。

工资、薪金所得收入额的计算公式（公式三）如下：

当月工资、薪金收入额 = 当月境内外工资、薪金总额 ×[1-（当月境外支付工资、薪金数额 ÷ 当月境内外工资、薪金总额）

×（当月工资、薪金所属工作期间境外工作天数

÷ 当月工资、薪金所属工作期间公历天数）]

【案例8-12】在境内累计满183天的年度连续不满六年的申报案例分析

法国斯达瑞公司为境内华尔法公司的母公司。2020年5月21日杰克（非高管人员）受法国斯达瑞公司指派到华尔法公司工作8个月，工作期间未离境。假设杰克在境内居住累计满183天的年度连续不满六年，他5月共取得工资、薪金160 000元，其中：华尔法公司支付60 000元，法国斯达瑞公司支付100 000元。杰克没有其他扣除项目。不考虑税收协定因素，杰克应缴纳多少个人所得税？华尔法公司该如何进行扣缴申报？

解析：

（1）2020年度居住天数的判断。

杰克5月是首次申报，根据母公司的派遣合同等资料，估计纳税年度境内

居住天数为 8 个月,在中国境内居住累计满 183 天的年度连续不满六年,为无住所居民个人。其取得的全部工资、薪金所得,除归属于境外工作期间且由境外单位或者个人支付的工资、薪金所得部分外,均应计算缴纳个人所得税。

(2) 5 月境外工作天数的判断。

杰克 21 日入境当天停留不足 24 小时,当日按照半天计算境内工作天数,22～31 日天数为 10 天。当月工资、薪金所属工作期间境外工作天数为 20.5 天。

(3) 应纳税额计算。

当月工资、薪金收入额 = 当月境内外工资、薪金总额 × [1−(当月境外支付工资、薪金数额 ÷ 当月境内外工资、薪金总额) × (当月工资、薪金所属工作期间境外工作天数 ÷ 当月工资、薪金所属工作期间公历天数)] = 160 000 × [1−(100 000 ÷ 160 000) × (20.5 ÷ 31)] = 93 870.97(元)

应纳税所得额 = 93 870.97−5000 = 88 870.97(元)

查《综合所得税率表》得出:适用的税率为 10%,速算扣除数为 2520。

应纳税额 = 88 870.97 × 10%−2520 = 6367.10(元)

(4) 华尔法公司应于 2020 年 6 月 15 日之前向其主管税务机关报送《个人所得税扣缴申报表》,数据填报如表 8-11 所示。

表 8-11 个人所得税扣缴申报表(节选)

税款所属期:2020 年 5 月 1 日至 2020 年 5 月 31 日

扣缴义务人名称:华尔法公司　　　　　　金额单位:人民币元(列至角分)

姓名	是否为非居民个人	所得项目	收入	减除费用	应纳税所得额	税率/预扣率	速算扣除数	应纳税额
2	6	7	8	11	33	34	35	36
杰克	否	正常工资、薪金	93 870.97	5 000	88 870.97	10%	2 520	6 367.10

4. 在境内居住累计满 183 天的年度连续满六年后的纳税申报

无住所居民个人在境内居住累计满 183 天的年度连续满六年后,不符合《个人所得税法实施条例》第四条优惠条件的,其从境内、境外取得的全部工资、薪金所得均应计算缴纳个人所得税。

在此种情形下,无住所居民个人的纳税申报,请查阅本书第三章和第六章的相关内容。

(三) 无住所个人工资、薪金特殊纳税申报及案例分析

1. 无住所个人享受受雇所得协定待遇的纳税申报

(1) 无住所个人享受境外受雇所得协定待遇。

所称境外受雇所得协定待遇,是指按照税收协定受雇所得条款规定,对方税收居民个人在境外从事受雇活动取得的受雇所得,可不缴纳个人所得税。

1) 无住所个人为对方税收居民个人,其取得的工资、薪金所得可享受境外受雇所得协定待遇的,可不缴纳个人所得税。

工资、薪金收入额计算公式(公式二)如下:

当月工资、薪金收入额 = 当月境内外工资、薪金总额
× (当月工资、薪金所属工作期间境内工作天数
÷ 当月工资、薪金所属工作期间公历天数)

2) 无住所居民个人为对方税收居民个人的,可在预扣预缴和汇算清缴时按前款规定享受协定待遇;非居民个人为对方税收居民个人的,可在取得所得时按前款规定享受协定待遇。

(2) 无住所个人享受境内受雇所得协定待遇。

境内受雇所得协定待遇,是指按照税收协定受雇所得条款规定,在税收协定规定的期间内境内停留天数不超过183天的对方税收居民个人,在境内从事受雇活动取得受雇所得,不是由境内居民雇主支付或者代其支付的,也不是由雇主在境内常设机构负担的,可不缴纳个人所得税。

无住所个人为对方税收居民个人,其取得的工资、薪金所得可享受境内受雇所得协定待遇的,可不缴纳个人所得税。工资、薪金收入额计算适用公式一,即

当月工资、薪金收入额 = 当月境内外工资、薪金总额
× (当月境内支付工资、薪金数额
÷ 当月境内外工资、薪金总额)
× (当月工资、薪金所属工作期间境内工作天数
÷ 当月工资、薪金所属工作期间公历天数)

无住所居民个人为对方税收居民个人的,可在预扣预缴和汇算清缴时按前款规定享受协定待遇;非居民个人为对方税收居民个人的,可在取得所得时按前款规定享受协定待遇。

【案例 8-13】无住所个人享受境内受雇所得协定待遇申报案例分析

2020年7月15日,莉莲娜(非高管人员)受法国斯达瑞公司指派到华尔法公司工作5个月,工作期间未离境。7月,她共取得工资薪金100 000元,其中:华尔法公司支付60 000元,法国斯达瑞公司支付40 000元。莉莲娜提出按照中法协定享受协定待遇,应缴纳多少个人所得税?华尔法公司应如何进行扣缴申报?

解析:

(1)2020年度居住天数的判断。

莉莲娜7月是首次申报,应当根据母公司的派遣合同等资料,估计纳税年度内境内居住天数为150天。根据税收协定中受雇所得条款,对方税收居民个人在税收协定规定的期间内境内停留天数不超过183天的,从事受雇活动取得受雇所得,只将境内支付的境内所得计入境内计税的工资、薪金收入额,计算缴纳个人所得税。

(2)7月境内工作天数的判断。

莉莲娜15日入境当天停留不足24小时,当日按照半天计算境内工作天数。16~31日天数为16天。

境内工作天数=0.5+16=16.5(天)

(3)应纳税额计算。

莉莲娜提出按照中法协定享受协定待遇,可以只就境内华尔法公司支付的60 000元,依照规定计算缴纳个人所得税。

当月应税收入=当月工资、薪金收入额=当月境内外工资、薪金总额×(当月境内支付工资、薪金数额÷当月境内外工资、薪金总额)×(当月工资、薪金所属工作期间境内工作天数÷当月工资、薪金所属工作期间公历天数)=[100 000×(16.5÷31)×(60 000÷100 000)]=31 935.48(元)

查《月度税率表》得出:适用的税率为25%,速算扣除数为2660。

应纳税额=(31 935.48-5000)×25%-2660=4073.87(元)

华尔法公司应于2020年8月15日之前向其主管税务机关报送《个人所得税扣缴申报表》,数据填报如表8-12所示。

2. 无住所高管人员的纳税申报及案例分析

高管人员取得境内支付或负担的工资、薪金所得,不论其是否在境内履行职务,均属于来源于境内的所得。

表8-12 个人所得税扣缴申报表（节选）

税款所属期：2020年7月1日至2020年7月31日

扣缴义务人名称：华尔法公司　　　　　　　　　金额单位：人民币元（列至角分）

姓名	是否为非居民个人	所得项目	收入	减除费用	应纳税所得额	税率/预扣率	速算扣除数	应纳税额
2	6	7	8	11	33	34	35	36
莉莲娜	是，不超过90天	工资、薪金（税收协定）	31 935.48	5 000	26 935.48	25%	2 660	4 073.87

（1）高管人员为居民个人的，其工资、薪金在境内应计税的收入额的计算方法与其他无住所居民个人一致。

（2）高管人员为非居民个人的，取得由境内居民企业支付或负担的工资、薪金所得，其在境内应计税的工资、薪金收入额的计算方法，与其他非居民个人不同，具体如下。

1）高管人员在境内居住时间累计不超过90天的情形。

在一个纳税年度内，在境内累计居住不超过90天的高管人员，其取得由境内雇主支付或者负担的工资、薪金所得应当计算缴纳个人所得税；不是由境内雇主支付或者负担的工资、薪金所得，不缴纳个人所得税。当月工资、薪金收入额为当月境内支付或者负担的工资、薪金收入额。也就是说，将境内支付的全部所得都计入境内计税的工资、薪金收入额。

2）高管人员在境内居住时间累计超过90天不满183天的情形。

在一个纳税年度内，在境内居住累计超过90天但不满183天的高管人员，其取得的工资、薪金所得，除归属于境外工作期间且不是由境内雇主支付或者负担的部分外，应当计算缴纳个人所得税。当月工资、薪金收入额计算适用公式三，即

当月工资、薪金收入额 = 当月境内外工资、薪金总额 ×[1-（当月境外支付工资、薪金数额÷当月境内外工资、薪金总额）

×（当月工资、薪金所属工作期间境外工作天数÷当月工资、薪金所属工作期间公历天数）]

3）税收协定另有规定的，可以按照税收协定的规定办理。

【案例 8-14】无住所高管人员的纳税申报

我国华尔法公司是法国斯达瑞公司的全资子公司。4月，法国斯达瑞公司先后指派了两位公司董事到华尔法公司工作，具体情况如下：

（1）4月3日，董事吉普森到华尔法公司工作，于当月30日离境，后未再来中国。4月，他取得工资、薪金90 000元，其中：华尔法公司支付30 000元，法国斯达瑞公司支付60 000元。

（2）4月10日，董事斯佳丽到华尔法公司工作，派遣合同约定她在境内工作120天，工作期间原则上不能离境。4月，她取得工资、薪金120 000元，其中：华尔法公司支付30 000元，法国斯达瑞公司支付90 000元。

请问：华尔法公司对两位高管人员的工资、薪金收入，如何进行扣缴申报？

解析：

（1）吉普森工资、薪金收入的税款计算。

吉普森2020年度在我国境内居住时间不超过90天的，应将由境内支付的全部所得计入境内计税的工资、薪金收入额，即当月工资、薪金收入额为30 000元。

应纳税所得额=30 000-5000=25 000（元）

查《月度税率表》得出：适用的税率为20%，速算扣除数为1410。

应纳税额=25 000×20%-1410=3590（元）

（2）斯佳丽工资、薪金收入的税款计算。

斯佳丽4月是首次申报，应当根据母公司的派遣合同等资料，估计纳税年度内境内居住天数为120天，境内累计居住超过90天但不满183天，其取得归属于境内工作期间的工资、薪金所得，均应当计算缴纳个人所得税。

斯佳丽10日入境当天停留不足24小时，当日按照半天计算境内工作天数。11～30日天数为20天，境内工作天数为20.5天，境外工作天数为9.5天。

斯佳丽当月工资、薪金收入额＝当月境内外工资、薪金总额×[1-（当月境外支付工资、薪金数额÷当月境内外工资、薪金总额）×（当月工资、薪金所属工作期间境外工作天数÷当月工资、薪金所属工作期间公历天数）]=120 000×[1-（90 000÷120 000）×（9.5÷31）]=92 419.35（元）

应纳税所得额=92 419.35-5000=87 419.35（元）

查《月度所得税率表》得出：适用的税率为45%，速算扣除数为15 160。

应纳税额=87 419.35×45%-15 160=24 178.71（元）

（3）扣缴申报。

华尔法公司应于 2020 年 5 月 15 日之前向其主管税务机关报送《个人所得税扣缴申报表》，数据填报如表 8-13 所示。

表 8-13　个人所得税扣缴申报表（节选）

税款所属期：2020 年 4 月 1 日至 2020 年 4 月 30 日
扣缴义务人名称：华尔法公司　　　　　　金额单位：人民币元（列至角分）

姓名	是否为非居民个人	所得项目	收入	减除费用	应纳税所得额	税率/预扣率	速算扣除数	应纳税额
2	6	7	8	11	33	34	35	36
吉普森	是，不超过90天	高管人员工资	30 000	5 000	25 000	20%	1 410	3 590
斯佳丽	是，超过90天不超过183天	高管人员工资	92 419.35	5 000	87 419.35	45%	15 160	24 178.71

3. 非居民个人取得数月奖金的纳税申报案例分析

非居民个人一个月内取得数月奖金，单独按照规定计算当月收入额，不与当月其他工资、薪金合并，按 6 个月分摊计税，不减除费用，适用《月度税率表》计算应纳税额，计算公式如下：

当月数月奖金应纳税额 =[（数月奖金收入额 ÷6）× 适用税率 − 速算扣除数]×6

在一个公历年度内，对每一个非居民个人，该计税办法只允许适用一次。

数月奖金是指无住所个人一次取得归属于数月的奖金（包括全年奖金）、年终加薪、分红等工资、薪金所得，不包括每月固定发放的奖金及一次性发放的数月工资。

【案例 8-15】非居民个人取得数月奖金的税款计算

中国赛亚公司聘请外籍专家史密斯于 2020 年 1～6 月在公司任职，现任职已结束，6 月 30 日史密斯已回国。7 月 1 日，中国赛亚公司向史密斯先生发放了 2020 年 1～6 月的考核奖金合计 150 000 元。2020 年 1～6 月史密斯在中国境内居住天数为 182 天，对应境内工作天数 85 天。请问：中国赛亚公司向史密斯发放

奖金时应如何扣缴个人所得税？扣缴申报表如何填报？（不考虑税收协议因素）

解析：

（1）数月奖金税款计算。

中国赛亚公司向史密斯发放奖金时，应按照非居民个人取得数月奖金办法代扣代缴个人所得税。

数月奖金应收入额 =150 000×85÷182=70 054.95（元）

应扣缴个人所得税 =（70 054.95÷6×10%-210）×6=5745.50（元）

（2）扣缴申报表的填报。

中国赛亚公司应于2020年8月15日之前向其主管税务机关报送《个人所得税扣缴申报表》（数据填报如表8-14所示）。

表8-14 个人所得税扣缴申报表（节选）

税款所属期：2020年7月1日至2020年7月31日

扣缴义务人名称：中国赛亚公司　　　　　金额单位：人民币元（列至角分）

姓名	是否为非居民个人	所得项目	收入	应纳税所得额	税率	速算扣除数	应纳税额
2	6	7	8	33	34	35	36
史密斯	是，且超过90天不超过183天	数月奖金	70 054.95	70 054.95	10%	210	5 745.50

4. 取得股权激励的纳税申报案例分析

非居民个人一个月内取得股权激励所得，单独按照规定计算当月收入额，不与当月其他工资、薪金合并，按6个月分摊计税（一个公历年度内的股权激励所得应合并计算），不减除费用，适用《月度税率表》计算应纳税额。

计算公式如下：

当月股权激励所得应纳税额 =[（本公历年度内股权激励所得合计额÷6）

×适用税率-速算扣除数]

×6-本公历年度内股权激励所得已纳税额

提醒读者注意的是，无住所个人一个月内取得的境内外数月奖金或者股权激励包含归属于不同期间的多笔所得的，应当先分别按照规定计算不同归属期间来源于境内的所得，然后再加总计算当月来源于境内的数月奖金或者股权激励收入额。

【案例 8-16】非居民个人取得股权激励的税款计算

洛丽亚为法国环球公司派驻其分公司中国赛亚科技公司的外籍专家，该公司实行了股权激励计划。根据股权激励计划，洛丽亚 2020 年 1 月 1 日以后方可行权。洛丽亚 2020 年在境内居住天数不满 90 天。2020 年 2 月，洛丽亚取得境内支付的股权激励所得 400 000 元，其中归属于境内工作期间的所得为 120 000 元。2020 年 3 月，她取得境内支付的股权激励所得 700 000 元，其中归属于境内工作期间的所得为 180 000 元。请问：中国赛亚公司如何扣缴个人所得税？扣缴申报表如何填报？（不考虑税收协定因素）

解析：

（1）2020 年 2 月的股权激励税款计算。

120 000÷6=20 000（元），适用的税率为 20%，速算扣除数为 1410。

应纳税额 =[（120 000÷6）×20%-1410]×6=15 540（元）

（2）2020 年 3 月的股权激励税款计算。

在一个纳税年度内取得两次股权激励所得应合并计税。

合并后的股权激励所得 =120 000+180 000=300 000（元）

300 000÷6=50 000（元），适用的税率为 30%，速算扣除数为 4410。

应纳税额 =[（300 000÷6）×30%-4410]×6-15 540=48 000（元）

（3）扣缴申报表的填报。

中国赛亚科技公司应于 2020 年 3 月 15 日和 4 月 15 日前向其主管税务机关分别报送所属期 2 月和 3 月的《个人所得税扣缴申报表》，3 月所属期的申报需要合并计算，以 3 月为例，数据填报如表 8-15 所示。

表 8-15 个人所得税扣缴申报表（节选）

税款所属期：2020 年 3 月 1 日至 2020 年 3 月 31 日

扣缴义务人名称：中国赛亚科技公司　　　　金额单位：人民币元（列至角分）

姓名	是否为非居民个人	所得项目	收入	应纳税所得额	税率	速算扣除数	应纳税额	已缴税额	应补/退税额
2	6	7	8	33	34	35	36	38	39
洛丽亚	是，且不超过90天	股权激励	300 000	300 000	30%	4 410	63 540	15 540	48 000

5. 非居民个人转居民个人的申报案例

无住所个人取得工资、薪金所得，有扣缴义务人的，由扣缴义务人按月或者按次代扣代缴税款，不办理汇算清缴。

非居民个人在一个纳税年度内税款扣缴方法保持不变，达到居民个人条件时，应当告知扣缴义务人基础信息变化情况，年度终了后按照居民个人有关规定办理汇算清缴。

如果预计是非居民，但因延长居住天数，变成居民，在一个纳税年度内，税款扣缴方法不变。年度终了，按照居民个人规定，办理汇算清缴。如果当年离境且预计年度不再入境的，离境前办理汇缴。

【案例 8-17】非居民个人转居民个人的纳税申报

法国斯达瑞公司为境内华尔法公司的母公司。2020年4月10日，斯佳丽（非高管人员）受法国斯达瑞公司指派到华尔法公司工作170天，预计9月30日回国，最终10月15日才回国，在中国工作期间，未曾离境。2020年度发生以下事项：

（1）4月共取得工资、薪金50 000元，其中：华尔法公司支付40 000元，法国斯达瑞公司支付10 000元。

（2）5～9月，每个月取得工资、薪金40 000元，全部由华尔法公司支付。

（3）10月共取得工资、薪金50 000元，其中：华尔法公司支付30 000元，法国斯达瑞公司支付20 000元。

不考虑税收协定因素，假设法国斯达瑞公司4～10月支付工资时，已扣缴斯佳丽税额3600元。请问：斯佳丽应如何纳税？华尔法公司应如何扣缴申报？

解析：

（1）2020年度居住天数的判断。

斯佳丽5月是首次申报，应当根据母公司的派遣合同等资料，估计纳税年度内境内居住天数为172天，预判定为非居民个人，因此，华尔法公司按照非居民个人代扣代缴个人所得税且年度内不能改变。

（2）4～10月工资、薪金应纳税额的计算。

斯佳丽在中国境内累计居住超过90天但不满183天，其取得归属于境内工作期间的工资、薪金所得，应当计算缴纳个人所得税。

1）4月工资应纳税额的计算。

斯佳丽 10 日入境当天停留不足 24 小时,当日按照半天计算境内工作天数。11～30 日天数为 20 天,境内工作天数为 20.5 天。

当月工资、薪金收入额＝当月境内外工资、薪金总额×(当月工资、薪金所属工作期间境内工作天数÷当月工资、薪金所属工作期间公历天数)＝50 000×20.5÷30=34 166.67(元)

应纳税所得额＝34 166.67-5000=29 166.67(元)

查《月度税率表》得出：适用的税率为 25%,速算扣除数为 2660。

应纳税额＝29 166.67×25%-2660=4631.67(元)

2) 5～9 月工资应纳税额的计算。

均在境内工作,每月应纳税额所得额＝40 000-5000=35 000(元)

每月应纳税额 35 000×25%-2660=6090(元)

5～9 月应纳税额合计＝6090×5=30 450(元)

3) 10 月工资应纳税额的计算。

斯佳丽 15 日离境当天停留不足 24 小时,当日按照半天计算境内工作天数。1～14 日天数为 14 天,境内工作天数为 14.5 天。

当月工资、薪金收入额＝当月境内外工资、薪金总额×(当月工资、薪金所属工作期间境内工作天数÷当月工资、薪金所属工作期间公历天数)＝50 000×14.5÷31=23 387.10(元)

应纳税所得额＝23 387.10-5000=18 387.10(元)

查《月度税率表》得出：适用的税率为 20%,速算扣除数为 1410。

应纳税额＝18 387.10×20%-1410=2267.42(元)

4～10 月应纳税额合计＝4631.67+30 450+2267.42=37 349.09(元)

(3) 斯佳丽转为居民个人的调整计算。

斯佳丽在中国华尔法公司工作时间延长到 10 月 15 日,居住天数为 188 天,属于居民个人,应按年汇算个人所得税。

全年境内、境外工资、薪金收入额＝50 000+50 000+40 000×5=300 000(元)

全年综合所得应纳税所得额＝300 000-60 000=240 000(元)

全年境内、境外应纳税额＝240 000×20%-16 920=31 080(元)

法国税收抵免额＝31 080×30 000÷300 000=3108(元)

小于境外已纳税额 3600 元,实际抵免税额为 3108 元。

结转以后年度抵免额＝3600-3108=492(元)

2020年度代扣代缴境内已缴税额=37 349.09（元）

2020年度综合所得应补（退）税额=31 080-3108-37 349.09=-9377.09（元）

（4）纳税申报。

斯佳丽应于2021年3月1日至6月30日进行年度汇算申报，并向其主管税务机关报送《个人所得税年度自行纳税申报表（B表）》（数据填报如表8-16所示）和《境外所得个人所得税抵免明细表》（数据填报如表8-17所示）。

表8-16 个人所得税年度自行纳税申报表（B表）

（居民个人取得境外所得适用）

税款所属期：2020年1月1日至2020年12月31日

纳税人姓名：斯佳丽　　　　　　　　金额单位：人民币元（列至角分）

综合所得个人所得税计算		
项目	行次	金额
一、境内收入合计（1=2+3+4+5）	1	270 000.00
（一）工资、薪金	2	270 000.00
二、境外收入合计（附报《境外所得个人所得税抵免明细表》）（6=7+8+9+10）	6	30 000.00
（一）工资、薪金	7	30 000.00
五、减除费用	15	60 000.00
十、应纳税所得额（35=1+6-11-12-15-16-21-28-34）	35	240 000.00
十一、税率（%）	36	20
十二、速算扣除数	37	16 920.00
十三、应纳税额（38=35×36-37）	38	31 080.00
应补/退个人所得税计算		
一、应纳税额合计（70=38+44+47+50+53+56+58+62+67+69）	70	31 080.00
二、减免税额（附报《个人所得税减免税事项报告表》）	71	
三、已缴税额（境内）	72	37 349.09
其中：境外所得境内支付部分已缴税额	73	
境外所得境外支付部分预缴税额	74	
四、境外所得已纳所得税抵免额（附报《境外所得个人所得税抵免明细表》）	75	3 108.00
五、应补/退税额（76=70-71-72-75）	76	-9 377.09

表 8-17 境外所得个人所得税抵免明细表（节选）

			本期境外所得抵免限额计算				
	列次		A	B	C	D	E
	项目	行次		金额			
			境内	境外			合计
	国家（地区）	1		法国			
一、综合所得	（一）收入	2	270 000	30 000			300 000
	其中：工资、薪金	3	270 000	30 000			300 000
	（三）收入额	8	270 000	30 000			300 000
	（四）应纳税额	9	—	—		—	31 080
	（六）抵免限额	11	—	3 108			3 108
九、本年可抵免限额合计		45	—	3 108			3 108
本期实际可抵免额计算							
一、以前年度结转抵免额（46=47+48+49+50+51）		46					
其中：前 5 年		47		—			
前 4 年		48		—			
前 3 年		49					
前 2 年		50		—			
前 1 年		51		—			
二、本年境外已纳税额		52	—	3 600			3 600
其中：享受税收饶让抵免税额（视同境外已纳）		53					
三、本年抵免额（境外所得已纳所得税抵免额）		54	—	3 108			3 108
四、可结转以后年度抵免额（55=56+57+58+59+60）		55		492			—
其中：前 4 年		56		—			—
前 3 年		57		—			
前 2 年		58		—			
前 1 年		59		—			
本年		60	—	492			—

第九章 自然人电子税务局操作流程

自然人税收管理系统（ITS 系统），是国家税务总局紧紧围绕税收现代化目标，以个人所得税改革为切入点，依托云技术建立的全国统一、互联的自然人大数据平台，是构建能支持亿级自然人涉税申报缴税以及征收管理的全国集中式处理系统。自然人电子税务局是 ITS 系统中自然人办理涉税业务的重要组成部分，包括手机 App 端、Web 网页端、汇算清缴集中申报、汇算清缴委托申报、扣缴客户端五个办税渠道。

本章就这五个办税渠道的操作流程分别进行介绍，各渠道内容相同之处不再重复阐述。由于系统在不断升级完善，如本操作流程与实际操作有出入，以实际操作为准。

一、自行申报手机 App 端操作流程

自然人电子税务局（App 端）是个人所得税网上办税平台（以下简称手机 App）。该平台包含了注册、登录和专项附加扣除申报等功能，纳税人注册成功登录后可以自行完善、修改自然人信息，然后可直接通过该平台进行相关涉税业务操作，让纳税人足不出户即可办理涉税业务，减轻了纳税人的办税负担，节约了纳税人的办税时间。

1. App 如何下载

（1）通过自然人电子税务局 Web 端首页点击"扫码登录"下方的"手机端下载"，扫描二维码下载安装。二维码如右图。

（2）苹果 iOS 系统通过 App Store 搜索"个人所得税"

下载安装。注意：苹果 iOS 系统需要为 iOS 9.0 或更高版本。

（3）安卓系统通过应用市场搜索"个人所得税"下载安装。目前，该 App 已经在华为、小米、VIVO、OPPO 等应用市场上架。注意：安卓系统需要为 4.3 或更高版本。

2. App 账号如何实名注册

目前系统支持两种注册方式：人脸识别认证注册、大厅注册码注册。其中人脸识别认证注册仅支持居民身份证，其他证件暂不支持。纳税人可以选择任意一种方式进行注册。

（1）人脸识别认证注册。

"人脸识别认证注册"调用公安人像数据进行比对验证，验证通过后即可进行实名注册，此注册方式仅支持居民身份证。

有居民身份证的纳税人，建议采用这种注册方式。

操作步骤：

1）打开个人所得税 App 系统，点击"注册"。

2）选择"人脸识别认证注册"方式。

3）阅读并同意纳税人注册协议。

4）如实填写身份相关信息，包括：证件类型、证件号码、姓名，点击"开始人脸识别"。若姓名中存在生僻字，可点击"录入生僻字"通过笔画输入法录入。

5）垂直握紧手机进行拍摄，系统调用公安接口进行比对验证，验证通过后会跳转到登录设置页面。

6）设置登录名、密码、手机号（需短信校验）完成注册；系统对登录名和密码有校验规则，设置完成后即可通过手机号码/证件号码/登录名登录。登录名长度是 2～16 位字符，可由大小写字母、数字、中文与下划线组成，不支持纯数字，字母需区分大小写。密码由 8～15 位的字母大小写、数字、特殊字符其中三种或以上组成，不允许有空格。

（2）大厅注册码注册。

"大厅注册码注册"是指纳税人为了开通自然人电子税务局的账号进行办税，先行在办税服务厅获取注册码，然后使用注册码在该平台中开通账号，以后凭此账号即可远程办税。此注册方式适用于所有的证件类型注册。

注意： 没有居民身份证的纳税人，建议采用这种注册方式。

操作步骤：

1）纳税人携带有效身份证件到办税服务厅获取注册码。注册码由 6 位的数字、字母随机组成，注册码有效期为 7 天，过期可再次申请。

2）打开个人所得税 App 系统，点击"注册"。

3）选择"大厅注册码注册"方式。

4）阅读并同意纳税人注册协议。

5）如实填写身份信息，包括：注册码、证件类型、证件号码、姓名、国籍。若姓名中存在生僻字，可点击"录入生僻字"通过笔画输入法录入，填写的个人信息必须真实、准确。

6）设置登录名、密码、手机号码（需短信校验）完成注册，系统对登录名和密码有校验规则，设置完成后即可通过手机号码/证件号码/登录名登录。登录名应为 2~16 位字符，可由大小写字母、数字、中文、下划线构成，不支持纯数字，字母需区分大小写。密码由 8~15 位的字母大小写、数字、特殊字符其中三种或以上组成，不允许有空格。

3. App 账号如何实名登录

目前有以下三种登录方式。

（1）账号密码登录。

打开个人所得税 App 后显示首页页面，点击"个人中心"——"登录/注册"可凭注册的手机号码/证件号码/登录名作为账号登录。

其中，注册时选择除居民身份证以外的证件类型的，请使用登录名或手机号登录，最后录入密码即可。

密码错误超过 5 次，该纳税人账号会被锁定，请在 24 小时之后再试或者通过首页"找回密码"功能解锁账号。

（2）指纹登录。

若纳税人的手机支持指纹登录，则纳税人登录后可以在"个人中心"——"安全中心"中开启指纹登录的开关，首次开启需要验证指纹。验证成功后，纳税人可在登录页面点击指纹登录的按钮，调出指纹校验的弹窗，若匹配，则登录成功。

（3）扫脸登录。

若纳税人的手机支持扫脸登录，则纳税人登录后可以在"个人中心"——

"安全中心"中开启扫脸登录的开关,首次开启需要验证人脸信息。验证成功后,纳税人可在登录页面点击扫脸登录的按钮,调出人脸信息校验的弹窗,若匹配,则登录成功。

登录成功后可以在首页查看个人所得税政策,进行专项附加扣除信息采集等操作。

登录手机 App 端后,可通过右上角"扫一扫"功能,扫描 Web 端"扫码登录"下的"二维码",实现 Web 端的快速登录。

4.如何填写个人信息

个人信息分为"基本信息""可享税收优惠""其他身份证件"和"境外人员信息"四部分。

(1)基本信息。点击"个人中心"——"基本信息",录入个人基本信息。

姓名、证件类型、证件号码(隐藏部分数字)、国籍(地区)、出生日期、性别和纳税人识别号由系统自动带出,姓名、性别和出生日期可修改。

1)纳税人基础信息。纳税人点击姓名录入框,进入姓名修改页面,修改完成点击"保存"后,需校验系统内是否已存在四要素相同的档案。如果校验不通过,就根据提示信息修改,修改成功后,提示信息"保存成功"。远程端修改姓名仅支持居民身份证,其他证件暂不支持。

2)户籍所在地。证件类型为居民身份证,自动带出注册时选择的省市地区和详细地址,可进行修改。

3)经常居住地。证件类型为居民身份证以外的证件类型,自动带出注册时选择的省市地区和详细地址,可进行修改。

4)联系地址。可编辑省市地区、乡镇街道以及详细地址。

5)其他。"学历"分为研究生、大学本科和大学本科以下,"民族"根据实际情况进行选择,"电子邮箱"填写正确的邮箱即可。

(2)可享税收优惠。点击"个人中心"——"可享税收优惠",可录入税收优惠信息。

"可享税收优惠"分为残疾、孤老、烈属三种情形。选择残疾或烈属情形后,补充录入残疾证号(必填)或烈属证号(非必填)并上传证件图片(最多可添加五张照片)。

(3)其他身份证件。点击"个人中心"——"其他身份证件",可添加其他身份证件。

（4）境外人员信息：点击"个人中心"——"境外人员信息"。只有使用其他证件注册时，该页显示，可编辑，据实选择出生地、首次入境时间、预计离境时间和涉税事由（任职、受雇，提供临时劳务，转让财产，从事投资和经营活动和其他）。

5. 如何填写任职受雇信息

点击"个人中心"——"任职受雇信息"，系统自动带出通过"自然人税收管理系统扣缴客户端"或"办税服务厅"维护的任职受雇企业信息。

注意：

（1）若已在办税服务厅完成了《个人所得税基础信息表（A表）》的填报，或由扣缴单位报送过人员信息采集，则任职、受雇信息可以自动带出，且不可进行修改和删除，若有异议，可进行申诉。

（2）当员工从扣缴单位离职后，扣缴单位把人员状态修改为非正常（如实填写离职日期）并报送反馈成功后，App端任职受雇信息将不会显示该单位。

6. 如何填写家庭成员信息

家庭成员信息完善后，可用于专项附加扣除信息采集。操作步骤：

（1）打开个人所得税App，点击"家庭成员信息"。

（2）点击右上角"添加"，选择需要添加的类型。

（3）选择并录入对应添加人员的证件类型、证件号码、姓名，点击"保存"即可。

（4）添加完成，系统展现家庭成员列表，可添加和删除。

7. 如何填写银行卡信息

操作步骤：

（1）点击"个人中心"——"银行卡"。

（2）点击右上角"添加"。

（3）据实填写银行卡号，系统会自动带出所属银行，选择开户银行所在省份，录入银行预留手机号码，点击"下一步"后，系统会发送验证码到银行预留手机号码上，填写短信验证码，点击"完成"，即可完成银行卡添加。

注意：若填写的手机号码不是银行预留手机号码，则无法获取短信验证码。

系统支持添加多张银行卡，添加后的银行卡可以进行解绑和设为默认卡操作。

8. 如何修改手机号码

可在以下两种方式中选择：

（1）通过手机短信验证码验证修改手机号码。

1）打开个人所得税 App，点击"个人中心"——"安全中心"。

2）点击"修改手机号码"，选择"通过已绑定手机号码验证"方式。

3）获取已绑定手机号码的短信验证码并填写，点击"下一步"。

4）录入新手机号码完成并通过格式以及重复绑定的校验后，点击"获取验证码"。

5）进入录入随机验证码的页面，验证码格式通过校验后，点击"确定"。

6）验证码过期或错误分别提示，正确则返回新手机号码的绑定页面，同时按钮变为 60 秒倒计时，超过 60 秒，再次点击"获取短信验证码"的时候，需要再次验证。

7）短信验证码填写完成后，点击"绑定"，流程结束。

（2）通过本人银行卡验证修改手机号码。

1）打开个人所得 App 系统，点击"个人中心"——"安全中心"。

2）点击"修改手机号码"，选择"通过本人银行卡进行验证"方式。

3）填写银行卡号和银行预留手机号码，点击"下一步"。

4）绑定当前银行预留手机号码，录入获取的短信验证码，点击"绑定新手机"，即可完成手机号码修改。

9. 如何找回密码

可在以下三种方式中选择：

（1）通过短信验证码找回密码。

1）打开个人所得税 App，点击"找回密码"。

2）录入证件信息进行身份验证，信息填写完整后点击"下一步"。

3）选择"通过已绑定的手机号码验证"方式。

4）获取短信验证码并录入，点击"下一步"。

5）录入新密码以及确认密码，点击"保存"。

（2）通过已绑定手机号码找回密码。

1）打开个人所得税 App，点击"找回密码"。

2）录入证件信息进行身份验证，信息填写完整后点击"下一步"。

3）选择"通过已绑定的手机号码验证"方式。

4）获取短信验证码并录入，点击"下一步"。

5）录入新密码以及确认密码，点击"保存"。

（3）通过本人银行卡找回密码。

1）打开个人所得税 App，点击"找回密码"。

2）录入证件信息进行身份验证，信息填写完整后点击"下一步"。

3）选择"通过本人银行卡进行验证"方式。

4）录入银行卡号和银行预留手机号码，点击"下一步"。

5）录入银行预留手机号码收到的短信验证码，点击"下一步"。

6）录入新密码以及确认密码，点击"保存"。

注意： 若通过以上功能仍无法找回密码，请携带有效身份证件至本地办税服务厅进行密码重置。

10. 如何进行专项附加扣除信息采集

专项附加扣除信息采集是指纳税人根据税收法律法规的有关规定，需要进行专项附加扣除的，自行采集或是由扣缴义务人采集相关信息。

个人所得税专项附加扣除，是指《个人所得税法》规定的子女教育、继续教育、大病医疗、住房贷款利息或者住房租金、赡养老人六项专项附加扣除。

（1）子女教育专项附加扣除信息采集。

点击"首页"——"专项附加扣除填报"，或"我要办税""办税"入口进入。

1）选择扣除年度，选择"子女教育"。

2）确认纳税人基本信息无误后点击"下一步"。

3）根据实际情况选择和录入子女教育信息，如当前受教育阶段、当前受教育阶段开始时间和结束时间等，完善后点击"下一步"。

4）选择本人扣除比例，点击"下一步"。

5）选择申报方式，"提交"即可。

（2）继续教育专项附加扣除信息采集。

1）点击"首页"——"专项附加扣除填报"，或"我要办税""办税"入口进入。

2）选择扣除年度；选择"继续教育"。

3）确认纳税人基本信息无误后点击"下一步"。

4）选择扣除年度以及继续教育类型。

5）据实选择继续教育类型并填写对应信息，点击"下一步"。

6）选择申报方式，"提交"即可。

（3）大病医疗专项附加扣除信息采集。

1）点击"首页"——"专项附加扣除填报"，或"我要办税""办税"入口进入。

2）选择扣除年度，选择"大病医疗"。

3）确认纳税人基本信息无误后点击"下一步"。

4）选择扣除年度、与纳税人的关系，据实录入个人负担金额以及医疗费用总金额，点击"提交"即可。

（4）住房贷款利息专项附加扣除信息采集。

1）点击"首页"——"专项附加扣除填报"或"我要办税""办税"入口进入。

2）选择扣除年度，选择"住房贷款利息"。

3）确认纳税人基本信息无误后，录入房贷信息，产权证明分为房屋所有权证、不动产权证、房屋买卖合同、房屋预售合同四种。选择房屋所有权证、不动产权证需填写证书号码；选择房屋买卖合同、房屋预售合同需填写合同编号。信息完善后点击"下一步"。

4）选择扣除年度以及贷款方式。贷款方式分为公积金贷款、商业贷款、组合贷三种，至少填写其中一种点击"下一步"。

5）选择贷款人是否为本人以及分配比例，如借贷人为非本人，则"是否婚前各自首套贷款，且婚后分别扣除50%"选项置灰不可填写，只有借贷人为本人，该选项才可填写，点击"下一步"。

6）选择申报方式，点击"提交"即可。

（5）住房租金专项附加扣除信息采集。

1）点击"首页"——"专项附加扣除填报"，或"我要办税""办税"入口进入。

2）选择扣除年度，选择"住房租金"。

3）确认纳税人基本信息无误后点击"下一步"。

4）选择扣除年度以及录入住房租金支出相关信息。

5）出租方类型分为自然人和组织，录入对应类型的出租人身份证件信息（非必填）或出租单位统一社会信用代码（非必填）、出租单位名称（非必填），点击"下一步"。

6）选择申报方式，点击"提交"即可。

（6）赡养老人专项附加扣除信息采集。

1）点击"首页"——"专项附加扣除填报"，或"我要办税""办税"入口进入。

2）选择扣除年度，选择"赡养老人"。

3）确认纳税人基本信息无误后点击"下一步"。

4）选择扣除年度以及被赡养人信息，点击"下一步"。

5）选择是否独生子女。独生子女，全部由本人扣除；非独生子女，需录入共同赡养人（非必填）、本年度月扣除金额并选择分摊方式（赡养人平均分摊、赡养人约定分摊、被赡养人指定分摊），点击"下一步"。

6）选择申报方式，点击"提交"即可。

11. 如何查询专项附加扣除填报记录

已采集的专项附加扣除信息，可点击"查询"——"专项附加扣除填报记录"进行修改和作废。

（1）查看专项附加扣除采集记录时显示纳税人的任职状态。

（2）家庭成员关系变更后，会同步修改已采集的专项附加扣除的家庭成员信息。

（3）变更专项附加扣除的扣缴义务人以及作废专项附加扣除记录时增加原因选项。

12. 如何确认下一年度专项附加扣除信息

按要求，专项附加扣除信息每年需要确认一次。

（1）点击"首页"——"专项附加扣除填报"，或"我要办税""办税"入口进入"专项附加扣除填报"。

无默认扣除年度，需要按要求进行扣除年度的选择。

（2）点击"一键带入"。

如所选年度已存在专项附加扣除，则提示"已存在专项扣除记录，是否继续"，如果继续，将用带入的记录覆盖已经存在的记录。

如所选年度无专项附加扣除记录，则提示"是否带入上一年度信息"，点击"确定"后，出现所选年度的上年度记录，有需要确认的，则明显标识，需确认后，才可点击"一键确认"。

如果信息存在错误，则需要按照信息提示进行处理。处理完成提示信息，可直接点击"一键确认"完成2020年度的专项附加扣除确认。

提示信息处理规则如下：

1）若同一专项附加扣除事实存在多条重复的采集记录，系统自动标记为"重复填报"，则需要纳税人据实删除错误的采集记录，只保留一条正确的记录。

2）若此前的采集记录既存在住房租金的采集，又存在住房贷款利息的采集，则需要选择其中一项进行扣除，删除另外一项，可通过左滑删除或者查看详情点击"删除"。

3）若同一类专项附加扣除信息申报方式选择的扣缴义务人不一致，则需要选择一处扣缴义务人进行扣除，可通过点击"修改申报方式"进行选择。

4）若采集记录的扣除有效期不在 2020 年的扣除年度内，则此时这条记录标记为"已失效"，需要据实修改扣除有效期。

13. 如何查询收入纳税明细

（1）从"首页"——"常用业务""收入纳税明细查询"进入或"服务"——"申报信息查询"——"收入纳税明细查询"进入。

1）选择税款所属期：默认系统当前年度。

2）选择所得类型。可点击全部进行所有综合所得项目的选择；也可以在全选的基础后，勾选部分所得项目；或在未全选的情况下，勾选需要查询的所得项目。

（2）查看结果。点击"查询"后，查看符合条件的收入明细数据。点击属期区域，可查看该条收入的明细构成。

14. 如何办理个人所得税年度自行申报（简易申报）

（1）在 App 首页点击"综合所得年度汇算"，进入个人所得税年度自行申报页面。

注意：如果纳税人证件类型非"居民身份证"，则弹框提示纳税人填入在华停留天数等信息，在华停留满足 183 天以上才允许申报，否则不允许申报。

（2）如果纳税人收入额未超过 6 万元且已预缴税款，则自动进入简易申报流程，弹框显示"简易申报提醒"，勾选"我已知晓并同意"，点击"进入申报"，则进入简易申报主页面。

选择"汇缴地"，确认"个人基础信息""已缴税额"无误后点击"提交申报"即可。

1）确认个人基础信息。姓名、国籍、证件类型、证件号码、手机号：由系统带出；电子邮箱：填写正确的邮箱即可；联系地址：可编辑省市地区、详细地址。

2）选择汇缴地。如果纳税人纳税年度内只有一家任职、受雇单位，则默认显示任职、受雇单位，主管税务机关不可选择。如果纳税人纳税年度内有多家任职、受雇单位，则下拉框显示多条任职、受雇单位，根据选择的任职、受雇单位带出主管税务机关。

如果纳税人无任职、受雇单位，汇缴地可选"户籍地、经常居住地"，地址信息取值于个人信息中的户籍所在地、经常居住地，根据选择相应带出，支持修改。

3）已缴税额。上年度预扣预缴申报和自行申报时，已缴纳的税额合计，由系统带出，不可修改。支持点击"点击查看收入明细数据"查看收入纳税明细数据。如果对收入信息有异议，支持对收入明细进行"申诉、删除"，申诉或删除后，此收入的已缴税额将不计入已缴税额合计中。

注意："简易申报"时间为3月1日~5月31日。6月以后需要通过"标准申报"。

15. 如何办理个人所得税年度自行申报（标准申报，不含境外）

（1）在App首页点击"综合所得年度汇算"，进入个人所得税年度自行申报页面。

注意： 如果纳税人证件类型非"居民身份证"，则弹框提示纳税人填入在华停留天数等信息，在华停留满足183天以上才允许申报，否则不允许申报。居民个人取得境外所得的，应到办税服务大厅办理。

（2）如果纳税人满足预填的条件，则进入到"选择填报方式"的页面。纳税人选择一种申报方式，点击"确定"。

1）如果选择的申报方式为"使用申报数据进行申报"，则弹框提示"使用申报数据提醒"协议，纳税人勾选"我已知晓并同意"，点击"进入申报"，则进入申报主流程。纳税人可以选择使用收入纳税数据进行预填写，其中收入纳税数据来源于扣缴义务人代为填报以及自行填报的收入和专项附加扣除信息。

2）如果选择的申报方式为"不使用收入纳税数据，我要手工填写"，则弹框提示"手工填写提醒"，纳税人勾选"我已知晓并同意"，点击"进入申报"，则进入手工填写主流程。

（3）申报表填写。填报申报流程，分为三个步骤："基础信息""收入与税前扣除""税款计算"。

"基本信息":支持纳税人修改"电子邮箱、联系地址"信息,选择本次申报的汇缴地。

"收入与税前扣除":系统使用纳税人在纳税年度的申报明细(工资、薪金所得、连续劳务报酬(保险营销员、证券经纪人)所得、特许权使用费所得)、专项附加扣除数据进行预填,不支持主表修改,支持明细表修改。

"税款计算":税款计算分为"应纳税额""减免税额""已缴税额"共三部分。

(4)点击"保存"按钮后,系统会保存纳税人填报的数据,下次进入申报可以继续填报。

(5)申报数据无误后,点击"提交申报",申报成功。

退税则跳转到"申报成功——退税"页面,点击"申请退税"可申请退税。

缴税则跳转到"申报成功——缴税"页面,点击"去缴税"可缴款。

16. 如何作废或更正申报记录

(1)作废。如果纳税人想重新填报年度自行申报,应先作废已申报数据,继而可以重新填报。

注意:已开票未支付、已完成支付或发生抵缴的情形不可作废。

操作步骤:

点击"查询"——"申报信息查询"——"申报记录查询"——"作废"。

注意:作废后数据不可恢复,纳税人可以重新填报。

(2)更正。如果纳税人满足更正条件,纳税人则可以在以后的申报期补充相应信息。

操作步骤:

1)点击"查询"——"申报信息查询"——"申报记录查询"——"更正"。

2)根据实际情况更正相应内容,确认无误后点击"更正申报"即可。

17. 如何进行缴退税

(1)缴税。

1)点击"查询"——"申报信息查询"——"申报记录查询"——"去缴税"。

2)选择相应的缴税方式(正式的第三方缴款方式还未确定,以最终上线为准),完成支付即可。

(2)退抵税。

1）点击"查询"——"申报信息查询"——"申报记录查询"——"申请退抵税"。

2）退抵税金额：确认并勾选"可抵退税额"，点击"下一步"。

3）抵缴税款：确认无误后点击"下一步"。

4）提交申请：确认退抵税金额无误。若已绑定可退税银行卡，则选择对应银行卡；若没有添加银行卡，则点击"添加银行卡信息"，选择并录入银行卡号、所属银行（系统根据输入的银行卡号自动匹配）、开户银行所在省份、银行预留手机号码，点击"下一步"，绑定可退税银行卡，点击"提交申请"即可。

18. 如何建立委托关系，以便受托人办税

（1）可点击"办税"——"委托代理关系管理"进行建立和管理。

（2）使用居民身份证进行注册的，选择委托年度后，可进入表单填写页面；使用其他证件注册的，需要选择委托年度，填写境内累计居住天数，才可进入表单填写页面。

（3）纳税人可以选择已经在局端开通过该项服务的受托机构。

（4）表单必填项填写完毕后，则完成了委托，待受托机构相关人员接受委托后，该委托生效。

19. 如何进行办税授权，以便由单位集中申报

系统设置了"企业办税权限"和"我的办税权限"功能，可进行授权管理、新增授权人员、授权变更及解除等操作。

（1）企业办税权限。企业法人、财务负责人登录平台后，个人中心页面显示"企业办税权限"。"企业办税权限"自动展示当前任职、受雇单位列表，可进行授权管理。

操作步骤：

1）个人中心选择"企业办税权限"。

2）可录入企业名称或纳税人识别号进行查询。

3）新增授权人员信息，系统限制人数为20人，且必须为已在本系统注册的人员。

4）录入办税人员信息，权限类型分为：办税权限、代理申报办税权限和管理权限。被赋予办税权限后，该人员可在单位办税模块进行单位员工的集中申报等操作；被赋予代理申报办税权限后，该人员可在代理办税模块进行委托管

理、代理申报等操作；被赋予管理权限后，除拥有上述两项权限外，该人员还可以给第三人分配权限。

5）根据授权人员情况，将授权期限类型分为定期和长期。选择长期，则只需填写授权期限起；选择定期，需要填写授权期限起和授权期限止。

6）已授权页面显示已添加的授权人员信息。

7）添加成功后，可对办税人员信息进行变更和解除授权。

（2）我的办税权限。被授予办税权限的办税人员，个人中心页面只展示"我的办税权限"。在此页面可查看当前授权单位列表和授权状态，办税人员可进行"解除授权"，解除后则可以删除该条信息。

20. 对任职、受雇信息，如何发起申诉

（1）点击"个人中心"——"任职受雇信息"。

（2）点击需要申诉的企业。

（3）点击"申诉"。

（4）选择申诉类型并完善补充说明，补充说明至少填写5个字符，确认填写信息真实有效点击"提交"。

（5）提交申诉后，可通过申诉成功页面点击"查看申诉"或者"查询"——"异议处理记录"查看申诉详情。

21. 对被冒用为财务负责人，如何发起申诉

（1）点击"个人中心"——"企业办税权限"。

（2）点击需要申诉的企业。

（3）点击"申诉"。

（4）选择申诉类型并完善补充说明，补充说明至少填写5个字符，确认填写信息真实有效点击"提交"。

（5）提交申诉后，可通过申诉成功页面点击"查看申诉"或者"查询"——"异议处理记录"查看申诉详情。

22. 对收入数据，如何发起申诉

点击"首页"——"常用业务"——"收入纳税明细查询"；"服务"——"申报信息查询"——"收入纳税明细查询"。

（1）批量申诉：按条件查询到结果后，在结果列表右上角有"批量申诉"功能。如对某单位的多条数据进行申诉，可通过该功能，查找属于该单位的所

有申报数据后，进行多条选择申诉。选择申诉类型"目前在职""从未在职""曾经在职"，补充说明原因，勾选承诺条款后，即可点击"提交"完成申诉。

申诉进度情况，系统会通过站内信提醒纳税人，纳税人也可自行在"服务"——"异议处理查询"中查看。

（2）单条申诉：在查询列表页，点击"列表"行，可查看对应的收入明细。在收入明细页点击右上角"申诉"。选择申诉类型"目前在职""从未在职""曾经在职"，补充说明原因，勾选承诺条款后，即可点击"提交"完成申诉。

23. 如何查询异议处理

申诉进度情况，系统会通过站内信提醒纳税人，纳税人也可自行在"服务"——"异议处理查询"中查看。

提交申诉之后，可点击"查询"——"异议处理记录"查看申诉详情。

24. 如何查询税收优惠备案信息

从首页"我要查询——税收优惠备案查询"或"服务——税收优惠备案查询"进入。

（1）创投企业天使投资个人优惠备案查询。从首页"我要查询——创投企业天使投资个人优惠备案查询""服务—创投企业天使投资个人优惠备案查询"进入。

（2）非货币性资产投资分期缴纳备案查询。从首页"我要查询——非货币性资产投资分期缴纳备案查询"或"服务——非货币性资产投资分期缴纳备案查询"进入。

25. 如何查询涉税专业服务机构信用

涉税专业服务机构法人可通过涉税专业服务机构信用查询功能查询本机构各年度信用积分、指标积分、失信情况及在职人员数量。

（1）如果当前操作法人有多个涉税专业服务机构，则点击"涉税专业服务机构信用查询"进入机构列表页面，点击列表中某个机构进入该机构信用详情页面。如果当前操作法人仅有一个涉税专业服务机构，则点击"涉税专业服务机构信用查询"直接进入该机构信用详情页面。

（2）选择"积分所属年度"，可查看该机构在各积分年度的年度信用积分、年度信用等级、是否列入失信名录、指标积分情况、纳入失信名录情况。

（3）点击"指标积分情况"进入指标积分情况页面，查看各指标的积分，点击返回则回到机构信用详情页面。

（4）点击"失信记录情况"进入失信记录情况页面，查看该年度失信记录，点击"返回"则回到机构信用详情页面。

26. 如何进行票证查验

可通过票证查验功能对各类税收票证、税收完税证明开具内容的真伪进行验证。

（1）点击登录页面"公众查询"——"票证查验"，或点击"查询"——"票证查验"，也可点击首页右上角的"扫一扫"。

（2）可通过手机扫描票证上的二维码或者手工录入票证信息进行票证查验。

（3）票证种类分为个人所得税纳税记录、税收缴款书（税务收现专用）、税收完税证明（表格式）三种。

当票证种类选择税收缴款书（税务收现专用）、税收完税证明（表格式）时，"查询验证码"显示为"电子税票号码"，信息完善后点击"去查询"。

二、自行申报 Web 网页端操作流程

自然人电子税务局（Web 端）包含了注册、登录和专项附加扣除填报、税费申报等功能。纳税人注册成功登录后可以自行完善、修改自然人信息，直接通过该平台进行相关涉税业务操作，让纳税人无须再往返税务机关办理，减轻了纳税人的办税负担，节约了纳税人的办税时间，更加方便、快捷地完成相关涉税业务操作。

1. Web 端如何注册

纳税人可通过访问 https://etax.chinatax.gov.cn（全国统一的自然人电子税务局登录网址），也可通过访问各省税务局门户网站或各省电子税务局后，点击自然人电子税务局链接登录。

首次访问需要先实名认证注册。

2. Web 端如何实名登录

开通自然人电子税务局账号后，可直接登录自然人电子税务局进行相关信息采集、修改和维护等操作。

（1）账号密码登录。纳税人点击登录页面的"密码登录"，可凭注册的手机

号码/登录名/证件号作为账号登录。其中,注册时选择外国护照的纳税人,请使用登录名或手机号码登录,最后录入密码即可。

(2)扫一扫。已下载"个人所得税"App的自然人,可通过登录手机App后首页右上角的扫一扫功能,扫描网页的二维码来完成网页版的快速登录。二维码的有效期为15分钟,若二维码过期则需刷新重新生成。

首次登录系统后,需完善个人信息,点击页面右上角的头像图标,可以选择个人信息管理或者退出登录。

(3)大厅注册码注册。

1)纳税人携带有效身份证件到办税服务厅获取注册码,注册码由6位的数字、字母随机组成；注册码有效期为 7 天，过期可再次申请。

2）登录自然人电子税务局，点击"立即注册"或页面右上角的"注册"，需自然人授权点击"同意并继续"。

3）选择"大厅注册码注册"方式，如实填写身份信息，包括：姓名、证件类型、证件号码。若姓名中存在生僻字，可点击"录入生僻字"通过笔画输入法录入。

4）设置登录名、密码、手机号（需短信验证）、户籍所在地完成注册，系统对登录名和密码有校验规则，设置完成后即可通过手机号码 / 证件号码 / 登录名登录，并进行相关业务操作，规则同 App。

3. 如何录入和维护个人信息

为了便于纳税人查看和维护个人信息、享受税收优惠以及后续快速补退税款，需先采集相关信息。

点击"个人中心"——"基本信息"/"任职受雇信息"/"家庭成员信息"/"银行卡"，进行相关内容采集。操作步骤同 App，根据提示操作即可。

（1）基本信息。基本信息分为"基本信息""其他身份证件""可享税收优惠情形"和"境外人员信息"四部分。

（2）任职受雇信息。系统自动带出通过"自然人税收管理系统扣缴客户端"或"办税服务厅"维护的任职受雇企业信息。

（3）家庭成员信息。家庭成员信息完善后，可用于专项附加扣除填报。

（4）银行卡。银行卡必须是凭本人有效身份证件开户的，填写银行卡号，所属银行会依据银行卡号自动带出，选择开户行所在省份，填写该卡的银行预留手机号，完成安全验证后即可添加银行卡，后续可以使用绑定的银行卡来完成税款的缴税与退税。系统支持添加多张银行卡，添加后的银行卡可以进行解绑和设为默认卡操作。

4. 如何修改手机号码或登录密码

系统以保护纳税人信息安全为前提，为纳税人提供了一站式安全服务。本模块包括修改已绑定的手机号码、修改登录密码以及手机找回密码功能。点击"个人中心"——"安全中心"，进入相关模块，操作步骤同 App，根据提示操作即可。

5. 如何进行办税授权管理

Web 端包括"企业办税权限"和"我的办税权限"功能，可进行授权管理、新增授权人员、授权变更及解除等操作。操作步骤同 App，根据提示操作即可。

6. 如何填报专项附加扣除信息

平台提供业务入口和快捷入口。

（1）业务入口：纳税人可通过鼠标 hover 顶部导航"我要办税"或点击顶部导航"我要办税"功能进入"我要办税"页面，点击进行专项附加扣除填报。

（2）快捷入口：快捷入口位于"首页"中下部的常用业务区域。

六项专项附加扣除的填报操作步骤同 App 类似，根据提示操作即可。

7. 如何进行经营所得个人所得税的自行申报

（1）经营所得（A 表）。

1）点击"经营所得（A 表）"，选择对应需要申报的年份，录入被投资单位统一社会信用代码，相关信息自动带出。如被投资单位类型是合伙企业则会带出合伙人分配比例。征收方式（大类）分为"查账征收"和"核定征收"，需选择征收方式（小类）。

2）根据不同的征收方式（小类），录入相应计税信息。

3）选填减免税额和税收协定优惠事项，若无则直接点击"下一步"。

4）确认申报信息后点击"提交"，如企业类型为合伙企业，则计算公式和明细自动带出"合伙企业合伙人分配比例"，可在申报成功的页面立即缴款或查看申报记录。

注意：有综合所得又有经营所得的，投资者减除费用、专项扣除、专项附加扣除、依法确定的其他扣除，只能在综合所得中扣除。

（2）经营所得（B表）。

1）点击"经营所得（B表）"，选择对应需要申报的年份，录入被投资单位信息。若被投资单位类型为合伙企业，则录入被投资单位统一社会信用代码后，系统会自动带出"合伙企业合伙人分配比例"。

2）录入收入成本信息，其中带＊号为必填项，其他项目根据企业实际情况填写。

3）录入纳税调整增加/减少额，若企业没有相关纳税数据可直接点击"下一步"。

4）录入其他税前减免事项，若企业没有相关纳税数据可直接点击"下一步"。

5）确认申报信息后点击"提交申报"，可在申报成功的页面立即缴款或查看申报记录。

注意：未填写"经营所得（A表）"的企业，应在填写完成后进行此表操作。

（3）经营所得（C表）。

1）点击"经营所得（C表）"，选择对应需要申报的年份，本表自动获取税款所属期、被投资单位信息，汇缴地由纳税人自行选择。

2）确认申报信息，系统将根据历史申报数据，自动归集需要调增的数据，纳税人还可以额外补充需要调增的数据。其中只有应调整的其他费用、可减免税额（可减免税额附表、可享受税收协定待遇优惠附表）在报表中直接修改，确认数据无误后点击"提交"，可在申报成功的页面立即缴款或查看申报记录。

注意：填写"经营所得（C表）"前，需先填写"经营所得（A表）""经营所得（B表）"。

8.如何建立与中介机构的委托代理关系

（1）可点击"我要办税"——"委托代理关系管理"进行建立和管理。

（2）使用居民身份证进行注册的，选择委托年度后，可进入表单填写页面；使用其他证件注册的，需要选择委托年度，填写境内累计居住天数，才可进入表单填写页面。

（3）纳税人可以选择已经在局端开通过该项服务的中介机构。

（4）表单必填项填写完毕后，则完成了委托，待中介机构相关人员接受委托后，该委托生效。

9. 如何进行个人综合所得汇算申报

（1）综合所得汇算申报（简易申报）。点击"综合所得汇算申报"，进入年度自行申报。符合简易申报条件的，自动调转简易申报页面。选择"汇缴地"，确认"个人基础信息"，已缴税额无误后，点击"提交申报"即可。

操作流程同 App 端基本相同，按页面提示操作即可。

（2）综合所得汇算申报（不含境外）。

1）使用申报数据进行填报：纳税人可选择使用收入纳税数据进行预填写，其中收入纳税数据来源于扣缴义务人代为填报以及自行填报的收入和专项附加扣除信息。

2）手工填写：纳税人不使用收入纳税数据预填报，手工填写申报表。申报分为三个步骤："基础信息""收入与税前扣除""税款计算"。

操作流程同 App 端基本相同，按页面提示操作即可。

10. 如何进行网上缴税

（1）申报成功后，点击"立即缴款"，选择相应的缴税方式，完成支付即可。

1）三方协议支付。本功能适用于已签订三方协议的纳税人在缴款时进行选择。

点击"我要查询"——"申报查询"——"未完成"，选择对应申报项目进行缴税，如有多条未缴款记录可点击"立即缴税"（仅同一个税款所属机关、收款国库的申报可合并缴税）。

支付方式选择"三方协议缴款"，点击"立即支付"。

确认此次缴税所使用的三方协议缴款账户，点击"确定"发起扣款请求完成缴税。

2）银联在线支付。未签订三方协议缴款的纳税人，可选择银联在线支付完成缴款。

点击"我要查询"——"申报查询"——"未完成"，选择对应申报项目进行缴税，如有多条未缴款记录可点击"立即缴税"（仅同一个税款所属机关、收款国库的申报可合并缴税）。

支付方式选择"银联在线支付"，点击"立即支付"。

选择"直接付款"或者"登录付款"，发起扣款请求完成缴税。

3）银行端凭证支付。纳税人在缴税支付时可选择银行端凭证支付，在线生成银行端缴税凭证。

点击"我要查询"——"申报查询"——"未完成"，选择对应申报项目进行缴税，如有多条未缴款记录可点击"立即缴税"（仅同一个税款所属机关、收款国库的申报可合并缴税）。

支付方式选择"银行端凭证支付"，点击"立即支付"。

纳税人在线生成银行端缴税凭证后，可下载打印，持纸质凭证前往可办理业务的银行窗口完成支付。

（2）已缴税查询。点击"我要查询"——"申报查询"——"已完成"，纳税人可查看已缴税情况。

（3）电子税票下载。当纳税人在自然人电子税务局将缴款方式选择为银行端现金缴税时，可通过此功能打印《银行端查询缴税凭证》，《银行端查询缴税凭证》生成后，请留意凭证提示的限缴日期，务必及时缴纳税款。纳税人可携带《银行端查询缴税凭证》前往线下银行柜台缴税。

1）点击"我要查询"——"申报查询"——"已完成"，选择对应申报项目点击"查看"。

2）选择"缴款凭证"后点击"预览"，即可生成《银行端查询缴税凭证》。

（4）转开税收完税证明。税收完税证明是税务机关为证明纳税人已经缴纳税款或者已经退还纳税人税款而开具的税收票证。

1）点击"我要查询"——"申报查询"——"已完成"，选择对应申报项目点击"查看"。

2）选择"缴税记录"后点击"转开完税证明"，即可生成完税证明。

11. 如何办理退抵税申请

（1）申报成功——退税。申报成功后，自动显示退税页面。

1）申请退税：确认退税金额无误，若已绑定可退税银行卡，则选择对应银行卡；若没有添加银行卡或者需要退至其他银行卡，则点击"添加"，录入银行卡号、所属银行（系统根据输入的银行卡号自动匹配）、开户银行所在省份、银行预留手机号码，点击"下一步"，绑定可退税银行卡，点击"退税"即可。

2）放弃退税：点击"放弃退税"，弹框二次确认后，放弃退税即成功，放弃退税后支持在申报查询列表再次申请退税。

（2）查询退税。

点击"我要查询"——"申报查询"——"未完成"，选择对应申报项目进行申请（如有多条记录可合并退税，仅同一个税款所属机关、同一退税原因的申报，可合并申请退抵税）。

选择完成需要退税的记录后，会带出纳税人在个人信息管理采集的银行卡，选择可用的退税银行卡，如果没有可以点击添加。

提交成功，后面可以在查看详情时查看审批进度。

12. 如何更正和作废申报记录

（1）申报更正。本功能用于已申报成功发现有误的报表进行更正重新申报。

点击"我要查询"——"申报查询"——"未完成"或"已完成"，选择对应申报项目点击"查看"，需要更正则点击"修改"，即可对报表信息进行更正，再重新申报即可。

（2）申报作废。本功能用于已申报成功发现有误的报表进行作废，发生已开票或发生抵缴业务时，则无法作废。

点击"我要查询"——"申报查询"——"未完成"或"已完成"，选择对应申报项目点击"作废"；点击"已作废"，可查看已作废成功的申报项目。

13. 如何查询专项附加扣除信息

1）已填报的专项附加扣除信息，可点击"我要查询"——"专项附加扣除信息查询"，选择需要查询的申报项目和扣除年度进行查询，点击"查看"可修改或作废该条数据。

2）查看专项附加扣除填报记录时显示纳税人的任职状态。

3）家庭成员关系变更后，会同步修改已填报的专项附加扣除的家庭成员信息。

4）变更专项附加扣除的扣缴义务人以及作废专项附加扣除记录时增加原因选项。

14. 如何办理备案信息查询

（1）天使投资个人所得税抵扣备案。

点击"我要查询"——"天使投资个人所得税抵扣备案"，可以查看备案信息的列表，点击"查看"可查看该条备案的明细。

（2）非货币性资产投资分期缴纳备案查询。

点击"我要查询"——"非货币性资产投资分期缴纳备案查询",可以查看备案信息的列表,点击"查看"可查看该条备案的明细。

(3)税收优惠备案查询。

点击"我要查询"——"税收优惠备案查询",可以查看备案信息的列表,点击"查看"可查看该条备案的明细。

15. 如何查询涉税专业服务机构信用

涉税专业服务机构法人可通过涉税专业服务机构信用查询功能查询本机构各年度信用积分、指标积分、失信情况及在职人员数量。

1)如果当前操作法人有多个涉税专业服务机构,则点击"涉税专业服务机构信用查询"进入机构列表页面,点击某个机构"查看详情"进入该机构信用详情页面。如果当前操作法人仅有一个涉税专业服务机构,则点击"涉税专业服务机构信用查询"直接进入该机构信用详情页面。

2)选择"积分所属年度",可查看该机构在各积分年度的年度信用积分、年度信用等级、是否列入失信名录、指标积分情况、纳入失信名录情况。

16. 如何进行票证查验

点击"公众服务"——"票证查验",进入可查询页面,选择票证查验,点击"立即查询"。

票证种类分为个人所得税纳税记录、税收缴款书(税务收现专用)、税收完税证明(表格式)三种。默认为个人所得税纳税记录,当票证种类选择税收缴款书(税务收现专用)、税收完税证明(表格式)时,将"查询验证码"改成"电子税票号码"。

17. 如何办理异议申诉

(1)对任职受雇信息发起申诉。纳税人在进行任职受雇信息查询时,发现系统登记的任职受雇信息实际上并不存在,存在纳税人信息被冒用的情况,可以通过该功能发起异议申诉处理申请。

1)点击"任职受雇信息"——"申诉"。

2)选择申诉类型并完善补充说明,补充说明至少填写5个字符,确认填写信息真实有效点击"提交";提交申诉后,系统将对这条被申诉的单位记录进行隐藏。选择"从未任职",系统将该条申诉任务发送到对应被申诉单位的主管税务机关;选择"曾经任职",系统自动将该条申诉信息推送到对应被申诉单位的扣缴客户端。

（2）对办税授权管理（财务负责人）发起申诉。企业财务负责人在办税授权管理页面，发现自己并非该家单位的财务负责人，可以在授权管理页面点击右上角的"申诉"按钮发起申诉。

操作步骤：

1）点击"办税授权管理"——"企业办税权限"——"查看详情"——"申诉"。

2）选择申诉类型并完善补充说明，补充说明至少填写5个字符，确认填写信息真实有效点击"提交"。提交申诉后，选择"从未在职"或"曾经在职"，系统将申诉任务发送到对应被申诉单位的主管税务机关。

（3）异议处理查询。

点击"我要查询"——"异议处理查询"查看已提交的申诉记录，可以通过申诉事项、申诉类型和申诉状态进行筛选查看，已反馈的可以查看反馈结果。

三、年度汇算单位代办申报端操作流程

居民个人纳税年度内取得正常工资、薪金所得，外籍人员取得正常工资、薪金所得，保险营销员取得佣金收入、证券经纪人取得佣金收入的，可以由扣缴义务人集中办理汇算清缴。

1. 集中申报如何登录

扫码登录或输入账号密码登录"自然人电子税务局"。

登录"自然人电子税务局"后，点击"单位办税"进入"集中申报"办税菜单。

注意：有单位办税授权才能进行单位办税。

根据《个人所得税法实施条例》第二十九条的规定，扣缴义务人有为纳税人代为办理汇算清缴申报的义务。

在"集中申报"菜单中，扣缴义务人可以为居民纳税人进行综合所得汇算清缴申报。

主要分为报表填报、退税申请、税款缴纳、申报记录查询四个功能子模块。

2. 如何办理申报表填报

在"集中申报"菜单中，点击"报表填报"，进入报表填报页面。

（1）添加待申报人员。

1）点击"添加"按钮添加待申报人员，输入需要填写申报表的纳税人身份信息。

如果发现错误添加了人员，则选择需要删除的人员记录，点击"删除"按钮。

"姓名""证件类型""证件号码""国籍（地区）"：录入纳税人正确的证件及国籍信息。

"年度内境内居住天数"：证件类型为"居民身份证"时无须填写，其他类型可填写。

"已在中国境内居住年数"：证件类型为"居民身份证"时无须填写，其他类型可填写。

注意：纳税年度内，未由扣缴义务人申报过正常工资、薪金所得，外籍人员正常工资、薪金，保险营销员佣金收入或证券经纪人佣金收入的纳税人不允许集中申报（添加）。

2）办税权限校验通过的，可以进行申报表填写与保存。

（2）方式一：手工填报申报表主表及附表。

1）申报表主表。

"报表类型"：默认为"标准申报"，系统不支持"简易申报"类型。

"是否存在境外所得"：默认为"否"，系统不支持境外所得的汇缴申报。

"享受豁免"：年度综合所得收入不超过 12 万元且需要补税的，或补税金额不超过 400 元的可以选择是否享受豁免，选择享受的，申报成功后，无须缴税。

"退税申请"：应补/退税额小于 0 的，须选择"申请退税"或"放弃退税"。选择"申请退税"的，"银行账号""开户银行"和"开户行省份"必填。

2）商业健康保险税前扣除情况明细表。

在商业健康保险操作栏中点击"修改"按钮打开《商业健康保险税前扣除情况明细表》，点击"添加"按钮补充商业健康保险明细。

"税优识别码"：为确保税收优惠商业健康保险保单的唯一性、真实性和有效性，由商业健康保险信息平台按照"一人一单一码"的原则进行核发，填写个人保单凭证上打印的数字识别码。

"保单生效日期"：商业健康保险保单生效的日期。

"年度保费"：商业健康保险保单年度内该保单的总保费。

"月度保费"：月缴费的保单填写每月所缴保费，按年一次性缴费的保单填写年度保费除以 12 后的金额。

"本年扣除金额"：扣除限额为 2400 元/年。

3）递延型商业养老保险税前扣除调整明细表。

在税延养老保险操作栏中点击"修改"按钮打开《递延型商业养老保险税前扣除调整明细表》，点击"添加"按钮补充税延养老保险明细。

"税延养老账户编号""报税校验码"：按照中国保险信息技术管理有限责任公司相关信息平台出具的《个人税收递延型商业养老保险扣除凭证》载明的对应项目填写。

"扣除有效期起止"：填写递延型商业养老保险扣除的有效期起止时间。

"年度保费"：递延型商业养老保险保单年度内该保单的总保费。

"月度保费"：填写《个人税收递延型商业养老保险扣除凭证》载明的月度保费金额，一次性缴费的保单填写月平均保费金额。

"本年扣除金额"：扣除限额，按照上年度境内收入合计的 6% 和 12 000 元孰低的办法确定。

4）个人所得税减免税事项报告表。

存在个人所得税税前减免的，需要报送《个人所得税减免税事项报告表》。

在减免税额操作栏中点击"修改"按钮打开《个人所得税减免事项报告表》，点击"添加"按钮补充减免事项明细。

5）个人所得税公益慈善捐赠扣除明细表。

存在个人所得税税前减免的，需要报送《个人所得税公益慈善捐赠扣除明细表》。

在准予扣除的捐赠额操作栏中点击"修改"按钮打开编辑界面，点击"添加"按钮补充捐赠扣除明细。

（3）方式二：导入申报表模板和名单模板。

"申报表模板"：模板内容与申报表一致，导入完成后，使用模板中的数据进行报表填写。

"名单模板"：导入需要进行集中申报的纳税人名单，导入完成后使用"自动计算"功能自动进行报表填写与计算。

1）需要导入"申报表模板"时，点击"文件生成报表"添加需要导入的文件。导入操作完成后，可在"导入结果"中查看导入结果。

2）需要导入"名单模板"时，点击"自动计算报表"添加需要导入的人员名单。导入操作完成后，也可在"导入结果"中查看导入结果。

（4）自动计算。如果需要使用单位预扣预缴申报数据为纳税人生成申报表，可使用"自动计算"功能。

选择需要自动计算的人员，点击"自动计算"按钮。点击"确定"后即可进行申报表的自动填写与计算。

（5）报表报送。申报状态为"待报送"和"申报失败"的可以进行申报表报送。

选择需要删除的人员记录，点击"删除"。

（6）报表导出。点击"导出"按钮可以导出申报表。

选择需要导出申报表的人员记录，点击"导出"——"导出报表文件"，补充完成"导出说明"后点击"确定"按钮即可进行报表导出。

点击"导出"——"导出记录"可以查看导出状态。如果导出完成，可点击"下载"按钮下载导出的申报表。

（7）查询申报状态。

可通过"申报状态"和"证件类型"与"证件号码"快速查找。

"待确认"：表示报表中有数据项未通过校验，需要检查报表内容并进行修改。

"待报送"：表示报表中的数据项均通过校验，可以进行申报表报送。

"申报失败"：表示已经进行过申报表报送，但申报失败。可根据失败原因修改后重新报送。

3. 如何办理退税

申报表报送成功后，存在退税的，可以在"退税申请"中发起退税申请。

（1）申请退税。

退税状态为"待退税"和"放弃退税"的可以提交退税申请。

选择需要提交退税申请的人员后点击"提交申请"按钮提交退税申请。

发起退税申请后，需要等待税务机关审核通过后才会进行退税，可以点击"更新状态"按钮，选择"退税状态"为"退税中"的更新退税结果。

注意：

1）输入的退税银行账户信息必须为纳税人本人银行账户。

2）退税申请提交后，需要撤销申请的，需要通过其他渠道才能撤销退税申请。

3）应补/退税额为负数的且未选择放弃退税的才允许发起退税申请。

4）扣缴义务人通过其他渠道申报成功且需要退税的记录，也可在该菜单中发起退税申请。

5）输入已失效的数据，扣缴义务人不能重新发起退税。

（2）退税查询。

可通过退税状态、证件类型或证件号码，查找相应的人员信息。

"待退税"：表示还未提交退税申请。

"退税中"：表示已经提交退税申请，正在等待税务机关审核。

"退税成功"：表示税务机关审核通过，已经完成退税。

"放弃退税"：表示申报时选择了"放弃退税"。放弃退税的，可以点击"纳税人姓名"，补全银行账户信息后，提交退税申请。

"已失效"：表示由纳税人执行过更正申报后，导致该笔记录失效。已失效的可以在"备注"栏中查看具体的失效原因。

"证件类型"：下拉选择纳税人证件类型。

"证件号码"：输入要查询人员的证件号码。

4. 如何办理税款缴纳

申报表报送成功后，存在欠税的，可以在"税款缴纳"菜单中办理缴税业务。

（1）企业三方协议缴税。

通过企业与税务机关、银行签订的三方协议进行缴税。

进入页面后，系统会自动获取需缴税人员的相关信息，并展示在列表中。

选择需要缴税的记录，点击"立即缴税"发起缴款请求，缴款完成后系统会自动获取缴款结果。

（2）银联缴税。

未签订三方协议或不存在有效三方协议的，也可以使用银联缴税方式进行税款缴纳。

选择需要缴税的记录后，点击"立即缴税"弹出缴税确认页面，确认完成后点击"确定"按钮进行税款缴纳。

（3）缴款查询。

可通过缴款状态、证件类型或证件号码查找相应的人员信息。

"待缴款"：表示还未缴款。

"缴款中"：表示已经发起缴款，但未获取具体的缴款反馈。

"缴款成功"：表示已经发起过缴款，且缴款成功。

"缴款失败"：表示已经发起过缴款，但缴款失败。

"已失效"：表示由纳税人执行过更正申报后，导致该笔记录失效。已失效的可以在"备注"栏中查看具体的失效原因。

5. 如何更正或作废申报

（1）更正。

申报表报送成功后，发现有错报、漏报的情况，可使用申报更正功能修改已申报数据后重新申报。

选择需要更正的记录后，点击"更正"按钮，系统会弹出确认更正提示。

点击"确定"启动更正，修正报表数据后点击"报送"按钮即可重新进行申报表报送。

注意：申报类型为"已失效"的记录不允许更正。

（2）作废。

申报表报送成功后，未缴款的记录可以作废。

选择需要作废的记录后，点击"作废"按钮，系统会弹出确认作废提示。

点击"确定"按钮确定作废申报表,如果作废失败,可查看失败原因。
注意:申报类型为"已失效"的记录不允许作废。

四、年度汇算委托代理申报端操作流程

纳税人可以由扣缴义务人进行汇算清缴集中申报,也可以委托受托机构办理汇算清缴,本系统为受托机构提供办理相关业务的功能。

1. 如何登录委托申报

有受托机构办税授权的,才能进行委托申报。

(1)扫码或输入账号密码登录《自然人电子税务局》。

(2)登录自然人电子税务局后,点击"代理办税"进入"委托申报"办税菜单。

2.如何进行委托管理

在"委托管理"菜单中，受托机构可以查询、受理名下的委托信息。

纳税人线上发起委托后，受托机构需要及时受理，可以选择接受或拒绝，逾期未处理的视为拒绝。

接受委托后，受托机构可以发起终止委托，发起后委托关系暂停。纳税人可以选择接受或拒绝。

（1）接受委托。

委托状态为"待确认"的可以进行接受操作。

选择需要接受的委托记录，点击"接受委托"按钮。

（2）拒绝委托。

委托状态为"待确认"的可以进行拒绝操作。

选择需要拒绝的委托记录，点击"拒绝委托"按钮，说明拒绝确因后，点击"确定"。

（3）终止委托。

委托状态为"已生效"的可以进行终止操作。

选择需要终止的委托记录，点击"终止委托"按钮，说明终止确因后，点击"确定"。

委托终止后，受托机构不能再为该纳税人办理后续业务。

（4）委托查询。

进入"委托管理"菜单后，系统默认显示"待确认"的委托信息，可以通过更改委托状态，输入证件类型和证件号码来查询委托信息。

"委托状态"：待确认、已生效、确认中、已失效。

3.如何进行申报表填报

在"报表填报"菜单中，受托机构可以为居民纳税人进行综合所得汇算清缴申报。

该模块的操作流程和"集中申报"类似。

（1）方式一：添加申报人员和申报表。

接受委托人的委托后，委托人会自动存在于列表中，如果不存在（如手动被删除等），则可以点击"添加"按钮添加待申报人员。

人员信息录入完成后，点击"提交"按钮，系统会对受托机构能否为该纳税人办理委托申报进行校验。

委托关系校验通过的,可以进行申报表填写与保存。

1)申报表主表。

"报表类型":默认为"标准申报",系统不支持"简易申报"类型。

"是否存在境外所得":默认为"否",系统不支持境外所得的汇缴申报。

2)商业健康保险税前扣除情况明细表。

在商业健康保险操作栏中点击"修改"按钮打开《商业健康保险税前扣除情况明细表》,点击"添加"按钮补充商业健康保险明细。

3)递延型商业养老保险税前扣除调整明细表。

在税延养老保险操作栏中点击"修改"按钮打开《递延型商业养老保险税前扣除调整明细表》,点击"添加"按钮补充税延养老保险明细。

4)个人所得税减免税事项报告表。

在减免税额操作栏中点击"修改"按钮打开《个人所得税减免事项报告表》,点击"添加"按钮补充减免事项明细。

5)个人所得税公益慈善捐赠扣除明细表。

在准予扣除的捐赠额操作栏中点击"修改"按钮打开编辑界面,点击"添加"按钮补充捐赠扣除明细。

(2)方式二:导入申报表模板。

系统只支持申报表模板导入。

需要导入"申报表模板"时,点击"文件生成报表"添加需要导入的文件。导入操作完成后,可在"导入结果"中查看导入结果。

(3)报表报送。

申报状态为"待报送"和"申报失败"的可以进行申报表报送。

选择需要报送的记录,点击"报送"按钮。

(4)报表删除。

如果无须为纳税人填写和报送申报表,则可通过"删除"功能进行删除。

选择需要删除的人员记录,点击"删除"。

(5)报表导出。

点击"导出"按钮可以导出申报表。

选择需要导出申报表的人员记录,点击"导出"——"导出报表文件",补充完成"导出说明"后点击"确定"按钮即可进行报表导出。

点击"导出"——"导出记录"可以查看导出状态。如果导出完成,可点击"下载"按钮下载导出的申报表。

（6）报表查询。

可通过"申报状态"和"证件类型"与"证件号码"快速查找。

"待确认"：报表中有数据项未通过校验，需要检查报表内容并进行修改。

"待报送"：报表中的数据项均通过校验，可以进行申报表报送。

"申报失败"：已经进行过申报表报送，但申报失败。可根据失败原因修改后重新报送。

注意：纳税人自行更正过申报表后，受托机构不能查看纳税人申报成功后的报表信息，也不能进行更正操作。

4.如何办理退税申请

申报表报送成功后，存在退税的，可以在"退税申请"中发起退税申请。

（1）申请退税。

退税状态为"待退税"和"放弃退税"的可以提交退税申请。

选择需要提交退税申请的人员后点击"提交申请"按钮提交退税申请。

发起退税申请后，需要等待税务机关审核通过后才会进行退税，可以点击"更新状态"按钮，选择"退税状态"为"退税中"的更新退税结果。

（2）查询。

可通过退税状态、证件类型或证件号码，查找相应的人员信息。

注意：

1）录入的退税银行账户信息必须为纳税人本人银行账户。

2）已失效的数据，受托机构不能重新发起退税申请。

5.如何办理税款缴纳

应补/退税额为大于0且未享受豁免的才需要进行税款缴纳。

受托机构通过其他渠道申报成功且存在欠税的记录，也可在该菜单中进行税款缴纳。

（1）立即缴税。

进入页面后，系统会自动获取需缴税人员的相关信息，并展示在列表。

选择需要缴税的记录，点击"立即缴税"发起缴款，系统将弹出缴款方式选择界面。

缴款完成后系统会自动获取缴款结果，也可以点击"更新状态"按钮手动获取缴款结果。

（2）查询。

可通过缴款状态、证件类型或证件号码查找相应的人员信息。

6. 如何更正或作废申报

申报表报送成功后，可以在申报记录查询菜单中查询报表记录。

（1）更正。

申报表报送成功后，发现有错报、漏报的情况，可使用申报更正功能修改已申报数据后重新申报。

选择需要更正的记录后，点击"更正"按钮，系统会弹出确认更正提示。

点击"确定"启动更正，修正报表数据后点击"报送"按钮即可重新进行申报表报送。

注意：申报类型为"已失效"的记录不允许更正。

（2）作废。

申报表报送成功后，未缴款的记录可以作废。

选择需要作废的记录后，点击"作废"按钮，系统会弹出确认作废提示。

点击"确定"按钮确定作废申报表，如果作废失败，可查看失败原因。

五、扣缴客户端操作流程

自然人电子税务局（扣缴端）用于扣缴义务人为在本单位取得所得的人员（含雇员和非雇员）办理全员全额扣缴申报及代理经营所得纳税申报。

扣缴申报的主体流程是：

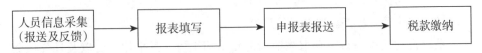

代理经营所得申报主体流程是：

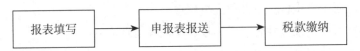

1. 如何安装扣缴客户端

在税务机关网站上下载安装包后，双击安装包程序，点击"立即安装"，即可安装扣缴端到本地电脑。

要求操作系统为：Windows 7、Windows 8、Windows 10 中文操作系统。

2. 如何注册账号

（1）注册第一步：录入单位信息。

在"纳税人识别号"/"确认纳税人识别号"的输入框中输入扣缴单位的纳税人识别号，已进行过三证合一的单位则输入统一社会信用代码。

注意：

1)"纳税人识别号"和"确认纳税人识别号"必须一致。

2) 注册时必须确保电脑处于联网状态。

（2）注册第二步：获取办税信息。

系统自动从税务机关获取当前当地年平均工资、月平均工资以及月公积金减除上限等办税基础信息。

（3）注册第三步：备案办税人员信息。

如实填写办税人员姓名、手机号、岗位等信息。

（4）注册第四步：设置数据自动备份。

扣缴端的数据保存在本地电脑，为防止系统重装或其他原因造成数据丢失，建议启用自动备份功能。

注意：

1）可自行设置备份路径，建议不要放在电脑系统盘。

2）进入系统后，可在"系统设置"——"系统管理"——"备份恢复"——"自动备份"中修改数据自动备份的相关设置。

3. 如何进行系统登录

系统支持在线登录和离线登录两种模式。

离线登录：使用"本地登录密码"进入系统，如果没有启用登录密码，则直接进入系统。首次选择该方式，系统将会提示是否启用。

在线登录：包含"实名登录"和"申报密码登录"。

"实名登录"：使用在个人所得税 App/Web 实名注册的账号、密码登录，或使用个人所得税 App 扫码登录。

"申报密码登录"：使用单位申报密码登录。

4. 如何采集报送人员信息

人员信息采集主要包括"添加""导入""报送""导出""展开查询条件"和"更多操作"功能。

（1）人员信息登记。

人员信息采集到客户端中有两种方式：单个添加、批量导入。人员信息采集分为境内人员和境外人员，下面以境内人员信息采集为例。

1）单个添加人员。适用于单位人员较少及姓名中包含生僻字的情况。

点击"添加"，进入"境内人员信息"界面，录入人员基本信息，点击"保存"即可添加成功。采集人员时姓名中包含生僻字，不能通过输入法正常录入的，可先安装生僻字补丁包后再进行人员姓名录入。

注意： 人员信息采集表中，带"*"号项为必填项，其他非必填项，可根据实际情况选填。

境外人员信息添加与境内人员基本一致，不同之处在于比境内人员多了三项必录项："涉税事由"下拉进行勾选在境内涉税的具体事由；"首次入境时间"和"预计离境时间"分别填写纳税人首次到达中国境内的日期和预计离境的日期。

2）批量导入。单位人员较多时，建议使用 Excel 模板批量导入功能。

点击"导入"——"模板下载"，下载客户端中提供的标准 Excel 模板。将人员各项信息填写到模板对应列中，然后点击"导入"——"导入文件"，选择 Excel 文件，导入到客户端中。

注意：当填写信息不符合规范时，在"添加"或"导入"时会有相应的提示。如：身份证号码不满足校验规则、姓名中不能有特殊字符等，需按照提示要求，更正相应信息后，重新保存。

（2）人员信息编辑。

人员信息编辑，指对已添加人员的修改操作。人员信息采集到系统后，人员信息存在错误或发生变化时，可以修改人员信息后重新保存。

从未报送成功过的人员，所有信息均可修改，报送成功过的，要遵照以下规则。

1）关键信息（包括姓名、国籍、证照类型、证照号码）的修改。

证照类型和国籍（地区）不允许修改。如果身份验证不通过，则姓名和证照号码两者只能修改其一（详见"（3）人员信息报送验证"）；报送成功且暂未进行身份验证的，只能修改姓名。

2）非关键信息修改。

人员非关键信息修改，可在人员信息采集页双击该条人员信息记录的任何位置，打开"境内人员信息"/"境外人员信息"界面修改信息后保存即可。

多个人员非关键信息需修改为同一信息时，勾选多人后，点击"更多操作"——"批量修改"，选择需要修改的项目，录入正确的内容保存即可。

（3）人员信息报送验证。

人员信息采集完毕后，需先将人员信息报送至税务机关端进行验证。

点击"报送"，客户端会将报送状态为"待报送"的人员信息报送至税务机关并进行身份验证，只有报送状态为"报送成功"的人员才允许进行申报表报送等业务操作。

目前系统没有对所有证件进行身份信息验证，会根据系统建设情况陆续增加。

1）身份验证状态为"验证通过"的，表示该自然人身份信息与公安机关的居民身份登记信息一致。

2）身份验证状态为"验证中"的，表示尚未获取公安机关的居民身份登记信息。扣缴单位可以在"更多操作"中进行"身份验证状态更新"。

3）身份验证状态为"暂不验证"的，表示税务系统暂未与第三方系统联通交互，目前尚无法进行验证。扣缴单位可以忽略该结果，正常进行后续操作。

4）身份验证状态为"验证不通过"的，扣缴单位应对其进行核实，经核实自然人身份信息准确无误的，则该自然人需前往办税服务厅进行特殊采集登记，信息采集成功后扣缴义务人可以通过客户端"更多操作"——"身份验证状态更新"功能进行更新；经核实确存在问题的，应予以修正。

（4）对验证不通过的人员的修改。

为便于扣缴单位修正错误数据，扣缴端对验证不通过的人员，开放姓名或证照号码修改功能。修改成功后，无须对之前申报的数据进行更正申报，系统会将新旧信息自动进行归集。

1）在扣缴端点击"人员信息采集"菜单，双击身份验证状态为"验证不通过"的人员进入人员信息编辑界面。

2）修改姓名或居民身份证件号码。姓名和居民身份证件号码只能修改其中一项，如果同时修改，系统将会进行提示。

姓名和居民身份证件号码同时错误的，需要前往办税服务厅办理并档业务。

3）修改完毕，点击"保存"按钮，系统将对修改后的人员身份信息进行验证。若修改后的身份信息仍验证不通过，则会保存失败，返回当前修改界面。

4）验证通过后，修改后的信息会正式保存到系统中。

5）修改后的身份信息，点击"保存"时系统将进行验证，需"验证通过"才能保存成功；若"验证不通过"，则保存失败，返回当前修改界面。（**注意**：每日0点至4点公安接口未开放，暂停验证，此时段修改姓名或居民身份证件号码将会保存失败。）

（5）人员信息查询。

客户端的查询功能，是指在人员众多的情况下，需要查找某个人员的具体信息时，点击"展开查询条件"来展开具体的查询条件。

可通过工号、姓名、证照号码等信息，模糊查找相应的人员信息；也可根据身份验证状态、报送状态、是否残孤烈、任职受雇从业类型等条件进行筛选查询。

（6）导出。

点击"导出"，可选择"选中人员"或"全部人员"将人员信息导出到Excel表格中进行查看。

（7）更多操作。

更多操作包括删除、批量修改、自定义显示列、隐藏非正常人员、身份验证状态更新、特殊情形处理功能。

关注：人员并档功能。

主要是针对使用不同信息（如不同姓名、不同证件等），在税务机关进行多次登记，从而造成扣缴端上同一扣缴义务人对同一自然人的综合所得预扣预缴申报数据不能累计算税的场景。这种场景，该人员前往办税大厅进行人员并档后，通过该功能，即可获取并档信息，保证正常的累计算税。

5. 如何采集报送专项附加扣除信息

（1）在首页功能菜单下点击"专项附加扣除信息采集"，显示当前所有已采集专项附加扣除信息的人员列表，双击数据列可查看采集的专项附加扣除明细。

"添加"：添加需要采集专项附加扣除信息的纳税人。

"报送"：将报送状态为待报送的信息发送至税务机关。

"删除"：对于采集的专项附加扣除信息，可勾选进行删除。

"获取反馈"：点击后获取税务机关反馈的专项附加信息报送结果。

"下载更新"：下载各渠道（税务局端、扣缴端、Web端、App端）填报并指定给该扣缴义务人预扣预缴时扣除的专项附加扣除信息。可自行选择下载全部人员或下载指定人员的专项附加扣除信息。如果本地有"待反馈"的专项附加扣除信息，先通过"获取反馈"获取报送结果，确保各专项附加扣除项目下均无"待反馈"记录后，再下载。

"导出"：可选择"选中人员"或"全部人员"进行专项附加扣除信息的导出，导出模版有三种，可根据需要进行选择。

"展开查询条件"：可通过"工号""姓名""证照号码"和"报送状态"查询纳税人的专项附加扣除信息。

（2）配偶信息。采集单位员工的配偶信息。

（3）子女教育。采集单位员工的子女教育专项附加扣除信息。

（4）继续教育。采集单位员工的继续教育专项附加扣除信息，包括以下两项。

1）学历（学位）继续教育情况。

2）职业资格继续教育情况。

（5）住房贷款利息。采集单位员工的住房贷款利息专项附加扣除信息。

（6）住房租金。采集单位员工的住房租金专项附加扣除信息。

（7）赡养老人。采集单位员工的赡养老人专项附加扣除信息。

以上专项附加扣除信息采集报送后，可在综合所得预扣预缴"正常工资薪金所得"下进行税前申报扣除。

纳税人取得劳务报酬所得、稿酬所得、特许权使用费所得需要享受专项附加扣除的，应当在次年3月1日至6月30日内，自行向税务机关办理综合所得年度汇算清缴时自行申报扣除。

6. 如何确认下一年度的专项附加扣除信息

本功能可以对下一年度的专项附加扣除信息进行年度确认，确认后可以将当年的专项附加扣除信息迁移至下一年度。

首页"税款所属月份"为2020年时，未将2019年专项附加扣除信息迁移至2020年的，进入"专项附加扣除信息采集"菜单时，会提示是否需要将2019年扣缴义务人自行采集的专项附加扣除迁入到2020年。

选择"马上迁入"的，系统会将2019年由扣缴义务人采集且仍有效的专项附加扣除信息迁入到2020年；选择"稍后迁入"的，系统不进行迁移，如果需要迁移，可以在2020年度中点击"迁入上年数据"进行迁入。

注意：采集来源为"扣缴义务人"的专项附加扣除信息才能进行确认并迁移到2020年度；采集来源为"纳税人"的，需要纳税人在个人所得税App或Web自行确认。

7. 如何办理综合所得预扣预缴申报

在首页功能菜单下点击"综合所得申报"，进入"综合所得预扣预缴表"页面，页面上方为申报主流程导航栏，根据"1 收入及减除填写""2 税款计算""3 附表填写"和"4 申报表报送"四步流程完成综合所得预扣预缴申报。

（1）第一步：收入及减除填写。

录入综合所得各项目的收入及减除项数据，点击界面下方综合所得申报表名称或"填写"进入表单，即可进行数据的录入，各项表单的填写方式，与"人员信息采集"操作类似，都可选择使用单个添加，或下载模板批量导入。

1）正常工资薪金所得。

A. 点击"正常工资薪金所得"，进入"正常工资薪金所得"界面。包括"返回""添加""导入""预填专项附加扣除""导出""展开查询条件"和"更多操作"功能。进入"正常工资薪金所得"界面时，校验系统当前是否为"未申报"状态，如果是则弹出"为避免员工通过其他渠道采集的专项附加扣除信息发生未扣、漏扣的情况，建议通过"专项附加扣除信息采集"菜单进行"下载更新"后，再进行"税款计算"。确实无须下载更新的，可勾选"请忽略本提示"的提示后点击"确定"。

B. 点击"导入"——"模板下载"下载标准模板，录入数据后，点击"导入数据"——"标准模板导入"选择模板文件批量导入数据。

C. 点击"导入"——"导入数据"弹出的界面，若上月没有数据，则"复制上月当期数据"的单选内容置灰，且提示"暂无上月数据，无法复制"；上期有数据的，可正常选中"复制上月当期数据"项，点击"立即复制数据"则将上月的数据复制到本月所属期报表中。复制成功后有员工涉及专项附加扣除的，需再点击"预填专项附加扣除"；如果该属期零工资的员工较多，也可以选择"生成零工资"，为全员生成收入记录，以便实现员工下个属期的累计算税，生成后再手动对非零工资的员工进行收入确认。

D. 点击"添加"弹出"正常工资薪金所得 新增"界面，进行单个数据录入。

"适用公式"：根据实际情况选择，若不能确定适用公式，可点击右侧的"帮助"，根据系统引导提示选择。

"本期收入"：未选择"适用公式"或选择公式（5）时直接录入。其他情形则通过点击"请录入明细"填写相关数据。

"基本养老保险费""基本医疗保险费""失业保险费""住房公积金"：按国家有关规定缴纳的三险一金，填写个人承担且不超过当地规定限额的部分。

"子女教育支出""继续教育支出""住房贷款利息支出""住房租金支出""赡养老人支出"：点击"正常工资薪金所得"界面"预填专项附加扣除"自动获取填充报送成功人员的可扣除额度，也可手动录入。根据政策要求，住房租金支出、住房贷款利息支出不允许同时扣除。

"商业健康保险"：填写按税法规定允许税前扣除的商业健康保险支出金额，扣除限额 2400 元 / 年（200 元 / 月）。

"税延养老保险"：仅试点地区可录入。填写按税法规定允许税前扣除的税延商业养老保险支出金额，扣除限额为当月工资收入的 6% 与 1000 元之间的小值。

"准予扣除的捐赠额"：按照税法规定，个人将其所得对教育、扶贫、济困等公益慈善事业进行捐赠，捐赠额未超过纳税人申报的应纳税所得额 30% 的部分，可以从其应纳税所得额中扣除；国务院规定对公益慈善事业捐赠实行全额税前扣除的，从其规定。

E. 点击"预填专项附加扣除"，弹出提示，勾选确认需要进行自动预填，选择预填人员范围后，点击"确认"，可自动将采集的专项附加扣除信息下载到对应纳税人名下，自动填入申报表。

综合所得项目填写界面默认显示"添加"，若企业已在税务机关开通汇总申报，则在"添加"按钮的下拉菜单，可选择"明细申报"或"汇总申报"。点击"明细申报"则打开前面介绍的按人员明细填写的界面，点击"汇总申报"则打开汇总申报填写界面。

汇总填写界面，根据实际情况直接填写本企业该所得项目下汇总的收入信息，该界面可直接显示应纳税额、应补（退）税额等信息。

2）其他综合所得项目数据采集方式基本一致，各自如下。

A. 劳务报酬所得（一般劳务、其他劳务）。

"姓名"：人员信息采集中"任职受雇从业类型"选择"其他"的可以选择。

"费用"：每次收入不超过 4000 元的，费用按 800 元计算；每次收入 4000 元以上的，费用按收入的 20% 计算。

"允许扣除的税费"：填写按照《个人所得税法》及其他法律法规规定的，实际可扣除的税费。

B. 稿酬所得。

"费用"：每次收入不超过 4000 元的，费用按 800 元计算；每次收入 4000 元以上的，费用按收入的 20% 计算。

"本期免税收入"：稿酬所得的收入额减按 70% 计算（30% 做免税收入处理），即显示本期收入减除费用后的 30% 部分，可修改。

C. 特许权使用费所得。

"费用"：每次收入不超过 4000 元的，费用按 800 元计算；每次收入 4000 元以上的，费用按收入的 20% 计算。

D. 劳务报酬所得（保险营销员、证券经纪人）。

"所得项目"：选择人员后，如果人员的"任职受雇从业类型"为"保险营销员"，则所得项目默认为"保险营销员佣金收入"；如果"任职受雇类型"为"证券经纪人"，则所得项目默认为"证券经纪人佣金收入"，其他类型的人员不能选择。

"费用"：本期收入×20%，自动带出，不可修改。

"展业成本"：（本期收入－费用）×25%，自动带出，不可修改。

注意：一个人员一个月只允许填写一条，选择人员时，如果已填写，则自动带出已填写信息。

3）特殊计算的所得项目数据采集方式基本一致，各自如下。

A."全年一次性奖金额"：填写当月发放的全年一次性奖金收入总额。

注意：同一个纳税人一个纳税年度只能申报一次全年一次性奖金收入，如果系统检测到该纳税人已填写过，则切换所属月份再填写保存时会提示。

B.央企负责人绩效薪金延期兑现收入任期奖励。

"收入"：填写当月发放的央企负责人绩效薪金延期兑现收入任期奖励收入。

注意：该所得同一个纳税人同一个月只能填写一条。税率按照应纳税所得额÷12个月得到的数额，适用《月度税率表》对应的税率。

C.单位低价格向职工出售住房。

"收入"：填写单位按低于购置或建造成本价格出售住房给职工，职工因此而少支出的差价部分。

注意：税率按照应纳税所得额除以12个月得到的数额，适用《月度税率表》对应的税率。该所得同一个纳税人同一个月只能填写一条。

D.个人股权激励收入。

"适用公式"：根据实际情况选择，若不能确定适用公式，可点击右侧的"帮助"根据系统引导提示选择。

"本月股权激励收入"：未选择"适用公式"或选择公式（5）时直接录入。其他情形则通过点击"请录入明细"填写相关数据。

"本年累计股权激励收入（不含本月）"：本年不含本月的所有股权激励收入之和。

E.解除劳动合同一次性补偿收入：个人因提前解除劳动合同从原任职单位取得的一次性收入。

"免税收入"：一次性补偿收入在原任职受雇单位所在直辖市、计划单列市、副省级城市、地级市（地区、州、盟）上一年度城镇职工社会平均工资3倍数额以内的部分，免征个人所得税，免税收入填写一次性补偿收入的数据；超过3倍数额时超过部分进行计税，免税收入填写上一年度城镇职工社会平均工资的3

倍数额。

F. 提前退休一次性补贴。

"分摊年度数"：办理提前退休手续至法定退休年龄的实际年度数，不满一年按一年计算。

G. 内退一次性补偿金：个人在办理内部退养手续后从原任职单位取得的一次性收入。

"分摊月份数"：办理内部退养手续后至法定离退休年龄之间月份数。

H. 年金领取收入额：本次领取年金的金额。

"已完税缴费额"：指在财税〔2013〕103号文件实施之前缴付的年金单位缴费和个人缴费且已经缴纳个人所得税的部分，通常指的是2014年前的年金已完税缴费额。

"全部缴费额"：账户中实际年金缴纳部分。

I. 税收递延型商业养老保险的养老金收入。

"收入"：本月税收递延型商业养老保险的养老金收入。

"免税收入"：默认带出收入 ×25%，可修改。

"税率"：按照10%的比例税率计算缴纳个人所得税。

4）注意事项。

A. 综合所得预扣预缴申报表除正常工资薪金所得外，其他所得项目均没有专项扣除和专项附加扣除填写项。

B. 综合所得里的"正常工资薪金""央企负责人绩效薪金延期兑现收入和任期奖励""个人股权激励收入""提前退休一次性补贴""解除劳动合同一次性补偿金""全年一次性奖金收入"都只有雇员才能填写。

C. 任职受雇从业类型为"雇员"时，综合所得/非居民所得的一般劳务报酬所得和其他劳务报酬所得不可填写。

（2）第二步：税款计算。

1）点击"税款计算"，系统自动对"收入及减除填写"模块中填写的数据进行计税，其中"正常工资薪金所得"和"劳务报酬（保险营销员、证券经纪人）"会下载本纳税年度上期累计数据，再与当期填写的数据合并累计计税（税款所属期为一月时只检查是否有待计算数据，有则进行算税）。如果本次只有汇总申报记录，则无须调用税务机关系统往期申报数据。

"税款计算"界面分所得项目显示对应项目的明细数据和合计数据，右上角显示综合所得的合计数据,包括申报总人数、收入总额、应纳税额和应补退税额。

2)点击右上角"导出",可将目前显示的所得项目报表明细导出为 Excel 电子表格进行查看或存档。双击其中一条数据,可以查看该行人员具体的计税项,包括当期各类明细数据和年内累计数据。明细查看页面,只允许查看数据,不允许修改。

注意: 税款计算获取上期累计数据时,可在"系统设置"——"申报管理"——"综合所得算税"中根据实际情况切换选择从税务局端获取或从本地文件获取。

(3)第三步:附表填写。

在收入及减除中填写了免税收入、减免税额、商业健康保险、税延养老保险的情况下,需要在相应附表里面完善附表信息。

1)减免事项附表。

A.免税收入:纳税人补充免税收入对应的具体免税事项信息。

在综合所得中填写过免税收入的人员,系统会自动在减免事项附表"免税收入"界面中生成一条该人员本次填写的免税收入记录,双击该条记录补充完善对应的免税事项名称等内容。

"所得项目":根据综合所得中填写的所得项目自动带出。

"总免税收入":根据综合所得项目中该人员填写的免税收入自动合计带出。

"免税事项":下拉选择可享受的免税事项。

"免税性质":根据选择的免税事项自动匹配对应的免税性质。

B.减免税额:用于补充减免税额对应的具体减免事项信息。

在综合所得中填写过减免税额的人员,系统会自动在减免事项附表界面中生成一条该人员本次填写的减免税数据,双击该条记录补充完善对应的减免税事项名称等内容。

"总减免税额":根据综合所得项目中该人员填写的减免税额自动合计带出。

"减免事项":下拉选择人员可享受的减免税对应事项。

"减免性质":根据选择的减免税事项自动匹配对应的减免性质。

2)商业健康保险附表。

根据税法的规定,对个人购买或单位统一购买符合规定的商业健康保险产品的支出,允许税前扣除,扣除限额为 2400 元/年(200 元/月)。在综合所得预扣预缴申报表里录入了商业健康保险数据的人员,应报送《商业健康保险税前扣除情况明细表》。

"税优识别码":为确保税收优惠商业健康保险保单的唯一性、真实性和有效性,由商业健康保险信息平台按照"一人一单一码"的原则进行核发,填写个人保单凭证上打印的数字识别码。

"保单生效日期":该商业健康保险保单生效的日期。

"年度保费":商业健康保险保单年度内该保单的总保费。

"月度保费":月缴费的保单填写每月所缴保费,按年一次性缴费的保单填写年度保费除以 12 后的金额。

"本期扣除金额":根据国家有关政策对个人购买或单位统一购买符合规定的商业健康保险产品的支出,扣除限额为 2400 元 / 年（200 元 / 月）。

3）税延养老保险附表。

自 2018 年 5 月 1 日起,在上海市、福建省（含厦门市）和苏州工业园区实施个人税收递延型商业养老保险试点。对试点地区个人通过个人商业养老资金账户购买符合规定的商业养老保险产品的支出,允许在一定标准内税前扣除。在综合所得中填写税延养老保险支出税前扣除申报的人员,应报送《税延型商业养老保险税前扣除情况明细表》。

"税延养老账户编号""报税校验码":按照中国保险信息技术管理有限责任公司相关信息平台出具的《个人税收递延型商业养老保险扣除凭证》载明的对应项目填写。

"月度保费":取得工资薪金所得、连续性劳务报酬所得（特定行业除外）的个人,填写《个人税收递延型商业养老保险扣除凭证》载明的月度保费金额,一次性缴费的保单填写月平均保费金额。

"本期扣除金额":取得工资薪金所得的个人,应按税延养老保险扣除凭证记载的当月金额和扣除限额孰低的方法计算可扣除额。扣除限额按照申报扣除当月的工资薪金的 6% 和 1000 元孰低的办法确定。

（4）第四步:申报表报送。

申报表填写、税款计算完成后,点击"申报表报送"进入报表申报界面。该界面可完成综合所得预扣预缴的正常申报、更正申报以及作废申报操作。当月第一次申报发送时,进入"申报表报送"界面,默认申报类型为"正常申报",申报状态为"未申报",显示"发送申报"。

"申报类型":有"正常申报"和"更正申报"两种申报类型,默认为"正常申报"。

"申报状态":主要有"待申报""申报处理中""申报失败""申报成功"等状态。

"是否可申报":系统自动校验综合所得申报表填写的数据都填写完整并符合相关逻辑校验后,显示为"是",反之则显示为"否",下方提示区显示具体提示信息。只有当所有申报表均为"是"时,"发送申报"才可点击。

"导出申报表":当申报数据全都校验通过之后,点击该按钮后可以生成综合所得申报表(标准表样格式和大厅报送格式),否则系统会提示"有申报数据校验未通过,请先核对申报数据"。

"获取反馈":点击"发送申报"后,局端服务器会提示"正在处理申报数据",若系统未能自动获取税务机关的反馈信息,可稍后点击"获取反馈"查看申报结果。当前所得月份申报状态为"申报处理中""作废处理中"时,"获取反馈"可用,点击后即可下载获取税务机关系统反馈的该表申报操作结果。

获取反馈后,申报类型为"正常申报",申报状态为"申报成功,未缴款"(若申报税款为0时,显示无须缴款状态),显示"作废申报"和"更正申报"。

"作废申报""更正申报":申报成功后,可点击"作废申报"或"更正申报",对已申报的数据进行作废处理或修改已申报的数据(详细讲解可见预扣预缴申报作废和更正章节)。

注意:需在法定申报期时才可进行"发送申报"。

8.如何更正或作废预扣预缴申报

综合所得个人所得税预扣预缴申报成功之后,发现有错报、漏报的情况,可使用申报更正或作废功能,修改或作废已申报数据后重新申报。

(1)申报更正。

1)进入扣缴端,选择需要更正的"税款所属月份"。

2)点击"综合所得申报"进入综合所得申报界面,点击"4申报表报送"查看当前月份申报状态,只有在申报类型为"正常申报",申报状态为"申报成功"的情况下才允许启动更正申报。

3)点击"更正申报"按钮,启动更正申报,系统提示往期错误更正申报成功后,需要对后续税款所属期的综合所得预扣预缴申报表进行逐月更正。

启动更正时,系统会自动导出一份当前有效的申报记录供纳税人留存备用并提示保存路径(默认为桌面),每次导出的备份文件可根据时间不同进行区分。

如果需要取消/启用该功能,可以在"系统设置"——"申报管理"——"更正申报备份"中设置。但因取消而导致无法找回原始记录的,扣缴单位需自行承担后果。

如果在报送申报表之前,发现原申报数据无误,可点击"撤销更正"按钮,撤销更正申报。但成功报送申报表后,则无法撤销更正。如需要使用原申报数据,可查看系统自动导出备份的原申报表。

(2)申报作废。

综合所得个人所得税预扣预缴申报成功之后,在当前所得月份未缴款的前提下,可以使用预扣预缴申报作废功能,对已申报的数据进行作废处理。

预扣预缴更正申报与作废申报的区别在于,申报成功后是否已缴税款。已缴款时只能更正申报,无法作废申报表。

1)当申报表报送界面下申报类型为"正常申报",申报状态为"申报成功未扣款"或"申报成功无须缴款"时,发现已申报数据有误,点击"作废申报",提交作废申请。

2)点击"作废申报"后申报类型为"正常",申报状态为"作废处理中",稍后点击"获取反馈"查看作废结果。

反馈信息为"作废成功",则说明已经作废成功当月已申报数据。同时,申报状态变更为"未申报",按正常流程重新填写申报即可;反馈信息为"作废失败",则申报状态变更为作废前的状态,即申报成功状态。

注意:若之后月份属期已申报,则之前月份属期报表无法作废。

9. 如何办理分类所得代扣代缴申报

在首页功能菜单中点击"分类所得申报",进入"一般分类所得代扣代缴申报"页面,页面上方为申报主流程导航栏,根据"1 收入及减除填写""2 附表填写"和"3 申报表报送"三步流程完成分类所得代扣代缴申报。

(1)第一步:收入及减除填写。

点击界面下方一般分类所得申报表名称或"填写"进入表单,即可进行数据的录入。一般分类所得项目未发生重大调整,下面展示各分类所得填写界面,就调整项和注意点讲解。

1)股息利息红利所得申报表。

"应纳税所得额":系统自动带出。应纳税所得额=(收入-免税收入)×

减按计税比例 – 扣除及减除项目合计。

2）财产租赁所得申报表。

财产租赁所得，分类所得中只有此项所得有减除费用概念，每次收入不超过 4000 元的，减除费用 800 元；4000 元以上的，减除 20% 的费用。

"所得项目"：包含"个人出租住房所得"和"其他财产租赁所得"（财税〔2008〕24 号第二条）。

"减免税额"：分类所得所有所得项目有符合规定的减免情形，均可填写。

3）财产转让所得申报表。

"所得项目"：包含财产拍卖所得及回流文物拍卖所得、股权转让所得及其他财产转让所得。

"是否提供财产原值凭证"：当所得项目选择"财产拍卖所得及回流文物拍卖所得"时，"是否提供财产原值凭证"选择为"否"，以收入减除准予扣除的捐赠后的余额，为应纳税所得额，税率2%和3%可选；选择为"是"，以收入减除财产原值、允许扣除的税费、其他和准予扣除的捐赠后的余额，为应纳税所得额，税率是 20%。

"投资抵扣"：只有所得项目选择为"股权转让所得"时，该栏次可填写。

4）偶然所得申报表。

"所得项目"：包含"省级、部级、军级奖金""外国组织和国际组织奖金""见义勇为奖金""举报、协查违法犯罪奖金""社会福利募捐奖金、体彩奖金""有奖发票奖金""随机赠送礼品""其他偶然所得"。

自 2020 年起，偶然所得新增"随机赠送礼品"所得项目。在获奖人数较多且未获取纳税人真实的基础信息时，扣缴义务人可暂采用汇总申报方式，注明"随机赠送礼品汇总申报"，但礼品发放的相关材料需要依法留存备查（该所得项目 2020 年前税款所属期不可用）。

注意：

1）分类所得申报的所有所得项目，支持同一个纳税人同一个税款所属期填写多条申报数据（包括非居民所得申报表）。

2）利息、股息、红利所得和偶然所得，若需汇总申报，要先到税务大厅通过"扣缴汇总申报设置"模块，按所得项目开通汇总申报。

（2）第二步：附表填写。

减免事项附表用于补充免税收入和减免税额对应的具体减税或免税事项等

信息，整体业务与综合所得预扣预缴填写操作基本一致。

（3）第三步：申报表报送。

申报表报送用于完成一般分类所得代扣代缴的正常申报、更正申报以及作废申报操作。

点击"3 申报表报送"进入"申报表报送"界面，系统自动生成待申报清单。申报表通过系统申报数据校验，"是否可申报"显示为"是"；若存在申报表数据校验不通过，"是否可申报"显示为"否"，该界面下方提示区显示具体错误提示信息。只有填写的所有申报表"是否可申报"均显示为"是"时，"发送申报"才允许点击。

申报成功后，当前所得月份未缴款或无须缴款时发现申报数据有误，可点击"作废申报"，对已申报的数据进行作废处理，或点击"更正申报"对申报成功的申报表数据修改后重新申报；当前所得月份已缴款，只可使用更正申报功能修改已申报数据重新申报（具体讲解见分类申报的作废和更正章节）。

注意："申报表报送"需在法定申报期时才可点击进入报送界面。2019 年 1 月税款所属期报表需在 2019 年 2 月时才可点击操作。

10. 如何更正和作废分类所得代扣代缴申报

（1）扣缴申报更正。

对于申报成功，在已缴款或是未缴款的情况下均可使用分类所得扣缴申报更正功能，进行更正申报。相关操作与预扣预缴申报更正基本一致。

1）点击"更正申报"后，跳出"已启动更正申报，可在申报表填写中修改申报数据后重新申报"确认提示，点击"确定"后申报状态变更为"更正处理中"，并在列表右上角显示"发送申报"和"撤销更正"。修改申报表填写完成后点击"发送申报"，可对修改数据重新发送申报，申报流程同正常申报流程。

2）点击"撤销更正"，跳出"撤销更正后，修改后的申报数据将无法还原，是否继续？"确认提示，点击"确定"则执行撤销更正操作，可将已修改未重新申报的数据还原为启动更正前的数据；反之，则取消撤销操作。

（2）申报作废。

分类所得扣缴申报作废功能是指对于申报成功，当前所得月份未缴款或无须缴款时，可向税务机关发送请求作废当前所得月份的申报表。相关操作与预扣预缴申报作废功能基本一致。

点击"作废申报",局端接收成功后,申报状态会变更为"作废处理中",并仅显示"获取反馈",稍后点击"获取反馈"查看作废结果。作废成功,申报状态会变更为"未申报",则可对已申报数据进行编辑或清空数据后重新填写发送申报;作废失败,申报状态会变更为作废前的状态,即申报成功状态。

11. 如何办理限售股转让扣缴申报

在首页功能菜单中点击"限售股所得申报",进入"限售股转让所得申报"页面,页面上方为申报主流程导航栏,根据"1 收入及减除填写"和"2 申报表报送"两步流程完成限售股所得代扣代缴申报。

(1)收入及减除填写。

点击"添加"进入"限售股转让所得新增"界面,进行单个数据录入。或点击"导入"——"模板下载"下载标准模板,录入数据后,点击"导入数据"——"标准模板导入"选择模板文件批量导入数据。

"证券账户号":据实录入证券账户号码。

"股票代码":录入转让的限售股股票代码。

"股票名称":录入转让的限售股股票名称。

"限售股原值":指限售股买入时的买入价及按照规定缴纳的有关税费。

"合理税费":指转让限售股过程中发生的印花税、佣金、过户费等与交易相关的税费。

"小计":等于限售股原值与合理税费的合计数,限售股原值与合理税费未填写时,默认为转让收入的15%。

(2)申报表报送。

申报表填写完成后,点击"2 申报表报送"进入报表申报界面。该界面可完成限售股转让所得申报的正常申报、更正申报以及作废申报操作。当月第一次申报发送时,进入"申报表报送"界面,默认申报类型为"正常申报",申报状态为"未申报",显示"发送申报"。

"是否可申报":系统自动校验限售股转让所得申报表填写的数据都填写完整并符合相关逻辑校验后,显示为"是";反之则显示为"否",下方提示区显示具体提示信息。只有"是否可申报"显示为"是","发送申报"才可点击。

申报成功后,当前所得月份未缴款或无须缴款时发现申报数据有误,可点击"作废申报",对已申报的数据进行作废处理,或点击"更正申报"对申报成功的申报表数据进行修改后重新申报;当前所得月份已缴款,只可使用更正申报功能修改已申报数据重新申报。

12. 如何办理非居民个人所得税代扣代缴申报

在首页功能菜单中点击"非居民所得申报",进入"非居民代扣代缴申报"页面,页面上方为申报主流程导航栏,根据"1 收入及减除填写""2 附表填写"和"3 申报表报送"三步流程完成非居民代扣代缴申报。

(1)收入及减除填写。

点击界面下方应税所得报表名称或"填写"进入表单,即可进行数据的录入。填写方式与综合所得、分类所得基本类似,下面就非居民所得与综合所得、分类所得不同之处进行介绍。

1)外籍人员正常工资薪金。

"适用公式":根据实际情况选择,若不能确定适用公式,可点击右侧的"帮助"根据系统引导提示选择。

"收入":未选择"适用公式"时直接录入。其他情形则通过点击"请录入明细"填写相关数据。

注意:非居民个人的工资薪金所得,以每月收入额减除费用5000元后的余额为应纳税所得额,非居民没有扣除专项扣除和专项附加扣除项目。

2)外籍人员数月奖金。

"适用公式":根据实际情况选择,若不能确定适用公式,可点击右侧的"帮助"根据系统引导提示选择。

"当月取得数月奖金额":未选择"适用公式"时直接录入。其他情形则通过点击"请录入明细"填写相关数据。

"应纳税额":应纳税额 =[(应纳税所得额 ÷6)× 月度税率 − 速算扣除数]×6

注意:同一个人一个年度内,外籍人员数月奖金只允许填写一次。

3)解除劳动合同一次性补贴。

"一次性补偿收入":填写个人因解除劳动合同而从原任职单位取得的一次性补偿收入,需大于0。

"适用公式":根据实际情况选择,若不能确定适用公式,可点击右侧的"帮助"根据系统引导提示选择。

4)个人股权激励收入。

"本月股权激励收入":未选择"适用公式"时直接录入。其他情形则通过点击"请录入明细"填写相关数据。

"应纳税所得额":应纳税所得额=本月股权激励收入+本年累计股权激励收入(不含本月)-本年累计免税收入-扣除及减除项目合计。

"税率":取数于应纳税所得额÷6之后,非居民的《月度税率表》。

"速算扣除数":取数于非居民的《月度税率表》。

"应纳税额":应纳税额=[(应纳税所得额÷6)×税率-速算扣除数]×6。

5)税收递延养老金。

"免税收入":默认带出收入×25%,可修改。

"税率":10%比例税率。

6)劳务报酬所得。

"所得项目":如果人员的"任职受雇从业类型"为"保险营销员",则所得项目默认为"保险营销员佣金收入";"任职受雇从业类型"为"证券经纪人",则所得项目默认为"证券经纪人佣金收入";"其他类型"的人员只能选择"一般劳务报酬所得"或"其他劳务报酬所得"。

"展业成本":按(收入-费用)×25%带出,仅当非居民个人为保险营销员或证券经纪人时带出。

7)特许权使用费所得。

"协定减免":填写按照税收协定可享受减免的应纳税额。

"协定税率":默认为"不享受",可下拉选择相应的协定税率。

"协定减免":自动计算,为应纳税额减掉按照协定税率计算出的税额后的余额。

8)利息、股息、红利所得。

"协定税率":默认为"不享受",可下拉选择相应的协定税率。

"协定减免":自动计算,为应纳税额减掉按照协定税率计算出的税额后的余额。

9)财产转让所得。

"所得项目":包含财产拍卖所得及回流文物拍卖所得、股权转让所得及其他财产转让所得。

（2）附表填写。

包括"减免事项附表"和"个人股东股权转让信息表"。

非居民个人代扣代缴申报与分类所得、综合所得申报在减免事项附表上的区别在于增加了"税收协定附表"。

非居民个人所得项目中填写了减免税额，系统会在减免事项附表中自动生成一条状态为未填写的减免税额记录，点击"填写"打开编辑界面，补充完善具体的减免事项和减免性质，点击"保存"即可。

非居民个人在劳务报酬所得、特许权使用费所得或利息、股息、红利、所得中填写了协定税率或协定减免税额，系统会在税收协定附表中自动生成一条状态为未填写的税收协定记录，点击"填写"打开编辑界面，补充完善具体税收协定名称及协定条款信息，点击"保存"即可。

（3）申报表报送。

申报表报送用于完成非居民所得代扣代缴的正常申报、更正申报以及作废申报操作。

1）点击"3申报表报送"进入"申报表报送"界面，系统自动生成待申报清单。申报表通过系统申报数据校验，"是否可申报"显示为"是"；若存在申报表数据校验不通过，"是否可申报"显示为"否"，该界面下方提示区显示具体错误提示信息。只有当填写的所有申报表"是否可申报"均显示为"是"时，"发送申报"才允许点击。

2）申报成功后，当前所得月份未缴款或无须缴款时发现申报数据有误，可点击"作废申报"，对已申报的数据进行作废处理，或点击"更正申报"对申报成功的报表数据进行修改后重新申报；当前所得月份已缴款，仅可使用更正申报功能修改已申报数据重新申报。

注意："申报表报送"需在法定申报期时才可点击进入报送界面。

13. 如何办理经营所得个人所得税申报

当单位类型是个体工商户、个人独资企业或合伙企业时，系统上方会显示生产经营申报通道。

扣缴端适用于个体工商户业主、个人独资企业投资者和合伙企业自然人合伙人进行预缴纳税申报和年度汇缴申报。

进入"生产经营"菜单时，系统会自动获取企业核定信息，包含企业类型、征收方式、投资者信息。也可点击"单位信息"——"征收方式"/"投资者信息"——"更新",手动下载获取企业最新核定信息。

投资者需要在"代扣代缴"子系统的"人员信息采集"菜单下采集并报送成功过,否则系统将会自动提示。

注意:请使用与提示信息相同的姓名、证件类型和证件号码在"人员信息采集"菜单进行登记,如无法登记,则需前往办税服务厅通过"变更税务登记"更新投资者信息后,在客户端中重试。

(1)经营所得个人所得税月(季)度申报。

1)申报表填写。

点击"预缴纳税申报"进入申报表填写主界面。

若该税款所属期已填写并保存了申报数据,打开界面后则自动带出之前已填写的数据;若该税款所属期已有申报成功或待反馈的明细记录,则收入总额、成本费用、弥补以前年度亏损、征收方式,以及动态显示的"应纳税所得额"和"应税所得率"不允许修改。

2)申报表报送。

申报表填写无误后点击"保存"。系统校验"投资者减除费用""专项扣除""依法确定的其他扣除"是否存在任意一项非0,若有则弹出"有综合所得时,投资者减除费用、专项扣除、依法确定的其他扣除,只能在综合所得申报中扣除,是否继续申报?"提示,可根据实际情况点击"是"保存报表,或者点击"否"修改报表数据后重新点击"保存",确认保存时系统会对填写了商业健康保险、税延养老险和减免税额数据项的人员,进行对应的附表填写校验以及分配比例是否超过100%的校验,校验通过则弹出"投资者预缴申报记录保存成功"提示,点击"确定"即可。

(2)经营所得个人所得税年度申报。

1)申报表填写。

点击"年度汇缴申报"进入申报表填写主界面。若该税款所属期已有申报成功或待反馈的明细记录,则"收入、费用信息"不允许修改。

2)网上申报。

报表保存成功后,可进行申报表报送。

点击"网上报税"——"网上申报",进入申报表报送界面,系统自动显示保存成功但未报送成功的报表,勾选报表记录后点击"发送申报"按钮进行申报表报送，税务机关系统接收成功后报表显示"申报处理中"状态，若未能自动获取申报反馈结果，可自行点击"获取反馈"查看申报结果；若申报失败，可根据反馈提示修改申报表数据后，重新"发送申报"并"获取反馈"。

（3）经营所得申报更正及作废。

1）申报表报送成功后发现申报有误，可返回到申报菜单中进行修正。

2）申报成功未缴款时发现有误，可点击"启动更正"或"作废"按钮解锁报表状态后重新填写报送；申报成功并缴款成功后发现有误，可点击"启动更正"按钮启动更正，对数据进行修改后更正申报。

3）启动更正后，如果发现申报数据无误，在未重新申报的前提下，可点击"撤销更正"按钮撤销更正。

14. 如何办理综合、分类、非居民所得申报缴款

（1）三方协议缴税。

三方协议缴款：单位需要和税务机关、银行签订《委托银行代缴税款协议书》才能使用"三方协议缴款"方式。已经签订过的，不需要重新签订。

1）申报表申报成功后，若采用三方协议缴款方式，则点击"税款缴纳"——"三方协议缴款"，界面下方显示应缴未缴税款相关内容，包括：所得月份、申报表、征收品目、税率、税款所属期起止、应补（退）税额以及缴款期限。

2）点击"立即缴款"，系统自动获取企业三方协议，并核对信息是否存在及正确。确认三方协议的开户行、账户名称等基本信息无误后，点击"确认扣款"发起缴款，进度条刷新完毕后得到缴款结果，即完成缴款。

（2）银行端查询缴税。

1）申报表申报成功后，点击"税款缴纳"——"银行端查询缴税"，界面下方显示欠税相关内容，包括：申报种类、申报类别、纳税人数、收入总额、应扣缴税额、打印状态、首次打印时间、缴款凭证税额（含滞纳金）等。

2）选择需要缴款的申报记录，点击"打印"，携带打印出来的银行端查询缴税凭证在凭证上注明的限缴期限前至商业银行柜台进行缴款，逾期将需要作废重新打印并可能产生滞纳金。若需要重新打印，点击"作废"，作废成功后，状态变更为"未打印"，重新点击"打印"，携带最新银行端查询缴税凭证至银行缴款。

注意：只针对本地申报成功且尚未缴纳的记录进行缴款，如果客户端重装，申报数据丢失，只能通过其他渠道缴款。打印状态为"已打印"，缴款状态为"已缴款"的，不允许作废。

（3）查询缴款。

发起缴款后，可在"税款缴纳"——"历史查询"中查询缴款状态。

（4）完税证明开具。

1）缴款成功后，点击"税款缴纳"——"完税证明"，选择税款所属期起止时间后点击"查询"按钮查询申报记录。

2）选择需要开具完税证明的申报表后点击"完税证明开具"按钮开具完税证明。

注意：申报成功且扣款成功的记录才支持开具完税证明。

15.如何办理代理经营所得申报缴款

（1）三方协议缴税。

三方协议缴款：投资人需要和税务机关、银行签订《委托银行代缴税款协议书》才能使用"三方协议缴款"方式。已经签订过的，不需要重新签订。

1）申报表申报成功后，点击"税款缴纳"——"三方协议缴税"，界面下方显示欠税相关内容，包括：投资人姓名、证照号码、税款所属期起止、申报表类型、应补（退）税额、个人三方协议账户等。

2）投资者只有一个三方协议账户时默认为该账户，若投资者存在多个三方协议账户，则"三方协议账户"列可下拉选择需要使用的三方协议账户，选择后点击"立即缴款"完成缴款即可，若缴款失败会反馈失败提示。若有缴款状态为待反馈的记录，可点击"缴款反馈"获取缴款结果。

注意："三方协议"缴税或更新过三方协议账户的，先点击"更新三方协议"，获取最新协议信息再进行缴款。只针对本地申报成功且欠税的记录进行缴款，如果客户端重装，申报数据丢失，只能通过其他渠道缴款。

（2）银行端查询缴税。

1）申报表申报成功后，点击"税款缴纳"——"银行端查询缴税"，界面下方显示欠税相关内容，包括：投资人姓名、证照号码、税款所属期起止、申报表类型、应补（退）税额、滞纳金、缴款状态等。

2）选择投资人待缴税记录后，点击"打印"，携带打印出来的银行端查询缴税凭证在凭证上注明的限缴期限前至商业银行柜台进行缴款，逾期将需要作废重新打印并可能产生滞纳金。若需要重新打印，点击"作废"，作废成功后，状态变更为"未打印"，重新点击"打印"，携带最新银行端查询缴税凭证至银行缴款。

（3）银联缴税。

1）申报表申报成功后，点击"税款缴纳"——"银联缴税"进入银联缴款页面，页面按照姓名、证照类型、证照号码、税款所属期起止、报表类型、报表状态等待缴款信息显示。

2）勾选待缴款记录后，点击"立即缴款"，会弹出一个提示，点击确定后发起缴款请求，请求成功后会用浏览器打开银联缴款页面，同时客户端银联缴税页面弹出对话框。

3）先在浏览器打开的银联缴款页面，录入该缴款银行卡办理时使用的姓名、证照号码和银行预留手机号等信息后点击"确认付款"，缴款成功则会跳转至缴款成功提示页面。

4）在浏览器中完成缴款后根据缴款结果，在客户端中点击"支付完成"或"支付未完成"（若点击"支付完成"，客户端会检查缴款结果并在页面上显示）。

缴款结果在页面上显示后点击"确定"即可。其他投资人需缴款按照以上步骤再次操作即可。

（4）扫码缴税。

申报完成之后有欠税的，可以生成缴税二维码，纳税人可通过微信、支付宝客户端进行扫码缴税，仅在部分试点地区上线。

申报表申报成功后，点击"税款缴纳"——"扫码缴税"，界面下方显示欠税相关内容，包括：投资人姓名、证照类型、证照号码、税款所属期起止、报表类型、申报类型、缴款状态、应补（退）税额、滞纳金、失效时间。

1）选择投资人待缴税记录后，点击"生成二维码"生成缴税码后进行扫码缴税。缴税成功后，点击"支付完成"按钮，系统会自动获取缴税状态；如果暂不需要缴税，可点击"支付未完成"关闭二维码。

注意：二维码生成后，需要在失效时间前完成税款缴纳。如果超过失效时间（一般为 30 分钟）未缴款，则需要重新生成缴税二维码。

2）二维码关闭后，可点击"生成二维码"重新打开或导出。

3）未获取缴款状态的，可以重新进入"扫码缴税"菜单获取缴款结果。

16. 如何办理退付手续费核对

扣缴义务人可按照所扣缴的税款退付 3% 的手续费。单位上年度有代扣代征税款的，可在 3 月 30 日前完成上一年度的结报单确认工作。税务机关将以扣缴义务人确认的结报单作为退付手续费的依据，自动启动退税流程。

1）点击"获取结报单"获取结报单和核对清册。

2）对结报单和核对清册中的内容核实无误后，可点击"我已核对无误"进行结报单确认。税务机关以扣缴义务人确认的结报单作为退付手续费的依据，并启动退税流程。

17. 如何办理分期或延期缴纳备案

（1）股权奖励个人所得税分期缴纳备案。

获得股权奖励的企业技术人员需要分期缴纳个人所得税的，应自行制订分期缴税计划，由企业于发生股权奖励的次月 15 日内，向主管税务机关办理分期缴税备案手续。

操作流程：①在"分期备案类别"中选择"股权奖励个人所得税分期缴纳备案表"；②录入扣缴单位基本情况后，点击"添加"，录入申请人员的具体备案信息。

办理股权奖励分期缴税，企业应向主管税务机关报送高新技术企业认定证书、股东大会或董事会决议、《个人所得税分期缴纳备案表（股权奖励）》、相关技术人员参与技术活动的说明材料、企业股权奖励计划、能够证明股权或股票价格的有关材料、企业转化科技成果的说明、最近一期企业财务报表等。

（2）转增股本个人所得税分期缴纳备案。

企业转增股本涉及的股东需要分期缴纳个人所得税的，应自行制订分期缴税计划，由企业于发生转增股本的次月 15 日内，向主管税务机关办理分期缴税备案手续。

操作流程：①在"分期备案类别"中选择"转增股本个人所得税分期缴纳备案表"；②录入扣缴单位基本情况及转增股本情况后，点击"添加"，录入申请人员的具体备案信息。

（3）非上市公司股权激励个人所得税递延纳税备案。

非上市公司授予本公司员工的股票期权、股权期权、限制性股票和股权奖励，符合规定条件的，经向主管税务机关备案，可实行递延纳税政策，即员工在取得股权激励时可暂不纳税，递延至转让该股权时纳税；股权转让时，按照股权转让收入减除股权取得成本以及合理税费后的差额，适用"财产转让所得"项目，按照20%的税率计算缴纳个人所得税。股票（权）期权取得成本按行权价确定，限制性股票取得成本按实际出资额确定，股权奖励取得成本为零。

操作流程：在"递延备案类别"中选择"非上市公司递延纳税备案表"，录入公司基本情况和股权激励基本情况，点击"添加"，录入申请人员的具体备案信息。

（4）上市公司股权激励个人所得税延期纳税备案。

上市公司授予个人的股票期权、限制性股票和股权奖励，经向主管税务机关备案，个人可自股票期权行权、限制性股票解禁或取得股权奖励之日起，在不超过12个月的期限内缴纳个人所得税。

操作流程：在"递延备案类别"中选择"上市公司延期纳税备案表"，录入公司基本情况和股权激励方式，点击"添加"，录入申请人员的具体备案信息。

（5）技术成果投资入股个人所得税递延纳税备案。

个人以技术成果投资入股到境内居民企业，被投资企业支付的对价全部为股票（权）的，个人可选择继续按现行有关税收政策执行，也可选择适用递延纳税优惠政策。选择技术成果投资入股递延纳税政策的，经向主管税务机关备案，投资入股当期可暂不纳税，允许递延至转让股权时，按股权转让收入减去技术成果原值和合理税费后的差额计算缴纳所得税。个人选择适用上述任一项政策，均允许被投资企业按技术成果投资入股时的评估值入账并在企业所得税前摊销扣除。

操作流程：在"递延备案类别"中选择"技术成果投资入股递延纳税备案表"，录入被投资单位基本情况、技术成果基本情况和技术成果投资入股情况，点击"添加"，录入申请人员的具体备案信息。

（6）递延纳税情况年度报告表。

适用于实施符合条件股权激励的非上市公司和取得个人技术成果的境内公司，在递延纳税期间向主管税务机关报告个人相关股权持有和转让情况。

操作流程：在"递延备案类别"中选择"递延纳税情况年度报告表"后选择"股权激励方式"，点击"添加"，录入申请人员的具体备案信息。

（7）科技成果转化备案。

将职务科技成果转化为股份、投资比例的科研机构、高等学校或者获奖人员,应在授(获)奖的次月 15 日内向主管税务机关办理暂不征收个人所得税备案。

操作流程:点击"优惠备案"——"科技成果转化备案"——"添加",在弹出的备案信息填写界面录入申请人员的具体备案信息。

(8)科技成果转化现金奖励备案。

依法批准设立的非营利性研究开发机构和高等学校(以下简称非营利性科研机构和高校)根据《中华人民共和国促进科技成果转化法》的规定,从职务科技成果转化收入中给予科技人员的现金奖励,可减按 50% 计入科技人员当月"工资、薪金所得",依法缴纳个人所得税。

操作流程:点击"优惠备案"——"科技成果转化现金奖励备案"——"添加",在弹出的备案信息填写界面录入申请人员的具体备案信息。

附录 A

个人所得税扣缴申报表

税款所属期： 年 月 日 至 年 月 日

扣缴义务人名称：　　　　　扣缴义务人纳税人识别号（统一社会信用代码）：□□□□□□□□□□□□□□□□□□

金额单位：人民币元（列至角分）

序号	姓名	身份证件类型	身份证件号码	纳税人识别号	是否为非居民个人	所得项目	收入额计算			减除费用	专项扣除				其他扣除					累计情况（工资、薪金）											减按计税比例	准予扣除的捐赠额	税款计算					备注
							收入	免税收入	费用		基本养老保险费	基本医疗保险费	失业保险费	住房公积金	年金	商业健康保险	税延养老保险	财产原值	允许扣除的税费	其他	累计收入额	累计减除费用	累计专项扣除	累计子女教育	累计赡养老人	累计住房贷款利息	累计住房租金	累计继续教育	累计专项附加扣除	累计其他扣除			应纳税所得额	税率/预扣率	速算扣除数	应纳税额	减免税额	已扣缴税额	应补/退税额	
1	2	3	4	5	6	7	8	9	10	11	12	13	14	15	16	17	18	19	20	21	22	23	24	25	26	27	28	29	30	31	32	33	34	35	36	37	38	39	40
合 计																																							

谨声明：本扣缴申报表是根据国家税收法律法规及相关规定填报的，是真实的、可靠的、完整的。

代理机构签章：　　　　　　　　　　　　　　　　　　　　　　　　　　　扣缴义务人（签章）：

代理机构统一社会信用代码：

经办人签字：　　　年 月 日

经办人身份证件号码：

受理人：

受理税务机关（章）：

受理日期： 年 月 日

国家税务总局监制

《个人所得税扣缴申报表》填表说明

一、适用范围

本表适用于扣缴义务人向居民个人支付工资、薪金所得，劳务报酬所得，稿酬所得和特许权使用费所得的个人所得税全员全额预扣预缴申报；向非居民个人支付工资、薪金所得，劳务报酬所得，稿酬所得和特许权使用费所得的个人所得税全员全额扣缴申报；以及向纳税人（居民个人和非居民个人）支付利息、股息、红利所得，财产租赁所得，财产转让所得和偶然所得的个人所得税全员全额扣缴申报。

二、报送期限

扣缴义务人应当在每月或者每次预扣、代扣税款的次月15日内，将已扣税款缴入国库，并向税务机关报送本表。

三、本表各栏填写

（一）表头项目

1.税款所属期：填写扣缴义务人预扣、代扣税款当月的第1日至最后1日。如：2019年3月20日发放工资时代扣的税款，税款所属期填写"2019年3月1日至2019年3月31日"。

2.扣缴义务人名称：填写扣缴义务人的法定名称全称。

3.扣缴义务人纳税人识别号（统一社会信用代码）：填写扣缴义务人的纳税人识别号或者统一社会信用代码。

（二）表内各栏

1.第2列"姓名"：填写纳税人姓名。

2.第3列"身份证件类型"：填写纳税人有效的身份证件名称。中国公民有中华人民共和国居民身份证的，填写居民身份证；没有居民身份证的，填写中华人民共和国护照、港澳居民来往内地通行证或者港澳居民居住证、台湾居民通行证或者台湾居民居住证、外国人永久居留身份证、外国人工作许可证或者护照等。

3.第4列"身份证件号码"：填写纳税人有效身份证件上载明的证件号码。

4.第5列"纳税人识别号"：有中国公民身份号码的，填写中华人民共和国居民身份证上载明的"公民身份号码"；没有中国公民身份号码的，填写税务机关赋予的纳税人识别号。

5. 第 6 列 "是否为非居民个人"：纳税人为居民个人的填 "否"。为非居民个人的，根据合同、任职期限、预期工作时间等不同情况，填写 "是，且不超过 90 天" 或者 "是，且超过 90 天不超过 183 天"。不填默认为 "否"。

其中，纳税人为非居民个人的，填写 "是，且不超过 90 天" 的，当年在境内实际居住超过 90 天的次月 15 日内，填写 "是，且超过 90 天不超过 183 天"。

6. 第 7 列 "所得项目"：填写纳税人取得的个人所得税法第二条规定的应税所得项目名称。同一纳税人取得多项或者多次所得的，应分行填写。

7. 第 8～21 列 "本月（次）情况"：填写扣缴义务人当月（次）支付给纳税人的所得，以及按规定各所得项目当月（次）可扣除的减除费用、专项扣除、其他扣除等。其中，工资、薪金所得预扣预缴个人所得税时扣除的专项附加扣除，按照纳税年度内纳税人在该任职受雇单位截至当月可享受的各专项附加扣除项目的扣除总额，填写至 "累计情况" 中第 25～29 列相应栏，本月情况中则无须填写。

（1）"收入额计算"：包含 "收入" "费用" "免税收入"。收入额 = 第 8 列 − 第 9 列 − 第 10 列。

1）第 8 列 "收入"：填写当月（次）扣缴义务人支付给纳税人所得的总额。

2）第 9 列 "费用"：取得劳务报酬所得、稿酬所得、特许权使用费所得时填写，取得其他各项所得时无须填写本列。居民个人取得上述所得，每次收入不超过 4000 元的，费用填写 "800" 元；每次收入 4000 元以上的，费用按收入的 20% 填写。非居民个人取得劳务报酬所得、稿酬所得、特许权使用费所得，费用按收入的 20% 填写。

3）第 10 列 "免税收入"：填写纳税人各所得项目收入总额中，包含的税法规定的免税收入金额。其中，税法规定 "稿酬所得的收入额减按 70% 计算"，对稿酬所得的收入额减计的 30% 部分，填入本列。

（2）第 11 列 "减除费用"：按税法规定的减除费用标准填写。如，2019 年纳税人取得工资、薪金所得按月申报时，填写 5000 元。纳税人取得财产租赁所得，每次收入不超过 4000 元的，填写 800 元；每次收入 4000 元以上的，按收入的 20% 填写。

（3）第 12～15 列 "专项扣除"：分别填写按规定允许扣除的基本养老保险费、基本医疗保险费、失业保险费、住房公积金（以下简称 "三险一金"）的金额。

（4）第 16～21 列 "其他扣除"：分别填写按规定允许扣除的项目金额。

8. 第 22～30 列 "累计情况"：本栏适用于居民个人取得工资、薪金所得，保险营销员、证券经纪人取得佣金收入等按规定采取累计预扣法预扣预缴税款时填报。

(1) 第 22 列"累计收入额": 填写本纳税年度截至当前月份, 扣缴义务人支付给纳税人的工资、薪金所得, 或者支付给保险营销员、证券经纪人的劳务报酬所得的累计收入额。

(2) 第 23 列"累计减除费用": 按照 5000 元 / 月乘以纳税人当年在本单位的任职受雇或者从业的月份数计算。

(3) 第 24 列"累计专项扣除": 填写本年度截至当前月份, 按规定允许扣除的"三险一金"的累计金额。

(4) 第 25～29 列"累计专项附加扣除": 分别填写截至当前月份, 纳税人按规定可享受的子女教育、赡养老人、住房贷款利息或者住房租金、继续教育扣除的累计金额。大病医疗扣除由纳税人在年度汇算清缴时办理, 此处无须填写。

(5) 第 30 列"累计其他扣除": 填写本年度截至当前月份, 按规定允许扣除的年金（包括企业年金、职业年金）、商业健康保险、税延养老保险及其他扣除项目的累计金额。

9. 第 31 列"减按计税比例": 填写按规定实行应纳税所得额减计税收优惠的减计比例。无减计规定的, 可不填, 系统默认为 100%。如, 某项税收政策实行减按 60% 计入应纳税所得额, 则本列填 60%。

10. 第 32 列"准予扣除的捐赠额": 是指按照税法及相关法规、政策规定, 可以在税前扣除的捐赠额。

11. 第 33～39 列"税款计算": 填写扣缴义务人当月扣缴个人所得税款的计算情况。

(1) 第 33 列"应纳税所得额": 根据相关列次计算填报。

1) 居民个人取得工资、薪金所得, 填写累计收入额减累计减除费用、累计专项扣除、累计专项附加扣除、累计其他扣除后的余额。

2) 非居民个人取得工资、薪金所得, 填写收入额减去减除费用后的余额。

3) 居民个人或者非居民个人取得劳务报酬所得、稿酬所得、特许权使用费所得, 填写本月（次）收入额减除其他扣除后的余额。

保险营销员、证券经纪人取得的佣金收入, 填写累计收入额减除累计减除费用、累计其他扣除后的余额。

4) 居民个人或者非居民个人取得利息、股息、红利所得和偶然所得, 填写本月（次）收入额。

5）居民个人或者非居民个人取得财产租赁所得，填写本月（次）收入额减去减除费用、其他扣除后的余额。

6）居民个人或者非居民个人取得财产转让所得，填写本月（次）收入额减除财产原值、允许扣除的税费后的余额。

其中，适用"减按计税比例"的所得项目，其应纳税所得额按上述方法计算后乘以减按计税比例的金额填报。

按照税法及相关法规、政策规定，可以在税前扣除的捐赠额，可以按上述方法计算后从应纳税所得额中扣除。

（2）第34～35列"税率/预扣率""速算扣除数"：填写各所得项目按规定适用的税率（或预扣率）和速算扣除数。没有速算扣除数的，则不填。

（3）第36列"应纳税额"：根据相关列次计算填报。第36列＝第33列×第34列－第35列。

（4）第37列"减免税额"：填写符合税法规定可减免的税额，并附报《个人所得税减免税事项报告表》。居民个人工资、薪金所得，以及保险营销员、证券经纪人取得佣金收入，填写本年度累计减免税额；居民个人取得工资、薪金以外的所得或非居民个人取得各项所得，填写本月（次）减免税额。

（5）第38列"已缴税额"：填写本年或本月（次）纳税人同一所得项目，已由扣缴义务人实际扣缴的税款金额。

（6）第39列"应补/退税额"：根据相关列次计算填报。第39列＝第36列－第37列－第38列。

四、其他事项说明

以纸质方式报送本表的，应当一式两份，扣缴义务人、税务机关各留存一份。

附录 B

个人所得税基础信息表（A 表）

（适用于扣缴义务人填报）

扣缴义务人名称：

扣缴义务人纳税人识别号（统一社会信用代码）：□□□□□□□□□□□□□□□□□□

序号	纳税人基本信息（带*必填）						任职受雇从业信息				联系方式					银行账户		投资信息		其他信息		华侨、港澳台、外籍个人信息（带*必填）				备注
	纳税人姓名	纳税人识别号	*身份证件类型	*身份证件号码	*出生日期	*国籍（地区）	类型	职务	学历	任职受雇日期	离职日期	手机号码	户籍所在地	经常居住地	联系地址	电子邮箱	开户银行	银行账号	投资额（元）	投资比例	是否孤老、残疾、烈属	残疾/烈属证号	*出生地	*性别	*首次入境时间	*预计离境时间	*涉税事由	
	1	2	3	4	5	6	7	8	9	10	11	12	13	14	15	16	17	18	19	20	21	22	23	24	25	26	27	28	29

谨声明：本表是根据国家税收法律法规及相关规定填报的，是真实的、可靠的、完整的。

经办人签字：　　　　　　　　　　　　　　　受理人：

经办人身份证件号码：　　　　　　　　　　　受理税务机关（章）：

代理机构签章：　　　　　　　　　　　　　　受理日期：　　年　　月　　日

代理机构统一社会信用代码：　　　　　　　　扣缴义务人（签章）：　　年　　月　　日

国家税务总局监制

《个人所得税基础信息表（A 表）》填表说明

一、适用范围

本表由扣缴义务人填报。适用于扣缴义务人办理全员全额扣缴申报时，填报其支付所得的纳税人的基础信息。

二、报送期限

扣缴义务人首次向纳税人支付所得，或者纳税人相关基础信息发生变化的，应当填写本表，并于次月扣缴申报时向税务机关报送。

三、本表各栏填写（本表带"*"项目分为必填和条件必填，其余项目为选填。）

（一）表头项目

1. 扣缴义务人名称：填写扣缴义务人的法定名称全称。

2. 扣缴义务人纳税人识别号（统一社会信用代码）：填写扣缴义务人的纳税人识别号或者统一社会信用代码。

（二）表内各栏

1. 第 2～8 列"纳税人基本信息"：填写纳税人姓名、证件等基本信息。

（1）第 2 列"纳税人识别号"：有中国公民身份号码的，填写中华人民共和国居民身份证上载明的"公民身份号码"；没有中国公民身份号码的，填写税务机关赋予的纳税人识别号。

（2）第 3 列"纳税人姓名"：填写纳税人姓名。外籍个人英文姓名按照"先姓（surname）后名（given name）"的顺序填写，确实无法区分姓和名的，按照证件上的姓名顺序填写。

（3）第 4 列"身份证件类型"：根据纳税人实际情况填写。

1）有中国公民身份号码的，应当填写《中华人民共和国居民身份证》（简称"居民身份证"）。

2）华侨应当填写《中华人民共和国护照》（简称"中国护照"）。

3）港澳居民可选择填写《港澳居民来往内地通行证》（简称"港澳居民通行证"）或者《中华人民共和国港澳居民居住证》（简称"港澳居民居住证"）；台湾居民可选择填写《台湾居民来往大陆通行证》（简称"台湾居民通行证"）或者《中华人民共和国台湾居民居住证》（简称"台湾居民居住证"）。

4）外籍人员可选择填写《中华人民共和国外国人永久居留身份证》（简称"外国人永久居留证"）、《中华人民共和国外国人工作许可证》（简称"外国人工作许可证"）或者"外国护照"。

5）其他符合规定的情形填写"其他证件"。

身份证件类型选择"港澳居民居住证"的，应当同时填写"港澳居民通行证"；身份证件类型选择"台湾居民居住证"的，应当同时填写"台湾居民通行证"；身份证件类型选择"外国人永久居留证"或者"外国人工作许可证"的，应当同时填写"外国护照"。

（4）第5~6列"身份证件号码""出生日期"：根据纳税人身份证件上的信息填写。

（5）第7列"国籍/地区"：填写纳税人所属的国籍或者地区。

2. 第8~12列"任职受雇从业信息"：填写纳税人与扣缴义务人之间的任职受雇从业信息。

（1）第8列"类型"：根据实际情况填写"雇员""保险营销员""证券经纪人"或者"其他"。

（2）第9~12列"职务""学历""任职受雇从业日期""离职日期"：其中，当第9列"类型"选择"雇员""保险营销员"或者"证券经纪人"时，填写纳税人与扣缴义务人建立或者解除相应劳动或者劳务关系的日期。

3. 第13~17列"联系方式"：

（1）第13列"手机号码"：填写纳税人境内有效手机号码。

（2）第14~16列"户籍所在地""经常居住地""联系地址"：填写纳税人境内有效户籍所在地、经常居住地或者联系地址，按以下格式填写（具体到门牌号）：
_____省（区、市）_____市_____区（县）_____街道（乡、镇）_____。

（3）第17列"电子邮箱"：填写有效的电子邮箱。

4. 第18~19列"银行账户"：填写个人境内有效银行账户信息，开户银行填写到银行总行。

5. 第20~21列"投资信息"：纳税人为扣缴单位的股东、投资者的，填写本栏。

6. 第22~23列"其他信息"：如纳税人有"残疾、孤老、烈属"情况的，填写本栏。

7. 第24~28列"华侨、港澳台、外籍个人信息"：纳税人为华侨、港澳台居民、外籍个人的填写本栏。

（1）第24列"出生地"：填写华侨、港澳台居民、外籍个人的出生地，具体到国家或者地区。

（2）第26～27列"首次入境时间""预计离境时间"：填写华侨、港澳台居民、外籍个人首次入境和预计离境的时间，具体到年月日。预计离境时间发生变化的，应及时进行变更。

（3）第28列"涉税事由"：填写华侨、港澳台居民、外籍个人在境内涉税的具体事由，包括"任职受雇""提供临时劳务""转让财产""从事投资和经营活动""其他"。如有多项事由的，应同时填写。

附录 C

个人所得税专项附加扣除信息表

填报日期： 年 月 日　　　　扣除年度：

纳税人姓名：　　　　纳税人识别号：□□□□□□□□□□□□□□□□□□

纳税人信息	手机号码		电子邮箱	
	联系地址			
纳税人配偶信息	姓名		配偶情况	□有配偶　□无配偶
	身份证件类型		身份证件号码	□□□□□□□□□□□□□□□□□□

一、子女教育

较上次报送信息是否发生变化：□首次报送（请填写全部信息）　□无变化（不需重新填写）　□有变化（请填写发生变化项目的信息）

子女一	姓名		身份证件类型		身份证件号码	□□□□□□□□□□□□□□□□□□
	出生日期		当前受教育阶段	□学前教育阶段　□义务教育　□高中阶段教育　□高等教育		
	当前受教育阶段起始时间	年 月	当前受教育阶段结束时间	年 月	子女教育终止时间 *不再受教育时填写	年 月
	就读学校		就读国家（或地区）		本人扣除比例	□100%（全额扣除）　□50%（平均扣除）
	姓名		身份证件类型		身份证件号码	□□□□□□□□□□□□□□□□□□
	出生日期		当前受教育阶段	□学前教育阶段　□义务教育　□高中阶段教育　□高等教育		

子女二	当前受教育阶段起始时间	年 月	当前受教育阶段结束时间	年 月	子女教育终止时间 *不再受教育时填写	年 月
	就读国家（或地区）		就读学校		本人扣除比例	□100%（全额扣除） □50%（平均扣除）

较上次报送信息是否发生变化：□首次报送（请填写全部信息） □无变化（不需重新填写） □有变化（请填写发生变化项目的信息）

二、继续教育

学历（学位）继续教育	当前继续教育起始时间	年 月	当前继续教育结束时间	年 月	学历（学位）继续教育阶段	□专科 □本科 □硕士研究生 □博士研究生 □其他
职业资格继续教育	职业资格继续教育类型	□技能人员 □专业技术人员			证书名称	
	证书编号		发证机关		发证（批准）日期	

较上次报送信息是否发生变化：□首次报送（请填写全部信息） □无变化（不需重新填写） □有变化（请填写发生变化项目的信息）

三、住房贷款利息

房屋信息	住房坐落地址		省（区、市） 市 县（区） 街道（乡、镇）
	产权证号/不动产登记号/商品房买卖合同号/预售合同号		
房贷信息	本人是否借款人	□是 □否	是否婚前各自首套贷款，且婚后分别扣除50% □是 □否

（续）

房贷信息	公积金贷款	贷款合同编号		
		贷款期限（月）	首次还款日期	
	商业贷款	贷款合同编号	贷款银行	
		贷款期限（月）	首次还款日期	

四、住房租金

较上次报送信息是否发生变化：☐首次报送（请填写全部信息） ☐无变化（不需重新填写） ☐有变化（请填写发生变化项目的信息）

房屋信息	住房坐落地址		省（区、市）	市	县（区）	街道（乡、镇）		
			☐☐☐☐☐☐☐☐☐☐☐☐☐☐					
租赁情况	出租方（个人）姓名	身份证件类型				身份证件号码		
	出租方（单位）名称					纳税人识别号（统一社会信用代码）		
	主要工作城市（*填写市一级）					住房租赁合同编号（非必填）		
	租赁期起					租赁期止		

五、赡养老人

较上次报送信息是否发生变化：☐首次报送（请填写全部信息） ☐无变化（不需重新填写） ☐有变化（请填写发生变化项目的信息）

纳税人身份	☐独生子女 ☐非独生子女

被赡养人一	姓名		身份证件类型		身份证件号码	
	出生日期		与纳税人关系	□父亲 □母亲 □其他		
被赡养人二	姓名		身份证件类型		身份证件号码	
	出生日期		与纳税人关系	□父亲 □母亲 □其他		
共同赡养人信息	姓名		身份证件类型		身份证件号码	
	姓名		身份证件类型		身份证件号码	
	姓名		身份证件类型		身份证件号码	
分摊方式 *独生子女不需填写	□平均分摊 □赡养人约定分摊 □被赡养人指定分摊				本年度月扣除金额	

较上次报送信息是否发生变化：□首次报送 □无变化（不需重新填写） □有变化（请填写发生变化项目的信息）

六、大病医疗（仅限综合所得年度汇算清缴申报时填写）

患者一	姓名		身份证件类型		身份证件号码		与纳税人关系	□本人 □配偶 □未成年子女
	医药费用总金额		个人负担金额					
患者二	姓名		身份证件类型		身份证件号码		与纳税人关系	□本人 □配偶 □未成年子女
	医药费用总金额		个人负担金额					

（续）

需要在任职受雇单位预扣预缴工资、薪金所得个人所得税时享受专项附加扣除的，填写本栏

重要提示：当您填写本栏，表示您已同意该任职受雇单位使用本表信息为您办理专项附加扣除。

扣缴义务人名称		扣缴义务人 纳税人识别号 （统一社会信用代码）	☐☐☐☐☐☐☐☐☐☐☐☐☐☐☐☐☐☐

本人承诺：我已仔细阅读了填表说明，并根据《中华人民共和国个人所得税法》及其实施条例，《个人所得税专项附加扣除暂行办法》《个人所得税专项附加扣除操作办法（试行）》等相关法律法规规定填写本表。本人已就所填的扣除信息进行了核对，并对所填内容的真实性、准确性、完整性负责。

扣缴义务人签章：　　　　　　　　　　　　　　　　纳税人签字：

经办人签字：　　　　　　　　　　　　　　　　　　受理人：

接收日期：　　年　月　日　　　　　　　　　　　　受理税务机关（章）：

代理机构签章：

代理机构统一社会信用代码：

经办人签字：　　　　　　　　　　　　　　　　　　受理日期：　　年　月　日

经办人身份证件号码：

国家税务总局监制

《个人所得税专项附加扣除信息表》填表说明

一、填表须知

本表根据《中华人民共和国个人所得税法》及其实施条例、《个人所得税专项附加扣除暂行办法》《个人所得税专项附加扣除操作办法（试行）》等法律法规有关规定制定。

（一）纳税人按享受的专项附加扣除情况填报对应栏次；纳税人不享受的项目，无须填报。纳税人未填报的项目，默认为不享受。

（二）较上次报送信息是否发生变化：纳税人填报本表时，对各专项附加扣除，首次报送的，在"首次报送"前的框内打"√"。继续报送本表且无变化的，在"无变化"前的框内打"√"；发生变化的，在"有变化"前的框内打"√"，并填写发生变化的扣除项目信息。

（三）身份证件号码应从左向右顶格填写，位数不满18位的，需在空白格处划"/"。

（四）如各类扣除项目的表格篇幅不够，可另附多张《个人所得税专项附加扣除信息表》。

二、适用范围

（一）本表适用于享受子女教育、继续教育、大病医疗、住房贷款利息或住房租金、赡养老人六项专项附加扣除的自然人纳税人填写。选择在工资、薪金所得预扣预缴个人所得税时享受的，纳税人填写后报送至扣缴义务人；选择在年度汇算清缴申报时享受专项附加扣除的，纳税人填写后报送至税务机关。

（二）纳税人首次填报专项附加扣除信息时，应将本人所涉及的专项附加扣除信息表内各信息项填写完整。纳税人相关信息发生变化的，应及时更新此表相关信息项，并报送至扣缴义务人或税务机关。

纳税人在以后纳税年度继续申报扣除的，应对扣除事项有无变化进行确认。

三、各栏填写说明

（一）表头项目

填报日期：纳税人填写本表时的日期。

扣除年度：填写纳税人享受专项附加扣除的所属年度。

纳税人姓名：填写自然人纳税人姓名。

纳税人识别号：纳税人有中国居民身份证的，填写公民身份号码；没有公民身份号码的，填写税务机关赋予的纳税人识别号。

（二）表内基础信息栏

纳税人信息：填写纳税人有效的手机号码、电子邮箱、联系地址。其中，手机号码为必填项。

纳税人配偶信息：纳税人有配偶的填写本栏，没有配偶的则不填。具体填写纳税人配偶的姓名、有效身份证件名称及号码。

（三）表内各栏

1. 子女教育

子女姓名、身份证件类型及号码：填写纳税人子女的姓名、有效身份证件名称及号码。

出生日期：填写纳税人子女的出生日期，具体到年月日。

当前受教育阶段：选择纳税人子女当前的受教育阶段。区分"学前教育阶段、义务教育、高中阶段教育、高等教育"四种情形，在对应框内打"√"。

当前受教育阶段起始时间：填写纳税人子女处于当前受教育阶段的起始时间，具体到年月。

当前受教育阶段结束时间：纳税人子女当前受教育阶段的结束时间或预计结束的时间，具体到年月。

子女教育终止时间：填写纳税人子女不再接受符合子女教育扣除条件的学历教育的时间，具体到年月。

就读国家（或地区）、就读学校：填写纳税人子女就读的国家或地区名称、学校名称。

本人扣除比例：选择可扣除额度的分摊比例，由本人全额扣除的，选择"100%"，分摊扣除的，选"50%"，在对应框内打"√"。

2. 继续教育

当前继续教育起始时间：填写接受当前学历（学位）继续教育的起始时间，具体到年月。

当前继续教育结束时间：填写接受当前学历（学位）继续教育的结束时间，或预计结束的时间，具体到年月。

学历（学位）继续教育阶段：区分"专科、本科、硕士研究生、博士研究生、其他"五种情形，在对应框内打"√"。

职业资格继续教育类型：区分"技能人员、专业技术人员"两种类型，在对应框内打"√"。证书名称、证书编号、发证机关、发证（批准）日期：填写纳税人取得的继续教育职业资格证书上注明的证书名称、证书编号、发证机关及发证（批准）日期。

3. 住房贷款利息

住房坐落地址：填写首套贷款房屋的详细地址，具体到楼门号。

产权证号/不动产登记号/商品房买卖合同号/预售合同号：填写首套贷款房屋的产权证、不动产登记证、商品房买卖合同或预售合同中的相应号码。如所购买住房已取得房屋产权证的，填写产权证号或不动产登记号；所购住房尚未取得房屋产权证的，填写商品房买卖合同号或预售合同号。

本人是否借款人：按实际情况选择"是"或"否"，并在对应框内打"√"。本人是借款人的情形，包括本人独立贷款、与配偶共同贷款的情形。如果选择"否"，则表头位置须填写配偶信息。

是否婚前各自首套贷款，且婚后分别扣除50%：按实际情况选择"是"或"否"，并在对应框内打"√"。该情形是指夫妻双方在婚前各有一套首套贷款住房，婚后选择按夫妻双方各50%份额扣除的情况。不填默认为"否"。

公积金贷款|贷款合同编号：填写公积金贷款的贷款合同编号。

商业贷款|贷款合同编号：填写与金融机构签订的住房商业贷款合同编号。

贷款期限（月）：填写住房贷款合同上注明的贷款期限，按月填写。

首次还款日期：填写住房贷款合同上注明的首次还款日期。

贷款银行：填写商业贷款的银行总行名称。

4. 住房租金

住房坐落地址：填写纳税人租赁房屋的详细地址，具体到楼门号。

出租方（个人）姓名、身份证件类型及号码：租赁房屋为个人的，填写本栏。具体填写住房租赁合同中的出租方姓名、有效身份证件名称及号码。

出租方（单位）名称、纳税人识别号（统一社会信用代码）：租赁房屋为单位所有的，填写单位法定名称全称及纳税人识别号（统一社会信用代码）。

主要工作城市：填写纳税人任职受雇的直辖市、计划单列市、副省级城市、地级市（地区、州、盟）。无任职受雇单位的，填写其办理汇算清缴地所在城市。

住房租赁合同编号（非必填）：填写签订的住房租赁合同编号。

租赁期起、租赁期止：填写纳税人住房租赁合同上注明的租赁起止日期，具体到年月。提前终止合同（协议）的，以实际租赁期限为准。

5. 赡养老人

纳税人身份：区分"独生子女、非独生子女"两种情形，并在对应框内打"√"。

被赡养人姓名、身份证件类型及号码：填写被赡养人的姓名、有效证件名称及号码。

被赡养人出生日期：填写被赡养人的出生日期，具体到年月。

与纳税人关系：按被赡养人与纳税人的关系填报，区分"父亲、母亲、其他"三种情形，在对应框内打"√"。

共同赡养人：纳税人为非独生子女时填写本栏，独生子女无须填写。填写与纳税人实际承担共同赡养义务的人员信息，包括姓名、身份证件类型及号码。

分摊方式：纳税人为非独生子女时填写本栏，独生子女无须填写。区分"平均分摊、赡养人约定分摊、被赡养人指定分摊"三种情形，并在对应框内打"√"。

本年度月扣除金额：填写扣除年度内，按政策规定计算的纳税人每月可以享受的赡养老人专项附加扣除的金额。

6. 大病医疗

患者姓名、身份证件类型及号码：填写享受大病医疗专项附加扣除的患者姓名、有效证件名称及号码。

医药费用总金额：填写社会医疗保险管理信息系统记录的与基本医保相关的医药费用总金额。

个人负担金额：填写社会医疗保险管理信息系统记录的基本医保目录范围内扣除医保报销后的个人自付部分。

与纳税人关系：按患者与纳税人的关系填报，区分"本人、配偶或未成年子女"三种情形，在对应框内打"√"。

7. 扣缴义务人信息

纳税人选择由任职受雇单位办理专项附加扣除的填写本栏。

扣缴义务人名称、纳税人识别号（统一社会信用代码）：纳税人由扣缴义务人在工资、薪金所得预扣预缴个人所得税时办理专项附加扣除的，填写扣缴义务人名称全称及纳税人识别号或统一社会信用代码。

（四）签字（章）栏次

"声明"栏：需由纳税人签字。

"扣缴义务人签章"栏：扣缴单位向税务机关申报的，应由扣缴单位签章，办理申报的经办人签字，并填写接收专项附加扣除信息的日期。

"代理机构签章"栏：代理机构代为办理纳税申报的，应填写代理机构统一社会信用代码，加盖代理机构印章，代理申报的经办人签字，并填写经办人身份证件号码。

纳税人或扣缴义务人委托专业机构代为办理专项附加扣除的，需代理机构签章。

"受理机关"栏：由受理机关填写。

附录 D

个人所得税减免税事项报告表

税款所属期：　年　月　日至　年　月　日
纳税人姓名：
纳税人识别号：□□□□□□□□□□□□□□□□□□－□□
扣缴义务人名称：
扣缴义务人纳税人识别号：□□□□□□□□□□□□□□□□□□

金额单位：人民币元（列至角分）

编号	勾选	减免税事项	减免税情况			备注
			减免人数	免税收入	减免税额	
1	□	残疾、孤老、烈属减征个人所得税				
2	□	个人转让5年以上唯一住房免征个人所得税		—		
3	□	随军家属从事个体经营免征个人所得税		—		
4	□	军转干部从事个体经营免征个人所得税		—		
5	□	退役士兵从事个体经营免征个人所得税		—		
6	□	建档立卡贫困人口从事个体经营扣减个人所得税、零就业家庭、享受城市低保登记失业人员，毕业年度内高校毕业生从事个体经营扣减个人所得税		—		
7	□	登记失业半年以上人员、零就业家庭、享受城市低保登记失业人员，毕业年度内高校毕业生从事个体经营扣减个人所得税				
8	□	取消农业税从事"四业"所得暂免征收个人所得税				
9	□	符合条件的房屋赠与免征个人所得税				
10	□	科技人员取得职务科技成果转化现金奖励				—
11	□	外籍个人出差补贴、探亲费、语言训练费、子女教育费等津补贴				—
12	□	税收协定	股息	税收协定名称及条款：		
13	□		利息	税收协定名称及条款：		
14	□		特许权使用费	税收协定名称及条款：		
15	□		财产收益	税收协定名称及条款：		
16	□		受雇所得	税收协定名称及条款：		
17	□		其他	税收协定名称及条款：		

序号		减免税事项名称及减免性质代码		
18	□	减免税事项名称及减免性质代码：		
19	□	减免税事项名称及减免性质代码：		
20	其他	减免税事项名称及减免性质代码：		
		合计		

减免税人员名单

序号	姓名	纳税人识别号	减免税事项（编号或减免性质代码）	所得项目	免税收入	减免税额	备注

谨声明：本表是根据国家税收法律法规及相关规定填报的，本人（单位）对填报内容（附带资料）的真实性、可靠性、完整性负责。

纳税人签字：　　　　　　　　　纳税人或扣缴单位负责人签字：　　　　　　　　　年　月　日

经办人签字：
经办人身份证件类型：
经办人身份证件号码：
代理机构签章：
代理机构统一社会信用代码：

受理人：

受理税务机关（章）：

受理日期：　　　年　月　日

国家税务总局监制

《个人所得税减免税事项报告表》填表说明

一、适用范围

本表适用于个人纳税年度内发生减免税事项，需要在纳税申报时享受的，向税务机关报送。

二、报送期限

1.个人需要享受减免税事项的，应当及时向扣缴义务人提交本表做信息采集。

2.扣缴义务人扣缴申报时，个人需要享受减免税事项的，扣缴义务人应当一并报送本表。

3.个人需要享受减免税事项并采取自行纳税申报方式的，应按照税法规定的自行纳税申报时间，在自行纳税申报时一并报送本表。

三、本表各栏填写

（一）表头项目

1.税款所属期：填写个人发生减免税事项的所属期间，应填写具体的起止年月日。

2.纳税人姓名：个人自行申报并报送本表或向扣缴义务人提交本表做信息采集的，由个人填写纳税人姓名。

3.纳税人识别号：个人自行申报并报送本表或向扣缴义务人提交本表做信息采集的，由个人填写纳税人识别号。纳税人识别号为个人有中国公民身份号码的，填写中华人民共和国居民身份证上载明的"公民身份号码"；没有中国公民身份号码的，填写税务机关赋予的纳税人识别号。

4.扣缴义务人名称：扣缴义务人扣缴申报并报送本表的，由扣缴义务人填写扣缴义务人名称。

5.扣缴义务人纳税人识别号：扣缴义务人扣缴申报并报送本表的，由扣缴义务人填写扣缴义务人统一社会信用代码。

（二）减免税情况

1."减免税事项"：个人或扣缴义务人勾选享受的减免税事项。

个人享受税收协定待遇的，应勾选"税收协定"项目，并填写具体税收协定名称及条款。

个人享受列示项目以外的减免税事项的,应勾选"其他"项目,并填写减免税事项名称及减免性质代码。

2. "减免人数":填写享受该行次减免税政策的人数。

3. "免税收入":填写享受该行次减免税政策的免税收入合计金额。

4. "减免税额":填写享受该行次减免税政策的减免税额合计金额。

5. "备注":填写个人或扣缴义务人需要特别说明的或者税务机关要求说明的事项。

(三)减免税人员名单栏

1. "姓名":填写个人姓名。

2. "纳税人识别号":填写个人的纳税人识别号。

3. "减免税事项(编号或减免性质代码)":填写"减免税情况栏"列示的减免税事项对应的编号或税务机关要求填报的其他信息。

4. "所得项目":填写适用减免税事项的所得项目名称。例如:工资、薪金所得。

5. "免税收入":填写个人享受减免税政策的免税收入金额。

6. "减免税额":填写个人享受减免税政策的减免税额金额。

7. "备注":填写个人或扣缴义务人需要特别说明的或者税务机关要求说明的事项。

附表 E

个人所得税公益慈善事业捐赠扣除明细表

捐赠年度： 年

纳税人姓名：

纳税人识别号：□□□□□□□□□□□□□□□□□-□□

扣缴义务人名称：

扣缴义务人纳税人识别号：□□□□□□□□□□□□□□□□□

金额单位：人民币元（列至角分）

序号	纳税人姓名	纳税人识别号	捐赠信息					扣除信息			备注
			受赠单位名称	受赠单位纳税人识别号（统一社会信用代码）	捐赠凭证号	捐赠日期	捐赠金额	扣除比例	扣除所得项目	税款所属期	扣除金额	
1	2	3	4	5	6	7	8	9	10	11	12	13

谨承诺：此表是根据国家税收法律法规及相关规定填报的，是真实的、可靠的、完整的。

纳税人或扣缴义务人负责人签字：

经办人签字：

经办人身份证件号码：

代理机构签章：

代理机构统一社会信用代码：

受理人：

受理税务机关（章）：

受理日期： 年 月 日

国家税务总局监制

《个人所得税公益慈善事业捐赠扣除明细表》填表说明

一、适用范围

本表适用于个人发生符合条件的公益慈善事业捐赠,进行个人所得税前扣除时填报。

二、报送期限

扣缴义务人办理扣缴申报、纳税人办理自行申报时一并报送。

三、本表各栏填写

(一)表头项目

1.捐赠年度:填写个人发生公益慈善事业捐赠支出的所属年度。

2.纳税人姓名和纳税人识别号:填写个人姓名及其纳税人识别号。有中国公民身份号码的,填写中华人民共和国居民身份证上载明的"公民身份号码";没有中国公民身份号码的,填写税务机关赋予的纳税人识别号。

个人通过自行申报进行公益慈善事业捐赠扣除的,填写上述两项。扣缴义务人填报时,无须填写。

3.扣缴义务人名称及扣缴义务人纳税人识别号:填写扣缴义务人的法定名称全称,以及其纳税人识别号或者统一社会信用代码。

扣缴义务人在扣缴申报时为个人办理公益慈善事业捐赠扣除的,填写本项。纳税人自行申报无须填报本项。

(二)表内各列

1.第2列"纳税人姓名"和第3列"纳税人识别号":扣缴单位为纳税人办理捐赠扣除时,填写本栏。个人自行申报的,无须填写本项。

2.第4列"受赠单位名称":填写受赠单位的法定名称全称。

3.第5列"受赠单位纳税人识别号(统一社会信用代码)":填写受赠单位的纳税人识别号或者统一社会信用代码。

4.第6列"捐赠凭证号":填写捐赠票据的凭证号。

5.第7列"捐赠日期":填写个人发生的公益慈善事业捐赠的具体日期。

6.第8列"捐赠金额":填写个人发生的公益慈善事业捐赠的具体金额。

7.第9列"扣除比例":填写公益慈善事业捐赠支出税前扣除比例。如:30%

或者100%。

8.第10列"扣除所得项目"：填写扣除公益慈善事业捐赠的所得项目。

9.第11列"税款所属期"：填写"扣除所得项目"对应的税款所属期。

10.第12列"扣除金额"：填写个人取得"扣除所得项目"对应收入办理扣缴申报或者自行申报时，实际扣除的公益慈善事业捐赠支出金额。

11.第13列"备注"：填写个人认为需要特别说明的或者税务机关要求说明的事项。

四、其他事项说明

以纸质方式报送本表的，应当一式两份，纳税人或者扣缴义务人、税务机关各留存一份。

附录 F

个人所得税自行纳税申报表（A表）

税款所属期：　年　月　日至　年　月　日

纳税人姓名：　　　　　　　　　　　　　　　金额单位：人民币元（列至角分）

纳税人识别号：□□□□□□□□□□□□□□□□□□

自行申报情形	□居民个人取得应税所得，扣缴义务人未扣缴税款 □非居民个人取得应税所得，扣缴义务人未扣缴税款 □非居民个人在中国境内从两处以上取得工资、薪金所得 □其他＿＿＿＿＿＿															是否为非居民个人	□是 □否	非居民个人本年度境内居住天数	□不超过90天 □超过90天不超过183天	
序号	所得项目	收入额计算			减除费用	专项扣除				其他扣除			减按计税比例	准予扣除的捐赠额	应纳税所得额	税率	速算扣除数	税款计算			备注
		收入	免税收入	费用		基本养老保险费	基本医疗保险费	失业保险费	住房公积金	财产原值	允许扣除的税费	其他						应纳税额	减免税额	已缴税额	应补/退税额	
1	2	3	4	5	6	7	8	9	10	11	12	13	14	15	16	17	18	19	20	21	22	23

谨声明：本表是根据国家税收法律法规及相关规定填报的，是真实的、可靠的、完整的。

纳税人签字：　　　　　　　　　　　　　　　　　年　月　日

经办人签字：

经办人身份证件号码：

代理机构签章：

代理机构统一社会信用代码：

受理人：

受理税务机关（章）：

受理日期：　年　月　日

国家税务总局监制

《个人所得税自行纳税申报表（A 表）》填表说明

一、适用范围

本表适用于居民个人取得应税所得，扣缴义务人未扣缴税款，非居民个人取得应税所得扣缴义务人未扣缴税款，非居民个人在中国境内从两处以上取得工资、薪金所得等情形在办理自行纳税申报时，向税务机关报送。

二、报送期限

（一）居民个人取得应税所得扣缴义务人未扣缴税款，应当在取得所得的次年 6 月 30 日前办理纳税申报。税务机关通知限期缴纳的，纳税人应当按照期限缴纳税款。

（二）非居民个人取得应税所得，扣缴义务人未扣缴税款的，应当在取得所得的次年 6 月 30 日前办理纳税申报。非居民个人在次年 6 月 30 日前离境（临时离境除外）的，应当在离境前办理纳税申报。

（三）非居民个人在中国境内从两处以上取得工资、薪金所得的，应当在取得所得的次月 15 日内办理纳税申报。

（四）其他需要纳税人办理自行申报的情形，按规定的申报期限办理。

三、本表各栏填写

（一）表头项目

1.税款所属期：填写纳税人取得所得应纳个人所得税款的所属期间，填写具体的起止年月日。

2.纳税人姓名：填写自然人纳税人姓名。

3.纳税人识别号：有中国公民身份号码的，填写中华人民共和国居民身份证上载明的"公民身份号码"；没有中国公民身份号码的，填写税务机关赋予的纳税人识别号。

（二）表内各栏

1."自行申报情形"：纳税人根据自身情况在对应框内打"√"。选择"其他"的，应当填写具体自行申报情形。

2."是否为非居民个人"：非居民个人选"是"，居民个人选"否"。不填默认为"否"。

3."非居民个人本年度境内居住天数"：非居民个人根据合同、任职期限、预期工作时间等不同情况，填写"不超过90天"或者"超过90天不超过183天"。

4. 第2列"所得项目"：按照《个人所得税法》第二条规定的项目填写。纳税人取得多项所得或者多次取得所得的，分行填写。

5. 第3~5列"收入额计算"：包含"收入""费用""免税收入"。收入额＝第3列－第4列－第5列。

（1）第3列"收入"：填写纳税人实际取得所得的收入总额。

（2）第4列"费用"：取得劳务报酬所得、稿酬所得、特许权使用费所得时填写，取得其他各项所得时无须填写本列。非居民个人取得劳务报酬所得、稿酬所得、特许权使用费所得，费用按收入的20%填写。

（3）第5列"免税收入"：填写符合税法规定的免税收入金额。其中，税法规定"稿酬所得的收入额减按70%计算"，对减计的30%部分，填入本列。

6. 第6列"减除费用"：按税法规定的减除费用标准填写。

7. 第7~10列"专项扣除"：分别填写按规定允许扣除的基本养老保险费、基本医疗保险费、失业保险费、住房公积金的金额。

8. 第11~13列"其他扣除"：包含"财产原值""允许扣除的税费""其他"，分别填写按照税法规定当月（次）允许扣除的金额。

（1）第11列"财产原值"：纳税人取得财产转让所得时填写本栏。

（2）第12列"允许扣除的税费"：填写按规定可以在税前扣除的税费。

1）纳税人取得劳务报酬所得时，填写劳务发生过程中实际缴纳的可依法扣除的税费。

2）纳税人取得特许权使用费所得时，填写提供特许权过程中发生的中介费和实际缴纳的可依法扣除的税费。

3）纳税人取得财产租赁所得时，填写修缮费和出租财产过程中实际缴纳的可依法扣除的税费。

4）纳税人取得财产转让所得时，填写转让财产过程中实际缴纳的可依法扣除的税费。

（3）第13列"其他"：填写按规定其他可以在税前扣除的项目。

9. 第14列"减按计税比例"：填写按规定实行应纳税所得额减计税收优惠的减计比例。无减计规定的，则不填，系统默认为100%。如，某项税收政策实行减按60%计入应纳税所得额，则本列填60%。

10. 第15列"准予扣除的捐赠额"：是指按照税法及相关法规、政策规定，可以在税前扣除的捐赠额。

11. 第 16 列 "应纳税所得额"：根据相关列次计算填报。

12. 第 17～18 列 "税率""速算扣除数"：填写所得项目按规定适用的税率和速算扣除数。所得项目没有速算扣除数的，则不填。

13. 第 19 列 "应纳税额"：根据相关列次计算填报。第 19 列 = 第 16 列 × 第 17 列 - 第 18 列。

14. 第 20 列 "减免税额"：填写符合税法规定的可以减免的税额，并附报《个人所得税减免税事项报告表》。

15. 第 21 列 "已缴税额"：填写纳税人当期已实际缴纳或者被扣缴的个人所得税税款。

16. 第 22 列 "应补/退税额"：根据相关列次计算填报。第 22 列 = 第 19 列 - 第 20 列 - 第 21 列。

四、其他事项说明

以纸质方式报送本表的，应当一式两份，纳税人、税务机关各留存一份。

附录 G

个人所得税基础信息表（B 表）

(适用于自然人填报)

纳税人识别号：□□□□□□□□□□□□□□□□□□

基本信息（带 * 必填）				
基本信息	* 纳税人姓名	中文名	英文名	
	* 身份证件	证件类型一	证件号码	
		证件类型二	证件号码	
	* 国籍 / 地区		* 出生日期	年 月 日
联系方式	户籍所在地	省（区、市） 市 区（县） 街道（乡、镇）			
	经常居住地	省（区、市） 市 区（县） 街道（乡、镇）_____			
	联系地址	省（区、市） 市 区（县） 街道（乡、镇）_____			
	* 手机号码		电子邮箱	
其他信息	开户银行		银行账号	
	学历	□研究生 □大学本科 □大学本科以下			
	特殊情形	□残疾 残疾证号_____ □烈属 烈属证号_____ □孤老			
任职、受雇、从业信息				
任职受雇从业单位一	名称		国家 / 地区	
	纳税人识别号（统一社会信用代码）		任职受雇从业日期	年 月 / 离职日期 年 月
	类型	□雇员 □保险营销员 □证券经纪人 □其他	职务	□高层 □其他

（续）

任职受雇从业单位二	名称		国家/地区		任职受雇从业日期	年　月	离职日期	年　月
	纳税人识别号（统一社会信用代码）							
	类型	□雇员 □保险营销员 □证券经纪人 □其他		职务		□高层　□其他		
该栏仅由投资者纳税人填写								
被投资单位一	名称		国家/地区					
	纳税人识别号（统一社会信用代码）		投资额（元）			投资比例		
被投资单位二	名称		国家/地区					
	纳税人识别号（统一社会信用代码）		投资额（元）			投资比例		
该栏仅由华侨、港澳台、外籍个人填写（带＊必填）								
＊出生地			＊首次入境时间		年　月　日			
＊性别			＊预计离境时间		年　月　日			
＊涉税事由		□任职受雇　□提供临时劳务　□转让财产 □从事投资和经营活动　□其他						

谨声明：本表是根据国家税收法律法规及相关规定填报的，是真实的、可靠的、完整的。

　　　　　　　　　　　纳税人（签字）：　　　　　　　　年　月　日

经办人签字：	受理人：
经办人身份证件号码：	受理税务机关（章）：
代理机构签章：	受理日期：　　　年　月　日
代理机构统一社会信用代码：	

　　　　　　　　　　　　　　　　　　　　　　　　国家税务总局监制

《个人所得税基础信息表（B表）》填表说明

一、适用范围

本表适用于自然人纳税人基础信息的填报。

二、报送期限

自然人纳税人初次向税务机关办理相关涉税事宜时填报本表；初次申报后，以后仅需在信息发生变化时填报。

三、本表各栏填写

本表带"*"的项目为必填或者条件必填，其余项目为选填。

（一）表头项目

纳税人识别号：有中国公民身份号码的，填写中华人民共和国居民身份证上载明的"公民身份号码"；没有中国公民身份号码的，填写税务机关赋予的纳税人识别号。

（二）表内各栏

1. 基本信息：

（1）纳税人姓名：填写纳税人姓名。外籍个人英文姓名按照"先姓（surname）后名（given name）"的顺序填写，确实无法区分姓和名的，按照证件上的姓名顺序填写。

（2）身份证件：填写纳税人有效的身份证件类型及号码。

"证件类型一"按以下原则填写：

1）有中国公民身份号码的，应当填写《中华人民共和国居民身份证》(简称"居民身份证"）。

2）华侨应当填写《中华人民共和国护照》(简称"中国护照"）。

3）港澳居民可选择填写《港澳居民来往内地通行证》(简称"港澳居民通行证"）或者《中华人民共和国港澳居民居住证》(简称"港澳居民居住证"）；台湾居民可选择填写《台湾居民来往大陆通行证》(简称"台湾居民通行证"）或者《中华人民共和国台湾居民居住证》(简称"台湾居民居住证"）。

4）外籍个人可选择填写《中华人民共和国外国人永久居留身份证》(简称"外国人永久居留证"）、《中华人民共和国外国人工作许可证》(简称"外国人工作许可证")或者"外国护照"。

5)其他符合规定的情形填写"其他证件"。

"证件类型二"按以下原则填写:证件类型一选择"港澳居民居住证"的,证件类型二应当填写"港澳居民通行证";证件类型一选择"台湾居民居住证"的,证件类型二应当填写"台湾居民通行证";证件类型一选择"外国人永久居留证"或者"外国人工作许可证"的,证件类型二应当填写"外国护照"。证件类型一已选择"居民身份证""中国护照""港澳居民通行证""台湾居民通行证"或"外国护照",证件类型二可不填。

(3)国籍/地区:填写纳税人所属的国籍或地区。

(4)出生日期:根据纳税人身份证件上的信息填写。

(5)户籍所在地、经常居住地、联系地址:填写境内地址信息,至少填写一项。有居民身份证的,"户籍所在地""经常居住地"必须填写其中之一。

(6)手机号码、电子邮箱:填写境内有效手机号码,港澳台、外籍个人可以选择境内有效手机号码或电子邮箱中的一项填写。

(7)开户银行、银行账号:填写有效的个人银行账户信息,开户银行填写到银行总行。

(8)特殊情形:纳税人为残疾、烈属、孤老的,填写本栏。残疾、烈属人员还需填写残疾/烈属证件号码。

2.任职、受雇、从业信息:填写纳税人任职受雇从业的有关信息。其中,中国境内无住所个人有境外派遣单位的,应在本栏除填写境内任职受雇从业单位、境内受聘签约单位情况外,还应一并填写境外派遣单位相关信息。填写境外派遣单位时,其纳税人识别号(社会统一信用代码)可不填。

3.投资者纳税人填写栏:由自然人股东、投资者填写。没有,则不填。

(1)名称:填写被投资单位名称全称。

(2)纳税人识别号(统一社会信用代码):填写被投资单位纳税人识别号或者统一社会信用代码。

(3)投资额:填写自然人股东、投资者在被投资单位投资的投资额(股本)。

(4)投资比例:填写自然人股东、投资者的投资额占被投资单位投资(股本)的比例。

4.华侨、港澳台、外籍个人信息:华侨、港澳台居民、外籍个人填写本栏。

(1)出生地:填写华侨、港澳台居民、外籍个人的出生地,具体到国家或者地区。

（2）首次入境时间、预计离境时间：填写华侨、港澳台居民、外籍个人首次入境和预计离境的时间，具体到年月日。预计离境时间发生变化的，应及时进行变更。

（3）涉税事由：填写华侨、港澳台居民、外籍个人在境内涉税的具体事由，在相应事由处划"√"。如有多项事由的，同时勾选。

四、其他事项说明

以纸质方式报送本表的，应当一式两份，纳税人、税务机关各留存一份。

附录 H.1

个人所得税年度自行纳税申报表（A 表）

（仅取得境内综合所得年度汇算适用）

税款所属期： 　年　月　日至　　年　月　日

纳税人姓名：

纳税人识别号：□□□□□□□□□□□□□□□□□－□□

金额单位：人民币元（列至角分）

基本情况					
手机号码		电子邮箱		邮政编码	□□□□□□
联系地址	_____省（区、市）_____市_____区（县）_____街道（乡、镇）_____				
纳税地点（单选）					
1.有任职受雇单位的，需选本项并填写"任职受雇单位信息"：			□任职受雇单位所在地		
任职受雇单位信息	名称				
	纳税人识别号	□□□□□□□□□□□□□□□□□			
2.没有任职受雇单位的，可以从本栏次选择一地：			□户籍所在地		□经常居住地
户籍所在地/经常居住地	_____省（区、市）_____市_____区（县）_____街道（乡、镇）_____				
申报类型（单选）					
□首次申报			□更正申报		

综合所得个人所得税计算		
项目	行次	金额
一、收入合计（第1行＝第2行＋第3行＋第4行＋第5行）	1	
（一）工资、薪金	2	
（二）劳务报酬	3	
（三）稿酬	4	
（四）特许权使用费	5	
二、费用合计 [第6行＝（第3行＋第4行＋第5行）×20%]	6	
三、免税收入合计（第7行＝第8行＋第9行）	7	
（一）稿酬所得免税部分 [第8行＝第4行×（1-20%）×30%]	8	
（二）其他免税收入（附报《个人所得税减免税事项报告表》）	9	
四、减除费用	10	
五、专项扣除合计（第11行＝第12行＋第13行＋第14行＋第15行）	11	
（一）基本养老保险费	12	
（二）基本医疗保险费	13	
（三）失业保险费	14	

(续)

（四）住房公积金	15	
六、专项附加扣除合计（附报《个人所得税专项附加扣除信息表》） （第 16 行 = 第 17 行 + 第 18 行 + 第 19 行 + 第 20 行 + 第 21 行 + 第 22 行）	16	
（一）子女教育	17	
（二）继续教育	18	
（三）大病医疗	19	
（四）住房贷款利息	20	
（五）住房租金	21	
（六）赡养老人	22	
七、其他扣除合计（第 23 行 = 第 24 行 + 第 25 行 + 第 26 行 + 第 27 行 + 第 28 行）	23	
（一）年金	24	
（二）商业健康保险（附报《商业健康保险税前扣除情况明细表》）	25	
（三）税延养老保险（附报《个人税收递延型商业养老保险税前扣除情况明细表》）	26	
（四）允许扣除的税费	27	
（五）其他	28	
八、准予扣除的捐赠额（附报《个人所得税公益慈善事业捐赠扣除明细表》）	29	
九、应纳税所得额 （第 30 行 = 第 1 行 − 第 6 行 − 第 7 行 − 第 10 行 − 第 11 行 − 第 16 行 − 第 23 行 − 第 29 行）	30	
十、税率（%）	31	
十一、速算扣除数	32	
十二、应纳税额（第 33 行 = 第 30 行 × 第 31 行 − 第 32 行）	33	
全年一次性奖金个人所得税计算 （无住所居民个人预判为非居民个人取得的数月奖金，选择按全年一次性奖金计税的填写本部分）		
一、全年一次性奖金收入	34	
二、准予扣除的捐赠额（附报《个人所得税公益慈善事业捐赠扣除明细表》）	35	
三、税率（%）	36	
四、速算扣除数	37	
五、应纳税额 [第 38 行 =（第 34 行 − 第 35 行）× 第 36 行 − 第 37 行]	38	
税额调整		
一、综合所得收入调整额（需在"备注"栏说明调整具体原因、计算方式等）	39	
二、应纳税额调整额	40	
应补 / 退个人所得税计算		
一、应纳税额合计（第 41 行 = 第 33 行 + 第 38 行 + 第 40 行）	41	
二、减免税额（附报《个人所得税减免税事项报告表》）	42	
三、已缴税额	43	

(续)

四、应补/退税额（第44行 = 第41行 − 第42行 − 第43行）		44	
无住所个人附报信息			
纳税年度内在中国境内居住天数		已在中国境内居住年数	
退税申请 （应补/退税额小于0的填写本部分）			
□申请退税（需填写"开户银行名称""开户银行省份""银行账号"）		□放弃退税	
开户银行名称		开户银行省份	
银行账号			
备注			
谨声明：本表是根据国家税收法律法规及相关规定填报的，本人对填报内容（附带资料）的真实性、可靠性、完整性负责。			
	纳税人签字：	年 月 日	
经办人签字：			
经办人身份证件类型：		受理人：	
经办人身份证件号码：		受理税务机关（章）：	
代理机构签章：		受理日期： 年 月 日	
代理机构统一社会信用代码：			

国家税务总局监制

《个人所得税年度自行纳税申报表（A 表）》填表说明

（仅取得境内综合所得年度汇算适用）

一、适用范围

本表适用于居民个人纳税年度内仅从中国境内取得工资薪金所得、劳务报酬所得、稿酬所得、特许权使用费所得（以下称"综合所得"），按照税法规定进行个人所得税综合所得汇算清缴。居民个人纳税年度内取得境外所得的，不适用本表。

二、报送期限

居民个人取得综合所得需要办理汇算清缴的，应当在取得所得的次年3月1日至6月30日内，向主管税务机关办理个人所得税综合所得汇算清缴申报，并报送本表。

三、本表各栏填写

（一）表头项目

1.税款所属期：填写居民个人取得综合所得当年的第1日至最后1日。如：2019年1月1日至2019年12月31日。

2.纳税人姓名：填写居民个人姓名。

3.纳税人识别号：有中国公民身份号码的，填写中华人民共和国居民身份证上载明的"公民身份号码"；没有中国公民身份号码的，填写税务机关赋予的纳税人识别号。

（二）基本情况

1.手机号码：填写居民个人中国境内的有效手机号码。

2.电子邮箱：填写居民个人有效电子邮箱地址。

3.联系地址：填写居民个人能够接收信件的有效地址。

4.邮政编码：填写居民个人"联系地址"对应的邮政编码。

（三）纳税地点

居民个人根据任职受雇情况，在选项1和选项2之间选择其一，并填写相应信息。若居民个人逾期办理汇算清缴申报被指定主管税务机关的，无须填写本部分。

1.任职受雇单位信息：勾选"任职受雇单位所在地"并填写相关信息。

（1）名称：填写任职受雇单位的法定名称全称。

（2）纳税人识别号：填写任职受雇单位的纳税人识别号或者统一社会信用代码。

2.户籍所在地/经常居住地：勾选"户籍所在地"的，填写居民户口簿中登记的住址。勾选"经常居住地"的，填写居民个人申领居住证上登载的居住地址；没有申领居住证的，填写居民个人实际居住地；实际居住地不在中国境内的，填写支付或者实际负担综合所得的境内单位或个人所在地。

（四）申报类型

未曾办理过年度汇算申报，勾选"首次申报"；已办理过年度汇算申报，但有误需要更正的，勾选"更正申报"。

（五）综合所得个人所得税计算

1.第1行"收入合计"：填写居民个人取得的综合所得收入合计金额。

第1行=第2行+第3行+第4行+第5行。

2.第2~5行"工资、薪金""劳务报酬""稿酬""特许权使用费"：填写居民个人取得的需要并入综合所得计税的"工资、薪金""劳务报酬""稿酬""特许权使用费"所得收入金额。

3.第6行"费用合计"：根据相关行次计算填报。

第6行=（第3行+第4行+第5行）×20%。

4.第7行"免税收入合计"：填写居民个人取得的符合税法规定的免税收入合计金额。

第7行=第8行+第9行。

5.第8行"稿酬所得免税部分"：根据相关行次计算填报。

第8行=第4行×（1-20%）×30%。

6.第9行"其他免税收入"：填写居民个人取得的除第8行以外的符合税法规定的免税收入合计，并按规定附报《个人所得税减免税事项报告表》。

7.第10行"减除费用"：填写税法规定的减除费用。

8.第11行"专项扣除合计"：根据相关行次计算填报。

第11行=第12行+第13行+第14行+第15行。

9.第12~15行"基本养老保险费""基本医疗保险费""失业保险费""住房公积金"：填写居民个人按规定可以在税前扣除的基本养老保险费、基本医疗保险费、失业保险费、住房公积金金额。

10.第16行"专项附加扣除合计"：根据相关行次计算填报，并按规定附报《个人所得税专项附加扣除信息表》。

第16行=第17行+第18行+第19行+第20行+第21行+第22行。

11. 第 17～22 行"子女教育""继续教育""大病医疗""住房贷款利息""住房租金""赡养老人":填写居民个人按规定可以在税前扣除的子女教育、继续教育、大病医疗、住房贷款利息、住房租金、赡养老人等专项附加扣除的金额。

12. 第 23 行"其他扣除合计":根据相关行次计算填报。

第 23 行 = 第 24 行 + 第 25 行 + 第 26 行 + 第 27 行 + 第 28 行。

13. 第 24～28 行"年金""商业健康保险""税延养老保险""允许扣除的税费""其他":填写居民个人按规定可在税前扣除的年金、商业健康保险、税延养老保险、允许扣除的税费和其他扣除项目的金额。其中,填写商业健康保险的,应当按规定附报《商业健康保险税前扣除情况明细表》;填写税延养老保险的,应当按规定附报《个人税收递延型商业养老保险税前扣除情况明细表》。

14. 第 29 行"准予扣除的捐赠额":填写居民个人按规定准予在税前扣除的公益慈善事业捐赠金额,并按规定附报《个人所得税公益慈善事业捐赠扣除明细表》。

15. 第 30 行"应纳税所得额":根据相关行次计算填报。

第 30 行 = 第 1 行 - 第 6 行 - 第 7 行 - 第 10 行 - 第 11 行 - 第 16 行 - 第 23 行 - 第 29 行。

16. 第 31、32 行"税率""速算扣除数":填写按规定适用的税率和速算扣除数。

17. 第 33 行"应纳税额":按照相关行次计算填报。

第 33 行 = 第 30 行 × 第 31 行 - 第 32 行。

(六)全年一次性奖金个人所得税计算

无住所居民个人预缴时因预判为非居民个人而按取得数月奖金计算缴税的,汇缴时可以根据自身情况,将一笔数月奖金按照全年一次性奖金单独计算。

1. 第 34 行"全年一次性奖金收入":填写无住所的居民个人纳税年度内预判为非居民个人时取得的一笔数月奖金收入金额。

2. 第 35 行"准予扣除的捐赠额":填写无住所的居民个人按规定准予在税前扣除的公益慈善事业捐赠金额,并按规定附报《个人所得税公益慈善事业捐赠扣除明细表》。

3. 第 36、37 行"税率""速算扣除数":填写按照全年一次性奖金政策规定适用的税率和速算扣除数。

4. 第 38 行"应纳税额":按照相关行次计算填报。

第 38 行 = (第 34 行 - 第 35 行) × 第 36 行 - 第 37 行。

(七)税额调整

1. 第 39 行"综合所得收入调整额"：填写居民个人按照税法规定可以办理的除第 39 行之前所填报内容之外的其他可以进行调整的综合所得收入的调整金额，并在"备注"栏说明调整的具体原因、计算方式等信息。

2. 第 40 行"应纳税额调整额"：填写居民个人按照税法规定调整综合所得收入后所应调整的应纳税额。

（八）应补 / 退个人所得税计算

1. 第 41 行"应纳税额合计"：根据相关行次计算填报。

第 41 行 = 第 33 行 + 第 38 行 + 第 40 行。

2. 第 42 行"减免税额"：填写符合税法规定的可以减免的税额，并按规定附报《个人所得税减免税事项报告表》。

3. 第 43 行"已缴税额"：填写居民个人取得在本表中已填报的收入对应的已经缴纳或者被扣缴的个人所得税。

4. 第 44 行"应补 / 退税额"：根据相关行次计算填报。

第 44 行 = 第 41 行 - 第 42 行 - 第 43 行。

（九）无住所个人附报信息

本部分由无住所居民个人填写。不是，则不填。

1. 纳税年度内在中国境内居住天数：填写纳税年度内，无住所居民个人在中国境内居住的天数。

2. 已在中国境内居住年数：填写无住所居民个人已在中国境内连续居住的年份数。其中，年份数自 2019 年（含）开始计算且不包含本纳税年度。

（十）退税申请

本部分由应补 / 退税额小于 0 且勾选"申请退税"的居民个人填写。

1. "开户银行名称"：填写居民个人在中国境内开立银行账户的银行名称。

2. "开户银行省份"：填写居民个人在中国境内开立的银行账户的开户银行所在省、自治区、直辖市或者计划单列市。

3. "银行账号"：填写居民个人在中国境内开立的银行账户的银行账号。

（十一）备注

填写居民个人认为需要特别说明的或者按照有关规定需要说明的事项。

四、其他事项说明

以纸质方式报送本表的，建议通过计算机填写打印，一式两份，纳税人、税务机关各留存一份。

附录 H.2

个人所得税年度自行纳税申报表（简易版）

（纳税年度：20____）

一、填表须知

填写本表前，请仔细阅读以下内容：
1. 如果您年综合所得收入额不超过 6 万元且在纳税年度内未取得境外所得的，可以填写本表；
2. 您可以在纳税年度的次年 3 月 1 日至 5 月 31 日使用本表办理汇算清缴申报，并在该期限内申请退税；
3. 建议您下载并登录个人所得税 App，或者直接登录税务机关官方网站在线办理汇算清缴申报，体验更加便捷的申报方式；
4. 如果您对于申报填写的内容有疑问，您可以参考相关办税指引，咨询您的扣缴单位、专业人士，或者拨打 12366 纳税服务热线。
5. 以纸质方式报送本表的，建议通过计算机填写打印，一式两份，纳税人、税务机关各留存一份。

二、个人基本情况

1. 姓名	
2. 公民身份号码/纳税人识别号	□□□□□□□□□□□□□□□□□□－□□（无校验码不填后两位）
说明：有中国公民身份号码的，填写中华人民共和国居民身份证上载明的"公民身份号码"；没有中国公民身份号码的，填写税务机关赋予的纳税人识别号。	
3. 手机号码	□□□□□□□□□□□
提示：中国境内有效手机号码，请准确填写，以方便与您联系。	
4. 电子邮箱	
5. 联系地址	_____省（区、市）_____市_____区（县）_____街道（乡、镇）_____
提示：能够接收信件的有效通信地址。	
6. 邮政编码	□□□□□□

三、纳税地点（单选）

1. 有任职受雇单位的，需选本项并填写"任职受雇单位信息"：	☐ 任职受雇单位所在地	
任职受雇单位信息	名称	
	纳税人识别号	☐☐☐☐☐☐☐☐☐☐☐☐☐☐☐☐☐☐
2. 没有任职受雇单位的，可以从本栏次选择一地：	☐ 户籍所在地　☐ 经常居住地	
户籍所在地/经常居住地	_____省（区、市）_____市_____区（县）_____街道（乡、镇）_____	

四、申报类型

请您选择本次申报类型，未曾办理过年度汇算申报，勾选"首次申报"；已办理过年度汇算申报，但有误需要更正的，勾选"更正申报"：

☐ 首次申报　　　　　☐ 更正申报

五、纳税情况

已缴税额	☐☐,☐☐☐.☐☐（元）

纳税年度内取得综合所得时，扣缴义务人预扣预缴以及个人自行申报缴纳的个人所得税。

六、退税申请

1. 是否申请退税？	☐ 申请退税【选择此项的，填写个人账户信息】 ☐ 放弃退税
2. 个人账户信息	开户银行名称：_____ 开户银行省份：_____ 银行账号：_____
说明：开户银行名称填写居民个人在中国境内开立银行账户的银行名称。	

七、备注

如果您有需要特别说明或者税务机关要求说明的事项，请在本栏填写：

八、承诺及申报受理

谨声明：	
1. 本人纳税年度内取得的综合所得收入额合计不超过 6 万元。 2. 本表是根据国家税收法律法规及相关规定填报的，本人对填报内容（附带资料）的真实性、可靠性、完整性负责。 　　　　　　　　　　　　　　　　　　　　纳税人签名：　　　年　月　日	
经办人签字： 经办人身份证件类型： 经办人身份证件号码： 代理机构签章： 代理机构统一社会信用代码：	受理人： 受理税务机关（章）： 受理日期：　　　年　月　日

国家税务总局监制

附录 H.3

个人所得税年度自行纳税申报表（问答版）

（纳税年度：20____）

一、填表须知

填写本表前，请仔细阅读以下内容：
1. 如果您需要办理个人所得税综合所得汇算清缴，并且未在纳税年度内取得境外所得的，可以填写本表；
2. 您需要在纳税年度的次年 3 月 1 日至 6 月 30 日办理汇算清缴申报，并在该期限内补缴税款或者申请退税；
3. 建议您下载并登录个人所得税 App，或者直接登录税务机关官方网站在线办理汇算清缴申报，体验更加便捷的申报方式；
4. 如果您对于申报填写的内容有疑问，您可以参考相关办税指引，咨询您的扣缴单位、专业人士，或者拨打 12366 纳税服务热线。
5. 以纸质方式报送本表的，建议通过计算机填写打印，一式两份，纳税人、税务机关各留存一份。

二、基本情况

1. 姓　名	
2. 公民身份号码/纳税人识别号	□□□□□□□□□□□□□□□□□－□□（无校验码不填后两位）
说明：有中国公民身份号码的，填写中华人民共和国居民身份证上载明的"公民身份号码"；没有中国公民身份号码的，填写税务机关赋予的纳税人识别号。	
3. 手机号码	□□□□□□□□□□□
提示：中国境内有效手机号码，请准确填写，以方便与您联系。	
4. 电子邮箱	
5. 联系地址	_____省（区、市）_____市_____区（县）_____街道（乡、镇）_____
提示：能够接收信件的有效通信地址。	
6. 邮政编码	□□□□□□

三、纳税地点

7. 您是否有任职受雇单位，并取得工资薪金？（单选）
□有任职受雇单位（需要回答问题8）　　□没有任职受雇单位（需要回答问题9）

8. 如果您有任职受雇单位，您可以选择一处任职受雇单位所在地办理汇算清缴，请提供该任职受雇单位的具体情况：
任职受雇单位名称（全称）：_____
任职受雇单位纳税人识别号：□□□□□□□□□□□□□□□□□□

9. 如果您没有任职受雇单位，您可以选择在以下地点办理汇算清缴：（单选）
□户籍所在地　　　　　　　　　□经常居住地
具体地址：_____省（区、市）_____市_____区（县）_____街道（乡、镇）_____
说明：1. 户籍所在地是指居民户口簿中登记的地址。
2. 经常居住地是指居民个人申领居住证上登载的居住地址；若没有申领居住证，指居民个人当前实际居住的地址；若居民个人不在中国境内的，指支付或者实际负担综合所得的境内单位或个人所在地。

四、申报类型

10. 未曾办理过年度汇算申报，勾选"首次申报"；已办理过年度汇算申报，但有误需要更正的，勾选"更正申报"：
□首次申报　　　　　　　　　　□更正申报

五、收入-A（工资薪金）

11. 您在纳税年度内取得的工资薪金收入有多少？
（A1）工资薪金收入（包括并入综合所得计算的全年一次性奖金）：□□,□□□,□□□.□□（元）　□无此类收入
说明：
（1）工资薪金是指，个人因任职或者受雇，取得的工资薪金收入。包括工资、薪金、奖金、年终加薪、劳动分红、津贴、补贴以及与任职或者受雇有关的其他收入。全年一次性奖金是指，行政机关、企事业单位等扣缴义务人根据其全年经济效益和对雇员全年工作业绩的综合考核情况，向雇员发放的一次性奖金。包括年终加薪、实行年薪制和绩效工资办法的单位根据考核情况兑现的年薪和绩效工资。

（2）全年一次性奖金可以单独计税，也可以并入综合所得计税。具体方法请查阅财税〔2018〕164号文件规定。选择何种方式计税对您更为有利，可以咨询专业人士。

（3）工资薪金收入不包括单独计税的全年一次性奖金。

六、收入 -A（劳务报酬）

12. 您在纳税年度内取得的劳务报酬收入有多少？

（A2）劳务报酬收入：□□，□□□，□□□，□□□.□□（元）

□无此类收入

说明：劳务报酬收入是指，个人从事设计、装潢、安装、制图、化验、测试、医疗、法律、会计、咨询、讲学、翻译、审稿、书画、雕刻、影视、录音、录像、演出、表演、广告、展览、技术服务、介绍服务、经纪服务、代办服务以及其他劳务取得的收入。

七、收入 -A（稿酬）

13. 您在纳税年度内取得的稿酬收入有多少？

（A3）稿酬收入：□□，□□□，□□□，□□□.□□（元）

□无此类收入

说明：稿酬收入是指，个人作品以图书、报刊等形式出版、发表而取得的收入。

八、收入 -A（特许权使用费）

14. 您在纳税年度内取得的特许权使用费收入有多少？

（A4）特许权使用费收入：□□，□□□，□□□，□□□.□□（元）

□无此类收入

说明：特许权使用费收入是指，个人提供专利权、商标权、著作权、非专利技术以及其他特许权的使用权取得的收入。

九、免税收入 -B

15. 您在纳税年度内取得的综合所得收入中，免税收入有多少？（需附报《个人所得税减免税事项报告表》）

（B1）免税收入：□□，□□□，□□□，□□□.□□（元）

□无此类收入

提示：免税收入是指，按照税法规定免征个人所得税的收入。其中，税法规定"稿酬所得的收入额减按70%计算"，对稿酬所得的收入额减计30%的部分无须填入本项，将在后续计算中扣减该部分。

十、专项扣除 -C

16. 您在纳税年度内个人负担的，按规定可以在税前扣除的基本养老保险费、基本医疗保险费、失业保险费、住房公积金是多少？

（C1）基本养老保险费：□□□，□□□.□□（元）
□无此类扣除
（C2）基本医疗保险费：□□□，□□□.□□（元）
□无此类扣除
（C3）失业保险费：□□□，□□□.□□（元）
□无此类扣除
（C4）住房公积金：□□□，□□□.□□（元）
□无此类扣除

说明：个人实际负担的三险一金可以扣除。

十一、专项附加扣除 -D

17. 您在纳税年度内可以扣除的子女教育支出是多少？（需附报《个人所得税专项附加扣除信息表》）

（D1）子女教育：□□□，□□□.□□（元）
□无此类扣除

说明：

　　子女教育支出可扣除金额（D1）=每一子女可扣除金额合计。

　　每一子女可扣除金额 = 纳税年度内符合条件的扣除月份数 ×1000 元 × 扣除比例。

　　纳税年度内符合条件的扣除月份数包括子女年满 3 周岁当月起至受教育前一月、实际受教育月份以及寒暑假休假月份等。

　　扣除比例：由夫妻双方协商确定，每一子女可以在本人或配偶处按照100%扣除，也可由双方分别按照50%扣除。

18. 您在纳税年度内可以扣除的继续教育支出是多少？（需附报《个人所得税专项附加扣除信息表》）

（D2）继续教育：□□□,□□□.□□（元）

□无此类扣除

说明：

继续教育支出可扣除金额（D2）=学历（学位）继续教育可扣除金额+职业资格继续教育可扣除金额。

学历（学位）继续教育可扣除金额=纳税年度内符合条件的扣除月份数×400元。

纳税年度内符合条件的扣除月份数包括受教育月份、寒暑假休假月份等，但同一学历（学位）教育扣除期限不能超过48个月。

纳税年度内，个人取得符合条件的技能人员、专业技术人员相关职业资格证书的，职业资格继续教育可扣除金额=3600元。

19. 您在纳税年度内可以扣除的大病医疗支出是多少？（需附报《个人所得税专项附加扣除信息表》）

（D3）大病医疗：□,□□□,□□□.□□（元）

□无此类扣除

说明：

大病医疗支出可扣除金额（D3）=选择由您扣除的每一家庭成员的大病医疗可扣除金额合计。

某一家庭成员的大病医疗可扣除金额（不超过80000元）=纳税年度内医保目录范围内的自付部分-15 000元。

家庭成员包括个人本人、配偶、未成年子女。

20. 您在纳税年度内可以扣除的住房贷款利息支出是多少？（需附报《个人所得税专项附加扣除信息表》）

（D4）住房贷款利息：□□,□□□.□□（元）

□无此类扣除

说明：

住房贷款利息支出可扣除金额（D4）=符合条件的扣除月份数×扣除定额。

符合条件的扣除月份数为纳税年度内实际贷款月份数。

扣除定额：正常情况下，由夫妻双方协商确定，由其中1人扣除1000元/月；婚前各自购房，均符合扣除条件的，婚后可选择由其中1人扣除1000元/月，也可以选择各自扣除500元/月。

21. 您在纳税年度内可以扣除的住房租金支出是多少？（需附报《个人所得税专项附加扣除信息表》）

（D5）住房租金：□□，□□□.□□（元）

☐无此类扣除

说明：

　　住房租金支出可扣除金额（D5）= 纳税年度内租房月份的月扣除定额之和

月扣除定额：直辖市、省会（首府）城市、计划单列市以及国务院确定的其他城市，扣除标准为 1500 元 / 月；市辖区户籍人口超过 100 万的城市，扣除标准为 1100 元 / 月；市辖区户籍人口不超过 100 万的城市，扣除标准为 800 元 / 月。

22. 您在纳税年度内可以扣除的赡养老人支出是多少？（需附报《个人所得税专项附加扣除信息表》）

（D6）赡养老人：□□，□□□.□□（元）

☐无此类扣除

说明：

　　赡养老人支出可扣除金额（D6）= 纳税年度内符合条件的月份数 × 月扣除定额

　　符合条件的月份数：纳税年度内满 60 岁的老人，自满 60 岁当月起至 12 月份计算；纳税年度前满 60 岁的老人，按照 12 个月计算。

　　月扣除定额：独生子女，月扣除定额 2000 元；非独生子女，月扣除定额由被赡养人指定分摊，也可由赡养人均摊或约定分摊，但每月不超过 1000 元。

十二、其他扣除 -E

23. 您在纳税年度内可以扣除的企业年金、职业年金是多少？

（E1）年金：□□□，□□□.□□（元）　　　　☐无此类扣除

24. 您在纳税年度内可以扣除的商业健康保险是多少？（需附报《商业健康保险税前扣除情况明细表》）

（E2）商业健康保险：□，□□□.□□（元）　　　　☐无此类扣除

25. 您在纳税年度内可以扣除的税收递延型商业养老保险是多少？（需附报《个人税收递延型商业养老保险税前扣除情况明细表》）

（E3）税延养老保险：□□，□□□.□□（元）　　　　☐无此类扣除

26. 您在纳税年度内可以扣除的税费是多少？

（E4）允许扣除的税费：□□，□□□，□□□.□□（元）

☐无此类扣除

说明：允许扣除的税费是指，个人取得劳务报酬、稿酬、特许权使用费收入时，发生的合理税费支出。

27.您在纳税年度内发生的除上述扣除以外的其他扣除是多少？

（E5）其他扣除：□□，□□□，□□□，□□□.□□（元）□无此类扣除

提示：其他扣除（其他）包括保险营销员、证券经纪人佣金收入的展业成本。

十三、捐赠 -F

28.您在纳税年度内可以扣除的捐赠支出是多少？（需附报《个人所得税公益慈善事业捐赠扣除明细表》）

（F1）准予扣除的捐赠额：□□，□□□，□□□，□□□.□□（元）
□无此类扣除

十四、全年一次性奖金 -G

29.您在纳税年度内取得的一笔要转换为全年一次性奖金的数月奖金是多少？

（G1）全年一次性奖金：□□，□□□，□□□，□□□.□□（元）
□无此类情况

（G2）全年一次性奖金应纳个人所得税 =G1× 适用税率 − 速算扣除数 =□□，□□□，□□□，□□□.□□（元）

说明：仅适用于无住所居民个人预缴时因预判为非居民个人而按取得数月奖金计算缴税，汇缴时可以根据自身情况，将一笔数月奖金按照全年一次性奖金单独计算。

十五、税额计算 -H（使用纸质申报的居民个人需要自行计算填写本项）

30.综合所得应纳个人所得税计算

（H1）综合所得应纳个人所得税 =[（A1+A2×80%+A3×80%×70%+A4×80%）−B1−（C1+C2+C3+C4）−（D1+D2+D3+D4+D5+D6）−（E1+E2+E3+E4+E5）−F1]× 适用税率 − 速算扣除数 =□□，□□□，□□□，□□□.□□（元）

说明：适用税率和速算扣除数如下

级数	全年应纳税所得额	税率（%）	速算扣除数
1	不超过 36 000 元的	3	0
2	超过 36 000 元至 144 000 元的	10	2 520

级数	全年应纳税所得额	税率（%）	速算扣除数
3	超过 144 000 元至 300 000 元的	20	16 920
4	超过 300 000 元至 420 000 元的	25	31 920
5	超过 420 000 元至 660 000 元的	30	52 920
6	超过 660 000 元至 960 000 元的	35	85 920
7	超过 960 000 元的	45	181 920

十六、减免税额 -J

31. 您可以享受的减免税类型有哪些？
□残疾　□孤老　□烈属　□其他（需附报《个人所得税减免税事项报告表》）
□无此类情况

32. 您可以享受的减免税金额是多少？
（J1）减免税额：□□,□□□,□□□,□□□.□□（元）　□无此类情况

十七、已缴税额 -K

33. 您在纳税年度内取得本表填报的各项收入时，已经缴纳的个人所得税是多少？
（K1）已纳税额：□□,□□□,□□□,□□□.□□（元）
□无此类情况

十八、应补/退税额 -L（使用纸质申报的居民个人需要自行计算填写本项）

34. 您本次汇算清缴应补/退的个人所得税税额是：
（L1）应补/退税额 =G2+H1-J1-K1=□□,□□□,□□□,□□□.□□
　　　（元）

十九、无住所个人附报信息（有住所个人无须填写本项）

35. 您在纳税年度内，在中国境内的居住天数是多少？
　　　纳税年度内在中国境内居住天数：_____天。
36. 您在中国境内的居住年数是多少？
　　　中国境内居住年数：_____年。
说明：境内居住年数自 2019 年（含）以后年度开始计算。境内居住天数和年
　　　数的具体计算方法参见财政部、税务总局公告 2019 年第 34 号。

二十、退税申请（应补/退税额小于0的填写本项）

37. 您是否申请退税？
□申请退税　　　□放弃退税
38. 如果您申请退税，请提供您的有效银行账户。
开户银行名称：_____　　开户银行省份：_____
银行账号：_____
说明：开户银行名称填写居民个人在中国境内开立银行账户的银行名称。

二十一、备注

如果您有需要特别说明或者税务机关要求说明的事项，请在本栏填写：

二十二、申报受理

谨声明：本表是根据国家税收法律法规及相关规定填报的，本人对填报内容（附带资料）的真实性、可靠性、完整性负责。
个人签名：_____　　　___年__月__日
经办人签字：
经办人身份证件类型：　　　　　　　　受理人：
经办人身份证件号码：　　　　　　　　受理税务机关（章）：
代理机构签章：　　　　　　　　　　　受理日期：　年　月　日
代理机构统一社会信用代码：

国家税务总局监制

附录 I

个人所得税年度自行纳税申报表（B 表）

（居民个人取得境外所得适用）

税款所属期：　　年　月　日至　　年　月　日

纳税人姓名：

纳税人识别号：□□□□□□□□□□□□□□□－□□

金额单位：人民币元（列至角分）

基本情况					
手机号码		电子邮箱		邮政编码	□□□□□□
联系地址	_____省（区、市）_____市_____区（县）_____街道（乡、镇）_____				
纳税地点（单选）					
1.有任职受雇单位的，需选本项并填写"任职受雇单位信息"：			□任职受雇单位所在地		
任职受雇单位信息	名称				
	纳税人识别号				
2.没有任职受雇单位的，可以从本栏次选择一地：			□户籍所在地　□经常居住地		
户籍所在地/经常居住地	_____省（区、市）_____市_____区（县）_____街道（乡、镇）				
申报类型（单选）					
□首次申报			□更正申报		
综合所得个人所得税计算					
项目				行次	金额
一、境内收入合计（第1行＝第2行＋第3行＋第4行＋第5行）				1	
（一）工资、薪金				2	
（二）劳务报酬				3	
（三）稿酬				4	
（四）特许权使用费				5	
二、境外收入合计（附报《境外所得个人所得税抵免明细表》）（第6行＝第7行＋第8行＋第9行＋第10行）				6	
（一）工资、薪金				7	
（二）劳务报酬				8	
（三）稿酬				9	
（四）特许权使用费				10	
三、费用合计 [第11行＝(第3行＋第4行＋第5行＋第8行＋第9行＋第10行)×20%]				11	

(续)

四、免税收入合计（第 12 行 = 第 13 行 + 第 14 行）	12	
（一）稿酬所得免税部分 [第 13 行 =（第 4 行 + 第 9 行）×（1-20%）×30%]	13	
（二）其他免税收入（附报《个人所得税减免税事项报告表》）	14	
五、减除费用	15	
六、专项扣除合计（第 16 行 = 第 17 行 + 第 18 行 + 第 19 行 + 第 20 行）	16	
（一）基本养老保险费	17	
（二）基本医疗保险费	18	
（三）失业保险费	19	
（四）住房公积金	20	
七、专项附加扣除合计（附报《个人所得税专项附加扣除信息表》） （第 21 行 = 第 22 行 + 第 23 行 + 第 24 行 + 第 25 行 + 第 26 行 + 第 27 行）	21	
（一）子女教育	22	
（二）继续教育	23	
（三）大病医疗	24	
（四）住房贷款利息	25	
（五）住房租金	26	
（六）赡养老人	27	
八、其他扣除合计（第 28 行 = 第 29 行 + 第 30 行 + 第 31 行 + 第 32 行 + 第 33 行）	28	
（一）年金	29	
（二）商业健康保险（附报《商业健康保险税前扣除情况明细表》）	30	
（三）税延养老保险（附报《个人税收递延型商业养老保险税前扣除情况明细表》）	31	
（四）允许扣除的税费	32	
（五）其他	33	
九、准予扣除的捐赠额（附报《个人所得税公益慈善事业捐赠扣除明细表》）	34	
十、应纳税所得额 （第 35 行 = 第 1 行 + 第 6 行 − 第 11 行 − 第 12 行 − 第 15 行 − 第 16 行 − 第 21 行 − 第 28 行 − 第 34 行）	35	
十一、税率（%）	36	
十二、速算扣除数	37	
十三、应纳税额（第 38 行 = 第 35 行 × 第 36 行 − 第 37 行）	38	
除综合所得外其他境外所得个人所得税计算 （无相应所得不填本部分，有相应所得另需附报《境外所得个人所得税抵免明细表》）		
一、经营所得	（一）经营所得应纳税所得额（第 39 行 = 第 40 行 + 第 41 行）	39	
	其中：境内经营所得应纳税所得额	40	
	境外经营所得应纳税所得额	41	
	（二）税率（%）	42	
	（三）速算扣除数	43	

（续）

一、经营所得	（四）应纳税额（第 44 行 = 第 39 行 × 第 42 行 − 第 43 行）	44	
二、利息、股息、红利所得	（一）境外利息、股息、红利所得应纳税所得额	45	
	（二）税率（%）	46	
	（三）应纳税额（第 47 行 = 第 45 行 × 第 46 行）	47	
三、财产租赁所得	（一）境外财产租赁所得应纳税所得额	48	
	（二）税率（%）	49	
	（三）应纳税额（第 50 行 = 第 48 行 × 第 49 行）	50	
四、财产转让所得	（一）境外财产转让所得应纳税所得额	51	
	（二）税率（%）	52	
	（三）应纳税额（第 53 行 = 第 51 行 × 第 52 行）	53	
五、偶然所得	（一）境外偶然所得应纳税所得额	54	
	（二）税率（%）	55	
	（三）应纳税额（第 56 行 = 第 54 行 × 第 55 行）	56	
六、其他所得	（一）其他境内、境外所得应纳税所得额合计（需在"备注"栏说明具体项目）	57	
	（二）应纳税额	58	
股权激励个人所得税计算 （无境外股权激励所得不填本部分，有相应所得另需附报《境外所得个人所得税抵免明细表》）			
一、境内、境外单独计税的股权激励收入合计		59	
二、税率（%）		60	
三、速算扣除数		61	
四、应纳税额（第 62 行 = 第 59 行 × 第 60 行 − 第 61 行）		62	
全年一次性奖金个人所得税计算 （无住所个人预判为非居民个人取得的数月奖金，选择按全年一次性奖金计税的填写本部分）			
一、全年一次性奖金收入		63	
二、准予扣除的捐赠额（附报《个人所得税公益慈善事业捐赠扣除明细表》）		64	
三、税率（%）		65	
四、速算扣除数		66	
五、应纳税额 [第 67 行 =（第 63 行 − 第 64 行）× 第 65 行 − 第 66 行]		67	
税额调整			
一、综合所得收入调整额（需在"备注"栏说明调整具体原因、计算方法等）		68	
二、应纳税额调整额		69	
应补 / 退个人所得税计算			
一、应纳税额合计 （第 70 行 = 第 38 行 + 第 44 行 + 第 47 行 + 第 50 行 + 第 53 行 + 第 56 行 + 第 58 行 + 第 62 行 + 第 67 行 + 第 69 行）		70	

(续)

二、减免税额（附报《个人所得税减免税事项报告表》）	71
三、已缴税额（境内）	72
其中：境外所得境内支付部分已缴税额	73
境外所得境外支付部分预缴税额	74
四、境外所得已纳所得税抵免额（附报《境外所得个人所得税抵免明细表》）	75
五、应补/退税额（第 76 行＝第 70 行－第 71 行－第 72 行－第 75 行）	76

无住所个人附报信息			
纳税年度内在中国境内居住天数		已在中国境内居住年数	

退税申请
（应补/退税额小于 0 的填写本部分）
□ 申请退税（需填写"开户银行名称""开户银行省份""银行账号"） □ 放弃退税

开户银行名称		开户银行省份	
银行账号			

备注
谨声明：本表是根据国家税收法律法规及相关规定填报的，本人对填报内容（附带资料）的真实性、可靠性、完整性负责。

	纳税人签字： 年 月 日
经办人签字：	
经办人身份证件类型：	受理人：
经办人身份证件号码：	受理税务机关（章）：
代理机构签章：	受理日期： 年 月 日
代理机构统一社会信用代码：	

国家税务总局监制

《个人所得税年度自行纳税申报表》(B 表) 填表说明
(居民个人取得境外所得适用)

一、适用范围

本表适用于居民个人纳税年度内取得境外所得,按照税法规定办理取得境外所得个人所得税自行申报。申报本表时应当一并附报《境外所得个人所得税抵免明细表》。

二、报送期限

居民个人取得境外所得需要办理自行申报的,应当在取得所得的次年3月1日至6月30日内,向主管税务机关办理纳税申报,并报送本表。

三、本表各栏填写

(一) 表头项目

1. 税款所属期:填写居民个人取得所得当年的第1日至最后1日。如:2019年1月1日至2019年12月31日。

2. 纳税人姓名:填写居民个人姓名。

3. 纳税人识别号:有中国公民身份号码的,填写中华人民共和国居民身份证上载明的"公民身份号码";没有中国公民身份号码的,填写税务机关赋予的纳税人识别号。

(二) 基本情况

1. 手机号码:填写居民个人中国境内的有效手机号码。

2. 电子邮箱:填写居民个人有效电子邮箱地址。

3. 联系地址:填写居民个人能够接收信件的有效地址。

4. 邮政编码:填写居民个人"联系地址"所对应的邮政编码。

(三) 纳税地点

居民个人根据任职受雇情况,在选项1和选项2之间选择其一,并填写相应信息。若居民个人逾期办理汇算清缴申报被指定主管税务机关的,无须填写本部分。

1. 任职受雇单位信息:勾选"任职受雇单位所在地"并填写相关信息。

(1) 名称:填写任职受雇单位的法定名称全称。

(2) 纳税人识别号:填写任职受雇单位的纳税人识别号或者统一社会信用代码。

2.户籍所在地/经常居住地：勾选"户籍所在地"的，填写居民户口簿中登记的住址。勾选"经常居住地"的，填写居民个人申领居住证上登载的居住地址；没有申领居住证的，填写居民个人实际居住地；实际居住地不在中国境内的，填写支付或者实际负担综合所得的境内单位或个人所在地。

（四）申报类型

未曾办理过年度汇算申报，勾选"首次申报"；已办理过年度汇算申报，但有误需要更正的，勾选"更正申报"。

（五）综合所得个人所得税计算

1. 第1行"境内收入合计"：填写居民个人取得的境内综合所得收入合计金额。

第1行 = 第2行 + 第3行 + 第4行 + 第5行。

2. 第2～5行"工资、薪金""劳务报酬""稿酬""特许权使用费"：填写居民个人取得的需要并入境内综合所得计税的"工资、薪金""劳务报酬""稿酬""特许权使用费"所得收入金额。

3. 第6行"境外收入合计"：填写居民个人取得的境外综合所得收入合计金额，并按规定附报《境外所得个人所得税抵免明细表》。

第6行 = 第7行 + 第8行 + 第9行 + 第10行。

4. 第7～10行"工资、薪金""劳务报酬""稿酬""特许权使用费"：填写居民个人取得的需要并入境外综合所得计税的"工资、薪金""劳务报酬""稿酬""特许权使用费"所得收入金额。

5. 第11行"费用合计"：根据相关行次计算填报。

第11行 = （第3行 + 第4行 + 第5行 + 第8行 + 第9行 + 第10行）×20%

6. 第12行"免税收入合计"：填写居民个人取得的符合税法规定的免税收入合计金额。

第12行 = 第13行 + 第14行。

7. 第13行"稿酬所得免税部分"：根据相关行次计算填报。

第13行 = （第4行 + 第9行）×（1-20%）×30%。

8. 第14行"其他免税收入"：填写居民个人取得的除第13行以外的符合税法规定的免税收入合计，并按规定附报《个人所得税减免税事项报告表》。

9. 第15行"减除费用"：填写税法规定的减除费用。

10. 第16行"专项扣除合计"：根据相关行次计算填报。

第16行 = 第17行 + 第18行 + 第19行 + 第20行。

11. 第 17～20 行"基本养老保险费""基本医疗保险费""失业保险费""住房公积金":填写居民个人按规定可以在税前扣除的基本养老保险费、基本医疗保险费、失业保险费、住房公积金金额。

12. 第 21 行"专项附加扣除合计":根据相关行次计算填报,并按规定附报《个人所得税专项附加扣除信息表》。

第 21 行 = 第 22 行 + 第 23 行 + 第 24 行 + 第 25 行 + 第 26 行 + 第 27 行。

13. 第 22～27 行"子女教育""继续教育""大病医疗""住房贷款利息""住房租金""赡养老人":填写居民个人按规定可以在税前扣除的子女教育、继续教育、大病医疗、住房贷款利息、住房租金、赡养老人等专项附加扣除的金额。

14. 第 28 行"其他扣除合计":根据相关行次计算填报。

第 28 行 = 第 29 行 + 第 30 行 + 第 31 行 + 第 32 行 + 第 33 行。

15. 第 29～33 行"年金""商业健康保险""税延养老保险""允许扣除的税费""其他":填写居民个人按规定可在税前扣除的年金、商业健康保险、税延养老保险、允许扣除的税费和其他扣除项目的金额。其中,填写商业健康保险的,应当按规定附报《商业健康保险税前扣除情况明细表》;填写税延养老保险的,应当按规定附报《个人税收递延型商业养老保险税前扣除情况明细表》。

16. 第 34 行"准予扣除的捐赠额":填写居民个人按规定准予在税前扣除的公益慈善事业捐赠金额,并按规定附报《个人所得税公益慈善事业捐赠扣除明细表》。

17. 第 35 行"应纳税所得额":根据相应行次计算填报。

第 35 行 = 第 1 行 + 第 6 行 - 第 11 行 - 第 12 行 - 第 15 行 - 第 16 行 - 第 21 行 - 第 28 行 - 第 34 行。

18. 第 36、37 行"税率""速算扣除数":填写按规定适用的税率和速算扣除数。

19. 第 38 行"应纳税额":按照相关行次计算填报。

第 38 行 = 第 35 行 × 第 36 行 - 第 37 行。

(六)除综合所得外其他境外所得个人所得税计算

居民个人取得除综合所得外其他境外所得的,填写本部分,并按规定附报《境外所得个人所得税抵免明细表》。

1. 第 39 行"经营所得应纳税所得额":根据相应行次计算填报。

第 39 行 = 第 40 行 + 第 41 行。

2. 第 40 行"境内经营所得应纳税所得额":填写居民个人取得的境内经营所得应纳税所得额合计金额。

3. 第 41 行"境外经营所得应纳税所得额"：填写居民个人取得的境外经营所得应纳税所得额合计金额。

4. 第 42、43 行"税率""速算扣除数"：填写按规定适用的税率和速算扣除数。

5. 第 44 行"应纳税额"：按照相关行次计算填报。

第 44 行 = 第 39 行 × 第 42 行 - 第 43 行。

6. 第 45 行"境外利息、股息、红利所得应纳税所得额"：填写居民个人取得的境外利息、股息、红利所得应纳税所得额合计金额。

7. 第 46 行"税率"：填写按规定适用的税率。

8. 第 47 行"应纳税额"：按照相关行次计算填报。

第 47 行 = 第 45 行 × 第 46 行。

9. 第 48 行"境外财产租赁所得应纳税所得额"：填写居民个人取得的境外财产租赁所得应纳税所得额合计金额。

10. 第 49 行"税率"：填写按规定适用的税率。

11. 第 50 行"应纳税额"：按照相关行次计算填报。

第 50 行 = 第 48 行 × 第 49 行。

12. 第 51 行"境外财产转让所得应纳税所得额"：填写居民个人取得的境外财产转让所得应纳税所得额合计金额。

13. 第 52 行"税率"：填写按规定适用的税率。

14. 第 53 行"应纳税额"：按照相关行次计算填报。

第 53 行 = 第 51 行 × 第 52 行。

15. 第 54 行"境外偶然所得应纳税所得额"：填写居民个人取得的境外偶然所得应纳税所得额合计金额。

16. 第 55 行"税率"：填写按规定适用的税率。

17. 第 56 行"应纳税额"：按照相关行次计算填报。

第 56 行 = 第 54 行 × 第 55 行。

18. 第 57 行"其他境内、境外所得应纳税所得额"：填写居民个人取得的其他境内、境外所得应纳税所得额合计金额，并在"备注"栏说明具体项目、计算方法等信息。

19. 第 58 行"应纳税额"：根据适用的税率计算填报。

（七）境外股权激励个人所得税计算

居民个人取得境外股权激励，填写本部分，并按规定附报《境外所得个人所得税抵免明细表》。

1. 第 59 行"境内、境外单独计税的股权激励收入合计"：填写居民个人取得的境内、境外单独计税的股权激励收入合计金额。

2. 第 60、61 行"税率""速算扣除数"：根据单独计税的股权激励政策规定适用的税率和速算扣除数。

3. 第 62 行"应纳税额"：按照相关行次计算填报。

第 62 行 = 第 59 行 × 第 60 行 − 第 61 行。

（八）全年一次性奖金个人所得税计算

无住所居民个人预缴时因预判为非居民个人而按取得数月奖金计算缴税的，汇缴时可以根据自身情况，将一笔数月奖金按照全年一次性奖金单独计算。

1. 第 63 行"全年一次性奖金收入"：填写无住所的居民个人纳税年度内预判为非居民个人时取得的一笔数月奖金收入金额。

2. 第 64 行"准予扣除的捐赠额"：填写无住所的居民个人按规定准予在税前扣除的公益慈善事业捐赠金额，并按规定附报《个人所得税公益慈善事业捐赠扣除明细表》。

3. 第 65、66 行"税率""速算扣除数"：填写按照全年一次性奖金政策规定适用的税率和速算扣除数。

4. 第 67 行"应纳税额"：按照相关行次计算填报。

第 67 行 =（第 63 行 − 第 64 行）× 第 65 行 − 第 66 行。

（九）税额调整

1. 第 68 行"综合所得收入调整额"：填写居民个人按照税法规定可以办理的除第 68 行之前所填报内容之外的其他可以进行调整的综合所得收入的调整金额，并在"备注"栏说明调整的具体原因、计算方式等信息。

2. 第 69 行"应纳税额调整额"：填写居民个人按照税法规定调整综合所得收入后所应调整的应纳税额。

（十）应补/退个人所得税计算

1. 第 70 行"应纳税额合计"：根据相关行次计算填报。

第 70 行 = 第 38 行 + 第 44 行 + 第 47 行 + 第 50 行 + 第 53 行 + 第 56 行 + 第 58 行 + 第 62 行 + 第 67 行 + 第 69 行。

2. 第 71 行"减免税额"：填写符合税法规定的可以减免的税额，并按规定附报《个人所得税减免税事项报告表》。

3. 第 72 行"已缴税额（境内）"：填写居民个人取得在本表中已填报的收入对应的在境内已经缴纳或者被扣缴的个人所得税。

4. 第 75 行"境外所得已纳所得税抵免额"：根据《境外所得个人所得税抵免明细表》计算填写居民个人符合税法规定的个人所得税本年抵免额。

5. 第 76 行"应补/退税额"：根据相关行次计算填报。

第 76 行 = 第 70 行 − 第 71 行 − 第 72 行 − 第 75 行。

（十一）无住所个人附报信息

本部分由无住所个人填写。不是，则不填。

1. 纳税年度内在中国境内居住天数：填写本纳税年度内，无住所居民个人在中国境内居住的天数。

2. 已在中国境内居住年数：填写无住所个人已在中国境内连续居住的年份数。其中，年份数自 2019 年（含）开始计算且不包含本纳税年度。

（十二）退税申请

本部分由应补/退税额小于 0 且勾选"申请退税"的居民个人填写。

1. "开户银行名称"：填写居民个人在中国境内开立银行账户的银行名称。

2. "开户银行省份"：填写居民个人在中国境内开立的银行账户的开户银行所在省、自治区、直辖市或者计划单列市。

3. "银行账号"：填写居民个人在中国境内开立的银行账户的银行账号。

（十三）备注

填写居民个人认为需要特别说明的或者按照有关规定需要说明的事项。

四、其他事项说明

以纸质方式报送本表的，建议通过计算机填写打印，一式两份，纳税人、税务机关各留存一份。

附录 J

境外所得个人所得税抵免明细表

税款所属期：　　年　月　日至　　年　月　日

纳税人姓名：

纳税人识别号：□□□□□□□□□□□□□□□□□-□□

金额单位：人民币元（列至角分）

本期境外所得抵免限额计算							
列次			A	B	C	D	E
项目		行次	金额				
国家（地区）		1	境内	境外			合计
一、综合所得	（一）收入	2					
	其中：工资、薪金	3					
	劳务报酬	4					
	稿酬	5					
	特许权使用费	6					
	（二）费用	7					
	（三）收入额	8					
	（四）应纳税额	9	—	—	—	—	
	（五）减免税额	10	—	—	—	—	
	（六）抵免限额	11	—				
二、经营所得	（一）收入总额	12					
	（二）成本费用	13	—				
	（三）应纳税所得额	14					
	（四）应纳税额	15	—	—	—	—	
	（五）减免税额	16	—	—	—	—	
	（六）抵免限额	17	—				
三、利息、股息、红利所得	（一）应纳税所得额	18	—				
	（二）应纳税额	19	—				
	（三）减免税额	20	—				
	（四）抵免限额	21	—				

（续）

四、财产租赁所得	（一）应纳税所得额	22	—				
	（二）应纳税额	23	—				
	（三）减免税额	24	—				
	（四）抵免限额	25	—				
五、财产转让所得	（一）收入	26	—				
	（二）财产原值	27	—				
	（三）合理税费	28	—				
	（四）应纳税所得额	29	—				
	（五）应纳税额	30	—				
	（六）减免税额	31	—				
	（七）抵免限额	32	—				
六、偶然所得	（一）应纳税所得额	33	—				
	（二）应纳税额	34	—				
	（三）减免税额	35	—				
	（四）抵免限额	36	—				
七、股权激励	（一）应纳税所得额	37					
	（二）应纳税额	38	—	—	—	—	
	（三）减免税额	39	—	—	—	—	
	（四）抵免限额	40	—				
八、其他境内、境外所得	（一）应纳税所得额	41					
	（二）应纳税额	42					
	（三）减免税额	43					
	（四）抵免限额	44	—				
九、本年可抵免限额合计 （第45行=第11行+第17行+第21行+第25行+第32行+第36行+第40行+第44行）		45	—				
本期实际可抵免额计算							
一、以前年度结转抵免额 （第46行=第47行+第48行+第49行+第50行+第51行）		46					
其中：前5年		47	—				

(续)

前4年	48	—				
前3年	49	—				
前2年	50	—				
前1年	51	—				
二、本年境外已纳税额	52	—				
其中：享受税收饶让抵免税额（视同境外已纳）	53	—				
三、本年抵免额（境外所得已纳所得税抵免额）	54	—				
四、可结转以后年度抵免额 （第55行＝第56行＋第57行＋第58行＋第59行＋第60行）	55	—				—
其中：前4年	56	—				—
前3年	57	—				—
前2年	58	—				—
前1年	59	—				—
本年	60	—				—
备注						

谨声明：本表是根据国家税收法律法规及相关规定填报的，本人对填报内容（附带资料）的真实性、可靠性、完整性负责。

纳税人签字：　　　　年 月 日

经办人签字：	受理人：
经办人身份证件类型：	
经办人身份证件号码：	受理税务机关（章）：
代理机构签章：	受理日期：　　年 月 日
代理机构统一社会信用代码：	

国家税务总局监制

《境外所得个人所得税抵免明细表》填表说明

一、适用范围

本表适用于居民个人纳税年度内取得境外所得,并按税法规定进行年度自行纳税申报时,应填报本表,计算其本年抵免额。

二、报送期限

本表随《个人所得税年度自行纳税申报表(B表)》一并报送。

三、本表各栏填写

(一)表头项目

1.税款所属期:填写居民个人取得境外所得当年的第1日至最后1日。如2019年1月1日至2019年12月31日。

2.纳税人姓名:填写居民个人姓名。

3.纳税人识别号:有中国公民身份号码的,填写中华人民共和国居民身份证上载明的"公民身份号码";没有中国公民身份号码的,填写税务机关赋予的纳税人识别号。

(二)第A、B、C、D、E列次

1.第A列"境内":填写个人取得境内所得相关内容。

2.第B~D列"境外":填写个人取得境外所得相关内容。

3.第E列"合计":按照相关列次计算填报。

第E列=第A列+第B列+第C列+第D列

(三)本期境外所得抵免限额计算

1.第1行"国家(地区)":按"境外"列分别填写居民个人取得的境外收入来源国家(地区)名称。

2.第2行"收入":按列分别填写居民个人取得的综合所得收入合计金额。

3.第3~6行"工资、薪金""劳务报酬""稿酬""特许权使用费":按列分别填写居民个人取得的需要并入综合所得计税的"工资、薪金""劳务报酬""稿酬""特许权使用费"所得收入金额。

4.第7行"费用":根据相关行次计算填报。

第7行=(第4行+第5行+第6行)×20%。

5. 第8行"收入额"：根据相关行次计算填报。

第8行＝第2行－第7行－第5行×80%×30%。

6. 第9行"应纳税额"：按我国法律法规计算应纳税额，并填报本行"合计"列。

7. 第10行"减免税额"：填写符合税法规定的可以减免的税额，并按规定附报《个人所得税减免税事项报告表》。

8. 第11行"抵免限额"：根据相应行次按列分别计算填报。

第11行"境外"列＝(第9行"合计"列－第10行"合计"列)×第8行"境外"列÷第8行"合计"列。

第11行"合计列"＝∑第11行"境外"列。

9. 第12、13、14行"收入总额""成本费用""应纳税所得额"：按列分别填写居民个人取得的经营所得收入、成本费用及应纳税所得额合计金额。

10. 第15行"应纳税额"：根据相关行次计算填报"合计"列。

第15行＝第14行×适用税率－速算扣除数。

11. 第16行"减免税额"：填写符合税法规定的可以减免的税额，并按规定附报《个人所得税减免税事项报告表》。

12. 第17行"抵免限额"：根据相应行次按列分别计算填报。

第17行"境外"列＝(第15行"合计"列－第16行"合计"列)×第14行"境外"列÷第14行"合计"列。

第17行"合计列"＝∑第17行"境外"列。

13. 第18、22、33、41行"应纳税所得额"：按列分别填写居民个人取得的利息、股息、红利所得，财产租赁所得，偶然所得，其他境内、境外所得应纳税所得额合计金额。

14. 第19、23、34、42行"应纳税额"：按列分别计算填报。

第19行＝第18行×适用税率；

第23行＝第22行×适用税率；

第34行＝第33行×适用税率；

第42行＝第41行×适用税率。

15. 第20、24、35、43行"减免税额"：填写符合税法规定的可以减免的税额，并附报《个人所得税减免税事项报告表》。

16. 第21、25、36、44行"抵免限额"：根据相应行次按列分别计算填报。

第21行＝第19行－第20行；

第 25 行 = 第 23 行 − 第 24 行；

第 36 行 = 第 34 行 − 第 35 行；

第 44 行 = 第 42 行 − 第 43 行。

17. 第 26 行"收入"：按列分别填写居民个人取得的财产转让所得收入合计金额。

18. 第 27 行"财产原值"：按列分别填写居民个人取得的财产转让所得对应的财产原值合计金额。

19. 第 28 行"合理税费"：按列分别填写居民个人取得财产转让所得对应的合理税费合计金额。

20. 第 29 行"应纳税所得额"：按列分别填写居民个人取得的财产转让所得应纳税所得额合计金额。

第 29 行 = 第 26 行 − 第 27 行 − 第 28 行。

21. 第 30 行"应纳税额"：根据相应行按列分别计算填报。

第 30 行 = 第 29 行 × 适用税率。

22. 第 31 行"减免税额"：填写符合税法规定的可以减免的税额，并按规定附报《个人所得税减免税事项报告表》。

23. 第 32 行"抵免限额"：根据相应行次按列分别计算填报。

第 32 行 = 第 30 行 − 第 31 行。

24. 第 37 行"应纳税所得额"：按列分别填写居民个人取得的股权激励应纳税所得额合计金额。

25. 第 38 行"应纳税额"：按我国法律法规计算应纳税额填报本行"合计"列。

第 38 行 = 第 37 行 × 适用税率 − 速算扣除数

26. 第 39 行"减免税额"：填写符合税法规定的可以减免的税额，并附报《个人所得税减免税事项报告表》。

27. 第 40 行"抵免限额"：根据相应行次按列分别计算填报。

第 40 行"境外"列 =（第 38 行"合计"列 − 第 39 行"合计"列）× 第 37 行"境外"列 ÷ 第 37 行"合计"列。

28. 第 45 行"本年可抵免限额合计"：根据相应行次按列分别计算填报。

第 45 行 = 第 11 行 + 第 17 行 + 第 21 行 + 第 25 行 + 第 32 行 + 第 36 行 + 第 40 行 + 第 44 行。

（四）本期实际可抵免额计算

1. 第 46 行"以前年度结转抵免额"：根据相应行次按列分别计算填报。

第 46 行 = 第 47 列 + 第 48 列 + 第 49 列 + 第 50 列 + 第 51 列。

2. 第 52 行"本年境外已纳税额"：按列分别填写居民个人在境外已经缴纳或者被扣缴的税款合计金额，包括第 53 行"享受税收饶让抵免税额"。

3. 第 53 行"享受税收饶让抵免税额"：按列分别填写居民个人享受税收饶让政策而视同境外已缴纳而实际未缴纳的税款合计金额。

4. 第 54 行"本年抵免额"：按"境外"列分别计算填写可抵免税额。

第 54 行"合计"列 = ∑第 54 行"境外"列。

5. 第 55 行"可结转以后年度抵免额"：根据相应行次按列分别计算填报。

第 55 行 = 第 56 列 + 第 57 列 + 第 58 列 + 第 59 列 + 第 60 列。

（五）备注

填写居民个人认为需要特别说明的或者税务机关要求说明的事项。

四、其他事项说明

以纸质方式报送本表的，建议通过计算机填写打印，一式两份，纳税人、税务机关各留存一份。

附录 K

个人所得税经营所得纳税申报表（A 表）

税款所属期：　　年　月　日至　　年　月　日

纳税人姓名：

纳税人识别号：□□□□□□□□□□□□□□□□□□

金额单位：人民币元（列至角分）

被投资单位信息	
名称	
纳税人识别号（统一社会信用代码）	□□□□□□□□□□□□□□□□□□
征收方式（单选）	
□查账征收（据实预缴）　　□查账征收（按上年应纳税所得额预缴） □核定应税所得率征收　　□核定应纳税所得额征收 □税务机关认可的其他方式＿＿＿＿＿＿＿＿＿＿＿＿＿＿＿＿	
个人所得税计算	

项目	行次	金额/比例
一、收入总额	1	
二、成本费用	2	
三、利润总额（第3行＝第1行－第2行）	3	
四、弥补以前年度亏损	4	
五、应税所得率（%）	5	
六、合伙企业个人合伙人分配比例（%）	6	
七、允许扣除的个人费用及其他扣除（第7行＝第8行＋第9行＋第14行）	7	
（一）投资者减除费用	8	
（二）专项扣除（第9行＝第10行＋第11行＋第12行＋第13行）	9	
1.基本养老保险费	10	
2.基本医疗保险费	11	
3.失业保险费	12	
4.住房公积金	13	

（三）依法确定的其他扣除（第14行 = 第15行 + 第16行 + 第17行）	14	
1.	15	
2.	16	
3.	17	
八、准予扣除的捐赠额（附报《个人所得税公益慈善事业捐赠扣除明细表》）	18	
九、应纳税所得额	19	
十、税率（%）	20	
十一、速算扣除数	21	
十二、应纳税额（第22行 = 第19行 × 第20行 − 第21行）	22	
十三、减免税额（附报《个人所得税减免税事项报告表》）	23	
十四、已缴税额	24	
十五、应补/退税额（第25行 = 第22行 − 第23行 − 第24行）	25	
备注		

谨声明：本表是根据国家税收法律法规及相关规定填报的，本人对填报内容（附带资料）的真实性、可靠性、完整性负责。

纳税人签字：　　　　　　年　月　日

经办人签字：	受理人：
经办人身份证件类型：	
经办人身份证件号码：	受理税务机关（章）：
代理机构签章：	受理日期：　　年　月　日
代理机构统一社会信用代码：	

国家税务总局监制

《个人所得税经营所得纳税申报表（A 表）》填表说明

一、适用范围

本表适用于查账征收和核定征收的个体工商户业主、个人独资企业投资人、合伙企业个人合伙人、承包承租经营者个人以及其他从事生产、经营活动的个人在中国境内取得经营所得，办理个人所得税预缴纳税申报时，向税务机关报送。

合伙企业有两个或者两个以上个人合伙人的，应分别填报本表。

二、报送期限

纳税人取得经营所得，应当在月度或者季度终了后 15 日内，向税务机关办理预缴纳税申报。

三、本表各栏填写

（一）表头项目

1. 税款所属期：填写纳税人取得经营所得应纳个人所得税款的所属期间，应填写具体的起止年月日。

2. 纳税人姓名：填写自然人纳税人姓名。

3. 纳税人识别号：有中国公民身份号码的，填写中华人民共和国居民身份证上载明的"公民身份号码"；没有中国公民身份号码的，填写税务机关赋予的纳税人识别号。

（二）被投资单位信息

1. 名称：填写被投资单位法定名称的全称。

2. 纳税人识别号（统一社会信用代码）：填写被投资单位的纳税人识别号或者统一社会信用代码。

（三）征收方式

根据税务机关核定的征收方式，在对应框内打"√"。采用税务机关认可的其他方式的，应在下划线填写具体征收方式。

（四）个人所得税计算

1. 第 1 行"收入总额"：填写本年度开始经营月份起截至本期从事经营以及与经营有关的活动取得的货币形式和非货币形式的各项收入总额。包括：销售货物收入、提供劳务收入、转让财产收入、利息收入、租金收入、接受捐赠收入、其他收入。

2. 第 2 行"成本费用"：填写本年度开始经营月份起截至本期实际发生的成本、费用、税金、损失及其他支出的总额。

3. 第 3 行"利润总额"：填写本年度开始经营月份起截至本期的利润总额。

4. 第 4 行"弥补以前年度亏损"：填写可在税前弥补的以前年度尚未弥补的亏损额。

5. 第 5 行"应税所得率"：按核定应税所得率方式纳税的纳税人，填写税务机关确定的核定征收应税所得率。按其他方式纳税的纳税人不填本行。

6. 第 6 行"合伙企业个人合伙人分配比例"：纳税人为合伙企业个人合伙人的，填写本行；其他则不填。分配比例按照合伙协议约定的比例填写；合伙协议未约定或不明确的，按合伙人协商决定的比例填写；协商不成的，按合伙人实缴出资比例填写；无法确定出资比例的，按合伙人平均分配。

7. 第 7～17 行"允许扣除的个人费用及其他扣除"：

（1）第 8 行"投资者减除费用"：填写根据本年实际经营月份数计算的可在税前扣除的投资者本人每月 5000 元减除费用的合计金额。

（2）第 9～13 行"专项扣除"：填写按规定允许扣除的基本养老保险费、基本医疗保险费、失业保险费、住房公积金的金额。

（3）第 14～17 行"依法确定的其他扣除"：填写商业健康保险、税延养老保险以及其他按规定允许扣除项目的金额。

8. 第 18 行"准予扣除的捐赠额"：填写按照税法及相关法规、政策规定，可以在税前扣除的捐赠额，并按规定附报《个人所得税公益慈善事业捐赠扣除明细表》。

9. 第 19 行"应纳税所得额"：根据相关行次计算填报。

（1）查账征收（据实预缴）：第 19 行 =（第 3 行 − 第 4 行）× 第 6 行 − 第 7 行 − 第 18 行。

（2）查账征收（按上年应纳税所得额预缴）：第 19 行 = 上年度的应纳税所得额 ÷ 12 × 月份数。

（3）核定应税所得率征收（能准确核算收入总额的）：第 19 行 = 第 1 行 × 第 5 行 × 第 6 行。

（4）核定应税所得率征收（能准确核算成本费用的）：第 19 行 = 第 2 行 ÷（1 − 第 5 行）× 第 5 行 × 第 6 行。

（5）核定应纳税所得额征收：直接填写应纳税所得额；

（6）税务机关认可的其他方式：直接填写应纳税所得额。

10. 第20～21行"税率"和"速算扣除数"：填写按规定适用的税率和速算扣除数。

11. 第22行"应纳税额"：根据相关行次计算填报。第22行＝第19行×第20行－第21行。

12. 第23行"减免税额"：填写符合税法规定可以减免的税额，并附报《个人所得税减免税事项报告表》。

13. 第24行"已缴税额"：填写本年度在月（季）度申报中累计已预缴的经营所得个人所得税的金额。

14. 第25行"应补／退税额"：根据相关行次计算填报。第25行＝第22行－第23行－第24行。

（五）备注

填写个人认为需要特别说明的或者税务机关要求说明的事项。

四、其他事项说明

以纸质方式报送本表的，建议通过计算机填写打印，一式两份，纳税人、税务机关各留存一份。

附录 L

个人所得税经营所得纳税申报表（B 表）

税款所属期：　　年　月　日至　　年　月　日

纳税人姓名：

纳税人识别号：□□□□□□□□□□□□□□□□□□

金额单位：人民币元（列至角分）

被投资单位信息	名称		纳税人识别号（统一社会信用代码）		
项目				行次	金额/比例
一、收入总额				1	
其中：国债利息收入				2	
二、成本费用（3=4+5+6+7+8+9+10）				3	
（一）营业成本				4	
（二）营业费用				5	
（三）管理费用				6	
（四）财务费用				7	
（五）税金				8	
（六）损失				9	
（七）其他支出				10	
三、利润总额（11=1-2-3）				11	
四、纳税调整增加额（12=13+27）				12	
（一）超过规定标准的扣除项目金额（13=14+15+16+17+18+19+20+21+22+23+24+25+26）				13	
1. 职工福利费				14	
2. 职工教育经费				15	
3. 工会经费				16	
4. 利息支出				17	
5. 业务招待费				18	
6. 广告费和业务宣传费				19	
7. 教育和公益事业捐赠				20	

（续）

8. 住房公积金	21	
9. 社会保险费	22	
10. 折旧费用	23	
11. 无形资产摊销	24	
12. 资产损失	25	
13. 其他	26	
（二）不允许扣除的项目金额（27=28+29+30+31+32+33+34+35+36）	27	
1. 个人所得税税款	28	
2. 税收滞纳金	29	
3. 罚金、罚款和被没收财物的损失	30	
4. 不符合扣除规定的捐赠支出	31	
5. 赞助支出	32	
6. 用于个人和家庭的支出	33	
7. 与取得生产经营收入无关的其他支出	34	
8. 投资者工资薪金支出	35	
9. 其他不允许扣除的支出	36	
五、纳税调整减少额	37	
六、纳税调整后所得（38=11+12−37）	38	
七、弥补以前年度亏损	39	
八、合伙企业个人合伙人分配比例（%）	40	
九、允许扣除的个人费用及其他扣除（41=42+43+48+55）	41	
（一）投资者减除费用	42	
（二）专项扣除（43=44+45+46+47）	43	
1. 基本养老保险费	44	
2. 基本医疗保险费	45	
3. 失业保险费	46	
4. 住房公积金	47	
（三）专项附加扣除（48=49+50+51+52+53+54）	48	
1. 子女教育	49	
2. 继续教育	50	
3. 大病医疗	51	

(续)

4.住房贷款利息	52	
5.住房租金	53	
6.赡养老人	54	
（四）依法确定的其他扣除（55=56+57+58+59）	55	
1.商业健康保险	56	
2.税延养老保险	57	
3.	58	
4.	59	
十、投资抵扣	60	
十一、准予扣除的个人捐赠支出	61	
十二、应纳税所得额（62=38-39-41-60-61）或[62=（38-39）×40-41-60-61]	62	
十三、税率（%）	63	
十四、速算扣除数	64	
十五、应纳税额（65=62×63-64）	65	
十六、减免税额（附报《个人所得税减免税事项报告表》）	66	
十七、已缴税额	67	
十八、应补/退税额（68=65-66-67）	68	

谨声明：本表是根据国家税收法律法规及相关规定填报的，是真实的、可靠的、完整的。

纳税人签字： 　　年　月　日

经办人：	受理人：
经办人身份证件号码：	
代理机构签章：	受理税务机关（章）：
代理机构统一社会信用代码：	受理日期：　年　月　日

国家税务总局监制

《个人所得税经营所得纳税申报表(B 表)》填表说明

一、适用范围

本表适用于个体工商户业主、个人独资企业投资人、合伙企业个人合伙人、承包承租经营者个人以及其他从事生产、经营活动的个人在中国境内取得经营所得,且实行查账征收的,在办理个人所得税汇算清缴纳税申报时,向税务机关报送。

合伙企业有两个或者两个以上个人合伙人的,应分别填报本表。

二、报送期限

纳税人在取得经营所得的次年 3 月 31 日前,向税务机关办理汇算清缴。

三、本表各栏填写

(一)表头项目

1.税款所属期:填写纳税人取得经营所得应纳个人所得税款的所属期间,应填写具体的起止年月日。

2.纳税人姓名:填写自然人纳税人姓名。

3.纳税人识别号:有中国公民身份号码的,填写中华人民共和国居民身份证上载明的"公民身份号码";没有中国公民身份号码的,填写税务机关赋予的纳税人识别号。

(二)被投资单位信息

1.名称:填写被投资单位法定名称的全称。

2.纳税人识别号(统一社会信用代码):填写被投资单位的纳税人识别号或统一社会信用代码。

(三)表内各行填写

1.第 1 行"收入总额":填写本年度从事生产经营以及与生产经营有关的活动取得的货币形式和非货币形式的各项收入总金额。包括:销售货物收入、提供劳务收入、转让财产收入、利息收入、租金收入、接受捐赠收入、其他收入。

2.第 2 行"国债利息收入":填写本年度已计入收入的因购买国债而取得的应予免税的利息金额。

3.第 3~10 行"成本费用":填写本年度实际发生的成本、费用、税金、损失及其他支出的总额。

（1）第4行"营业成本"：填写在生产经营活动中发生的销售成本、销货成本、业务支出以及其他耗费的金额。

（2）第5行"营业费用"：填写在销售商品和材料、提供劳务的过程中发生的各种费用。

（3）第6行"管理费用"：填写为组织和管理企业生产经营发生的管理费用。

（4）第7行"财务费用"：填写为筹集生产经营所需资金等发生的筹资费用。

（5）第8行"税金"：填写在生产经营活动中发生的除个人所得税和允许抵扣的增值税以外的各项税金及其附加。

（6）第9行"损失"：填写生产经营活动中发生的固定资产和存货的盘亏、毁损、报废损失，转让财产损失，坏账损失，自然灾害等不可抗力因素造成的损失以及其他损失。

（7）第10行"其他支出"：填写除成本、费用、税金、损失外，生产经营活动中发生的与之有关的、合理的支出。

4. 第11行"利润总额"：根据相关行次计算填报。第11行 = 第1行 - 第2行 - 第3行。

5. 第12行"纳税调整增加额"：根据相关行次计算填报。第12行 = 第13行 + 第27行。

6. 第13行"超过规定标准的扣除项目金额"：填写扣除的成本、费用和损失中，超过税法规定的扣除标准应予调增的应纳税所得额。

7. 第27行"不允许扣除的项目金额"：填写按规定不允许扣除但被投资单位已将其扣除的各项成本、费用和损失，应予调增应纳税所得额的部分。

8. 第37行"纳税调整减少额"：填写在计算利润总额时已计入收入或未列入成本费用，但在计算应纳税所得额时应予扣除的项目金额。

9. 第38行"纳税调整后所得"：根据相关行次计算填报。第38行 = 第11行 + 第12行 - 第37行。

10. 第39行"弥补以前年度亏损"：填写本年度可在税前弥补的以前年度亏损额。

11. 第40行"合伙企业个人合伙人分配比例"：纳税人为合伙企业个人合伙人的，填写本栏；其他则不填。分配比例按照合伙协议约定的比例填写；合伙协议未约定或不明确的，按合伙人协商决定的比例填写；协商不成的，按合伙人实缴出资比例填写；无法确定出资比例的，按合伙人平均分配。

12. 第41行"允许扣除的个人费用及其他扣除":填写按税法规定可以税前扣除的各项费用、支出,包括:

(1)第42行"投资者减除费用":填写按税法规定的减除费用金额。

(2)第43～47行"专项扣除":分别填写本年度按规定允许扣除的基本养老保险费、基本医疗保险费、失业保险费、住房公积金的合计金额。

(3)第48～54行"专项附加扣除":分别填写本年度纳税人按规定可享受的子女教育、继续教育、大病医疗、住房贷款利息、住房租金、赡养老人等专项附加扣除的合计金额。

(4)第55～59行"依法确定的其他扣除":分别填写按规定允许扣除的商业健康保险、税延养老保险,以及国务院规定其他可以扣除项目的合计金额。

13. 第60行"投资抵扣":填写按照税法规定可以税前抵扣的投资金额。

14. 第61行"准予扣除的个人捐赠支出":填写本年度按照税法及相关法规、政策规定,可以在税前扣除的个人捐赠合计额。

15. 第62行"应纳税所得额":根据相关行次计算填报。

(1)纳税人为非合伙企业个人合伙人的:第62行=第38行－第39行－第41行－第60行－第61行。

(2)纳税人为合伙企业个人合伙人的:第62行=(第38行－第39行)×第40行－第41行－第60行－第61行。

16. 第63～64行"税率""速算扣除数":填写按规定适用的税率和速算扣除数。

17. 第65行"应纳税额":根据相关行次计算填报。第65行=第62行×第63行－第64行。

18. 第66行"减免税额":填写符合税法规定可以减免的税额,并附报《个人所得税减免税事项报告表》。

19. 第67行"已缴税额":填写本年度累计已预缴的经营所得个人所得税金额。

20. 第68行"应补/退税额":根据相关行次计算填报。第68行=第65行－第66行－第67行。

四、其他事项说明

以纸质方式报送本表的,应当一式两份,纳税人、税务机关各留存一份。

附录 M

个人所得税经营所得纳税申报表（C 表）

税款所属期：　　年　月　日至　　年　月　日

纳税人姓名：

纳税人识别号：□□□□□□□□□□□□□□□□□□

金额单位：人民币元（列至角分）

被投资单位信息	单位名称		纳税人识别号（统一社会信用代码）	投资者应纳税所得额
	汇总地			
	非汇总地	1		
		2		
		3		
		4		
		5		

项目	行次	金额/比例
一、投资者应纳税所得额合计	1	
二、应调整的个人费用及其他扣除（2=3+4+5+6）	2	
（一）投资者减除费用	3	
（二）专项扣除	4	
（三）专项附加扣除	5	
（四）依法确定的其他扣除	6	
三、应调整的其他项目	7	
四、调整后应纳税所得额（8=1+2+7）	8	
五、税率（%）	9	
六、速算扣除数	10	
七、应纳税额（11=8×9-10）	11	
八、减免税额（附报《个人所得税减免税事项报告表》）	12	
九、已缴税额	13	

(续)

十、应补/退税额（14=11-12-13）	14	
谨声明：本表是根据国家税收法律法规及相关规定填报的，是真实的、可靠的、完整的。 　　　　　　　　　　　纳税人签字：　　　　年　月　日		
经办人： 经办人身份证件号码： 代理机构签章： 代理机构统一社会信用代码：	受理人： 受理税务机关（章）： 受理日期：　　年　月　日	

国家税务总局监制

《个人所得税经营所得纳税申报表（C表）》填表说明

一、适用范围

本表适用于个体工商户业主、个人独资企业投资人、合伙企业个人合伙人、承包承租经营者个人以及其他从事生产、经营活动的个人在中国境内两处以上取得经营所得，办理合并计算个人所得税的年度汇总纳税申报时，向税务机关报送。

二、报送期限

纳税人从两处以上取得经营所得，应当于取得所得的次年3月31日前办理年度汇总纳税申报。

三、本表各栏填写

（一）表头项目

1.税款所属期：填写纳税人取得经营所得应纳个人所得税款的所属期间，应填写具体的起止年月日。

2.纳税人姓名：填写自然人纳税人姓名。

3.纳税人识别号：有中国公民身份号码的，填写中华人民共和国居民身份证上载明的"公民身份号码"；没有中国公民身份号码的，填写税务机关赋予的纳税人识别号。

（二）被投资单位信息

1.名称：填写被投资单位法定名称的全称。

2.纳税人识别号（统一社会信用代码）：填写被投资单位的纳税人识别号或者统一社会信用代码。

3.投资者应纳税所得额：填写投资者从其各投资单位取得的年度应纳税所得额。

（三）表内各行填写

1.第1行"投资者应纳税所得额合计"：填写投资者从其各投资单位取得的年度应纳税所得额的合计金额。

2.第2～6行"应调整的个人费用及其他扣除"：填写按规定需调整增加或者减少应纳税所得额的项目金额。调整减少应纳税所得额的，用负数表示。

（1）第3行"投资者减除费用"：填写需调整增加或者减少应纳税所得额的投资者减除费用的金额。

（2）第4行"专项扣除"：填写需调整增加或者减少应纳税所得额的"三险一金"（基本养老保险费、基本医疗保险费、失业保险费、住房公积金）的合计金额。

（3）第5行"专项附加扣除"：填写需调整增加或者减少应纳税所得额的专项附加扣除（子女教育、继续教育、大病医疗、住房贷款利息、住房租金、赡养老人）的合计金额。

（4）第6行"依法确定的其他扣除"：填写需调整增加或者减少应纳税所得额的商业健康保险、税延养老保险以及国务院规定其他可以扣除项目的合计金额。

3. 第7行"应调整的其他项目"：填写按规定应予调整的其他项目的合计金额。调整减少应纳税所得额的，用负数表示。

4. 第8行"调整后应纳税所得额"：根据相关行次计算填报。第8行 = 第1行 + 第2行 + 第7行。

5. 第9～10行"税率""速算扣除数"：填写按规定适用的税率和速算扣除数。

6. 第11行"应纳税额"：根据相关行次计算填报。第11行 = 第8行 × 第9行 − 第10行。

7. 第12行"减免税额"：填写符合税法规定可以减免的税额，并附报《个人所得税减免税事项报告表》。

8. 第13行"已缴税额"：填写纳税人本年度累计已缴纳的经营所得个人所得税的金额。

9. 第14行"应补/退税额"：按相关行次计算填报。第14行 = 第11行 − 第12行 − 第13行。

四、其他事项说明

以纸质方式报送本表的，应当一式两份，纳税人、税务机关各留存一份。

附录 N

代扣代缴手续费申请表

金额单位：人民币元（列至角分）

<table>
<tr><td colspan="2">扣缴义务人名称</td><td></td><td>统一社会信用代码
（纳税人识别号）</td><td></td></tr>
<tr><td colspan="2">联系人姓名</td><td></td><td>联系电话</td><td></td></tr>
<tr><td rowspan="11">原完税情况</td><td>品目名称</td><td>税款所属时期</td><td>税票号码</td><td>实缴金额</td></tr>
<tr><td></td><td></td><td></td><td></td></tr>
<tr><td></td><td></td><td></td><td></td></tr>
<tr><td></td><td></td><td></td><td></td></tr>
<tr><td></td><td></td><td></td><td></td></tr>
<tr><td></td><td></td><td></td><td></td></tr>
<tr><td></td><td></td><td></td><td></td></tr>
<tr><td></td><td></td><td></td><td></td></tr>
<tr><td></td><td></td><td></td><td></td></tr>
<tr><td></td><td></td><td></td><td></td></tr>
<tr><td>合计（小写）</td><td></td><td></td><td></td></tr>
<tr><td colspan="2">申请手续费金额（小写）</td><td colspan="3"></td></tr>
<tr><td>声明</td><td colspan="4">此表是根据国家税收法律法规及相关规定填写的，本人（单位）对填报内容（附带资料）的真实性、可靠性、完整性负责。

扣缴义务人签章：</td></tr>
<tr><td>授权声明</td><td colspan="2">如果您已委托代理人申请，请填写下列资料：
　为代理个人所得税扣缴手续费申请相关事宜，现授权_____
（地址）_____
为代理申请人，任何与本申请有关的往来文件，都可寄于此人。

授权人签章：</td><td>税务机关填写</td><td>受理人：

受理税务机关（章）：

受理日期：</td></tr>
</table>

《代扣代缴手续费申请表》填表说明

一、本表适用于申请个人所得税扣缴手续费的办理。

二、扣缴义务人退付账户与原缴税账户不一致的，须另行提交资料，并经税务机关确认。

三、本表一式四联，扣缴义务人一联、税务机关三联。

四、扣缴义务人名称：填写扣缴义务人法定名称的全称。

五、统一社会信用代码（纳税人识别号）：填写扣缴义务人的统一社会信用代码或者纳税人识别号。

六、联系人名称：填写联系人姓名。

七、联系电话：填写联系人固定电话号码或手机号码。

八、品目名称：填写扣缴个人所得税的各项应税所得名称。如：工资、薪金所得。

九、原完税情况：填写退个人所得税代扣代缴手续费相关信息。分品目名称、税款所属时期、税票号码、实缴金额等项目，填写申请办理的已入库信息，上述信息应与完税费（缴款）凭证或完税电子信息一致。

十、申请手续费金额：填写申请年度计算的手续费金额。填写金额按照申请年度代扣代缴（含预扣预缴）个人所得税实际入库税额的 2% 计算。

附录 O

商业健康保险税前扣除情况明细表

所属期： 年 月 日至 年 月 日　　　金额单位：人民币元（列至角分）

扣缴义务人（被投资单位）情况									
名　称			纳税人识别号						
商业健康保险税前扣除情况									
序号	姓名	身份证件类型	身份证件号码	税优识别码	保单生效日期	年度保费	月度保费	本期扣除金额	

谨声明：此表是根据《中华人民共和国个人所得税法》及有关法律法规规定填写的，是真实的、完整的、可靠的。

　　　　　　　　　　　　　　纳税人或扣缴义务人负责人签字：　　　　年 月 日

代理申报机构（人）签章：	主管税务机关受理章：
经办人：	受理人：
经办人执业证件号码：	受理日期： 年 月 日
代理申报日期： 年 月 日	

国家税务总局监制

《商业健康保险税前扣除情况明细表》填报说明

本表适用于个人购买符合规定的商业健康保险支出税前扣除申报。本表随《扣缴个人所得税报告表》《特定行业个人所得税年度申报表》《个人所得税生产经营所得纳税申报表（B表）》《个人所得税自行纳税申报表（A表）》等申报表一并报送。

一、所属期：应与《扣缴个人所得税报告表》等申报表上注明的"税款所属期"一致。

二、扣缴义务人（被投资单位）情况

填写涉及商业健康保险扣除政策的扣缴义务人、个体工商户、承包承租的企事业单位、个人独资企业、合伙企业的信息。

三、商业健康保险税前扣除情况

1. 姓名、身份证件类型、身份证件号码：填写购买商业健康保险的个人的信息，相关信息应与《扣缴个人所得税报告表》等申报表上载明的明细信息保持一致；个体工商户业主、个人独资企业投资者、合伙企业个人合伙人、承包承租经营者和其他自行纳税申报个人按照本人实际情况填写。

2. 税优识别码：是指为确保税收优惠商业健康保险保单的唯一性、真实性和有效性，由商业健康保险信息平台按照"一人一单一码"的原则对投保人进行校验后，下发给保险公司，并在保单凭证上打印的数字识别码。

3. 保单生效日期：填写商业健康保险生效日期。

4. 年度保费：填写保单载明的年度总保费的金额。

5. 月度保费：按月缴费的保单填写每月所缴保费，按年一次性缴费的保单填写年度保费除以12后的金额。

附录 P

个人税收递延型商业养老保险税前扣除情况明细表

所属期： 年 月 日至 年 月 日　　　金额单位：人民币元（列至角分）

单位或个人情况			
填表人身份	□ 扣缴义务人　　　　　　□ 个体工商户和承包承租经营者 □ 个人独资企业投资者　　□ 合伙企业自然人合伙人		□ 其他
单位名称		纳税人识别号 （统一社会信用代码）	
税收递延型商业养老保险税前扣除情况			

序号	姓名	身份证件类型	身份证件号码	税延养老账户编号	申报扣除期	报税校验码	年度保费	月度保费	本期扣除金额

谨声明：此表是根据《中华人民共和国个人所得税法》及有关法律法规规定填写的，是真实的、完整的、可靠的。

　　　　　　　　　　　　　　　　纳税人或扣缴义务人负责人签字：　　　　　年 月 日

代理申报机构（人）签章： 经办人： 经办人身份证件类型： 经办人身份证件号码： 经办人执业证件号码： 代理申报日期：　年　月　日	主管税务机关受理章： 受理人： 受理日期：　年　月　日

国家税务总局监制

《个人税收递延型商业养老保险税前扣除情况明细表》填报说明

本表适用于个人购买符合规定的税收递延型商业养老保险支出税前扣除申报。本表随《扣缴个人所得税报告表》《特定行业个人所得税年度申报表》《个人所得税生产经营所得纳税申报表（B表）》等申报表一并报送；实行核定征收的，可单独报送。

一、所属期：应与《扣缴个人所得税报告表》等申报表上注明的"税款所属期"一致。

二、单位和个人情况

1. 单位名称：填写涉及商业养老保险扣除政策的扣缴义务人、个体工商户、承包承租的企事业单位、个人独资企业、合伙企业的单位名称。

2. 纳税人识别号（统一社会信用代码）：填写上述单位的相应号码。

三、税收递延型商业养老保险税前扣除情况

1. 姓名、身份证件类型、身份证件号码：填写购买税延养老保险的个人信息，相关信息应与《扣缴个人所得税报告表》等申报表上载明的明细信息保持一致；个体工商户业主、个人独资企业投资者、合伙企业自然人合伙人、承包承租经营者和其他自行纳税申报个人按照本人实际情况填写。

2. 税延养老账户编号、报税校验码：按照中国保险信息技术管理有限责任公司相关信息平台出具的《个人税收递延型商业养老保险扣除凭证》载明的对应项目填写。

3. 申报扣除期：取得工资薪金所得、连续性劳务报酬所得（特定行业除外）的个人，填写申报扣除的月份；取得个体工商户的生产经营所得、对企事业单位的承包承租经营所得的个人及特定行业取得工资薪金的个人，填写申报扣除的年份。

4. 年度保费：取得个体工商户的生产经营所得、对企事业单位的承包承租经营所得的个人及特定行业取得工资薪金的个人，填写《个人税收递延型商业养老保险扣除凭证》载明的年度保费金额。

5. 月度保费：取得工资薪金所得、连续性劳务报酬所得（特定行业除外）的个人，填写《个人税收递延型商业养老保险扣除凭证》载明的月度保费金额，一次性缴费的保单填写月平均保费金额。

6. 本期扣除金额：

（1）取得工资薪金所得、连续性劳务报酬所得（特定行业除外）的个人，应按税延养老保险扣除凭证记载的当月金额和扣除限额孰低的方法计算可扣除额。扣除限额按照申报扣除当月的工资薪金、连续性劳务报酬收入的 6% 和 1000 元孰低的办法确定。

（2）取得个体工商户的生产经营所得、对企事业单位的承包承租经营所得的个人及特定行业取得工资薪金的个人，按税延养老保险扣除凭证记载的当年金额和扣除限额孰低的方法计算可扣除额。扣除限额按照不超过当年应税收入的 6% 和 12 000 元孰低的办法确定。

附录 Q

限售股转让所得扣缴个人所得税报告表

扣缴义务人编码：　　　　　　　　　　　　　　　　　　　　　　　　　　金额单位：元（列至角分）

税款所属期：　年　月　日 至　年　月　日　　　填表日期：　年　月　日

扣缴义务人名称：　　　　　　　　　　　　　　　地址：　　　　　　　　　　　电话：

序号	纳税人姓名	纳税人有效身份证照		证券账户号	股票代码	股票名称	每股计税价格（元/股）	转让股数（股）	转让收入额	限售股原值及合理税费			应纳税所得额	税率	扣缴税额
		证照类型	证照号码							小计	原值	合理税费			
(1)	(2)	(3)	(4)	(5)	(6)	(7)	(8)	(9)=(7)×(8)	(10)=(11)+(12)	(11)	(12)	(13)=(9)−(10)	(14)	(5)=(13)×(14)
1															
2															
3															
4															
5															
6															
7															
8															
9															
10															
11															
12															
13															
合　计														—	

扣缴义务人声明：我声明，此扣缴申报表及所附资料是根据《中华人民共和国个人所得税法》及相关法律法规的规定填报的，我确保它是真实的、可靠的、完整的。

法定代表人（签字）：　　　　　　　　　年　月　日

扣缴义务人（盖章）　　　会计主管签字：　　　　　　　　　年　月　日

主管税务机关受理专用章：

受理人：
受理时间：　年　月　日

《限售股转让所得扣缴个人所得税报告表》填表说明

一、本表根据《中华人民共和国个人所得税法》及其实施条例和相关文件制定，适用于证券机构预扣预缴，或者直接代扣代缴限售股转让所得个人所得税的申报，本表按月填写。

二、证券机构应在扣缴限售股转让所得个人所得税的次月7日内向主管税务机关报送本表。不能按照规定期限报送本表时，应当在规定的报送期限内提出申请，经当地税务机关批准，可以适当延期。

三、填写本表应当使用中文。

四、本表各栏的填写说明如下：

（一）扣缴义务人编码：填写扣缴税款的证券机构的税务登记证号码。

（二）填表日期：填写扣缴义务人办理扣缴申报的实际日期。

（三）税款所属期：填写证券机构实际扣缴税款的年度、月份和日期。

（四）扣缴义务人名称：填写扣缴税款的证券公司（营业部）等证券机构的全称。

（五）纳税人身份证照类型及号码：填写纳税人有效身份证件（居民身份证、军人身份证件等）的类型及号码。

（六）证券账户号：填写纳税人证券账户卡上的证券账户号。转让的限售股是在上海交易所上市的，填写证券账户卡（上海）上的证券账户号；转让的限售股是在深圳交易所上市的，填写证券账户卡（深圳）上的证券账户号。

（七）股票代码及名称：填写所转让的限售股股票的股票代码和证券名称。纳税人转让不同限售股的，分行填写。

（八）每股计税价格：区分以下两种情形填写。

1. 在证券机构技术和制度准备完成前形成的限售股，采取预扣预缴方式征收的，股改限售股填写股改复牌日收盘价；新股限售股填写该股上市首日的收盘价。

2. 在证券机构技术和制度准备完成后，采取直接代扣代缴方式征收的，填写纳税人实际转让限售股的每股成交价格。以不同价格成交的，分行填写。

（九）转让股数：填写前列每股计税价格所对应的股数。即：

1. 在证券机构技术和制度准备完成前，采取预扣预缴方式的，转让股数填写本月该限售股累计转让股数。

2. 在证券机构技术和制度准备完成后，采取直接代扣代缴方式的，转让股数按照不同转让价格，分别填写按该价格转让的股数。

（十）转让收入额：填写本次限售股转让取得的用于计税的收入额。

限售股转让收入额 = 每股计税价格 × 转让股数

（十一）限售股原值及合理税费：填写取得限售股股票实际付出的成本，以及限售股转让过程中发生的印花税、佣金、过户费等与交易相关的税费的合计。具体有两种不同情况：

1. 在证券机构技术和制度准备完成前形成的限售股，采取预扣预缴税款的，限售股原值及合理税费 = 转让收入额 ×15%，直接填入小计栏中；

2. 在证券机构技术和制度准备完成后，采取直接代扣代缴税款的，限售股原值为事先植入结算系统的限售股成本原值；合理税费为转让过程中发生的印花税、佣金、过户费、其他费等与交易相关的税费。

（十二）应纳税所得额：应纳税所得额 = 转让收入额 − 限售股原值及合理税费。

（十三）扣缴税额：扣缴税额 = 应纳税所得额 ×20%。

附录 R

限售股转让所得个人所得税清算申报表

填表日期： 年 月 日

税款所属期： 年 月 日 至 年 月 日

金额单位：元（列至角分）

纳税人基本情况	姓名	证券账户号	
	有效身份证照类型	有效身份证照号码	
	国籍（地区）	有效联系电话	
	开户银行名称	开户银行账号	
	中国境内有效联系地址及邮编		
开户证券公司（营业部）	名称	扣缴义务人编码	
	地址	邮编	
限售股转让收入及纳税情况	股票代码	1	
	股票名称	2	
	转让股数（股）	3	
	实际转让收入额	4	
	限售股原值和合理税费小计	5=6+7	
	限售股原值	6	

(续)

限售股转让收入及纳税情况	合理税费	7
	应纳税所得额	8 = 4 − 5
	税率	9　20%
	应纳税额	10 = 8 × 9
	已扣缴税额	11
	应退(补)税额	12 = 10 − 11

声明：我声明，此纳税申报表及所附资料是根据《中华人民共和国个人所得税法》及相关法律法规规定填写，报送的，我确保上述资料是真实的、可靠的、完整的。

纳税人（签字）　　　　　　年　月　日

代理人（中介机构）签字或盖章：	主管税务机关受理专用章：
经办人：	受理人：
经办人执业证件号码：代理申报日期：　年　月　日	受理时间：　年　月　日

《限售股转让所得个人所得税清算申报表》填表说明

一、本表根据《中华人民共和国个人所得税法》及其实施条例和相关文件制定，适用于纳税人取得限售股转让所得已预扣预缴个人所得税款的清算申报，本表按月填写。

二、向主管税务机关提出限售股转让所得个人所得税清算申请的纳税人，应在证券机构代扣并解缴税款的次月1日起3个月内，由本人或者委托他人向主管税务机关报送本表。不能按照规定期限报送本表时，应当在规定的报送期限内提出申请，经当地税务机关批准，可以适当延期。

三、向主管税务机关提出限售股转让所得清算申请的纳税人，应区别限售股股票种类，按每一股票填写本表。即，同一限售股填写一张表。

四、填写本表应当使用中文。

五、纳税人在向主管税务机关办理清算事宜时，除填报本表外，还应出示纳税人本人的有效身份证照原件，并附送以下资料：

1. 加盖开户证券机构印章的限售股交易明细记录；
2. 相关完整、真实的财产原值凭证；
3. 缴纳税款凭证（《税务代保管资金专用收据》或《税收转账专用完税证》）；
4. 税务机关要求报送的其他资料。

纳税人委托中介机构或他人代理申报的，除提供上述资料外，代理人还应出示代理人的有效身份证照，并附送纳税人委托代理申报的授权书。

六、本表各栏的填写说明如下：

（一）填表日期：填写纳税人办理清算申报的实际日期。

（二）税款所属期：填写纳税人实际取得所得的年度、月份和日期。

（三）纳税人基本情况的填写：

1. 证券账户号：填写纳税人证券账户卡上的证券账户号。转让的限售股是在上海交易所上市的，填写证券账户卡（上海）上的证券账户号；转让的限售股是在深圳交易所上市的，填写证券账户卡（深圳）上的证券账户号。

2. 有效身份证照类型：填写纳税人的有效身份证件（居民身份证、军人身份证件等）名称。

3.有效身份证照号码：填写纳税人有效身份证照上的号码。

4.开户银行名称及账号：填写纳税人本人开户银行的全称及账号。

注：该银行账户，用于办理纳税人多扣缴个人所得税款的退还。即，纳税人多扣缴的税款，经税务机关审核确认后，将直接退还至该银行账户中。因此，纳税人要特别注意本行填写的准确性。

5.中国境内有效联系地址及邮编：填写纳税人住址或有效联系地址及邮编。

6.开户证券公司（营业部）：填写纳税人开立证券交易账户的证券公司（营业部）的相关信息。

（1）名称：填写纳税人开立证券账户的证券公司（营业部）的全称。

（2）扣缴义务人编码：填写纳税人开立证券账户的证券公司（营业部）的税务登记证号码。

（3）地址及邮编：填写纳税人开立证券账户的证券公司（营业部）的地址及邮编。

（四）限售股转让收入及纳税情况的填写：

1.股票代码：填写限售股的股票代码。

2.股票名称：填写限售股股票的证券名称。

3.转让股数（股）：填写本月转让限售股的股数。

4.实际转让收入额：填写转让限售股取得的实际收入额。以证券机构提供的加盖印章的当月限售股交易记录汇总数为准。

5.限售股原值和合理税费：

（1）限售股原值和合理税费小计，填写纳税人转让限售股的股票原值和合理税费的合计。

纳税人未能提供完整、真实的限售股原值凭证，不能正确计算限售股原值的，一律按限售股实际转让收入的15%计算限售股原值和合理税费后，填入该栏。

（2）限售股原值，填写取得限售股股票实际付出的成本，并附相关完整、真实的原值凭证。

（3）合理税费，填写转让限售股过程中发生的印花税、佣金、过户费等与交易相关的税费。

6.应纳税所得额：填写转让限售股实际转让收入额减除限售股原值和合理税费后的余额。

7.已扣缴税额：填写证券机构已预扣预缴的税款。

8. 应退（补）税额：应退（补）税额＝应纳税额－已扣缴税额。负数为应退税额；正数为应补税额。

七、声明：填写纳税人本人的姓名。如纳税人不在时，可填写代理申报人的姓名。

八、代理人（中介机构）签字或盖章：填盖纳税人委托代理申报的中介机构的印章，或者代理人个人的签名或印章。

九、经办人：填写代理申报人的姓名。

十、本表为 A4 竖式。一式两份，纳税人留存一份，税务机关留存一份。

会计极速入职晋级

书号	定价	书名	作者	特点
44258	30.00	世界上最简单的会计书	（美）达雷尔·穆利斯	被当当、卓越读者誉为最真材实料的易懂又有用的会计入门书
50662	35.00	财务会计简易入门	钟小灵	言简意赅，只讲非财务人员需要了解的知识，是最节省阅读时间的财务入门书
36702	35.00	零基础学会计	冯鹏程	带你在最短时间内，明白搞懂会计大小事
61153	65.00	轻松合并财务报表：原理、过程与Excel实战	宋明月	87张大型实战图表，手把手教你用EXCEL做好合并报表工作；书中表格和合并报表的编制方法可直接用于工作实务！
55905	39.00	手把手教你编制高质量现金流量表：从入门到精通	徐峥	模拟实务工作真实场景，说透现金流量表的编制原理与操作的基本思路
56089	39.00	如何成为报销高手	出纳训练营	企业内部报销工作的明细指南，业务、财务、行政人员必备
60304	45.00	手把手教你做优秀出纳：从入门到精通（第3版）	出纳训练营	最好的出纳入门书，根据出纳训练营的培训讲义和学员普遍关注的问题编写而成
56496	39.00	财务英语实战：流利口语+实用写作	朱秀前等	中英双语版，随书附赠200分钟纯正财务口语MP4；风靡中国的财务英语学习书
35529	39.80	外企财务英语一本通（中英文双语）	朱秀前	日常财务工作，中英文双语讲解；实际沟通要领，仿真情景详细展示；作者是IBM财务分析师
38435	30.00	真账实操学成本核算	鲁爱民	作者是财务总监和会计专家；基本核算要点，手把手讲解；重点账务处理，举例综合演示
55027	59.00	跟我真账实操学成本会计	张秋利	送360分钟同步辅导视频和做好成本会计工作必备工具包
50070	39.00	如何做一名优秀财务主管	张秋利	手把手指点如何提高财务和管理技能，大量过来人经验
44783	39.00	跟我真账实操学会计	张秋利	作者是集团财务总监，各类真账带你学
41187	39.00	手把手教你做优秀税务会计：从入门到精通	蓝敏	作者从事税务实务工作15年，全面讲解税务会计和纳税筹划事项
51481	49.00	税务游戏的经营规则:做懂税务的管理者	蓝敏	弄懂税务规则，不多交不少交
57492	49.00	房地产税收面对面（第3版）	朱光磊	作者是房地产从业者，结合自身工作经验和培训学员常遇问题写成，丰富案例
58610	39.00	中小企业税务与会计实务	张海涛	厘清常见经济事项的会计和税务处理，对日常工作中容易遇到重点和难点财税事项，结合案例详细阐释
59148	49.00	管理会计实践	郭永清	总结调查了近1000家企业问卷，教你构建全面管理会计图景，在实务中融会贯通地去应用和实践

财务知识轻松学

书号	定价	书名	作者	特点
45115	39.00	IPO财务透视：方法、重点和案例	叶金福	大华会计师事务所合伙人经验作品，书中最大的特点就是干货多
58925	49.00	从报表看舞弊：财务报表分析与风险识别	叶金福	从财务舞弊和盈余管理的角度，融合工作实务中的体会、总结和思考，提供全新的报表分析思维和方法，黄世忠、夏草、梁春、苗润生、徐珊推荐阅读
62368	79.00	一本书看透股权架构	李利威	126张股权结构图，9种可套用架构模型；挖出38个节税的点；避开95个法律的坑；蚂蚁金服、小米、华谊兄弟等30个真实案例
52074	39.00	财报粉饰面对面	夏草	夏草作品，带你识别财报风险
62606	79.00	财务诡计（原书第4版）	（美）霍华德·M·施利特 等	畅销25年，告诉你如何通过财务报告发现会计造假和欺诈
42845	30.00	财务是个真实的谎言（珍藏版）	钟文庆	被读者誉为最生动易懂的财务书；作者是沃尔沃财务总监
58202	35.00	上市公司财务报表解读：从入门到精通（第3版）	景小勇	以万科公司财报为例，详细介绍分析财报必须了解的各项基本财务知识
57253	69.00	财务报表分析与股票估值	郭永清	源自上海国家会计学院内部讲义，估值方法经过资本市场验证
58302	49.00	财务报表解读：教你快速学会分析一家公司	续芹	26家国内外上市公司财报分析案例，17家相关竞争对手、同行业分析，遍及教育、房地产等20个行业；通俗易懂，有趣有用
49495	49.00	500强企业财务分析实务：一切为经营管理服务	李燕翔	作者将其在外企工作期间积攒下的财务分析方法倾囊而授，被业界称为最实用的管理会计书
54616	39.00	十年涨薪30倍：财务职场透视	李燕翔	实录500强企业工作经验，透视职场江湖，分享财务技能，让涨薪、让升职，变为现实
34618	48.00	财务报表阅读与信贷分析实务	崔宏	重点介绍商业银行授信风险管理工作中如何使用和分析财务信息
58449	129.00	财务报告与分析：一种国际化视角（第2版）	丁远	作者是中欧商学院的明星教授，从信息使用者角度解读；大量应用练习
35946	68.00	全面预算管理：案例与实务指引（附光盘）	龚巧莉	权威预算专家，精心总结多年工作经验/基本理论、实用案例、执行要点，一册讲清/大量现成的制度、图形、表单等工具，即改即用
47755	69.00	玩转全面预算魔方（实例+图解版）	邹志英	作者原为默克中国CFO，书中有许多作者亲手操作过的预算案例，大量实用工具
50885	49.00	全面预算管理实践	贾卒	不仅介绍原理和方法，更有59个案例示范如何让预算真正落地，附赠完整的全面预算管理表格和"经营业绩考评会"表格模板
56610	49.00	全面预算管理2.0：解开管理者难题的8大钥匙	张凤林，汤谷良，卢闯	总经理视角；创新的理念和思维，已被证明有效可行的预算系统；来自著名企业北京农业投资有限公司的实战经验
50602	49.00	增值：集团公司内部审计实务与技巧	梁雄	国内某大集团内审总监经验之作，十几年的经验无私分享，几百份实用工具免费下载
49792	39.00	零基础学内部审计	郑智园	内审达人经验总结，通俗讲解内审实务技能，贴心提示职业规划和审计思路
60863	69.00	公司内部审计（第3版）	叶陈云	最新的国际内部审计理论与实践方面的热点/精编内部审计实践的成功与失败案例/大量关于公司内部审计实务工作指南与工具
55845	68.00	内部审计工作法	谭丽丽，罗志国	8家知名企业内部审计部长联手分享，从思维到方法，一手经验，全面展现